정보처리기능사

실기

2025 시나공

길벗알앤디 지음　길벗

지은이

강윤석, 김용갑, 김우경, 김종일, 김유흥

IT 서적을 기획하고 집필하는 출판 기획 전문 집단으로, 2003년부터 길벗출판사의 IT 수험서인 〈시험에 나오는 것만 공부한다!〉 시리즈를 기획부터 집필 및 편집까지 총괄하고 있다. 30여 년간 자격증 취득에 관한 교육, 연구, 집필에 몰두해 온 강윤석 실장을 중심으로 IT 자격증 시험의 분야별 전문가들이 모여 국내 IT 수험서의 수준을 한 단계 높이기 위한 다양한 연구와 집필 활동에 전념하고 있다.

정보처리기능사 실기 – 시나공 시리즈 ㉙

The Practical Examination for Craftsman Information Processing

초판 발행 · 2024년 10월 14일

발행인 · 이종원
발행처 · (주)도서출판 길벗
출판사 등록일 · 1990년 12월 24일
주소 · 서울시 마포구 월드컵로 10길 56(서교동)
주문 전화 · 02)332-0931   팩스 · 02)323-0586
홈페이지 · www.gilbut.co.kr   이메일 · gilbut@gilbut.co.kr

기획 및 책임 편집 · 강윤석(kys@gilbut.co.kr), 김미정(kongkong@gilbut.co.kr), 임은정(eunjeong@gilbut.co.kr), 정혜린(sunriin@gilbut.co.kr)
디자인 · 강은경, 윤석남   제작 · 이준호, 손일순, 이진혁   마케팅 · 조승모, 유영은
영업관리 · 김명자   독자지원 · 윤정아

편집진행 및 교정 · 길벗알앤디(강윤석 · 김용갑 · 김우경 · 김종일)   일러스트 · 윤석남
전산편집 · 예다움   CTP 출력 및 인쇄 · 예림인쇄   제본 · 경문제책

ISBN 979-11-407-1106-2 13000
(길벗 도서번호 030955)

가격 22,000원

독자의 1초까지 아껴주는 길벗출판사

(주)도서출판 길벗 | 교육서, IT단행본, 경제경영서, 어학&실용서, 인문교양서, 자녀교육서 www.gilbut.co.kr
길벗스쿨 | 국어학습, 수학학습, 어린이교양, 주니어 어학학습, 학습단행본 www.gilbutschool.co.kr

인스타그램 · @study_with_sinagong

짜잔~ '시나공' 시리즈를 소개합니다~

자격증 취득, 가장 효율적으로 공부하고 싶으시죠?
보통 사람들의 공부 패턴과 자격증 시험을 분석하여 최적의 내용을 담았습니다.

 최대한 단시간에 취득할 수 있도록 노력했습니다.

학문을 수련함에 있어 다양한 이론을 폭넓게 공부하는 것이 중요하겠지만 이 책은 자격증 취득을 목적으로 구성된 것인 만큼, 실무에서 방대하게 다뤄지는 내용들을 압축하여 최대한 쉽게 수록했습니다. 비록 그 예제나 문제는 간단해 보이지만 원론을 이해하기 쉽고 간략하게 구성한 것으로 교재의 내용만 이해하면 어떠한 변형 문제도 풀 수 있도록 구성했습니다. 처음부터 복잡한 실무 문제로 접근하면 시간도 오래 걸릴 뿐만 아니라 이해하기도 힘들기 때문입니다.

 공부하면서 답답함을 느끼지 않도록 노력했습니다.

필기 시험은 외워서도 합격할 수 있었습니다. 그러나 실기 시험은 외워서는 절대 합격할 수 없습니다. 합격에 중요한 비중을 차지하는 프로그래밍 언어 활용이나 SQL 활용 과목은 이해가 필수인데, 수험생 대부분이 비전공자이다 보니 이해가 쉽지 않습니다. 저희는 NCS 학습 모듈을 가이드 삼아 자세한 설명과 충분한 예제를 더한 후 교재에 수록된 문제나 이론은 하나도 빼놓지 않고 이 분야에 전혀 기초가 없는 수험생의 눈높이에 맞춰 최대한 쉽게 설명했습니다.

 학습 방향을 제시하기 위해 노력했습니다.

이 시험을 준비하는 수험생이 대부분 비전공자이기 때문에 학습 방향에 둔감하기 쉽습니다. 교재에 수록된 내용을 학습 방향을 제대로 파악하지 못한 채 무작정 읽어 가는 것은 비효율적입니다. '전문가의 조언', '잠깐만요' 등의 코너를 두어 "지금 이것을 왜 하는지?", "왜 안 되는지", "더 효율적인 방법은 없는지?" 등, 옆에서 선생님이 지도하는 것처럼 친절한 가이드라인을 제공했습니다.

 어려운 부분은 모두 동영상 강의를 제공합니다.

정보처리기능사 실기 교재에는 컴퓨터 관련 생초보자도 수월하게 공부할 수 있도록 자세하고 쉬운 설명이 들어 있습니다. 이해 안 된다고 포기하지 마세요. 2과목 프로그래밍 언어 활용, 4과목 SQL 활용에서 프로그램 코드나 SQL문이 나오는 어려운 부분은 모두 동영상 강의를 제공하니 QR코드를 스캔해 보세요.

끝으로 이 책으로 공부하는 모든 수험생들이 한 번에 합격할 수 있기를 기원합니다.

2024년 가을날에
강윤석

 ※ 국가직무능력표준(NCS : National Competency Standards)이란 산업현장에서 직무를 수행하기 위해 요구되는 지식·기술·소양 등의 내용을 국가가 산업부문별·수준별로 체계화한 것입니다.

*각 섹션은 중요도에 따라 **A, B, C, D**로 등급이 분류되어 있습니다. 공부할 시간이 없는 분들은 중요도가 높은 순서대로 공부하세요.

중요도

A 매 시험마다 꼭 나올 것으로 예상되는 부분

B 두 번 시험 보면 한 번은 꼭 나올 것으로 예상되는 부분

C 세 번 시험 보면 한 번은 꼭 나올 것으로 예상되는 부분

D 출제 범위에는 포함되지만 아직 출제되지 않은 부분

동영상 강의

📹 동영상 강의가 제공되는 섹션입니다.

*동영상 강의는 구매하신 교재를 등록한 후 [시나공 홈페이지] → [정보처리] → [기능사 실기] → [동영상 강좌] → [토막강의]에서 시청하면 됩니다.

1 과목

응용 SW 기초 기술 활용

4 과목

SQL 활용

부록

최신기출문제

※ 부록은 시나공 홈페이지(sinagong.co.kr)의 [정보처리] → [기능사 실기]
→ [자료실] → [도서자료실]에 '부록_최신기출문제.pdf' 파일로 등록되어
있으니 다운받아 사용하면 됩니다.

준비운동

수험생을 위한 아주 특별한 서비스

1등만이 드릴 수 있는 1등 혜택!!

서비스 하나 — 시나공 홈페이지
시험 정보 제공!

IT 자격증 시험, 혼자 공부하기 막막하다고요? 시나공 홈페이지에서 대한민국 최대, 50만 회원들과 함께 공부하세요.

지금 sinagong.co.kr에 접속하세요!

시나공 홈페이지에서는 최신기출문제와 해설, 선배들의 합격 수기와 합격 전략, 책 내용에 대한 문의 및 관련 자료 등 IT 자격증 시험을 위한 모든 정보를 제공합니다.

서비스 둘 — 수험생 지원센터
무엇이든 물어보세요!

공부하다 답답하거나 궁금한 내용이 있으면, 시나공 홈페이지 도서별 '책 내용 질문하기' 게시판에 질문을 올리세요. 길벗알앤디의 전문가들이 빠짐없이 답변해 드립니다.

서비스 셋 — 시나공 만의
동영상 강좌

독학이 가능한 친절한 교재가 있어도 준비할 시간이 부족하다면?

길벗출판사의 '동영상 강좌(유료)' 이용 안내

1. 길벗출판사 홈페이지(gilbut.co.kr)에 접속하여 로그인하세요.
2. 상단 메뉴 중 [동영상 강좌]를 클릭하세요.
3. 'IT자격증' 카테고리에서 원하는 강좌를 선택하고 [수강 신청하기]를 클릭하세요.
4. 우측 상단의 [마이길벗] → [나의 동영상 강좌]로 이동하여 강좌를 수강하세요.

※ 기타 동영상 이용 문의 : 독자지원(02-332-0931)

시나공 홈페이지 회원 가입 방법

1. 시나공 홈페이지(sinagong.co.kr)에 접속하여 우측 상단의 〈회원가입〉을 클릭하고 〈이메일 주소로 회원가입〉을 클릭합니다.
   ※ 회원가입은 소셜 계정으로도 가입할 수 있습니다.
2. 가입 약관 동의를 선택한 후 〈동의〉를 클릭합니다.
3. 회원 정보를 입력한 후 〈이메일 인증〉을 클릭합니다.
4. 회원 가입 시 입력한 이메일 계정으로 인증 메일이 발송됩니다. 수신한 인증 메일을 열어 이메일 계정을 인증하면 회원가입이 완료됩니다.

2025년 한 번에 합격을 위한 특별 서비스 하나 더

혼자 공부하다가 어려운 부분이 나와도 고민하지 말고, 다음의 세 가지 방법을 이용하여
시나공 저자의 속 시원한 강의를 바로 동영상으로 확인하세요.

1.
스마트폰으로 QR코드를 찍어보세요!

STEP 1
스마트폰의 QR코드 리더 앱을 실행하세요.

STEP 2
시나공 토막강의 QR코드를 스캔하세요.

STEP 3
스마트폰을 통해 토막강의가 시작됩니다.

2.
시나공 홈페이지에서 토막강의 번호를 입력하세요!

STEP 1
시나공 홈페이지에 접속한 후 [정보처리] → [기능사 실기] → [동영상 강좌] → [토막강의]를 클릭하세요.

STEP 2
'강의번호'에 토막강의 번호를 입력하면 강의목록이 표시됩니다.

STEP 3
강의명을 클릭하면 토막강의를 볼 수 있습니다.

3.
유튜브에서는 이렇게 이용하세요!

STEP 1
유튜브 검색 창에 "시나공"+토막강의 번호를 입력하세요.

STEP 2
검색된 항목 중 원하는 토막강의를 클릭하여 시청하세요.

★ 토막강의가 지원되는 도서는 시나공 홈페이지를 통해 확인할 수 있습니다.
★ 스마트폰을 이용하실 경우 무선랜(Wi-Fi)에 연결되지 않은 상태에서 토막강의를 이용하시면 가입하신 요금제에 따라 과금이 됩니다.

한눈에 살펴보는 시나공의 구성

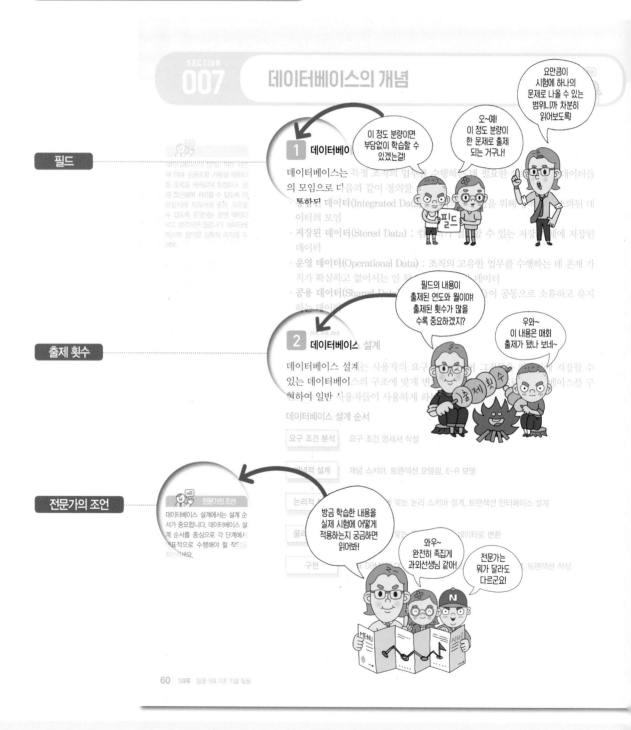

필드

출제 횟수

전문가의 조언

시험에 나오는 것만 골라 볼 수 있다! — '섹션별 구성'

시험에서 한 개의 문제로 출제될 테마를 하나의 섹션으로 구성하여 개념을 이해하고
문제를 풀 수 있는 능력을 키울 수 있도록 충분한 내용과 자세한 해설을 수록하였습니다.

한눈에 살펴보는 시나공의 구성

C, Java, Python의 기본

기출 따라잡기

'출제예상'은 시험에 나올 만한 내용을 충실히 반영해 만든 예상문제이고, '이전기출'은 본문과 관련된 내용 중 시험 과목이 변경되기 이전에 정보처리기능사에 출제되었던 기출문제입니다.

최신기출문제

수험서의 핵심은 문제 풀이 — '기출 따라잡기' & '예상문제은행' & '최신기출문제'

한 개의 섹션이 끝날 때마다 '기출 따라잡기'가 나옵니다.
본문에서 배운 내용이 시험에서 어떻게 출제되는지 시험과 똑같은 형태의 문제를 미리 풀어보면서 연습합니다.

예상문제은행

정답 및 해설

토막강의

정보처리기능사 실기 시험, 이렇게 준비하세요.

2020년에 개편된 정보처리기능사 시험은 "정보시스템의 분석, 설계 결과에 따른 작업을 수행하는 직무로서, 구현, 시험, 유지보수 등에 관한 업무 수행"이라는 한국산업인력공단에서 정한 정보처리기능사 직무 내용에서도 알 수 있듯이 이전 실기 시험에 비해 그 수준이 매우 높아졌으며, 개발 부분의 비중이 많아졌고, 현업에서 사용하는 실무 위주의 내용으로 전면 개편되었으며, 출제 기준이 대부분 NCS※의 응용소프트웨어 엔지니어링 분야에 속해 있다보니 현업에서 사용하는 실무 위주의 내용이 실제 문제로 출력되고 있습니다.

먼저 시험 개요와 과목별 출제 문항수를 살펴보고 수험생 여러분이 궁금해 하는 내용을 문답 형식으로 알아보겠습니다.

※ 국가직무능력표준(NCS : National Competency Standards) : 산업현장에서 직무를 수행하기 위해 요구되는 지식 · 기술 · 소양 등의 내용을 국가가 산업부문별 · 수준별로 체계화한 것입니다.

〈시험 개요〉

직무 내용	정보시스템의 분석, 설계 결과에 따른 작업을 수행하는 직무로서, 구현, 시험, 유지보수 등에 관한 업무 수행
적용 기간	2023. 1. 1 ～ 2025. 12. 31
실기 검정 방식	필답형(단답형, 괄호넣기, 서술식, 계산결과 등)
시험 시간	1시간 30분

〈기출문제 분석〉

과목	장	2021년				2022년				2023년				2024년			합계
		1회	2회	3회	4회	1회	2회	3회	4회	1회	2회	3회	4회	1회	2회	3회	
1과목	1장 운영체제 기초 활용	3	3	3	3	3	3	3	3	4	2	3	3	3	3	3	45
	2장 데이터베이스 기초 활용	2	4	2	2	3	3	3	3	3	4	3	3	3	4	3	45
	3장 네트워크 기초 활용	3	3	3	3	3	3	3	3	3	4	3	3	3	3	3	46
2과목	1장 프로그래밍 언어의 종류	0	1	0	0	1	1	0	0	1	1	3	0	1	0	0	9
	2장 C언어	4	5	4	4	3	2	3	3	3	3	3	3	3	3	3	49
	3장 Java	2	0	2	2	2	3	2	2	3	2	0	2	3	2	3	32
	4장 Python	0	0	0	0	0	0	0	0	0	0	0	0	0	0	0	0
3과목	1장 애플리케이션 테스트 수행	1	1	1	1	0	0	1	1	1	0	1	1	1	1	1	12
	2장 애플리케이션 결함 조치	0	0	0	0	1	1	0	0	0	0	0	0	0	0	0	2
4과목	1장 기본 SQL 작성하기	5	3	5	4	4	4	4	4	4	1	4	3	4	3	3	55
	2장 고급 SQL 작성하기	0	0	0	1	0	0	0	0	0	0	1	0	0	0	0	3
합계		20	20	20	20	20	20	20	20	20	18	20	20	20	20	20	298

※ 표를 보면 알겠지만 1과목 1, 2, 3장, 2과목 2, 3장, 4과목 1장에서 매회 평균 75% 이상 출제되었으며, 전체적으로 91%가 출제된 것을 알 수 있습니다. 즉 이 여섯 개 장만 열심히 공부해도 75점은 거뜬히 얻을 수 있다는 거죠. 일부만 공부하는 것에는 위험이 따르지만, 정말 시간이 없다면 출제 문항수를 고려하여 공부하는 것도 한 가지 방법이 될 수 있습니다.

Q 교재에 프로그래밍 언어의 비중이 높아 보입니다. 이유가 있나요?

A 네. 있습니다.

프로그래밍 언어의 특성상 제대로 이해하지 못하면 실제 시험에서 써 먹을 수 없기 때문에 자세한 설명과 충분한 예제를 수록하다 보니 분량이 늘었습니다. 교재의 2과목 프로그래밍 언어 활용에 수록된 모든 코드는 파일로 제공하니 다운 받아서 직접 실행하면서 공부하면 많은 도움이 될 것입니다.

Q 합격하려면 대체 얼마나 공부해야 하나요?

A 7주 안에 끝내려면 열심히 공부해야 합니다.

필기 시험이 끝나고 실기 시험까지 약 7주 간의 시간이 있습니다. 이 기간 내에 학습이 가능한지 알아보기 위해 이 책 전체 분량을 학습하는데 걸리는 시간을 측정해 본 결과, 대략 250시간 이상 걸릴 것으로 예상됩니다. 산술적으로 계산하면, 하루에 5시간 이상 집중적으로 공부했을 때 7주 정도 걸릴 것으로 예상됩니다. 하지만 이 예측은 보통 사람을 기준으로 한 경우로, 만일 학습 비중이 높은 프로그래밍 언어나 SQL 문법을 학습한 경험이 있는 사람이라면 학습 시간은 약 4~5주 정도 걸릴 수 있다는 점을 감안하고 학습 계획을 세우기 바랍니다.
한 말씀 덧붙이자면. 정보처리기능사 실기는 누구라도 반드시 합격할 수 있는 내용입니다. 포기하지 말고 끝까지 공부하세요. 정말 힘들다고 느껴질 때는 게시판에 하소연 하시고 동영상을 시청하면서 차분히 다시 한 번 더 들여다 보세요.

Q 이전 실기 시험처럼 전략을 세워 어려운 부분은 제외하고 필요한 부분만 공부할 수 있나요?

A 안됩니다.

교재에 수록된 모든 부분을 골고루 열심히 공부해야 하지만 정말 시간이 없다면 1과목 1, 2, 3장, 2과목 2, 3장, 4과목 1장을 먼저 공부하세요. 〈기출문제 분석〉 표를 보면 알겠지만 1과목 1, 2, 3장, 2과목 2, 3장, 4과목 1장에서 거의 90% 이상 출제되었음을 알 수 있습니다. 확실하게 합격하기 위해서는 교재 전체를 확실히 공부해야겠지만, 정말 시간이 없다면 1과목 1, 2, 3장, 2과목 2, 3장, 4과목 1장을 먼저 공부하고 나머지를 공부하는 것도 한 가지 전략이 될 수 있습니다.

Q 저는 프로그래밍 언어가 어려운데 이 부분을 포기하고 다른 부분을 열심히 하면 안 될까요?

A 안됩니다.

〈기출문제 분석〉 표에서 보듯이 중 프로그래밍 언어 관련 문제가 매 회 4~6개씩 출제되고 있습니다. 올해도 프로그래밍 언어에 대한 출제 비중이 꽤 높을 것으로 예상됩니다. 즉 프로그래밍 언어를 포기하고는 합격하기 어렵습니다.
프로그래밍 언어가 처음에 접근하기가 어려워서 그렇지 이해가 되기 시작하면 그때부터는 생각보다 훨씬 쉽게 다가오는 학습 분야입니다. 이런 점을 고려하여 프로그램 언어 활용은 동영상 강의를 제공하여 자세히 설명하고 있으며, 교재에 수록된 C, Java, Python의 소스 코드를 모두 파일로 제공합니다. 다운 받아서 직접 실행해 보면서 차분히 공부해 보세요. 생각보다 훨씬 쉽다는 것을 금방 느낄 수 있을 겁니다.

Q 답안 작성 시 특별히 주의해야 할 사항이 있나요?

A 네, 있습니다.

문제에 답안 작성 방법이 제시된 경우도 있고, 수험생이 알아서 해당 프로그래밍 언어의 특성에 맞게 답안을 작성해야 하는 경우도 있습니다. 최근 3년 간의 시험을 근거로 했을 때 정보처리기능사 실기 시험은 다음과 같이 대략 6가지의 답안 작성 유형이 예상됩니다. 제시된 유형별 답안 작성 방법을 숙지하여 불이익을 당하는 일이 없도록 하세요.

정보처리기능사 실기 시험, 이렇게 준비하세요.

유형 1 **영문 Full-name 또는 영문 약어로 답안 작성하기**

> **문제** 컴퓨터 시스템의 자원들을 효율적으로 관리하며, 사용자가 컴퓨터를 편리하고 효과적으로 사용
> 할 수 있도록 환경을 제공하는 여러 프로그램의 모임을 의미하는 용어를 영문 Full-name 또는
> 영문 약어로 쓰시오.

> **답** Operating System 또는 OS

문제에 영문 Full-name 또는 영문 약어로 작성하라는 조건이 제시되었으므로, 반드시 답안을 영문 Full-name 또는 영문 약어로
작성해야 합니다. 답안 작성 시 스펠링에 유의하세요. 대 · 소문자는 구분하지 않지만 스펠링을 한 개라도 틀리면 오답으로 처리될
수 있습니다.

유형 2 **작성 조건이 제시되지 않은 경우**

> **문제** 컴퓨터 시스템의 자원들을 효율적으로 관리하며, 사용자가 컴퓨터를 편리하고 효과적으로 사용
> 할 수 있도록 환경을 제공하는 여러 프로그램의 모임을 의미하는 용어를 쓰시오.

> **답** 운영체제, OS, Operating System 중 1가지만 쓰면 됩니다.

문제에 한글 또는 영문 Full-name이나 약어로 작성하라는 조건이 제시되지 않았으므로, 답으로 제시된 항목 중 어떤 것을
답안으로 작성하든 관계없습니다. 단 이런 경우에는 한글이나 영문 약어로 쓰는 것이 유리합니다. 영문 Full-name으로 쓰다가
스펠링을 하나라도 틀리면 오답으로 처리될 수 있기 때문입니다. 마찬가지로 대 · 소문자는 구분하지 않습니다.

유형 3 **변수명 입력 시 대 · 소문자 구분하기**

> **문제** 다음은 변수들의 값을 출력하는 Java 프로그램이다. 괄호 안에 알맞은 답을 적어 완성하시오.

```
public class Test {
        public static void main(String[ ] args) {
                int Num = 1;
                String Name = "Brown";
                System.out.printf("%d, %s", Num, (     ));
        }
}
```

> **답** Name

C, Java, Python에서는 대 · 소문자를 구분하기 때문에 변수명을 답안으로 작성할 때는 반드시 대 · 소문자를 구분해서 정확히
작성해야 합니다. 답안을 NAME이나 name과 같이 문제에 제시된 코드의 변수명과 다르게 작성한 경우에는 가차없이 오답으로
처리됩니다.

유형 4 프로그램의 실행 결과 작성하기

문제 다음 C언어로 구현된 프로그램을 분석하여 그 실행 결과를 쓰시오.

```c
#include <stdio.h>
main( ) {
        int a = 12, b = 24;
        printf("%d\n", a);
        printf("%d\n", b);
}
```

답 12
24

C, Java, Python의 실행 결과는 부분 점수가 없으므로 정확하게 작성해야 합니다. 출력문의 서식 문자열에 '\n'이 있으므로 결과를 서로 다른 줄에 작성해야 합니다. 답안을 한 줄로 **12 24** 혹은 **12, 24**로 작성했을 경우 부분 점수 없이 오답으로 처리됩니다.

유형 5 배열 및 리스트의 요소 지정하기

문제 다음은 리스트 a에 저장된 값을 출력하는 Python 프로그램이다. 괄호 안에 알맞은 답을 적어 완성하시오.

```python
a = [ 2, 4, 6, 8, 10 ]
for i in range(5):
    print((    ))
```

답 a[i]

C, Java에서 배열의 요소를 지정하거나 Python에서 리스트의 요소를 지정할 때는 반드시 a[i]와 같이 대괄호를 사용해야 합니다. a(i)와 같이 소괄호를 사용해서 작성하면 확실한 오답으로 처리됩니다.

유형 6 SQL문 작성하기

문제 〈학생〉 테이블에서 이름이 '이'로 시작하는 학생들의 학번을 검색하는 SQL문을 쓰시오.

답 SELECT 학번 FROM 학생 WHERE 이름 LIKE '이%';

SQL문 작성 시 대 · 소문자를 구분하지 않습니다. 답안을 select **학번** from **학생** where **이름** like **'이%'**; 와 같이 작성해도 됩니다. 단 스펠링이 하나라도 틀리면 점수 1도 없는 완전한 오답으로 처리됩니다.

시험 접수부터 자격증을 받기까지 한눈에 살펴볼까요?

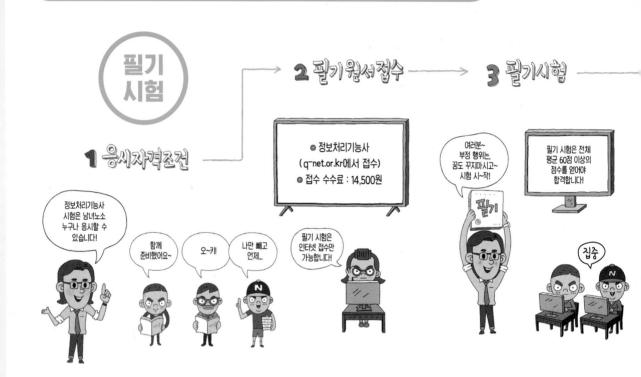

※ 신청할 때 준비할 것은~

▶ 인터넷 신청 : 접수 수수료 3,100원, 등기 우편 수수료 3,010원

4 합격여부 확인 → **실기 시험** **1** 실기원서접수

설마 필기시험에 떨어진건 아니겠지~?

합격

축 합격

실기 시험은 인터넷 접수만 가능합니다!

실기

◎ 정보처리기능사
(q~net.or.kr에서 접수)

◎ 접수 수수료 : 17,200원

최종 합격 **3** 합격여부 확인 ← **2** 실기시험

합격여부는 q~net.or.kr에서 확인하면 됩니다.

실기시험은 필답형으로 치러집니다!

실기

실기 시험도 60점 이상만 얻으면 합격입니다!

집중

정보처리기능사 실기 시험, 이것이 궁금하다!

Q 정보처리기능사 시험은 국가직무능력표준(NCS)을 기반으로 하여 문제가 출제된다고 하는데, 국가직무능력표준(NCS)이 뭔가요?

A 국가직무능력표준(NCS; National Competency Standards)이란 산업현장에서 직무를 수행하기 위해 요구되는 지식·기술·소양 등의 내용을 국가가 산업부문별·수준별로 체계화한 것으로, 산업현장의 직무를 성공적으로 수행하기 위해 필요한 능력을 국가적 차원에서 표준화한 것을 의미하며, NCS의 능력 단위를 교육 및 훈련할 수 있도록 구성한 '교수·학습 자료'를 NCS 학습 모듈이라고 합니다.

정보처리기능사 실기 시험은 NCS 학습 모듈 중 정보통신 분야의 '정보기술' 분류에 포함된 '정보기술개발'의 '응용 소프트웨어 엔지니어링'과 '데이터베이스 엔지니어링'에 속한 6개의 학습 모듈을 기반으로 하고 있으며, 본 교재는 정보처리기능사 실기 출제 기준에 포함된 6개의 학습 모듈을 완전 분해하여 정보처리기능사 수준에 맞게 47개 섹션으로 엄선하여 정리하였습니다.

Q 정보처리 자격증 취득 시 독학사 취득을 위한 학점이 인정된다고 하던데, 학점 인정 현황은 어떻게 되나요?

A

종목	학점	종목	학점
정보처리기사	20	워드프로세서	4
정보처리산업기사	16	ITQ A급	6
사무자동화산업기사	16	ITQ B급	4
컴퓨터활용능력 1급	14	GTQ 1급	5
컴퓨터활용능력 2급	6	GTQ 2급	3

※ 자세한 내용은 평생교육진흥원 학점은행 홈페이지(https://cb.or.kr)를 참고하세요.
※ ITQ A급 : 5과목 중 3과목이 모두 A등급인 경우
※ ITQ B급 : 5과목 중 3과목이 모두 B등급 이상인 경우

Q 정보처리기능사 필기 시험 응시 수수료와 실기 시험 응시 수수료는 각각 얼마인가요?

A 필기는 14,500원이고, 실기는 17,200원입니다.

Q 필기 시험에 합격한 후 실기 시험에 여러 번 응시할 수 있다고 하던데, 몇 번이나 응시할 수 있나요?

A 필기 시험에 합격한 후 실기 시험 응시 횟수에 관계없이 필기 시험 합격자 발표일로부터 2년 동안 실기 시험에 응시할 수 있습니다.

Ⓠ 수검표를 분실한 경우에는 어떻게 해야 하나요?

Ⓐ
- 수검표를 잃어버린 경우 인터넷(q-net.or.kr) 및 가까운 지역본부(또는 지방사무소)로 문의하시면 주민번호로 조회가 가능합니다.
- 인터넷 접수자는 시험 전까지 인터넷원서접수시스템(q-net.or.kr)의 [로그인] → [마이페이지]에서 재출력할 수 있습니다.

Ⓠ 정보처리기능사 실기 시험 일자를 변경할 수 있나요?

Ⓐ 실기 시험 일정은 원칙적으로 변경할 수 없습니다.

Ⓠ 실기 시험을 접수한 지역이 아닌 다른 지역으로 장소가 변경될 수도 있나요?

Ⓐ 접수 인원이 소수이거나 관할 접수지역 내 시설, 장비가 없어 시험장 임차가 어려운 경우에는 부득이 타 지역으로도 이동하여 시행할 수 있습니다.

Ⓠ 실기 시험 시 신분증을 지참하지 않으면 어떻게 되나요?

Ⓐ 신분증을 지참하지 않으면 시험에 응시할 수 없으니 반드시 신분증을 지참하세요.

Ⓠ 자격증 분실 시 재발급을 받으려면 어떻게 해야 하는지, 또 준비물은 어떤 것들이 있는지요?

Ⓐ 인터넷(q-net.or.kr)으로 신청하면 됩니다. 재발급 시 발급 수수료와 배송비가 필요합니다.

1 과목

응용 SW 기초 기술 활용

1 장

운영체제 기초 활용

운영체제의 개념

1 운영체제(OS; Operating System)의 정의

운영체제는 컴퓨터 시스템의 자원*들을 효율적으로 관리하며, 사용자가 컴퓨터를 편리하고 효과적으로 사용할 수 있도록 환경을 제공하는 여러 프로그램의 모임이다.

- 컴퓨터 사용자와 컴퓨터 하드웨어 간의 인터페이스로서 동작하는 시스템 소프트웨어의 일종으로, 다른 응용 프로그램이 유용한 작업을 할 수 있도록 환경을 제공해준다.

2 운영체제의 목적

운영체제의 목적에는 처리 능력 향상, 사용 가능도 향상, 신뢰도 향상, 반환 시간 단축 등이 있다.

- 처리 능력, 반환 시간, 사용 가능도, 신뢰도는 운영체제의 성능을 평가하는 기준이 된다.

처리 능력(Throughput)	일정 시간 내에 시스템이 처리하는 일의 양
반환 시간(Turn Around Time)	시스템에 작업을 의뢰한 시간부터 처리가 완료될 때까지 걸린 시간
사용 가능도(Availability)	시스템을 사용할 필요가 있을 때 즉시 사용 가능한 정도
신뢰도(Reliability)	시스템이 주어진 문제를 정확하게 해결하는 정도

3 운영체제의 구성
22.3

운영체제는 기능별로 제어 프로그램과 처리 프로그램으로 분류할 수 있다.

- 제어 프로그램(Control Program)

감시 프로그램 (Supervisor Program)	각종 프로그램의 실행과 시스템 전체의 작동 상태를 감시·감독하는 프로그램

작업 제어 프로그램 (Job Control Program)	어떤 업무를 처리하고 다른 업무로의 이행을 자동으로 수행하기 위한 준비 및 그 처리에 대한 완료를 담당하는 프로그램
자료 관리 프로그램 (Data Management Program)	주기억장치와 보조기억장치 사이의 자료 전송, 파일의 조작 및 처리, 입·출력 자료와 프로그램 간의 논리적 연결 등 시스템에서 취급하는 파일과 데이터를 표준적인 방법으로 처리할 수 있도록 관리하는 프로그램

• 처리 프로그램(Processing Program)

언어 번역 프로그램 (Language Translate Program)	원시 프로그램(Source Program)을 기계어 형태의 목적 프로그램(Object Program)으로 번역하는 프로그램
서비스 프로그램 (Service Program)	사용자의 편리를 위해 시스템 제공자가 미리 작성하여 사용자에게 제공해주는 것으로, 사용 빈도가 높은 프로그램
문제 프로그램(Problem Program)	특정 업무 및 문제 해결을 위해 사용자가 작성한 프로그램

4 운영체제의 종류

운영체제의 종류에는 Windows, UNIX, LINUX, MacOS, MS-DOS, Android, iOS 등이 있다.

운영체제	특징
Windows	마이크로소프트(Microsoft) 사가 개발한 운영체제
UNIX	AT&T 벨(Bell) 연구소, MIT, General Electric이 공동 개발한 운영체제
LINUX	리누스 토발즈(Linus Torvalds)가 개발한 운영체제로 UNIX와 호환이 가능함
MacOS	애플(Apple) 사가 UNIX를 기반으로 개발한 운영체제
MS-DOS	Windows 이전에 사용되던 운영체제
Android	구글(Google) 사에서 개발한 리눅스 기반의 개방형 모바일 운영체제
iOS	애플(Apple) 사에서 개발한 유닉스 기반의 모바일 운영체제

> **잠깐만요 Android 버전의 코드 네임**
>
> Android는 알파벳 순서대로 디저트의 이름을 붙여 코드 네임으로 사용하였으나 2019년 9월 공개된 버전 10부터는 코드 네임 없이 버전만 명시하여 사용하고 있습니다.
> • Android 버전 1.0은 공식적인 코드 네임이 없으며, 1.1은 프로젝트 매니저(PM)가 알파벳 순서를 무시하고 프티 프루(Petit Four)라고 지었습니다.
> • Android 버전별 코드 네임은 다음과 같습니다.
>
> | 버전 | 코드 네임 |
> |---|---|
> | 1.0 | |
> | 1.1 | 프티 푸르(Petit Four) |
> | 1.5 | 컵케이크(Cupcake) |

1.6	도넛(Donut)
2.0/2.1	에클레어(Eclair)
2.2	프로요(Froyo)
2.3	진저브레드(GingerBread)
3.0/3.1/3.2	허니콤(Honeycomb)
4.0	아이스크림 샌드위치(Ice Cream Sandwich)
4.1/4.2/4.3	젤리빈(Jelly Bean)
4.4	킷캣(KitKat)
5.0/5.1	롤리팝(Lollipop)
6.0/6.0.1	마시멜로 (Marshmallow)
7.0/7.1	누가(Nougat)
8.0/8.1	오레오(Oreo)
9	파이(Pie)

24.3, 23.11, 20.11

5 운영체제 운용 기법의 발달 과정

운영체제의 운영 기법은 다음과 같은 단계를 거쳐 발달하였다.

일괄 처리 시스템 (Batch Processing System)	초기의 컴퓨터 시스템에서 사용된 형태로, 일정량 또는 일정 기간 동안 데이터를 모아서 한꺼번에 처리하는 방식
다중 프로그래밍 시스템 (Multi-Programming System)	하나의 CPU와 주기억장치를 이용하여 여러 개의 프로그램을 동시에 처리하는 방식
시분할 시스템 (Time Sharing System)	여러 명의 사용자가 사용하는 시스템에서 컴퓨터가 사용자들의 프로그램을 번갈아가며 처리해 줌으로써 각 사용자에게 독립된 컴퓨터를 사용하는 느낌을 주는 것으로, 라운드 로빈(Round Robin) 방식이라고도 함
다중 처리 시스템 (Multi-Processing System)	여러 개의 CPU와 하나의 주기억장치를 이용하여 여러 개의 프로그램을 동시에 처리하는 방식
실시간 처리 시스템 (Real Time Processing System)	데이터 발생 즉시, 또는 데이터 처리 요구가 있는 즉시 처리하여 결과를 산출하는 방식
범용 시스템 (General-Purpose System)	일괄 처리 시스템, 시분할 시스템, 다중 처리 시스템, 실시간 처리 시스템을 한 시스템에서 모두 제공하는 방식으로, 다중 모드 처리 시스템이라고도 함
분산 처리 시스템 (Distributed Processing System)	여러 개의 컴퓨터(프로세서)를 통신 회선으로 연결하여 하나의 작업을 처리하는 방식

※ 정답 및 해설은 55쪽에 있습니다.

기출 따라잡기

문제 1 23년 11월, 20년 11월
다음에 제시된 운영체제의 발달 과정을 순서대로 나열하시오.

① 다중 처리 시스템
② 범용 시스템
③ 분산 처리 시스템
④ 일괄 처리 시스템

답 : (   ) → (   ) → (   ) → (   )

문제 2 20년 8월
구글(Google) 사의 모바일 컴퓨터용 운영체제(OS) 안드로이드(Android)는 버전 1.1부터 버전 9까지의 모든 코드 네임이 디저트 이름이다. 버전 7이 누가(Nougat), 버전 8이 오레오(Oreo)였다. 그렇다면 버전 9의 코드 네임은 무엇인지 쓰시오.

답 :

문제 3 이전기출
컴퓨터 시스템을 구성하고 있는 하드웨어 장치와 일반 컴퓨터 사용자 또는 컴퓨터에서 실행되는 응용 프로그램의 중간에 위치하여 사용자들이 보다 쉽고 간편하게 컴퓨터 시스템을 이용할 수 있도록 제어 관리하는 프로그램이 무엇인지 쓰시오.

답 :

전문가의 조언

'이전기출'은 본문과 관련된 내용 중 시험 과목이 변경되기 이전에 정보처리기능사에 출제되었던 기출문제입니다.

문제 4 22년 3월
운영체제에 관한 다음 설명에서 괄호(①, ②)에 들어갈 알맞은 용어를 쓰시오.

운영체제는 (①) 프로그램과 (②) 프로그램으로 나눠진다. (①) 프로그램은 컴퓨터 전체의 작동 상태 감시, 작업의 순서 지정, 작업에 사용되는 데이터 관리 등의 역할을 수행하는 것으로 감시 프로그램, 작업 제어 프로그램, 자료 관리 프로그램이 있다. (②) 프로그램은 (①) 프로그램의 지시를 받아 사용자가 요구한 문제를 해결하기 위한 프로그램으로 언어 번역 프로그램, 서비스 프로그램 등이 있다.

답

• ①

• ②

문제 5 이전기출
운영체제의 목적 4가지를 쓰시오.

답 :

문제 6 이전기출
운영체제의 성능 평가 기준 중 시스템에 작업을 지시하고 나서부터 결과를 받을 때까지의 경과 시간을 무엇이라고 하는지 쓰시오.

답 :

문제 7 이전기출
운영체제의 성능 평가 기준 중 시스템이 주어진 문제를 얼마나 정확하게 해결하는가를 나타내는 척도를 무엇이라고 하는지 쓰시오.

답 :

문제 8 이전기출
다음 설명이 의미하는 운영체제의 성능 평가 기준을 쓰시오.

> • 컴퓨터 시스템 내의 한정된 각종 자원을 여러 사용자가 요구할 때, 어느 정도 신속하고 충분히 지원해 줄 수 있는지의 정도이다.
> • 사용 가능한 하드웨어 자원의 수나 다중 프로그래밍 정도 등의 요소가 좌우하는 것으로, 같은 종류의 시스템 자원수가 많을 경우에는 이것이 높아질 수 있다.

답 :

문제 9 24년 3월
다음 설명에 해당하는 알맞은 용어를 〈보기〉에서 찾아 쓰시오. (5점)

> 단말장치 사용자가 일정한 시간 간격(Time Slice) 동안 CPU를 사용함으로써 단독으로 CPU를 사용하는 것과 같은 효과를 가지는 시스템으로, 라운드 로빈(Round Robin) 방식이라고도 한다. 한 시스템을 여러 명의 사용자가 공유하여 동시에 작업을 수행하며, 시스템의 전체 효율은 좋아지나 개인별 사용자 입장에서는 반응 속도가 느려질 수 있다.

〈SQL문〉

> • 일괄 처리 시스템   • 다중 프로그래밍 시스템   • 시분할 시스템
> • 다중 처리 시스템   • 실시간 처리 시스템   • 분산 처리 시스템

답 :

Windows

1 최신 Windows의 특징

23.3, 20.6

한글 Windows는 컴퓨터 시스템의 하드웨어를 효율적으로 관리하고 사용자에게는 더 편리한 컴퓨터 환경을 제공하기 위하여 만들어진 개인용 컴퓨터 시스템의 운영체제로서, 다음과 같은 특징이 있다.

그래픽 사용자 인터페이스(GUI) 사용	키보드로 명령어를 직접 입력하지 않고, 아이콘이나 메뉴를 마우스로 선택하여 모든 작업을 수행하는 사용자 작업 환경(GUI)을 사용함
선점형 멀티태스킹 (Preemptive Multi-Tasking)	운영체제가 각 작업의 CPU 이용 시간을 제어하여 응용 프로그램 실행중 문제가 발생하면 해당 프로그램을 강제로 종료시키고, 모든 시스템 자원을 반환하는 멀티 태스킹※ 운영 방식
32비트 또는 64비트 데이터 처리	이전 버전과의 호환을 위해 부분적으로 16비트 데이터 처리를 하나 대부분 32비트나 64비트 데이터 처리를 하므로 더 많은 양의 데이터를 빠르게 처리할 수 있음
FAT32 파일 시스템	• 파일 시스템이란 보조기억장치에 저장되는 파일을 수정, 삭제, 추가, 검색하는 등의 관리 시스템을 말함 • Windows는 FAT32 파일 시스템을 채용하여 디스크의 저장 공간을 절약하고, 프로그램의 실행 속도를 향상시킴
플러그 앤 플레이 (PnP; Plug & Play)	• 컴퓨터 시스템에 새로운 하드웨어를 장착하고 시스템을 가동시키면 자동으로 하드웨어를 인식하고 실행하는 기능 • 운영체제가 주변기기를 자동으로 인식하므로 시스템 환경을 사용자가 직접 설정할 필요가 없음
OLE(Object Linking and Embedding)	다른 여러 응용 프로그램에서 작성된 문자나 그림 등의 개체(Object)를 현재 작성중인 문서에 자유롭게 연결(Linking)하거나 삽입(Embedding)하여 편집할 수 있게 하는 기능
255자의 긴 파일 이름	• 파일 이름을 지정할 때 VFAT(Virtual File Allocation Table)※를 이용하여 최대 255자까지 지정할 수 있음 • 파일 이름에 공백을 포함할 수 있으며, 한글은 127자까지 지정할 수 있음
향상된 네트워크 기능	Windows는 운영체제 자체에서 여러 가지 프로토콜을 지원하므로 네트워크 구축 및 통신에 관련된 여러 가지 작업을 쉽게 할 수 있음
DOS와 호환	Windows는 DOS와 호환이 가능하여 기존에 사용하던 대부분의 DOS 응용 프로그램을 Windows에서도 그대로 사용할 수 있음

전문가의 조언

최신 Windows 운영체제는 Windows 10을 포함하여 Windows 7 이후에 출시된 운영체제를 말합니다. 최신 Windows의 특징에는 어떤 것들이 있는지 알고 있어야 합니다. 특히 GUI, 선점형 멀티태스킹, 플러그 앤 플레이, OLE에 대한 내용을 잘 알아두세요.

멀티태스킹(Multi-Tasking)
다중 작업. 여러 개의 프로그램을 동시에 진행하는 것으로 멀티 프로그래밍이라고도 합니다. 이를 테면 MP3 음악을 들으면서 워드프로세서 작업을 하다 인터넷에서 파일을 다운로드하는 것을 멀티태스킹이라고 합니다.

VFAT(가상 할당 테이블)
FAT 파일 시스템과 호환성을 유지하면서 긴 파일 이름을 지원하기 위해, FAT16 구조인 파일 이름 8자, 확장자 3자의 구조를 그대로 두고, 긴 파일 이름에 대한 데이터를 따로 저장하는 방식입니다.

'Windows Key' 또는 'Windows 로고 키'라고 불립니다.

피드백 허브
사용자가 Windows 10을 사용하는 과정에서 발생한 오류나 기능에 대한 의견을 보내면, Windows 개발자들이 이를 참고하여 기능 개선에 사용하게 되는데, 이와 같이 Windows 10의 개선을 위해 사용자와 개발자 간의 의견을 교환할 수 있도록 하는 앱을 의미합니다.

프로젝트 바로 가기

가상 데스크톱
바탕 화면을 여러 개 만들어 바탕 화면별로 필요한 앱을 실행해 놓고 바탕 화면을 전환하면서 작업할 수 있는 것으로, 한글 Windows 10에서 제공하는 기능입니다.

2 바로 가기 키(단축키)

바로 가기 키는 키보드의 키를 조합하여 명령어 대신 특정 앱이나 명령을 빠르게 실행하는 기능으로, 단축키 또는 핫키(Hot Key)라고도 한다.

바로 가기 키	기능
21.4 Alt + F4	• 실행중인 창(Window)이나 앱을 종료한다. • 실행중인 앱이 없으면 'Windows 종료' 창을 나타낸다.
22.3 Shift + Delete	휴지통을 거치지 않고 폴더나 파일을 바로 삭제한다.
21.11 ■ + 1 ~ 9, 0	작업 표시줄에 등록된 앱 중 번호 순서에 맞는 앱을 실행한다. ㎝ ■ + 3 : 작업 표시줄에 등록된 앱 중 왼쪽에서 3번째에 위치한 앱을 실행
21.8 ■ + D	열려 있는 모든 창과 대화상자를 최소화(바탕 화면 표시)하거나 이전 크기로 표시한다.
■ + Alt + D	화면에 날짜 및 시간을 표시하거나 숨긴다.
22.11, 20.6 ■ + E	'파일 탐색기'를 실행한다.
■ + F	피드백 허브※ 앱을 실행한다.
■ + I	'설정' 창을 화면에 나타낸다.
23.8, 23.3 ■ + L	컴퓨터를 잠그거나 사용자를 전환한다.
■ + M / ■ + Shift + M	열려 있는 모든 창을 최소화/이전 크기로 표시한다.
22.11, 20.8 ■ + P	화면 우측에 '프로젝트' 바로 가기※를 표시한다.
■ + Tab	'작업 보기'를 실행한다.
22.8 ■ + Ctrl + D	가상 데스크톱※을 추가한다.
22.8 ■ + Ctrl + F4	사용 중인 가상 데스크톱을 삭제한다.
■ + Ctrl + Q	'빠른 지원'을 실행한다.
24.3 ■ + R	'실행' 창을 나타낸다.
■ + S	'검색 상자'로 포커스를 옮긴다.
■ + Shift + S	화면 상단에 캡쳐 도구와 유사한 스크린샷 바를 표시한다.
■ + T	작업 표시줄에 등록된 앱을 차례로 선택한다.
■ + U	[설정]의 '접근성' 창을 표시한다.
23.6 ■ + V	클립보드를 실행한다.
■ + X	[시작] 메뉴의 바로 가기 메뉴를 표시한다.
■ + Pause	[설정] → [시스템] → [정보] 창을 표시한다.

※ 정답 및 해설은 55쪽에 있습니다.

기출 따라잡기 Section 002

문제 1 22년 8월
다음 설명의 괄호(①, ②)에 들어갈 알맞은 키를 쓰시오.

Windows에서는 바탕 화면을 여러 개 만들어 바탕 화면별로 각각의 앱을 실행해 놓고 바탕 화면을 전환해 가면서 작업할 수 있는 가상 데스크톱 기능을 지원한다. 키보드의 [Windows Key]+[Tab]을 누르면 현재 설정된 가상 데스크톱을 확인할 수 있다. 새로운 가상 데스크톱을 생성하려면 키보드의 [Ctrl]+[Windows Key]+(①)를 눌러야 하고, 현재 작업 중인 가상 데스크톱을 제거하려면 키보드의 [Ctrl]+[Windows Key]+(②)를 눌러야 한다.

답
- ①
- ②

문제 2 22년 3월
파일이나 폴더를 삭제할 때 [Delete]를 누르면 삭제한 항목이 휴지통에 임시 저장된다. 삭제 시 삭제한 항목이 휴지통에 임시 저장되지 않고 완전히 삭제되도록 하기 위한 다음의 단축키 구성에서 괄호에 들어갈 알맞은 키를 쓰시오.

( ) + Delete

답 :

문제 3 22년 11월, 20년 8월
Windows 10을 사용하는 컴퓨터에서 모니터 두 대를 연결하여 사용할 때 다음과 같은 메뉴가 표시되도록 하는 단축키를 쓰시오.

답 :

문제 4 22년 11월, 20년 6월 "파일 탐색기" 기능을 수행하기 위한 Windows 10의 단축키를 쓰시오.

답 :

문제 5 21년 11월 다음은 Windows 10에서 작업 표시줄이 〈그림〉과 같을 때, 'Internet Explorer'를 실행하기 위한 바로 가기 키이다. 괄호에 들어갈 알맞은 숫자를 쓰시오.

Windows Key + (   )

⊞ 🔍 검색하려면 여기에 입력하십시오.   🗔 🗎 📄 🗃 🌐 🅰 🗃

답 :

문제 6 21년 8월 다음은 여러 개의 창을 사용하는 중에 바탕 화면을 보기 위해 모든 창을 최소화하는 바로 가기 키이다. 괄호에 들어갈 알맞은 키를 쓰시오.

Windows Key + (   )

답 :

문제 7 21년 4월 다음 중 한글 Windows 10에서 현재 활성화된 Window 창을 종료할 때 사용하는 단축키를 쓰시오. (단 [키 목록 보기]에서 찾아 [예시]와 같이 쓰시오.)

[키 목록 보기]
Ctrl, Alt, Shift, PgUp, PgDn, Home, End, Tab, 숫자 0~9, 알파벳 a~z, A~Z, 기능키 F1~F12, Windows Key, Insert, Delete, [한/영], [한자], ~, !, @, #, $, %, ^, &, *, −, +, (,)

[예시]
Windows Key + n

답 :

UNIX / LINUX

1 UNIX의 개요 및 특징

UNIX는 1960년대 AT&T 벨(Bell) 연구소, MIT, General Electric이 공동 개발한 운영체제로 다음과 같은 특징이 있다.

- 시분할 시스템(Time Sharing System)을 위해 설계된 대화식 운영체제로, 소스가 공개된 개방형 시스템(Open System)이다.
- 대부분 C 언어로 작성되어 있어 이식성이 높으며 장치, 프로세스 간의 호환성이 높다.
- 크기가 작고 이해하기가 쉽다.
- Multi-User, Multi-Tasking을 지원한다.
- 많은 네트워킹 기능을 제공하므로 통신망(Network) 관리용 운영체제로 적합하다.
- 계층적 트리 구조의 파일 시스템을 갖는다.
- 표준 입·출력을 통해 명령어들이 파이프라인으로 연결된다.

> **잠깐만요** **Multi-User, Multi-Tasking**
>
> - Multi-User는 여러 사용자가 동시에 시스템을 사용하는 것이고, Multi-Tasking은 여러 개의 작업(프로그램)을 동시에 수행하는 것을 의미합니다.
> - 하나 이상의 작업을 백그라운드에서 수행하므로 여러 작업을 동시에 처리할 수 있습니다.

2 UNIX 시스템의 구성

23.8, 22.11, 22.5, 21.4

시스템의 구성

전문가의 조언

문제에 제시된 내용이 UNIX의 특징임을 알아낼 수 있을 정도로 정리해 두세요. 적어도 Windows의 특징과는 구분할 수 있어야 합니다.

 전문가의 조언

UNIX 시스템의 구성 중 커널과 쉘의 기능을 정확히 구분할 수 있도록 특징을 파악해 두세요.

요소	특징
22.11, 21.4 커널(Kernel)	• UNIX의 가장 핵심적인 부분임 • 컴퓨터가 부팅될 때 주기억장치에 적재된 후 상주하면서 실행됨 • 하드웨어를 보호하고, 프로그램과 하드웨어 간의 인터페이스 역할을 담당함 • 프로세스(CPU 스케줄링) 관리, 기억장치 관리, 파일 관리, 입·출력 관리, 데이터 전송 및 변환 등 여러 가지 기능을 수행함
23.8, 22.5, 21.4 쉘(Shell)	• 사용자의 명령어를 인식하여 프로그램을 호출하고 명령을 수행하는 명령어 해석기임 • 명령을 해석하여 커널로 처리할 수 있도록 전달해주는 명령 인터프리터로, 단말장치를 통하여 사용자로부터 명령어를 입력받음 • 공용 Shell(Bourne Shell, C Shell, Korn Shell)이나 사용자 자신이 만든 Shell을 사용할 수 있음
유틸리티 프로그램 (Utility Program)	• 일반 사용자가 작성한 응용 프로그램을 처리하는 데 사용함 • DOS에서의 외부 명령어에 해당됨 • 유틸리티 프로그램에는 에디터*, 컴파일러, 인터프리터, 디버거 등이 있음

UNIX 시스템 편집기(Editor)
UNIX 시스템이 제공하는 편집기에는 vi, ed, emacs, pico, joe 등이 있습니다.

3 LINUX의 개요 및 특징

LINUX는 1991년 리누스 토발즈(Linus Torvalds)가 UNIX를 기반으로 개발한 운영체제이다.

• 프로그램 소스 코드가 무료로 공개되어 있기 때문에 프로그래머가 원하는 기능을 추가할 수 있고, 다양한 플랫폼에 설치하여 사용이 가능하며, 재배포가 가능하다.
• UNIX와 완벽하게 호환된다.
• 대부분의 특징이 UNIX와 동일하다.

기출 따라잡기   Section 003

문제 1 23년 8월, 22년 11월, 5월, 21년 4월

LINUX 운영체제에 대한 다음 설명에서 괄호(①, ②)에 들어갈 적합한 용어를 쓰시오.

- 사용자는 (①)을 통해 운영체제와 대화를 수행하는데, (①)은 사용자의 명령이 입력되면 이것을 번역하여 명령을 수행하는 명령어 해석기이자, 사용자와 시스템 간의 인터페이스 역할을 담당한다.
- (②)은 운영체제의 핵심으로, 장치 관리, 프로세스 관리, 프로세스간 통신, 파일 관리 등의 작업을 수행한다. 컴퓨터가 부팅될 때 주기억장치에 적재되며, 프로그램과 하드웨어 간의 인터페이스 역할을 담당한다.

답

- ①
- ②

문제 2 이전기출

다음이 설명하는 운영체제(OS)를 쓰시오.

- 1960년대 AT&T Bell 연구소, MIT, General Electric이 공동 개발한 운영체제이다.
- Time Sharing System을 위해 설계되었다.
- 대부분 C 언어로 작성되어 있다.
- Tree 구조의 파일 시스템을 갖는다.

답 :

문제 3 이전기출

다음이 설명하는 운영체제(OS)를 쓰시오.

- 1991년 Linus Torvalds가 UNIX를 기반으로 개발한 운영체제이다.
- 프로그램 소스 코드가 무료로 공개되어 있기 때문에 프로그래머가 원하는 기능을 추가할 수 있고, 다양한 플랫폼에 설치하여 사용이 가능하며, 재배포가 가능하다.

답 :

운영체제의 기본 명령어

전문가의 조언

Windows와 UNIX/LINUX에서 사용하는 명령어를 구분할 수 있어야 하고, 각 명령어들의 개별적인 기능을 알고 있어야 합니다.

명령 프롬프트 창 실행 방법
• 실행(■+ℝ) 창 또는 프로그램 및 파일 검색 난에 cmd를 입력한 후 Enter 누름
• Windows 7 이하 버전은 보조 프로그램에서 '명령 프롬프트' 선택
• Windows 8 이상 버전은 Windows 시스템에서 '명령 프롬프트' 선택

전문가의 조언

명령어 뒤에 "/?"를 입력하면 해당 명령어의 옵션이 표시됩니다.
예 dir/?

DIR의 옵션
• /p : 목록을 한 화면 단위로 표시
• /w : 목록을 가로로 나열하여 표시
• /o : 지정한 정렬 방식으로 파일 목록 표시(d : 날짜/시간, e : 확장자, n : 파일 이름, s : 파일 크기)
• /s : 하위 디렉터리의 정보까지 표시
• /a : 지정한 속성이 설정된 파일 목록 표시

속성의 종류
• r : 읽기 전용 속성
• a : 저장/백업 속성
• s : 시스템 파일 속성
• h : 숨김 파일
※ 속성을 지정할 때는 속성 앞에 +를, 해제할 때는 속성 앞에 −를 입력합니다.

1 운영체제 기본 명령어의 개요

• 운영체제를 제어하는 방법은 크게 CLI와 GUI로 구분할 수 있다.
• CLI(Command Line Interface)는 키보드로 명령어를 직접 입력하여 작업을 수행하는 사용자 인터페이스를 의미한다.
• GUI(Graphic User Interface)는 키보드로 명령어를 직접 입력하지 않고, 마우스로 아이콘이나 메뉴를 선택하여 작업을 수행하는 그래픽 사용자 인터페이스를 의미한다.

2 Windows 기본 명령어
24.6, 22.8, 20.4

• CLI 기본 명령어 : 명령 프롬프트(Command) 창*에 명령어를 입력하여 작업을 수행하는 것으로, 주요 기본 명령어는 다음과 같다.

명령어	기능
22.8, 20.4 dir*	현재 디렉터리의 파일 목록을 표시한다. 예 dir → 현재 디렉터리의 파일 목록을 표시한다.
copy	파일을 복사한다. 예 copy abc.txt gilbut → abc.txt 파일을 gilbut 디렉터리로 복사한다.
del	파일을 삭제한다. 예 del abc.txt → abc.txt 파일을 삭제한다.
type	파일의 내용을 표시한다. 예 type abc.txt → abc.txt 파일의 내용을 표시한다.
ren	파일의 이름을 변경한다. 예 ren abc.txt 123.txt → abc.txt 파일의 이름을 123.txt로 변경한다.
md	디렉터리를 생성한다. 예 md gilbut → gilbut 디렉터리를 생성한다.
cd	동일한 드라이브에서 디렉터리의 위치를 변경한다. 예 cd gilbut → 디렉터리의 위치를 gilbut으로 변경한다.
cls	화면의 내용을 지운다. 예 cls → 화면에 표시되어 있는 모든 내용을 지운다.
attrib	파일의 속성*을 변경한다. 예 attrib +r abc.txt → abc.txt의 파일 속성을 읽기 전용으로 변경한다.

명령어	기능
find	파일에서 문자열을 찾는다. **예** find "123" abc.txt → abc.txt에서 "123"이 포함된 문자열을 찾는다.
chkdsk	디스크 상태를 점검한다. **예** chkdsk → 현재 드라이브의 상태를 점검한다.
format	디스크 표면을 트랙과 섹터로 나누어 초기화한다. **예** format c: → c 드라이브를 초기화한다.
move	파일을 이동한다. **예** move abc.txt gilbut → abc.txt 파일을 gilbut 디렉터리로 이동한다.
24.6, 22.8 ping	• 특정 호스트가 현재 네트워크에 연결되어 정상적으로 작동하고 있는지 알아보는 서비스이다. • ICMP를 사용하여 특정 호스트로의 연결 가능 여부를 확인한다.
24.6 ipconfig※	IP 주소, 서브넷 마스크, 게이트웨이, MAC 주소 등 네트워크 인터페이스의 현재 상태를 표시한다.

- **GUI 기본 명령어** : 바탕 화면이나 Windows 탐색기에서 마우스로 아이콘을 더블클릭하여 프로그램 실행, 파일의 복사 및 이동, 제어판의 기능 실행 등 모든 작업이 GUI 명령어에 해당한다.

3 UNIX / LINUX 기본 명령어
24.8, 24.3, 23.11, 23.6, 23.3, 22.8, 22.5, 21.8, 21.6, 21.4, 20.11

- **CLI 기본 명령어** : 쉘(Shell)※에 명령어를 입력하여 작업을 수행하는 것으로, 주요 기본 명령어는 다음과 같다.

명령어	기능
23.3, 21.4 cat	파일 내용을 화면에 표시한다. **예** cat abc.txt → abc.txt 파일 내용을 화면에 표시한다.
cd	디렉터리의 위치를 변경한다. **예** cd gilbut → gilbut 디렉터리로 이동한다.
21.6, 20.11 chmod	파일의 보호 모드※를 설정하여 파일의 사용 허가를 지정한다. **예** chmod u=rwx abc.txt → user(u)에게 abc.txt 파일의 읽기(r), 쓰기(w), 실행(x) 권한을 부여(=)한다.
23.11, 21.4 chown	파일 소유자와 그룹을 변경한다. **예** chown member1 abc.txt → abc.txt 파일의 소유자를 member1로 변경한다.
cp	파일을 복사한다. **예** cp abc.txt gilbut/abc2.txt → abc.txt 파일을 gilbut 디렉터리에 abc2.txt로 이름을 변경하여 복사한다.
23.11, 21.6 rm	파일을 삭제한다. **예** rm abc.txt → abc.txt 파일을 삭제한다.

ipconfig
UNIX/LINUX에서 ipconfig와 유사한 기능을 수행하는 명령어는 ifconfig입니다.

쉘(Shell)
쉘은 사용자의 명령어를 인식하여 프로그램을 호출하고 명령을 수행하는 명령어 해석기입니다.

 전문가의 조언

명령어 뒤에 "--help"를 입력하면 해당 명령어의 옵션이 표시됩니다.
예 cat --help

chmod의 문자열 모드
사용자
- u : user(소유자)
- g : group(그룹)
- o : other(다른 사용자)
- a : all(모두)

설정기호
- + : 권한 추가
- − : 권한 삭제
- = : 권한 부여

권한
- r : read(읽기)
- w : write(쓰기)
- x : excute(실행)

find	파일을 찾는다. 예 find abc.txt → abc.txt 파일을 찾는다.
fsck	파일 시스템을 검사하고 보수한다. 예 fsck /dev/sda1 → /dev/sda1에 기록된 모든 파일 시스템을 검사하고 보수한다.
kill	PID(프로세스 고유 번호)를 이용하여 프로세스를 종료한다. 예 kill 1234 → PID가 1234인 프로세스를 종료한다.
killall	프로세스의 이름을 이용하여 프로세스를 종료한다. 예 killall gilbut → 프로세스 이름이 gilbut인 모든 프로세스를 종료한다.
24.3, 21.8 ls	현재 디렉터리의 파일 목록을 표시한다. 예 ls → 현재 디렉터리의 파일 목록을 표시한다.
mkdir	디렉터리를 생성한다. 예 mkdir gilbut → gilbut 디렉터리를 생성한다.
rmdir	디렉터리를 삭제한다. 예 rmdir gilbut → gilbut 디렉터리를 삭제한다.
mv	파일을 이동한다. 예 mv abc.txt gilbut/abc2.txt → abc.txt 파일을 gilbut 디렉터리에 abc2.txt로 이름을 변경하여 이동한다.
ps	현재 실행중인 프로세스를 표시한다. 예 ps → 현재 실행중인 프로세스를 표시한다.
24.8, 22.5, 20.11 pwd	현재 작업중인 디렉터리 경로를 화면에 표시한다. 예 pwd → 현재 작업중인 디렉터리 경로를 화면에 표시한다.
top	시스템의 프로세스와 메모리 사용 현황을 표시한다. 예 top → 시스템의 프로세스와 메모리 사용 현황을 표시한다.
who	현재 시스템에 접속해 있는 사용자를 표시한다. 예 who → 현재 시스템에 접속해 있는 사용자를 표시한다.
22.5 tar*	파일을 압축하거나 압축을 해제한다. 예 tar cvf abc.tar * → 현재 디렉터리의 모든 파일을 'abc.tar'라는 이름으로 압축하며, 처리 과정을 자세하게 표시한다. tar xvf abc.tar → 압축된 'abc.tar' 파일을 현재 디렉터리에 해제하며, 처리 과정을 자세하게 표시한다.
23.6 head	• 파일 내용의 앞부분을 출력한다. • 옵션*을 지정하지 않을 경우 기본값은 10행이다.
24.8 ifconfig*	IP 주소, 서브넷 마스크, 브로드캐스트 주소, MAC 주소 등 네트워크 인터페이스의 현재 상태를 표시한다.

 전문가의 조언

ls로 파일 목록을 표시했을 때 파란색 파일은 실행 파일, 흰색 파일은 비실행 파일을 의미합니다.

tar의 주요 옵션
• f : 압축이나 해제 시 기본적으로 사용해야 하는 옵션
• c : 압축할 때 사용
• x : 압축을 해제할 때 사용
• v : 처리되는 과정(파일 정보)을 자세하게 나열

head 옵션
• -n : 출력할 행의 수를 지정함
• -c : 출력할 바이트(Byte)를 지정함

ifconfig
Windows에서 ifconfig와 유사한 기능을 수행하는 명령어는 ipconfig입니다.

• **GUI 기본 명령어** : UNIX와 LINUX는 기본적으로 CLI를 기반으로 운영되는 시스템이지만 X Window라는 별도의 프로그램을 설치하여 GUI 방식으로 운영할 수 있다.

※ 정답 및 해설은 56쪽에 있습니다.

기출 따라잡기   Section 004

문제 1 24년 3월, 21년 8월
영어 'List'에서 파생된 단어로, 리눅스(Linux)에서 파일 목록을 표시하는 명령어를 쓰시오.

답 :

문제 2 23년 11월, 21년 6월
UNIX에서 사용하는 명령어에 대한 다음 설명에서 괄호(①, ②)에 들어갈 알맞은 명령어를 쓰시오.

- (①) : 파일을 삭제하는 명령어이다.
- (②) : 파일의 사용 권한을 변경할 때 사용하는 명령어이다.

답
- ①
- ②

문제 3 22년 5월, 20년 4월
MS-DOS에서 파일 전체를 나열하는 명령어로, UNIX 명령어의 ls와 동일한 기능을 하는 명령어를 쓰시오.

답 :

문제 4 24년 8월, 20년 11월
LINUX의 명령어 중 다음에 해당하는 명령을 〈보기〉에서 찾아 쓰시오.

〈보기〉

cd, chmod, chown, pwd, ls, cp, rm, find, cat, fsck

답
- ① 읽기(R), 쓰기(W), 실행(E)의 권한을 변경하는 명령어 :
- ② 현재 작업 중인 디렉토리의 경로를 보여주는 명령어 :

문제 5 22년 8월 윈도우 운영체제의 도스 프롬프트 모드에서 사용하는 것으로, UNIX의 ls와 동일하게 현재 디렉터리의 파일 목록을 표시하는 명령어를 쓰시오.

답 :

문제 6 22년 5월 테이프 아카이브에서 유래된 것으로, 유닉스와 리눅스에서 여러 파일을 묶거나 묶인 파일을 풀 때 사용하는 명령어가 무엇인지 쓰시오.

답 :

문제 7 23년 3월 UNIX 명령어 중 화면에 파일 내용을 출력하는 명령어를 〈보기〉에서 골라 쓰시오.

〈보기〉

• ls	• fcsk	• pwd	• cat	• chmod

답 :

문제 8 24년 8월 다음 설명에 해당하는 UNIX 명령어를 쓰시오.

> 네트워크 인터페이스를 구성하고 관리하기 위해 사용하는 명령어이다. 이 명령어는 네트워크 인터페이스의 현재 상태를 확인하고 IP 주소를 설정하거나 변경하는 용도로 사용하며, Windows의 ipconfig 명령과 유사하다.

답 :

문제 9 23년 6월 리눅스 명령어 중 다음 설명에 해당하는 명령어를 쓰시오.

> • 파일의 내용을 앞에서부터 10행까지만 표시한다.
> • -n 옵션을 사용하면 지정한 숫자의 행까지만 표시한다.
> • -c 옵션을 사용하면 지정한 Byte만큼만 표시한다.

답 :

기억장치 관리

1 기억장치의 관리 전략의 개요

기억장치의 관리 전략은 보조기억장치의 프로그램이나 데이터를 주기억장치에 적재시키는 시기, 적재 위치 등을 지정하여 한정된 주기억장치의 공간을 효율적으로 사용하기 위한 것이다.

- 기억장치 관리 전략의 종류에는 반입(Fetch) 전략, 배치(Placement) 전략, 교체(Replacement) 전략이 있다.

2 반입(Fetch) 전략

반입 전략은 보조기억장치에 보관중인 프로그램이나 데이터를 언제 주기억장치로 적재할 것인지를 결정하는 전략으로, 요구 반입(Demand Fetch)과 예상 반입(Anticipatory Fetch)이 있다.

- **요구 반입(Demand Fetch)** : 실행중인 프로그램이 특정 프로그램이나 데이터 등의 참조를 요구할 때 적재하는 방법이다.
- **예상 반입(Anticipatory Fetch)** : 실행중인 프로그램에 의해 참조될 프로그램이나 데이터를 미리 예상하여 적재하는 방법이다.

3 배치(Placement) 전략

배치 전략은 새로 반입되는 프로그램이나 데이터를 주기억장치의 어디에 위치시킬 것인지를 결정하는 전략으로, 최초 적합(First Fit), 최적 적합(Best Fit), 최악 적합(Worst Fit)이 있다.

- **최초 적합(First Fit)** : 프로그램이나 데이터가 들어갈 수 있는 크기의 빈 영역 중에서 첫 번째 분할 영역에 배치시키는 방법이다.
- **최적 적합(Best Fit)** : 프로그램이나 데이터가 들어갈 수 있는 크기의 빈 영역 중에서 단편화*를 가장 작게 남기는 분할 영역에 배치시키는 방법이다.
- **최악 적합(Worst Fit)** : 프로그램이나 데이터가 들어갈 수 있는 크기의 빈 영역 중에서 단편화를 가장 많이 남기는 분할 영역에 배치시키는 방법이다.

전문가의 조언

기억장치의 관리 전략에는 반입(Fetch), 배치(Placement), 교체(Replacement) 전략이 있다는 것과 각각의 의미, 그리고 배치 전략의 종류를 알아두세요.

단편화
단편화는 주기억장치의 분할된 영역에 프로그램이나 데이터를 할당할 경우, 분할된 영역이 프로그램이나 데이터보다 작거나 커서 생기는 빈 기억 공간을 의미합니다.

예제 기억장치 상태가 다음 표와 같다. 기억장치 관리 전략으로 First Fit, Best Fit, Worst Fit 방법을 사용하려 할 때, 각 방법에 대하여 10K의 프로그램이 할당받게 되는 영역의 번호는?

영역 번호	영역 크기	상태
1	5K	공백
2	14K	공백
3	10K	사용 중
4	12K	공백
5	16K	공백

① 먼저 10K가 적재될 수 있는지 각 영역의 크기를 확인한다.
② First Fit : 빈 영역 중에서 10K의 프로그램이 들어갈 수 있는 첫 번째 영역은 2번이다.
③ Best Fit : 빈 영역 중에서 10K 프로그램이 들어가고 단편화를 가장 작게 남기는 영역은 4번이다.
④ Worst Fit : 빈 영역 중에서 10K 프로그램이 들어가고 단편화를 가장 많이 남기는 영역은 5번이다.

4 교체(Replacement) 전략

교체 전략은 주기억장치의 모든 영역이 이미 사용중인 상태에서 새로운 프로그램이나 데이터를 주기억장치에 배치하려고 할 때, 이미 사용되고 있는 영역 중에서 어느 영역을 교체하여 사용할 것인지를 결정하는 전략이다.

• 교체 전략의 종류에는 OPT, FIFO, LRU, LFU, NUR, MRU 등이 있다.

OPT(OPTimal replacement, 최적 교체)	앞으로 가장 오랫동안 사용하지 않을 페이지를 교체하는 기법
FIFO(First In First Out)	각 페이지가 주기억장치에 적재될 때마다 그때의 시간을 기억시켜 가장 먼저 들어와서 가장 오래 있었던 페이지를 교체하는 기법
LRU(Least Recently Used)	계수기를 두어 가장 오랫동안 참조되지 않은 페이지를 교체하는 기법
LFU(Least Frequently Used)	사용 빈도가 가장 적은 페이지를 교체하는 기법
NUR(Not Used Recently)	최근에 사용하지 않은 페이지를 교체하는 기법
MRU(Most Recently Used)*	사용 빈도가 가장 많은 페이지를 교체하는 기법

MRU
MRU를 MFU(Most Frequently Used)라고도 합니다.

기출 따라잡기   Section 005

문제 1 출제예상
주기억장치 관리 기법인 First Fit, Best Fit, Worst Fit 방법에 대해서 10K 프로그램이 할당될 영역을 쓰시오.

영역1	9K
영역2	15K
영역3	10K
영역4	30K

답

• ① First Fit :

• ② Best Fit :

• ③ Worst Fit :

문제 2 출제예상
다음은 기억장치 관리 전략에 대한 설명이다. 괄호(①~③)에 들어갈 알맞은 전략을 쓰시오.

기억장치의 관리 전략은 보조기억장치의 프로그램이나 데이터를 주기억장치에 적재시키는 시기, 적재 위치 등을 지정하여 한정된 주기억장치의 공간을 효율적으로 사용하기 위한 것으로 (①) 전략, (②) 전략, (③) 전략이 있다.

답

• ①

• ②

• ③

문제 3 이전기출
교체(Replacement) 전략 중 LRU(Least Recently Used)의 개념을 간략히 서술하시오.

답 :

프로세스 관리 및 스케줄링

전문가의 조언

다양하게 표현되는 프로세스의 정의를 모두 숙지하세요.

1 프로세스(Process)의 정의
24.6, 21.8

프로세스는 일반적으로 프로세서(처리기, CPU)에 의해 처리되는 사용자 프로그램, 즉 실행중인 프로그램을 의미하며, 작업(Job) 또는 태스크(Task)라고도 한다.

• 프로세스는 다음과 같이 여러 형태로 정의할 수 있다.
  – 실기억장치에 저장된 프로그램
  – 프로세서가 할당되는 실체
  – 프로시저가 활동중인 것
  – 운영체제가 관리하는 실행 단위
  – 실행중인 프로그램
  – PCB를 가진 프로그램
  – 비동기적 행위※를 일으키는 주체

비동기적 행위

비동기적 행위는 다수의 프로세스가 서로 규칙적이거나 연속적이지 않고 독립적으로 실행되는 것을 말합니다.

전문가의 조언

프로세스의 상태는 준비, 실행, 대기 상태를 중심으로 각 상태의 개별적인 의미를 파악해 두세요.

Dispatch

Dispatch는 준비 상태에서 대기하고 있는 프로세스 중 하나가 프로세서를 할당받아 실행 상태로 전이되는 과정입니다.

Wake Up

Wake Up은 입·출력 작업이 완료되어 프로세스가 대기 상태에서 준비 상태로 전이 되는 과정입니다.

24.6, 21.11
Spooling

Spooling은 입·출력장치의 공유 및 상대적으로 느린 입·출력장치의 처리 속도를 보완하고 다중 프로그래밍 시스템의 성능을 향상시키기 위해 입·출력할 데이터를 직접 입·출력장치에 보내지 않고 나중에 한꺼번에 입·출력하기 위해 디스크에 저장하는 과정입니다.

2 프로세스 상태 전이
24.6, 21.11

프로세스 상태 전이는 프로세스가 시스템 내에 존재하는 동안 프로세스의 상태가 변하는 것을 의미하며, 프로세스의 상태를 다음과 같이 상태 전이도로 표시할 수 있다.

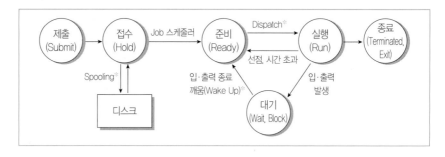

프로세스의 상태는 제출, 접수, 준비, 실행, 대기(보류) 상태로 나눌 수 있으며, 이 중 주요 세 가지 상태는 준비, 실행, 대기 상태이다.

• **제출(Submit)** : 작업을 처리하기 위해 사용자가 작업을 시스템에 제출한 상태이다.
• **접수(Hold)** : 제출된 작업이 스풀 공간인 디스크의 할당 위치에 저장된 상태이다.

- **준비(Ready)** : 프로세스가 CPU를 할당받기 위해 기다리고 있는 상태로, 준비상태 큐*에서 실행을 준비한다.
- **실행(Run)** : 준비상태 큐에 있는 프로세스가 CPU를 할당받아 실행되는 상태이다.
- **대기(Wait), 보류, 블록(Block)** : 프로세스에 입·출력 처리가 필요하면 현재 실행 중인 프로세스가 중단되고, 입·출력 처리가 완료될 때까지 대기하고 있는 상태이다.
- **종료(Terminated, Exit)** : 프로세서의 실행이 끝나고 프로세스 할당이 해제된 상태이다.

24.8, 21.6
3 스케줄링(Scheduling)

스케줄링은 프로세스가 생성되어 실행될 때 필요한 시스템의 여러 자원을 해당 프로세스에게 할당하는 작업을 의미하며, 이를 수행하는 것을 스케줄러(Scheduler)라고 한다.

- 프로세스가 생성되어 완료될 때까지 프로세스는 여러 종류의 스케줄링 과정을 거치게 된다.
- 프로세스 스케줄링 기법에는 비선점(Non-preemptive) 스케줄링과 선점(Preemptive) 스케줄링이 있다.
- **비선점(Non-preemptive) 스케줄링** : 이미 할당된 CPU를 다른 프로세스가 강제로 빼앗아 사용할 수 없는 스케줄링 기법이다.

FCFS = FIFO	준비상태 큐에 도착한 순서에 따라 차례로 CPU를 할당하는 기법
SJF	준비상태 큐에서 기다리고 있는 프로세스들 중에서 실행 시간이 가장 짧은 프로세스에게 먼저 CPU를 할당하는 기법
HRN	실행 시간이 긴 프로세스에 불리한 SJF 기법을 보완하기 위한 것으로, 대기 시간과 서비스(실행) 시간을 이용하는 기법
우선 순위	준비상태 큐에서 기다리는 각 프로세스마다 우선 순위를 부여하여 그 중 가장 높은 프로세스에게 먼저 CPU를 할당하는 기법

- **선점(Preemptive) 스케줄링** : 하나의 프로세스가 CPU를 할당받아 실행하고 있을 때 우선순위가 높은 다른 프로세스가 CPU를 강제로 빼앗아 사용할 수 있는 스케줄링 기법이다.

SRT	현재 실행중인 프로세스의 남은 시간과 준비상태 큐에 새로 도착한 프로세스의 실행 시간을 비교하여 가장 짧은 실행 시간을 요구하는 프로세스에게 CPU를 할당하는 기법
라운드 로빈 (RR; Round Robin)	규정 시간 또는 시간 조각(Slice)을 미리 정의하여 CPU 스케줄러가 준비상태 큐에서 정의된 시간만큼 각 프로세스에 CPU를 제공하는 시분할 시스템에 적절한 스케줄링 기법

준비상태 큐
준비상태 큐는 여러 프로세스가 CPU를 할당받기 위해 기다리는 장소입니다.

전문가의 조언
스케줄링의 개념, 비선점 스케줄링과 선점 스케줄링의 분류, 스케줄링 기법의 종류에 대해 정리하세요. 특히 스케줄링 기법의 종류에서는 FIFO와 RR 스케줄링의 특징을 중심으로 CPU 할당 원리를 알아두세요.

다단계 큐	프로세스를 특정 그룹으로 분류할 수 있을 경우 그룹에 따라 각기 다른 준비상태 큐를 사용하는 기법
다단계 피드백 큐	특정 그룹의 준비상태 큐에 들어간 프로세스가 다른 준비상태 큐로 이동할 수 없는 다단계 큐 기법을 준비상태 큐 사이를 이동할 수 있도록 개선한 기법

※ 정답 및 해설은 57쪽에 있습니다.

기출 따라잡기 Section 006

문제 1 ²⁴년 6월, 21년 11월
CPU(중앙처리장치)와 입출력 장치 간의 속도 차이를 완화하기 위해 사용하는 것으로, 대표적으로 프린터에서 사용하는 이 기능이 무엇인지 쓰시오.

답 :

문제 2 21년 6월
한 프로세스가 CPU를 할당받으면 작업을 종료한 후 CPU 반환 시까지 다른 프로세스는 할당된 자원의 사용이 끝날 때까지 강제로 빼앗을 수 없어야 하는 스케줄링 방식을 〈보기〉에서 골라 쓰시오.

〈보기〉

• 상호 배제	• 선점	• 점유 후 대기
• 환형 대기	• 순환 대기	• 비선점

답 :

문제 3 24년 6월, 21년 8월 다음 설명에 해당하는 용어를 쓰시오.

- 실행중인 프로그램 또는 운영체제가 관리하는 실행 단위를 의미한다.
- 비동기적 행위를 일으키는 주체이다.
- 운영체제는 CPU의 사용 시간을 나누는 '(   ) 관리' 기능이 있다.

답 :

문제 4 이전기출 프로세스 상태 전이는 프로세스가 시스템 내에 존재하는 동안 프로세스의 상태가 변하는 것을 의미한다. 준비 상태에서 대기하고 있는 프로세스 중 하나가 스케줄 링되어 중앙처리장치를 할당받아 실행 상태로 전이되는 과정을 무엇이라 하는지 쓰시오.

답 :

문제 5 이전기출 프로세스 스케줄링 방법 중 가장 먼저 CPU를 요청한 프로세스에게 가장 먼 저 CPU를 할당하여 실행할 수 있게 하는 방법은 무엇인지 쓰시오.

답 :

문제 6 24년 8월 다음 설명에 해당하는 CPU 스케줄링 기법을 쓰시오.

규정 시간 또는 시간 조각(Slice)을 미리 정의하여 CPU 스케줄러가 준비상태 큐에서 정의된 시간만큼 각 프로세스에 CPU를 제공하는 시분할 시스템에 적 절한 스케줄링 기법이다.

답 :

문제 1 컴퓨터 하드웨어와 사용자를 연결시켜 사용자로 하여금 컴퓨터 시스템을 이용하고 응용 프로그램을 수행할 수 있도록 도와주는 필수적인 프로그램이 무엇인지 쓰시오.

답 :

문제 2 다음은 운영체제의 성능 평가에 대한 설명이다. 괄호(①~④)에 들어갈 가장 적합한 용어를 쓰시오.

운영체제의 성능 평가 기준에는 (①), (②), (③), (④)이 있다. (①)는 시스템이 주어진 문제를 얼마나 정확하게 해결하는가를 나타내는 척도이다. (②)는 시스템을 얼마나 빨리 사용할 수 있는가의 정도를 나타낸다. (③)은 일정 시간 내에 시스템이 처리하는 일의 양으로 수치가 높을수록 좋다. (④)은 시스템에 작업을 의뢰한 시간부터 처리가 완료될 때까지 걸린 시간으로 수치가 작을수록 좋다.

답
- ①   • ②
- ③   • ④

문제 3 다음은 디스크 관련 작업을 수행하는 '디스크 관리' 창이다. 다음 그림에 대한 〈보기〉의 설명 중 옳은 것을 모두 골라 기호(㉠~㉣)로 쓰시오.

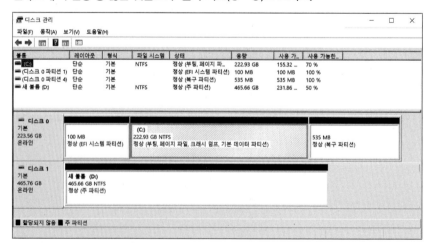

〈보기〉

> ㉠ CD-ROM 드라이브가 1개 있다.
> ㉡ 디스크 0은 3개의 파티션으로 구성되어 있다.
> ㉢ D 드라이브의 파일 시스템은 NTFS이다.
> ㉣ 운영체제는 디스크 1에 설치되어 있다.

답 :

문제 4 다음은 Windows 운영체제의 명령 프롬프트에서 사용하는 명령어에 대한 설명이다. ①, ②의 설명에 해당하는 명령어를 쓰시오.

> ① IP 주소를 확인하기 위한 명령어이다.
> ② IP 주소의 연결 상태를 확인하기 위한 명령어이다.

답
• ①   • ②

문제 5 키보드로 명령어를 직접 입력하지 않고, 마우스로 아이콘이나 메뉴를 선택하여 모든 작업을 수행하는 방식의 사용자 인터페이스를 무엇이라고 하는지 영문 약어로 쓰시오.

답 :

문제 6 다음과 같은 실행 대화상자를 표시하는 단축키를 쓰시오. (단, 운영체제는 Windows 10이라고 가정한다.)

답 :

문제 7 Windows 10의 캡쳐 도구와 비슷한 기능으로, 아래와 같은 화면이 표시되도록 하는 단축키를 쓰시오.

답 :

문제 8 운영체제의 커널을 하드디스크와 같은 보조기억장치에서 주기억장치로 옮겨 시스템을 사용할 수 있도록 초기화하는 기능을 수행하는 것을 찾아 기호(㉠~㉥)로 쓰시오.

㉠ BIOS	㉡ CMOS	㉢ Bootstrap Loader
㉣ RAM	㉤ ROM	㉥ MBR

답 :

문제 9 다음 설명에서 괄호에 공통적으로 들어갈 명령어를 쓰시오.

- (　　)은 Windows 기본 명령어로, 파일의 내용 중 지정한 문자열을 찾을 때 사용한다.
- 사용 예 : (　　) "가나다" file.txt → file.txt 파일의 내용 중 "가나다" 문자열을 찾는다.

답 :

문제 10 다음은 UNIX에서 현재 디렉터리에 있는 file1.txt 파일을 dir 디렉터리로 이동하되 파일명을 file2.txt로 변경하여 이동하는 명령문이다. 괄호에 들어갈 알맞은 명령어를 쓰시오.

```
(    ) file1.txt dir/file2.txt
```

답 :

문제 11 다음은 LINUX/UNIX 기본 명령어와 기능에 대한 설명이다. 서로 관련 있는 것끼리 연결하시오.

① cat •

② fsck •

③ kill •

④ ls •

• ⓐ 파일 시스템을 검사하고 보수한다.

• ⓑ PID(프로세스 고유 번호)를 이용하여 프로세스를 종료한다.

• ⓒ 파일 내용을 화면에 표시한다.

• ⓓ 현재 디렉터리의 파일 목록을 표시한다.

문제 12 Windows 10을 사용하는 컴퓨터에서 컴퓨터를 잠그거나 사용자를 전환하기 위해 사용하는 단축키를 쓰시오.

답 :

문제 13 13K의 작업을 두 번째 공백인 14K의 작업 공간에 할당했을 경우, 사용된 기억장치 배치 전략 기법이 무엇인지 쓰시오.

OS
16K 공백
Used
14K 공백
Used
5K 공백
Used
30K 공백

답 :

문제 14 다음은 스케줄링(Scheduling)에 대한 설명이다. 괄호(①, ②)에 들어갈 알맞은 용어를 쓰시오.

> 스케줄링은 프로세스가 생성되어 실행될 때 필요한 시스템의 여러 자원을 해당 프로세스에게 할당하는 작업으로, 프로세스 스케줄링 기법에는 (①) 스케줄링과 (②) 스케줄링이 있다.
> - (①) 스케줄링 : 이미 할당된 CPU를 다른 프로세스가 강제로 빼앗아 사용할 수 없는 스케줄링 기법이다.
> - (②) 스케줄링 : 하나의 프로세스가 CPU를 할당받아 실행하고 있을 때 우선순위가 높은 다른 프로세스가 CPU를 강제로 빼앗아 사용할 수 있는 스케줄링 기법이다.

답
- ①
- ②

문제 15 다음은 페이지 교체 전략과 개념을 설명한 것이다. 서로 관련 있는 것끼리 연결하시오.

① FIFO(First In First Out) •

② LFU(Least Frequently Used) •

③ NUR(Not Used Recently) •

④ OPT(OPTimal replacement) •

• ⓐ 앞으로 가장 오랫동안 사용하지 않을 페이지를 교체하는 기법

• ⓑ 가장 먼저 들어와서 가장 오래 있었던 페이지를 교체하는 기법

• ⓒ 최근에 사용하지 않은 페이지를 교체하는 기법

• ⓓ 사용 빈도가 가장 적은 페이지를 교체하는 기법

문제 16 다음은 프로세스의 상태를 상태 전이도로 표시한 것이다. 괄호에 들어갈 알맞은 용어를 쓰시오.

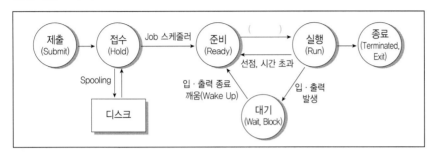

답 :

문제 17 Windows 10을 사용하는 컴퓨터에서 클립보드의 내용을 확인하기 위해 사용하는 단축키를 쓰시오.

답 : Winkey + (   )

문제 18 다음 괄호에 공통적으로 들어갈 가장 적합한 용어를 쓰시오.

- (   )는 일반적으로 프로세서에 의해 처리되는 사용자 프로그램, 즉 실행 중인 프로그램을 의미하며, Job 또는 Task라고도 한다.
- (   )는 다음과 같이 여러 형태로 정의할 수 있다.
  - 실기억장치에 저장된 프로그램
  - 프로세서가 할당되는 실체
  - 운영체제가 관리하는 실행 단위
  - 실행중인 프로그램

답 :

문제 19 운영체제(OS) 중 Windows 10에서 지원하는 CPU 소켓의 지원 개수를 Home 버전과 Pro 버전으로 구분하여 각각 쓰시오.

답

• ① Home 버전의 소켓 수 :
• ② Pro 버전의 소켓 수 :

문제 20 다음은 Windows 10 Home과 Windows 10 Pro의 차이점을 설명한 것이다. 괄호에 공통으로 들어갈 적합한 용어를 쓰시오.

Windows 10의 Home과 Pro의 가장 큰 차이점은 보안 기능이다. 장치 암호화, 방화벽 및 네트워크 보호, 보안 루팅 등의 기능은 두 버전 모두 공통적으로 제공되고 있으나, (   ), WIP(Windows Information Protection)은 Pro에서만 제공되고 있다. (   )는 128비트 키의 CBC 모드에서 AES 암호화 알고리즘을 사용하여 데이터를 보호하는 기능으로, 장치를 분실하거나 도난당하더라도 다른 사람이 장치의 데이터에 접근할 수 없도록 한다.

답 :

문제 21 다음 설명에 해당하는 알맞은 용어를 쓰시오.

• UNIX 시스템의 구성 요소 중 사용자의 명령어를 인식하여 프로그램을 호출하고 명령을 수행하는 명령어 해석기이다.
• 명령을 해석하여 처리할 수 있도록 커널로 전달해주는 명령 인터프리터로, 단말장치를 통하여 사용자로부터 명령어를 입력받는다.

답 :

[답안 작성 방법 안내]

'운영체제(OS; Operation System)'처럼 한글과 영문으로 제시되어 있는 경우 '운영체제', 'OS', 'Operation System' 중 1가지만 쓰면 됩니다.

Section 001

[문제 1]

④ → ① → ② → ③

[문제 2]

파이(Pie)

[문제 3]

운영체제(OS; Operating System)

[문제 4]

① 제어   ② 처리

[문제 5]

처리 능력 향상, 사용 가능도 향상, 신뢰도 향상, 반환 시간 단축

[문제 6]

반환 시간(Turn Around Time)

[문제 7]

신뢰도(Reliability)

[문제 8]

사용 가능도(Availability)

[문제 9]

시분할 시스템

Section 002

[문제 1]

① D   ② F4

[문제 2]

Shift

[문제 3]

Windows Key + P

[문제 4]

Windows Key + E

[문제 5]

4

작업 표시줄에 등록된 앱 아이콘은 ▦(Windows Key)와 순서에 해당하는 숫자 키를 눌러 실행할 수 있습니다. Internet Expolore(◙)는 작업 표시줄에 등록된 앱 아이콘의 순서상 4번째에 해당하므로 ▦+④를 눌러 실행할 수 있습니다.

[문제 6]
D

[문제 7]
Alt + F4

Section 003
[문제 1]
① 쉘(Shell)　② 커널(Kernel)

[문제 2]
UNIX(유닉스)

[문제 3]
LINUX(리눅스)

Section 004
[문제 1]
ls

[문제 2]
① rm　② chmod

[문제 3]
dir

[문제 4]
① chmod　② pwd

[문제 5]
dir

[문제 6]
tar

[문제 7]
cat

[문제 8]
ifconfig

[문제 9]
head

Section 005

[문제 1]

① 영역2   ② 영역3   ③ 영역4

[문제 2]

※ 답안의 순서가 바뀌어도 관계 없습니다.

① 반입(Fetch)   ② 배치(Placement)   ③ 교체(Replacement)

[문제 3]

※ 다음 중 밑줄이 표시된 내용은 반드시 포함되어야 합니다.

LRU는 계수기를 두어 <u>가장 오랫동안 참조되지 않은 페이지를 교체</u>하는 기법이다.

Section 006

[문제 1]

스풀(Spool) 또는 스풀링(Spooling)

[문제 2]

비선점

[문제 3]

프로세스(Process)

[문제 4]

디스패치(Dispatch)

[문제 5]

FCFS 또는 FIFO

[문제 6]

라운드 로빈(RR; Round Robin)

예상문제은행   **1장 운영체제 기초 활용**   **정답**

[문제 1]

운영체제(OS; Operating System)

[문제 2]

① 신뢰도(Reliability)   ② 사용 가능도(Availability)   ③ 처리 능력(Throughput)   ④ 반환 시간(Turn Around Time)

[문제 3]

ⓒ, ⓔ

⊙ CD-ROM이나 DVD-ROM 드라이브인 경우 '볼륨' 항목에 [🖴 CD-ROM 0] 모양이 표시됩니다.
ⓔ 운영체제가 설치된 드라이브는 '부팅'이라고 표시되므로 문제의 '디스크 관리' 창에서는 디스크 0 드라이브에 운영체제가 설치되어 있음을 알 수 있습니다.

[문제 4]
① ipconfig   ② ping

[문제 5]
GUI

[문제 6]
Windows Key + R

[문제 7]
Windows Key + Shift + S

[문제 8]
ⓒ

[문제 9]
find

[문제 10]
mv

[문제 11]
① – ⓒ   ② – ⓐ   ③ – ⓑ   ④ – ⓓ

[문제 12]
Windows Key + L

[문제 13]
최적 적합(Best Fit)

[문제 14]
① 비선점(Non-preemptive)   ② 선점(Preemptive)

[문제 15]
① – ⓑ   ② – ⓓ   ③ – ⓒ   ④ – ⓐ

[문제 16]
디스패치(Dispatch)

[문제 17]
V

[문제 18]
프로세스(Process)

[문제 19]
① 1   ② 2

[문제 20]
비트로커(BitLocker)

[문제 21]
쉘(Shell)

2 장

데이터베이스 기초 활용

데이터베이스의 개념

1 데이터베이스(Database)

데이터베이스는 특정 조직의 업무를 수행하는 데 필요한 상호 관련된 데이터들의 모임으로 다음과 같이 정의할 수 있다.

- **통합된 데이터**(Integrated Data) : 검색의 효율성을 위해 중복이 최소화된 데이터의 모임
- **저장된 데이터**(Stored Data) : 컴퓨터가 접근할 수 있는 저장 매체에 저장된 데이터
- **운영 데이터**(Operational Data) : 조직의 고유한 업무를 수행하는 데 존재 가치가 확실하고 없어서는 안 될 반드시 필요한 데이터
- **공용 데이터**(Shared Data) : 여러 응용 시스템들이 공동으로 소유하고 유지하는 데이터

2 데이터베이스 설계
24.6, 21.6, 20.8

데이터베이스 설계는 사용자의 요구를 분석하여 그것들을 컴퓨터에 저장할 수 있는 데이터베이스의 구조에 맞게 변형한 후 특정 DBMS로 데이터베이스를 구현하여 일반 사용자들이 사용하게 하는 것이다.

데이터베이스 설계 순서

요구 조건 분석	요구 조건 명세서 작성
↓	
개념적 설계	개념 스키마, 트랜잭션 모델링, E-R 모델
↓	
논리적 설계	목표 DBMS에 맞는 논리 스키마 설계, 트랜잭션 인터페이스 설계
↓	
물리적 설계	목표 DBMS에 맞는 물리적 구조의 데이터로 변환
↓	
구현	목표 DBMS의 DDL(데이터 정의어)로 데이터베이스 생성, 트랜잭션 작성

3 스키마(Schema)
23.8, 23.3, 21.4

스키마는 데이터베이스를 구성하는 개체, 속성, 관계 등 구조에 대한 정의와 이에 대한 제약 조건 등을 기술하는 것으로, 사용자의 관점에 따라 외부 스키마, 개념 스키마, 내부 스키마로 나뉜다.

• **외부 스키마(External Schema)** : 사용자나 응용 프로그래머가 각 개인의 입장에서 필요로 하는 데이터베이스의 논리적 구조를 정의한 것이다.
• **개념 스키마(Conceptual Schema)** : 데이터베이스의 전체적인 논리적 구조로서, 모든 응용 프로그램이나 사용자들이 필요로 하는 데이터를 종합한 조직 전체의 데이터베이스로 하나만 존재한다.
• **내부 스키마(Internal Schema)** : 물리적 저장장치의 입장에서 본 데이터베이스 구조로서, 실제로 데이터베이스에 저장될 레코드의 형식을 정의하고 저장 데이터 항목의 표현 방법, 내부 레코드의 물리적 순서 등을 나타낸다.

4 데이터베이스 사용자
24.8, 22.5, 20.4

데이터베이스 관리자(DBA; DataBase Administrator)

데이터베이스 관리자는 데이터베이스 시스템을 관리하고 운영에 관한 모든 것을 책임지는 사람이나 그룹으로 역할은 다음과 같다.
• 데이터베이스의 스키마를 정의, 생성, 삭제한다.
• 데이터베이스 구성 요소를 결정한다.
• 데이터베이스의 저장 구조 및 접근 방법을 정의한다.
• 보안 및 데이터베이스의 접근 권한 부여 정책을 수립한다.
• 장애에 대비한 예비(Back Up) 조치와 회복(Recovery)에 대한 전략을 수립한다.
• 무결성을 위한 제약 조건을 지정한다.
• 데이터 사전을 구성하고 유지 관리한다.
• 사용자의 변화 요구와 성능 향상을 위해 데이터베이스를 재구성한다.

응용 프로그래머

응용 프로그래머는 일반 호스트 언어로 프로그램을 작성할 때 데이터 조작어를 삽입해서 일반 사용자가 응용 프로그램을 사용할 수 있게, 인터페이스를 제공할 목적으로 데이터베이스에 접근하는 사람들이다.

일반 사용자(End User)

일반 사용자는 보통 터미널을 이용하여 데이터베이스에 있는 자원을 활용할 목적으로 질의어나 응용 프로그램을 사용하여 데이터베이스에 접근하는 사람들이다.

※ 정답 및 해설은 95쪽에 있습니다.

기출 따라잡기　　　　　　　　　　　　　　　　　　　　Section 007

24년 6월, 21년 6월

문제 1 다음 설명에 해당하는 데이터베이스 설계 방법을 〈보기〉에서 찾아 쓰시오.

- 개념적 설계에서 작성된 스키마를 분석, 평가, 정제하여 논리적 구조로 변환하는 과정이다.
- 목표 DBMS에 따라 설계 방법이 달라진다.
- 트랜잭션 인터페이스를 설계한다.

〈보기〉

• 요구 조건 분석	• 개념적 설계	• 논리적 설계
• 물리적 설계	• 구현	

답 :

23년 8월, 3월, 21년 4월

문제 2 데이터베이스 스키마의 종류 중 다음이 설명하는 스키마가 무엇인지 쓰시오.

- 스키마는 실제로 데이터베이스에 저장될 레코드의 형식을 정의하고 저장 데이터 항목의 표현 방법, 내부 레코드의 물리적 순서 등을 나타낸다.
- 물리적인 저장 장치의 관점에서 본 데이터베이스 구조이다.

답 :

20년 8월

문제 3 데이터베이스의 설계를 위해서는 사용자의 요구를 분석하여 그것들을 컴퓨터에 저장할 수 있는 데이터베이스의 구조에 맞게 변형한 후 특정 DBMS로 데이터베이스를 구현하는 과정이 필요하다. 이러한 설계 과정을 가리키는 다음의 각 단계를 수행되는 순서대로 나열하시오.

논리적 설계, 물리적 설계, 개념적 설계

답 : (　　　) → (　　　) → (　　　)

문제 4 24년 8월, 22년 5월, 20년 4월 데이터베이스 시스템을 관리하고 운영에 관한 모든 것을 책임지며, 다음과 같은 역할을 수행하는 사람이나 그룹에 해당하는 용어를 쓰시오.

- 데이터베이스의 스키마를 정의, 생성, 삭제한다.
- 데이터베이스 구성 요소를 결정한다.
- 데이터베이스의 저장 구조 및 접근 방법을 정의한다.
- 보안 및 데이터베이스의 접근 권한 부여 정책을 수립한다.
- 장애에 대비한 예비(Back Up) 조치와 회복(Recovery)에 대한 전략을 수립한다.
- 무결성을 위한 제약 조건을 지정한다.
- 데이터 사전을 구성하고 유지 관리한다.
- 사용자의 변화 요구와 성능 향상을 위해 데이터베이스를 재구성한다.

답 :

문제 5 이전기출 데이터의 중복성을 최소화면서 다양한 사용자의 정보 요구를 충족시킬 수 있도록 상호 관련된 데이터의 통합된 집합체로서, 공용(Shared) 데이터, 통합(Integrated) 데이터, 저장된(Stored) 데이터, 운영(Operational) 데이터의 의미를 가지고 있는 것은 무엇인지 쓰시오.

답 :

문제 6 출제예상 스키마(Schema)는 데이터베이스를 구성하는 개체, 속성, 관계 등 구조에 대한 정의와 이에 대한 제약 조건 등을 기술하는 것이다. 스키마의 종류 3가지를 쓰시오.

답 :

DBMS(데이터베이스 관리 시스템)

1 DBMS(DataBase Management System)의 정의

DBMS란 사용자와 데이터베이스 사이에서 사용자의 요구에 따라 정보를 생성해 주고, 데이터베이스를 관리해 주는 소프트웨어이다.

- DBMS는 기존의 파일 시스템이 갖는 데이터의 종속성과 중복성의 문제를 해결하기 위해 제안된 시스템으로, 모든 응용 프로그램들이 데이터베이스를 공용할 수 있도록 관리해 준다.
- DBMS는 데이터베이스의 구성, 접근 방법, 유지관리에 대한 모든 책임을 진다.
- DBMS의 필수 기능에는 정의(Definition), 조작(Manipulation), 제어(Control) 기능이 있다.
  - 정의 기능 : 모든 응용 프로그램들이 요구하는 데이터 구조를 지원하기 위해 데이터베이스에 저장될 데이터의 형(Type)과 구조에 대한 정의, 이용 방식, 제약 조건 등을 명시하는 기능이다.
  - 조작 기능 : 데이터 검색, 갱신, 삽입, 삭제 등을 체계적으로 처리하기 위해 사용자와 데이터베이스 사이의 인터페이스 수단을 제공하는 기능이다.
  - 제어 기능 : 데이터베이스를 접근하는 갱신, 삽입, 삭제 작업이 정확하게 수행되어 데이터의 무결성이 유지되도록 제어하는 기능이다.

2 DBMS의 종류

DBMS는 데이터 구조에 따라 계층형 DBMS, 망형 DBMS, 관계형 DBMS 등이 있다.

계층형(Hierachical) DBMS	• 트리 구조를 이용해서 데이터의 상호관계를 계층적으로 정의한 DBMS이다. • 개체 타입 간에는 부모(Owner)와 자식(Member) 관계가 존재하며, 일 대 다(1:N) 대응 관계만 존재한다. • 종류 : IMS, System2000 등
망형(Network) DBMS	• 그래프를 이용해서 데이터 논리 구조를 표현한 DBMS이다. • 상위(Owner)와 하위(Member) 레코드 사이에서 1:1, 1:N, N:M(다대다) 대응 관계를 모두 지원한다. • 종류 : IDS, TOTAL, IDMS 등
관계형(Relational) DBMS	• 가장 널리 사용되는 DBMS로, 계층형 DBMS와 망형 DBMS의 복잡한 구조를 단순화시킨 DBMS이다. • 파일 구조처럼 구성한 2차원적인 표(Table)를 하나의 DB로 묶어서 테이블 내에 있는 속성들 간의 관계(Relationship)를 설정하거나 테이블 간의 관계를 설정하여 이용한다. • 종류 : Oracle, SQL Server, MySQL 등

> **잠깐만요** **비관계형 DBMS(NoSQL DBMS)**
>
> 비관계형 DBMS는 데이터 간의 관계를 정의하지 않고 비구조적인 데이터를 저장하기 위한 시스템으로 최근 빅데이터를 처리하기 위한 시스템으로 각광받고 있습니다.
> - NoSQL은 수평적 확장 및 분산 저장이 가능합니다.
> - NoSQL은 저장되는 데이터의 구조에 따라 Key-Value DBMS, Document DBMS, Graph DBMS 등으로 분류됩니다.

3 DBMS의 장·단점
24.6

장점	단점
• 데이터의 논리적, 물리적 독립성이 보장된다. • 데이터의 중복을 피할 수 있어 기억공간이 절약된다. • 저장된 자료를 공동으로 이용할 수 있다. • 데이터의 일관성을 유지할 수 있다. • 데이터의 무결성을 유지할 수 있다. • 보안을 유지할 수 있다. • 데이터를 표준화할 수 있다. • 데이터를 통합하여 관리할 수 있다. • 항상 최신의 데이터를 유지한다. • 데이터의 실시간 처리가 가능하다.	• 데이터베이스의 전문가가 부족하다. • 전산화 비용이 증가한다. • 대용량 디스크로의 집중적인 Access로 과부하(Overhead)가 발생한다. • 파일의 예비(Backup※)와 회복(Recovery)이 어렵다. • 시스템이 복잡하다.

> **전문가의 조언**
>
> DBMS의 장·단점은 무작정 암기하려 하지 말고 데이터베이스의 정의나 특징을 유지하면서 기존 파일 시스템의 문제점을 해결한 시스템이라는 것을 염두에 두고 이해하세요.
>
> **백업(Backup)**
> 백업은 장비 고장 등의 비상사태에도 데이터베이스가 보존되도록 복사하는 작업을 말합니다.

※ 정답 및 해설은 95쪽에 있습니다.

기출 따라잡기 Section 008

문제 1 다음 설명에 해당하는 데이터 모델이 무엇인지 〈보기〉에서 찾아 기호(㉠~㉢)로 쓰시오.
21년 4월

- 트리(Tree) 구조이다.
- 노드(node)와 링크(link)로 구성한다.
- 부모 자식 간의 관계를 표현한다.

〈보기〉

㉠ 계층형 데이터 모델(Hierarchical Data Model)
㉡ 관계형 데이터 모델(Relational Data Model)
㉢ 망형 데이터 모델(Network Data Model)

답 :

문제 2 ^{22년 8월} 다음에서 설명하는 것이 무엇인지 쓰시오. (단, 상용 소프트웨어의 명칭은 제외)

사용자와 데이터베이스 사이에서 사용자의 요구에 따라 정보를 생성해 주고, 데이터베이스를 관리해 주는 소프트웨어이다.

답 :

문제 3 ^{24년 6월} 다음 내용 중 DBMS(DataBase Management System)의 장점을 모두 골라 기호(㉠~㉑)로 쓰시오.

㉠ 데이터의 논리적, 물리적 독립성이 보장된다.
㉡ 데이터베이스의 전문가가 풍족하다.
㉢ 시스템이 복잡해진다.
㉣ 데이터의 중복을 피할 수 있다.
㉤ 전산화 비용이 감소한다.
㉥ 데이터의 보안, 일관성, 무결성을 유지할 수 있다.
㉦ 데이터의 실시간 처리가 가능하다.
㉧ 데이터의 백업과 회복이 쉽다.
㉨ 항상 최신의 데이터를 유지할 수 있다.

답 :

문제 4 ^{24년 3월} 다음 설명에 해당하는 용어를 〈보기〉에서 찾아 쓰시오.

그래프를 이용해서 데이터 논리 구조를 표현한 데이터 모델로, 상위(Owner)와 하위(Member) 레코드 사이에서 다 대 다(N:M) 대응 관계를 만족하는 구조이며, 레코드 타입 간의 관계는 1:1, 1:N, N:M이 될 수 있는 DBMS이다.

〈보기〉

• RDBMS   • NDBMS   • HDBMS   • ODBMS

답 :

데이터 모델

1 데이터 모델의 정의

데이터 모델은 현실 세계의 정보들을 컴퓨터에 표현하기 위해서 단순화, 추상화하여 체계적으로 표현한 개념적 모형이다.

- 데이터 모델은 데이터, 데이터의 관계, 데이터의 의미 및 일관성, 제약 조건 등을 기술하기 위한 개념적 도구들의 모임이다.
- 현실 세계를 데이터베이스에 표현하는 중간 과정, 즉 데이터베이스 설계 과정에서 데이터의 구조(Schema)를 논리적으로 표현하기 위해 사용되는 지능적 도구이다.

전문가의 조언

데이터 모델의 정의를 간단히 확인하고 넘어가세요.

2 데이터 모델의 구성 요소
24.8, 24.3, 20.8

개체(Entity)

- 개체는 데이터베이스에 표현하려는 것으로, 사람이 생각하는 개념이나 정보 단위 같은 현실 세계의 대상체이다.
- 개체는 유형, 무형의 정보로서 서로 연관된 몇 개의 속성으로 구성된다.
- 파일 시스템의 레코드에 대응하는 것으로 어떤 정보를 제공하는 역할을 수행한다.
- 독립적으로 존재하거나 그 자체로서도 구별 가능하다.

속성(Attribute)

- 속성은 데이터의 가장 작은 논리적 단위로서 파일 구조상의 데이터 항목 또는 데이터 필드에 해당한다.
- 어떤 데이터 개체의 구성 요소로서 그 개체의 성질이나 상태를 기술해 주는 역할을 하며, 그 자체로는 중요한 의미를 가지지 못한다.
- 릴레이션에서는 열(Column)에, 파일 시스템에서는 필드(Field)에 해당한다.
- 속성은 개체를 구성하는 항목이다.

전문가의 조언

개체, 속성, 관계는 데이터베이스의 기본 구성 요소로서 시험에도 많이 출제될 것이라 예상됩니다. 각 구성 요소에 대해 확실히 숙지해 두세요.

· 다음은 교수번호, 성명, 전공, 소속으로 구성된 교수 개체이다.

교수 개체

관계(Relationship)

· 관계는 두 개 이상의 개체 간의 연관성을 결정짓는 의미 있는 연결로, 개체 간의 관계 또는 속성 간의 관계를 나타낸다.
· 개체 집합 구성 원소 사이의 대응성을 명시하는 것으로, 현실 세계를 개념 세계로 표현할 때 집합들의 구성 원소 사이에 1:1, 1:N, N:M 등의 사상을 의미하는 것이다.

📖 다음은 교수가 학생을 지도하는 관계이다.

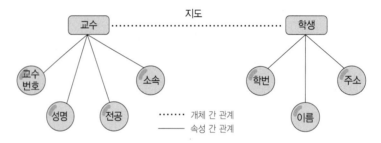

· **관계의 형태**
 – 일 대 일(1:1) : 개체 집합 A의 각 원소가 개체 집합 B의 원소 1개와 대응하는 관계
 – 일 대 다(1:N) : 개체 집합 A의 각 원소는 개체 집합 B의 원소 여러 개와 대응하고 있지만, 개체 집합 B의 각 원소는 개체 집합 A의 원소 1개와 대응하는 관계
 – 다 대 다(N:M) : 개체 집합 A의 각 원소는 개체 집합 B의 원소 여러 개와 대응하고, 개체 집합 B의 각 원소도 개체 집합 A의 원소 여러 개와 대응하는 관계

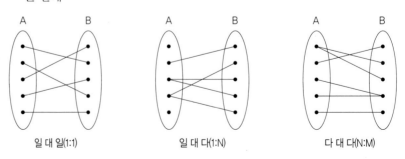

기출 따라잡기   Section 009

문제 1 이전기출
다음 설명에 해당하는 데이터 모델의 구성 요소를 쓰시오.

• 표현하려고 하는 유형 또는 무형적인 정보대상
• 학생, 교수 등과 같이 물리적으로 존재
• 성적, 학과처럼 개념적으로 존재

답 :

문제 2 24년 3월, 20년 8월
데이터베이스의 구성 요소에 대한 다음 설명에서 각 괄호에 들어갈 알맞은 용어를 쓰시오.

• (①) : 개체가 가지고 있는 특성 또는 상태를 기술하는 것을 말한다.
• (②) : 2개 이상의 개체 사이 또는 속성 간의 상호 연관성을 말한다.

답
• ①
• ②

문제 3 24년 8월
다음에서 설명하는 내용에 해당하는 데이터베이스 관련 용어를 쓰시오.

• 데이터의 가장 작은 논리적 단위로서 파일 구조상의 데이터 항목 또는 데이터 필드에 해당한다.
• 어떤 데이터 개체의 구성 요소로서 그 개체의 성질이나 상태를 기술해 주는 역할을 하며, 그 자체로는 중요한 의미를 가지지 못한다.
• 릴레이션에서는 열(Column)에, 파일 시스템에서는 필드(Field)에 해당한다.
• 개체를 구성하는 항목이다.

답 :

ER(Entity Relationship) 모델

1 ER 모델

ER 모델은 개념적 데이터 모델의 가장 대표적인 것으로, 1976년 피터 첸(Peter Chen)에 의해 제안되었다.

• ER 모델은 개체, 속성, 관계 등에 대하여 용이하게 표현할 수 있는 ER 도형 (ERD; Entity Relationship Diagram)을 정의하고 있다.

2 ER 도형

ER 모델은 몇 가지 도형들을 이용하여 현실 세계를 표현한다. ER 모델에서 사용하는 중요한 도형에는 다음과 같은 것이 있다.

ISA 관계
특정 개체는 서로 구별되는 여러
하위 개체로 나누어 질 수 있습니
다. ISA 관계는 이러한 상위 개체와
하위 개체 간의 관계를 의미합니
다. 예를 들어 학생 개체는 내부적
으로 재학생, 휴학생, 졸업생 개체
로 구별됩니다.

기본키(Primary Key)
기본키는 개체 타입에서 개체를
유일하게 식별해 주는 속성 또는
속성 집합입니다.

도형	의미	도형	의미
▭	개체 타입(Entity Type)	──	개체 타입과 속성을 연결
◇	관계 타입(Relationship Type)	▽ISA	ISA 관계*
◯	속성(Attribute)	◎	다중값 속성
◯	기본키(Primary Key)* 속성	⬭(점선)	유도 속성
▭N◇M▭	개체 타입 간의 연관성	◯◯◯	복합 속성

예제 다음은 학생 개체와 교수 개체에 관한 ER 도형의 예이다.

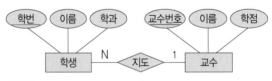

해설

• 개체 : 학생, 교수

• 속성
  – 학생 : 학번, 이름, 학과
  – 교수 : 교수번호, 이름, 학점

• 관계 : 교수와 학생 간에는 1 : N의 지도 관계가 존재한다. 이것은 한 명의 교수가 여러 명의 학생을 지도할 수 있고, 학생은 한 명의 교수에게만 지도를 받을 수 있음을 나타낸다.

• 기본키 : 학생의 기본키는 학번이고, 교수의 기본키는 교수번호이다. 그러므로 학생 개체는 학번에 의하여 유일하게 식별되고, 교수 개체는 교수번호에 의하여 유일하게 식별된다.

※ 정답 및 해설은 96쪽에 있습니다.

기출 따라잡기   Section 010

문제 1 〈sup〉이전기출〈/sup〉 다음은 ER(Entity Relationship) 도형에 대한 설명이다. 괄호(①~③)에 들어갈 알맞은 용어를 쓰시오.

> 데이터베이스의 전체적인 논리적 구조는 다음과 같이 Peter Chen이 제안한 구성 요소들을 사용하여 개체 관계도(E-R Diagram)로 표현할 수 있다.
> • 타원(⬭) : (①)을 나타낸다.
> • 다이아몬드(◇) : (②)을 나타낸다.
> • 사각형(▭) : (③)을 나타낸다.
> • 선(───) : 속성과 개체 집합을 연결시키며, 개체 집합과 관계를 연결시킨다.

답
• ①
• ②
• ③

관계형 데이터베이스의 구조

1 관계형 데이터베이스의 개요

22.3

- 1970년 IBM에 근무하던 코드(E. F. Codd)에 의해 처음 제안되었다.
- 관계형 데이터베이스를 구성하는 개체(Entity)나 관계(Relationship)를 모두 릴레이션(Relation)이라는 표(Table)로 표현한다.
- 릴레이션은 개체를 표현하는 개체 릴레이션, 관계를 나타내는 관계 릴레이션으로 구분할 수 있다.
- **장점** : 간결하고 보기 편리하며, 다른 데이터베이스로의 변환이 용이하다.
- **단점** : 성능이 다소 떨어진다.

2 관계형 데이터베이스의 Relation 구조

24.6, 23.11, 23.3, 22.5, 22.3, 21.11, 21.8, 21.6, 20.11, 20.6, 20.4

릴레이션은 데이터들을 표(Table)의 형태로 표현한 것으로 구조를 나타내는 릴레이션 스키마와 실제 값들인 릴레이션 인스턴스* 로 구성된다.

튜플(Tuple)*

- 튜플은 릴레이션을 구성하는 각각의 행을 말한다.
- 튜플은 속성의 모임으로 구성된다.
- 파일 구조에서 레코드와 같은 의미이다.
- 튜플의 수를 카디널리티(Cardinality) 또는 기수, 대응수라고 한다.

속성(Attribute)*

- 속성은 데이터베이스를 구성하는 가장 작은 논리적 단위이다.
- 파일 구조상의 데이터 항목 또는 데이터 필드에 해당된다.
- 속성은 개체의 특성을 기술한다.
- 속성의 수를 디그리(Degree) 또는 차수라고 한다.

도메인(Domain)※

- 도메인은 하나의 애트리뷰트가 취할 수 있는 같은 타입의 원자(Atomic)값들의 집합이다.
- 도메인은 실제 애트리뷰트 값이 나타날 때 그 값의 합법 여부를 시스템이 검사하는데에도 이용된다.

  예 성별 애트리뷰트의 도메인은 '남'과 '여'로, 그 외의 값은 입력될 수 없다.

도메인
〈학생〉 릴레이션에서 '학년'의 도메인은 1~4입니다.

3 릴레이션의 특징

- 한 릴레이션에는 똑같은 튜플이 포함될 수 없으므로 릴레이션에 포함된 튜플들은 모두 상이하다.

  예 〈학생〉 릴레이션을 구성하는 김예소 레코드는 김예소에 대한 학적 사항을 나타내는 것으로 〈학생〉 릴레이션 내에서는 유일하다.

- 한 릴레이션에 포함된 튜플 사이에는 순서가 없다.

  예 〈학생〉 릴레이션에서 김예소 레코드와 고강민 레코드의 위치가 바뀌어도 상관없다.

- 튜플들의 삽입, 삭제 등의 작업으로 인해 릴레이션은 시간에 따라 변한다.

  예 〈학생〉 릴레이션에 새로운 학생의 레코드를 삽입하거나 기존 학생에 대한 레코드를 삭제함으로써 테이블은 내용 면에서나 크기 면에서 변하게 된다.

- 릴레이션 스키마를 구성하는 속성들 간의 순서는 중요하지 않다.

  예 학번, 이름 등의 속성을 나열하는 순서가 이름, 학번 순으로 바뀌어도 데이터 처리에는 아무런 영향을 미치지 않는다.

- 속성의 유일한 식별을 위해 속성의 명칭은 유일해야 하지만, 속성을 구성하는 값은 동일한 값이 있을 수 있다.

  예 각 학생의 학년을 기술하는 속성인 '학년'은 다른 속성명들과 구분되어 유일해야 하지만 '학년' 속성에는 2, 1, 2, 4 등이 입력된 것처럼 동일한 값이 있을 수 있다.

- 릴레이션을 구성하는 튜플을 유일하게 식별하기 위해 속성들의 부분집합을 키(Key)로 설정한다.

  예 〈학생〉 릴레이션에서는 '학번'이나 '이름'이 튜플들을 구분하는 유일한 값인 키가 될 수 있다.

- 속성의 값은 논리적으로 더 이상 쪼갤 수 없는 원자값만을 저장한다.

  예 '학년'에 저장된 1, 2, 4 등은 더 이상 세분화할 수 없다.

전문가의 조언

릴레이션의 특징을 무조건 암기하지 말고 주어진 예를 〈학생〉 릴레이션에 적용시켜 보세요. 쉽게 이해됩니다.

기출 따라잡기

문제 1 22년 5월, 20년 11월, 6월, 4월
다음 릴레이션의 카디널리티(Cardinality)와 차수(Degree)를 구하시오.

학번	이름	학년	학과
20201	이순신	1	토목
20202	강감찬	2	기계
20203	유관순	3	건축
20204	김유신	1	정보처리
20205	홍길동	2	토목
20206	임꺽정	4	기계
20207	이춘향	1	건축

답

• ① 카디널리티 :

• ② 차수 :

문제 2 24년 6월, 21년 11월
관계형 데이터베이스에서 릴레이션을 구성하는 각각의 행으로, 파일 구조에서는 레코드라고 불린다. 속성의 모임으로 구성되어 각 개체들의 개별 정보를 표현하는 데 사용되는 이것을 가리키는 용어를 쓰시오.

답 :

문제 3 23년 11월, 3월, 21년 8월
관계형 데이터베이스에서 하나의 애트리뷰트가 취할 수 있는 같은 타입의 원자(Atomic)값들의 집합을 의미하는 용어를 쓰시오.

답 :

문제 4 <small>23년 11월, 21년 6월</small> 데이터베이스 용어에 대한 다음 설명에서 괄호(①, ②)에 들어갈 알맞은 용어를 〈보기〉에서 찾아 쓰시오.

- 릴레이션의 행은 (①)으로 구성된다.
- (①)은 데이터베이스를 구성하는 가장 작은 논리적 단위이며, 데이터 항목 또는 데이터 필드에 해당한다.
- (①)의 개수를 (②)라고 한다.

〈보기〉

속성(Attribute)	기수(Cardinality)	차수(Degree)
도메인(Domain)	레코드(Record)	스키마(Schema)

답

- ①

- ②

문제 5 <small>22년 3월</small> 릴레이션 구조에 대한 다음 설명에서 괄호(①, ②)에 들어갈 알맞은 용어를 쓰시오.

릴레이션은 데이터들을 표(Table)의 형태로 표현한 것으로, 구조를 나타내는 릴레이션 (①)와 실제 값들인 릴레이션 (②)로 구성된다. (①)는 릴레이션을 구성하는 속성들의 집합으로, 릴레이션 내포(Intension)라고도 한다. (②)는 릴레이션을 구성하는 튜플들의 집합으로 릴레이션의 외포(Extension)라고도 한다.

답

- ①

- ②

문제 6 <small>22년 3월</small> 키(Key)와 값(Value)들의 간단한 관계를 2차원 테이블로 표현한 것으로 모든 데이터를 컬럼과 행으로 이루어진 2차원 구조로 나타내는 데이터베이스는 무엇인지 쓰시오.

답 :

키의 개념 및 종류

키(Key)란 데이터베이스에서 조건에 만족하는 튜플을 찾거나 순서대로 정렬할
때 기준이 되는 속성을 말한다.

〈학생〉

학번	주민등록번호	성명
050021	790806-1******	김춘삼
020022	770617-2******	허진옥
020023	790302-1******	신민주
050024	780916-1******	김형규
050025	770916-1******	임꺽정

〈수강〉

학번	과목명
050021	영어
050021	컴퓨터
020022	컴퓨터
020022	수학
020023	미술
050024	음악
050025	수학

1 슈퍼키(Super Key)

24.3, 21.8

슈퍼키는 한 릴레이션 내에 있는 속성들의 집합으로 구성된 키를 말한다. 릴레
이션을 구성하는 모든 튜플 중 슈퍼키로 구성된 속성의 집합과 동일한 값은 나
타나지 않는다.

• 슈퍼키는 릴레이션을 구성하는 모든 튜플에 대해 유일성(Unique)※은 만족하
지만, 최소성(Minimality)※은 만족하지 못한다.

예 〈학생〉 릴레이션에서는 학번, 주민등록번호, (학번, 주민등록번호), (학번, 주민등록번호, 성명) 등이 슈
퍼키이다.

2 후보키(Candidate Key)

후보키는 릴레이션을 구성하는 속성들 중에서 튜플을 유일하게 식별하기 위해
사용되는 속성들의 부분집합이다.

• 후보키는 유일성과 최소성을 모두 만족한다.

예 〈학생〉 릴레이션에서 학번이나 주민등록번호는 유일성과 최소성을 만족하므로 후보키가 된다. 〈수강〉
릴레이션에서는 (학번, 과목명)으로 조합해야 유일성과 최소성을 만족하기 때문에 (학번, 과목명)으로
조합된 것이 후보키가 된다.

※ (학번, 과목명)과 같이 2개 이상의 필드를 조합하여 만든 키를 복합키(Composite Key)라고 한다.

3 기본키(Primary Key)

24.8, 23.8

기본키는 후보키 중에서 특별히 선정된 키로 중복된 값을 가질 수 없다.

- 기본키는 후보키의 성질을 갖는다. 즉, 유일성과 최소성을 가지며 튜플을 식별하기 위해 반드시 필요한 키이다.
- 기본키는 NULL 값을 가질 수 없다. 즉 튜플에서 기본키로 설정된 속성에는 NULL 값*이 있어서는 안 된다.

> 예 〈학생〉 릴레이션에서는 후보키인 학번이나 주민등록번호 중에서 선택하여 기본키로 설정할 수 있고, 〈수강〉 릴레이션에서는 (학번, 과목명)을 조합해서 기본키로 설정할 수 있다.
> - 학번이 〈학생〉 릴레이션의 기본키로 정의되면 이미 입력된 학번 '050021'은 다른 튜플의 학번 속성 값으로 입력할 수 없다.

24.8
널 값(NULL Value)
데이터베이스에서 아직 알려지지 않거나 모르는 값으로서 '해당 없음' 등의 이유로 정보 부재를 나타내기 위해 사용하는, 이론적으로 아무것도 없는 특수한 데이터를 말합니다.

4 대체키(Alternate Key)

22.11

대체키는 후보키 중에서 선정된 기본키를 제외한 나머지 후보키를 의미한다.

> 예 〈학생〉 릴레이션에서 학번이 기본키로 설정되면 주민등록번호는 대체키가 된다.

5 외래키(Foreign Key)

23.11, 23.3, 20.11

외래키는 다른 릴레이션의 기본키를 참조하는 속성 또는 속성들의 집합을 의미한다.

- 외래키는 릴레이션 간의 관계를 표현할 때 사용한다.
- 한 릴레이션에 속한 속성 A와 참조 릴레이션의 기본키인 B가 동일한 도메인 상에서 정의되었을 때의 속성 A를 외래키라고 한다.
- 외래키는 참조 릴레이션의 기본키와 동일한 키 속성을 가진다.

> 예 〈학생〉

학번	주민등록번호	성명

〈수강〉

학번	과목명

> - 〈수강〉 릴레이션의 학번은 〈학생〉 릴레이션의 기본키인 학번을 참조하고 있으므로 〈수강〉 릴레이션에서 학번은 외래키가 된다.
> - 〈수강〉 릴레이션의 학번 속성에는 〈학생〉 릴레이션의 학번 속성에 없는 값을 입력할 수 없다.
> - 〈학생〉 릴레이션과 〈수강〉 릴레이션은 학번을 기준으로 관계가 설정된 것이다.

※ 정답 및 해설은 96쪽에 있습니다.

문제 1 ^{24년 3월, 21년 8월} 한 릴레이션 내에 있는 속성들의 집합으로 구성된 키(Key)로, 후보키의 조건 중 유일성은 만족하지만 최소성은 만족하지 못하는 키를 쓰시오.

답 :

문제 2 ^{23년 11월, 20년 11월} 다음의 두 릴레이션(Relation)에서 외래키(Foreign)를 찾아 쓰시오. (밑줄은 기본키를 의미함)

제품(<u>제품코드</u>, 제품명, 단가, 구매처)
판매(<u>판매코드</u>, 판매처, 제품코드, 수량)

답 :

문제 3 ^{22년 11월} 후보키 중에서 선정된 기본키를 제외한 나머지 후보키를 의미하는 명칭을 한 단어로 쓰시오.

답 :

문제 4 ^{23년 8월} 다음 설명에 해당하는 알맞은 용어를 쓰시오.

• 후보키 중에서 특별히 선정된 키로 중복된 값을 가질 수 없다.
• 유일성과 최소성을 가지며 튜플을 식별하기 위해 반드시 필요한 키다.
• NULL 값을 가질 수 없다.

답 :

문제 5 ^{23년 3월} 데이터베이스에서 다른 테이블의 기본키를 참조하는 속성 또는 속성들의 집합을 의미하는 키를 쓰시오.

답 :

무결성(Integrity)

1 무결성의 개념 및 종류

무결성이란 데이터베이스에 저장된 데이터 값과 그것이 표현하는 현실 세계의 실제값이 일치하는 정확성을 의미한다.

- 무결성 제약 조건은 데이터베이스에 들어 있는 데이터의 정확성을 보장하기 위해 부정확한 자료가 데이터베이스 내에 저장되는 것을 방지하기 위한 제약 조건을 말한다.
- 무결성의 종류에는 개체 무결성, 도메인 무결성, 참조 무결성, 사용자 정의 무결성, NULL 무결성, 고유 무결성, 키 무결성, 관계 무결성 등이 있다.

〈학생〉 릴레이션

학번	주민번호	성명
1001	010429-3******	김상욱
1002	000504-3******	임선호
1003	011215-3******	김한순
1004	001225-4******	이다해

〈수강〉 릴레이션

학번	과목명
1001	영어
1001	전산
1002	영어
1003	수학
1004	영어
1004	전산

2 개체 무결성(Entity Integrity, 실체 무결성)

개체 무결성은 기본 테이블의 기본키*를 구성하는 어떤 속성도 Null 값이나 중복값을 가질 수 없다는 규정이다.

예 〈학생〉 릴레이션에서 '학번'이 기본키로 정의되면 튜플을 추가할 때 '주민번호'나 '성명' 필드에는 값을 입력하지 않아도 되지만 '학번' 속성에는 반드시 값을 입력해야 한다. 또한 '학번' 속성에는 이미 한 번 입력한 속성값을 중복하여 입력할 수 없다.

기본키(Primary Key)
기본키는 한 릴레이션에서 특정 튜플을 유일하게 구별할 수 있는 속성입니다.

3 도메인 무결성(Domain Integrity, 영역 무결성)
21.6

도메인 무결성은 주어진 속성 값이 정의된 도메인*에 속한 값이어야 한다는 규정이다.

예 〈수강〉 릴레이션의 '과목명' 속성에는 영어, 수학, 전산 세 가지만 입력되도록 유효값이 지정된 경우 반드시 해당 값만 입력해야 한다.

도메인(Domain)
도메인은 하나의 애트리뷰트가 취할 수 있는 같은 타입의 원자 (Atomic)값들의 집합입니다.

4 참조 무결성(Referential Integrity)
22.11, 21.11

참조 무결성은 외래키* 값은 Null이거나 참조 릴레이션의 기본키 값과 동일해야 한다. 즉 릴레이션은 참조할 수 없는 외래키 값을 가질 수 없다는 규정이다.
• 외래키와 참조하려는 테이블의 기본키는 도메인과 속성 개수가 같아야 한다.

예 〈수강〉 릴레이션의 '학번' 속성에는 〈학생〉 릴레이션의 '학번' 속성에 없는 값은 입력할 수 없다.

예 〈수강〉 릴레이션의 '학번'과 〈학생〉 릴레이션의 '학번' 속성에는 같은 종류의 데이터가 입력되어 있어야 하며, 〈학생〉 릴레이션의 기본키가 '학번'+'이름'이었다면 〈수강〉 릴레이션의 외래키도 '학번'+'이름'으로 구성되어져야 한다.

5 사용자 정의 무결성

사용자 정의 무결성(User-Defined Integrity)은 속성 값들이 사용자가 정의한 제약조건에 만족해야 한다는 규정이다.

6 NULL* 무결성

NULL 무결성은 릴레이션의 특정 속성 값이 NULL이 될 수 없도록 하는 규정이다.

7 고유(Unique) 무결성

고유 무결성은 릴레이션의 특정 속성에 대해 각 튜플이 갖는 속성값들이 서로 달라야 한다는 규정이다.

예 〈학생〉 릴레이션의 기본키인 '학번' 속성에는 동일한 값이 존재하지 않으므로 고유(Unique) 무결성을 만족한다.

8 키(Key) 무결성

키 무결성은 하나의 릴레이션에는 적어도 하나의 키가 존재해야 한다는 규정이다.

9 관계(Relationship) 무결성

관계 무결성은 릴레이션에 어느 한 튜플의 삽입 가능 여부 또는 한 릴레이션과 다른 릴레이션의 튜플들 사이의 관계에 대한 적절성 여부를 지정한 규정이다.

기출 따라잡기

문제 1 21년 11월 자식 테이블의 항목 값을 삭제할 때 부모 테이블과의 관계로 인하여 삭제가 불가능한 현상은 어떤 무결성 제약으로 인해 발생한 것인지 보기에서 찾아 기호로 쓰시오.

〈보기〉

㉠ 개체 무결성	㉡ 도메인 무결성	㉢ 참조 무결성
㉣ 사용자 정의 무결성	㉤ NULL 무결성	㉥ 고유 무결성
㉦ 키 무결성		

답 :

문제 2 21년 6월 주어진 속성에 입력된 값이 사전에 정의된 데이터 타입, 데이터의 길이, 데이터 값 목록 등에 맞게 입력되었는지 확인하는 작업을 수행하는 무결성 조건이 무엇인지 쓰시오.

답 :

문제 3 22년 11월 다음 설명에 해당하는 무결성의 명칭을 쓰시오.

외래키 값은 Null이거나 참조 릴레이션의 기본키 값과 동일해야 한다. 즉 릴레이션은 참조할 수 없는 외래키 값을 가질 수 없다는 규정이다.

답 :

정규화(Normalization)

함수 종속성
릴레이션의 어떤 속성의 값이 다른 속성의 값을 고유하게 결정하는 것을 의미합니다. 예를 들어 속성 X의 값 각각에 대해 시간에 관계없이 항상 속성 Y의 값이 오직 하나만 연관되어 있을 때 Y는 X에 함수적 종속 또는 X가 Y를 함수적으로 결정한다고 하고, X → Y로 표기합니다.

1 정규화의 개요

정규화란 함수적 종속성※ 등의 종속성 이론을 이용하여 잘못 설계된 관계형 스키마를 더 작은 속성의 세트로 쪼개어 바람직한 스키마로 만들어 가는 과정이다.

- 정규형에는 1NF(제1정규형), 2NF(제2정규형), 3NF(제3정규형), BCNF(Boyce-Codd 정규형), 4NF(제4정규형), 5NF(제5정규형)이 있다.
- 정규화는 데이터베이스의 개념적 설계 단계와 논리적 설계 단계 사이에서 수행한다.
- 개체들에 존재하는 데이터 속성의 중복을 최소화하여 일치성을 보장하며 데이터 모델을 단순하게 구성한다.
- 개체에 존재하는 함수적 종속 관계를 이용하여 데이터베이스 구조를 안정화시킨다.
- 정규화는 논리적 처리 및 품질에 큰 영향을 미친다.

23.8, 22.11
잠깐만요 정규화 과정

```
비정규 릴레이션
   ↓ 도메인이 원자값
  1NF
   ↓ 부분적 함수 종속 제거
  2NF
   ↓ 이행적 함수 종속 제거
  3NF
   ↓ 결정자이면서 후보키가 아닌 것 제거
 BCNF
   ↓ 다치 종속※ 제거
  4NF
   ↓ 조인 종속성 이용
  5NF
```

정규화 단계 암기 요령
두부를 좋아하는 정규화가 두부가게에 가서 가게에 있는 두부를 다 달라고 말하니 주인이 깜짝 놀라며 말했다.

두부이걸다줘? ≒ 도부이결다조

도메인이 원자값
부분적 함수 종속 제거
이행적 함수 종속 제거
결정자이면서 후보키가 아닌 것 제거
다치 종속 제거
조인 종속성 이용

다치 종속(Multi Valued Dependency, 다가 종속)
A, B, C 3개의 속성을 가진 릴레이션 R에서 어떤 복합 속성(A, C)에 대응하는 B 값의 집합이 A 값에만 종속되고 C 값에는 무관하면, B는 A에 다치 종속이라 하고, 'A →→ B'로 표기합니다.

2 정규화의 목적

- 어떠한 릴레이션이라도 데이터베이스 내에서 표현 가능하게 만든다.
- 효과적인 검색 알고리즘을 생성할 수 있다.
- 중복을 배제하여 삽입, 삭제, 갱신 이상의 발생을 방지한다.
- 데이터 삽입 시 릴레이션을 재구성할 필요성을 줄인다.
- 자료 저장공간의 최소화 및 데이터 구조의 안정성을 최대화한다.
- 데이터베이스 내부 자료의 무결성 유지를 극대화한다.

3 이상(Anomaly)의 개념 및 종류

정규화(Normalization)를 거치지 않으면 데이터베이스 내에 데이터들이 불필요하게 중복되어 릴레이션 조작 시 예기치 못한 곤란한 현상이 발생하는데, 이를 '이상(Anomaly)'이라 하며 다음과 같이 삽입 이상, 삭제 이상, 갱신 이상이 있다.

- **삽입 이상(Insertion Anomaly)** : 릴레이션에 데이터를 삽입할 때 의도와는 상관없이 원하지 않은 값들도 함께 삽입되는 현상이다.
- **삭제 이상(Deletion Anomaly)** : 릴레이션에서 한 튜플을 삭제할 때 의도와는 상관없는 값들도 함께 삭제되는 연쇄가 일어나는 현상이다.
- **갱신 이상(Update Anomaly)** : 릴레이션에서 튜플에 있는 속성 값을 갱신할 때 일부 튜플의 정보만 갱신되어 정보에 모순이 생기는 현상이다.

23.6

잠깐만요 정규화 정리 / 반정규화

정규화 정리
- 데이터베이스 내에 데이터들이 불필요하게 중복되어 저장되면 릴레이션 조작 시 예기치 못한 이상(Anomaly) 현상이 발생할 가능성이 높아집니다.
- 정규화는 이상 현상을 제거하기 위해서 중복성 및 종속성을 배제시키는 방법으로 사용합니다.
- 정규화되지 못한 릴레이션을 조작할 때 발생하는 이상 현상의 근본 원인은 여러 종류의 사실들이 하나의 릴레이션에 모두 표현되기 때문입니다.
- 중복 및 종속 관계가 형성되어 릴레이션 조작 시 발생할 수 있는 이상 현상을 제거하기 위해서는 관계 모델로 표현한 릴레이션에 제한 사항들을 첨가해 가면서 보다 더 정규화된 릴레이션으로 변환시켜 단순하게 만들어야 합니다.

반정규화(Denormalization)
반정규화는 시스템의 성능 향상, 개발 및 운영의 편의성 등을 위해 정규화된 데이터 모델을 통합, 중복, 분리하는 과정으로, 의도적으로 정규화 원칙을 위배하는 행위를 말합니다.

※ 정답 및 해설은 97쪽에 있습니다.

기출 따라잡기

문제 1 ᵃ전기출 정규화(Normalization)를 거치지 않으면 데이터베이스 내에 데이터들이 불필요하게 중복되어 릴레이션 조작 시 예기치 못한 곤란한 현상이 발생하는데 이를 무엇이라고 하는지 쓰시오.

답 :

문제 2 22년 3월 다음 설명에서 괄호에 공통으로 들어갈 알맞은 용어를 쓰시오.

( )란 함수적 종속성 등의 종속성 이론을 이용하여 잘못 설계된 관계형 스키마를 더 작은 속성의 세트로 쪼개어 바람직한 스키마로 만들어 가는 과정이다. ( )를 거치지 않으면 데이터베이스 내에 데이터들이 불필요하게 중복되어 릴레이션 조작 시 예기치 못한 곤란한 현상이 발생하는데, 이를 이상(Anomaly)이라고 한다. ( )를 수행하면 데이터 중복을 배제하여 이상(Anomaly)의 발생 방지 및 자료 저장 공간의 최소화가 가능하다.

답 :

문제 3 23년 8월 다음 설명에 해당하는 알맞은 용어를 쓰시오.

A, B, C 3개의 속성을 가진 릴레이션 R에서 어떤 복합 속성(A, C)에 대응하는 B 값의 집합이 A 값에만 종속되고 C 값에는 무관한 경우로, A ⟶⟶ B로 표기한다.

답 :

문제 4 22년 11월 정규화 과정 중 릴레이션 R의 모든 결정자(Determinant)가 후보키이면 그 릴레이션 R은 어떤 정규형에 속하는지 쓰시오.

답 :

고급 데이터베이스 기능

전문가의 조언

각 기능들의 개념 및 특징을 정리해 두세요.

1 뷰(View)
22.8, 21.4

뷰는 사용자에게 접근이 허용된 자료만을 제한적으로 보여주기 위해 하나 이상의 기본 테이블로부터 유도된, 이름을 가지는 가상 테이블이다.

- 뷰는 저장장치 내에 물리적으로 존재하지 않지만, 사용자에게는 있는 것처럼 간주된다.
- 뷰는 기본 테이블로부터 유도된 테이블이기 때문에 기본 테이블과 같은 형태의 구조로 되어 있으며, 조작도 기본 테이블과 거의 같다.
- 실제 내용을 사용자 편의에 따라서 사용하는 외부 스키마에 해당하는 논리적 구조를 갖으며, 데이터의 논리적 독립성을 어느 정도 제공한다.

2 인덱스(Index)
23.6, 21.6

인덱스는 데이터 레코드의 검색 시간을 단축시키기 위해 만든 보조적인 데이터 구조를 의미한다.

- 인덱스는 레코드가 저장된 물리적 구조에 접근하는 방법을 제공한다.
- 인덱스를 통해서 파일의 레코드에 대한 액세스를 빠르게 수행할 수 있다.
- 레코드의 삽입과 삭제가 수시로 일어나는 경우에는 인덱스의 개수를 최소로 하는 것이 효율적이다.
- 인덱스가 없으면 특정한 값을 찾기 위해 모든 데이터 페이지를 확인하는 TABLE SCAN※이 발생한다.
- CREATE문을 이용하여 생성한다.

3 시스템 카탈로그(System Catalog)

시스템 카탈로그는 시스템 그 자체에 관련이 있는 다양한 객체에 관한 정보를 포함하는 시스템 데이터베이스이다.

- 시스템 카탈로그 내의 각 테이블은 사용자를 포함하여 DBMS에서 지원하는 모든 데이터 객체에 대한 정의나 명세에 관한 정보를 유지 관리하는 시스템 테이블이다.
- 카탈로그들이 생성되면 데이터 사전(Data Dictionary)에 저장되기 때문에 좁은 의미로는 카탈로그를 데이터 사전이라고도 한다.
- 시스템 카탈로그에 저장된 정보를 메타 데이터(Meta-Data)※라고 한다.

TABLE SCAN
TABLE SCAN은 테이블에 있는 모든 레코드를 순차적으로 읽는 것으로, FULL TABLE SCAN이라고도 합니다. 일반적으로 적용 가능한 인덱스가 없거나 분포도가 넓은 데이터를 검색할 때는 FULL TABLE SCAN을 사용합니다.

메타 데이터(Meta-Data)
메타 데이터는 데이터에 대한 데이터, 즉 데이터에 대한 속성 정보 등을 설명하기 위한 데이터입니다.

4 트랜잭션(Transaction)

23.6, 22.8, 22.5

트랜잭션은 데이터베이스에서 하나의 논리적 기능을 수행하기 위한 작업 단위로, 데이터베이스 관련 연산의 가장 기본적인 단위이다.

- 트랜잭션은 데이터베이스 시스템에서 복구 및 병행 수행 시 처리되는 작업의 논리적 단위이다.
- 하나의 트랜잭션은 데이터베이스에 접근하고 갱신하는 하나의 질의문 또는 여러 질의문으로 구성된다.
- 트랜잭션은 일반적으로 회복의 단위로 Commit*되거나 Rollback*된다.
- 트랜잭션은 원자성, 일관성, 독립성, 영속성의 특징을 가진다.

Commit
Commit은 명령에 의해 수행된 결과를 실제 물리적 디스크에 저장하고 데이터베이스 조작 작업이 정상적으로 완료되었음을 관리자에게 알려주는 것입니다.

Rollback
Rollback은 Commit되지 않은 변경된 모든 내용들을 취소하고 데이터베이스를 이전 상태로 되돌리는 것입니다.

원자성 (Atomicity)	트랜잭션의 연산은 데이터베이스에 모두 반영되든지 아니면 전혀 반영되지 않아야 한다는 성질
일관성 (Consistency)	트랜잭션이 그 실행을 성공적으로 완료하면 언제나 일관성 있는 데이터베이스 상태로 변환한다는 성질
독립성, 격리성 (Isolation)	둘 이상의 트랜잭션이 동시에 병행 실행되는 경우 어느 하나의 트랜잭션 실행 중에 다른 트랜잭션의 연산이 끼어들 수 없다는 성질
영속성 (Durability)	성공적으로 완료된 트랜잭션의 결과는 영구적으로 반영되어야 한다는 성질

※ 정답 및 해설은 97쪽에 있습니다.

기출 따라잡기 Section 015

문제 1 22년 8월, 21년 6월 다음 데이터베이스에 대한 설명에서 괄호에 공통으로 들어갈 알맞은 용어를 쓰시오.

- (   )는 데이터에 대한 빠른 조회와 효율적인 동작을 할 수 있도록 지원한다.
- CREATE문을 사용하여 (   )를 생성할 수 있다.
- (   )는 컬럼과 주소로 이루어져 있다.

답:

문제 2 21년 4월 다음이 설명하는 용어를 쓰시오.

- 하나 이상의 기본 테이블로부터 유도되어 만들어진 가상 테이블로, 사용자에게 접근이 허용된 자료만을 제한적으로 보여주기 위해 사용하는 데이터베이스 개체이다.
- 물리적으로 존재하지 않지만 사용자에게는 있는 것처럼 간주된다.
- 삽입, 삭제, 갱신이 제한적이다.

답 :

문제 3 22년 5월 다음이 설명하는 용어를 쓰시오.

- 데이터베이스의 상태를 변환시키는 하나의 논리적 기능을 수행하기 위한 작업의 단위를 의미한다.
- 데이터베이스에 모두 반영되도록 완료(Commit)되든지 아니면 전혀 반영되지 않도록 복구(Rollback)되어야 한다.
- 원자성, 일관성, 독립성, 영속성의 특성을 갖는다.

답 :

문제 4 22년 8월 트랜잭션의 특징 중 다음 괄호에 들어갈 알맞은 특징을 쓰시오.

트랜잭션의 특징 중 (   )은 성공적으로 완료(COMMIT)된 트랜잭션의 결과가 영구적으로 반영되어야 한다는 성질을 말한다.

답 :

문제 5 23년 6월 트랜잭션의 특성 4가지를 모두 쓰시오.

답 :

문제 1 다음에 제시된 데이터베이스 설계 순서에서 괄호에 들어갈 알맞은 용어를 쓰시오.

요구 조건 분석 → ( ) → 논리적 설계 → 물리적 설계 → 구현

답 :

문제 2 데이터베이스 구조와 관련된 전반적인 정의로서 데이터베이스 설계 단계를 의미하는 것으로, 데이터베이스를 구성하는 데이터 개체, 이들 간의 속성 및 존재하는 관계, 데이터 구조와 데이터 값들이 가지고 있는 제약 조건에 관한 정의를 총칭하는 데이터베이스 관련 용어를 쓰시오.

답 :

문제 3 다음은 스키마(Schema)에 대한 설명이다. 괄호(①~③)에 들어갈 알맞은 스키마 종류를 쓰시오.

스키마(Schema)는 데이터베이스를 구성하는 개체, 속성, 관계 등 구조에 대한 정의와 이에 대한 제약 조건 등을 기술하는 것으로, 사용자의 관점에 따라 (①) 스키마, (②) 스키마, (③) 스키마로 나뉜다.
• (①) 스키마는 사용자나 응용 프로그래머가 각 개인의 입장에서 필요로 하는 데이터베이스의 논리적 구조를 정의한 것이다.
• (②) 스키마는 데이터베이스의 전체적인 논리적 구조로서, 모든 응용 프로그램이나 사용자들이 필요로 하는 데이터를 종합한 조직 전체의 데이터베이스로 하나만 존재한다.
• (③) 스키마는 데이터베이스의 물리적 구조로, 데이터의 실제 저장 방법을 기술한다.

답
• ①
• ②
• ③

문제 4 다음 설명에 해당하는 데이터베이스 사용자를 쓰시오.

일반 호스트 언어로 프로그램을 작성할 때 데이터 조작어를 삽입해서 일반 사용자가 응용 프로그램을 사용할 수 있게, 인터페이스를 제공할 목적으로 데이터베이스에 접근하는 사람으로, C, COBOL, PASCAL 등의 호스트 언어와 DBMS가 지원하는 데이터 조작어에 능숙한 컴퓨터 전문가이다.

답 :

문제 5 다음 설명에 해당하는 데이터베이스 관련 용어를 쓰시오.

- 사용자와 데이터베이스 사이에서 사용자의 요구에 따라 정보를 생성해주고, 데이터베이스를 관리해 주는 소프트웨어이다.
- 데이터베이스의 구성, 접근 방법, 유지관리에 대한 모든 책임을 진다.
- 필수 기능에는 정의(Definition), 조작(Manipulation), 제어(Control) 기능이 있다.

답 :

문제 6 다음은 DBMS(DataBase Management System)의 필수 기능을 설명한 것이다. 서로 관련 있는 것끼리 연결하시오.

① 정의 기능 •

② 제어 기능 •

③ 조작 기능 •

• ⓐ 데이터 검색, 갱신, 삽입, 삭제 등을 체계적으로 처리하기 위해 사용자와 데이터베이스 사이의 인터페이스 수단을 제공하는 기능

• ⓑ 데이터베이스에 저장될 데이터의 형과 구조에 대한 정의, 이용 방식, 제약 조건 등을 명시하는 기능

• ⓒ 데이터베이스를 접근하는 갱신, 삽입, 삭제 작업이 정확하게 수행되어 데이터의 무결성이 유지되도록 제어하는 기능

문제 7 다음은 DBMS(DataBase Management System)에 대한 설명이다. 괄호에 공통적으로 들어갈 알맞은 용어를 쓰시오.

> DBMS는 기존의 파일 시스템이 갖는 데이터의 종속성과 (   )의 문제를 해결하기 위해 제안된 시스템이다. 데이터 (   )이 해결되지 않으면 데이터 동일성, 무결성 등을 유지하기 어려우므로 반드시 해결해야 한다.

답 :

문제 8 개체 집합 A의 각 원소는 개체 집합 B의 원소 여러 개와 대응하고, 개체 집합 B의 각 원소도 개체 집합 A의 원소 여러 개와 대응하는 관계 형태는 무엇인지 쓰시오.

답 :

문제 9 데이터 모델은 현실 세계의 정보들을 컴퓨터에 표현하기 위해서 단순화, 추상화하여 체계적으로 표현한 개념적 모형이다. 데이터 모델과 관련된 각 물음에 답하시오.

① 개체 간의 관계 또는 속성 간의 논리적인 연결을 의미하는 데이터 모델의 구성 요소를 쓰시오.

답 :

② 데이터베이스에 표현하려는 것으로, 사람이 생각하는 개념이나 정보 단위 같은 현실 세계의 대상체를 의미하는 데이터 모델의 구성 요소를 쓰시오.

답 :

③ 데이터 모델의 구성 요소 중 속성(Attribute)의 개념을 간략히 서술하시오.

답 :

정답 해설

문제 10 다음은 ER(Entity Relationship) 도형에 대한 설명이다. 괄호(①~③)에 들어갈 알맞은 도형을 쓰시오.

> 데이터베이스의 전체적인 논리적 구조는 다음과 같이 Peter Chen이 제안한 구성 요소들을 사용하여 개체 관계도(E-R Diagram)로 표현할 수 있다.
> - (①) : 개체 타입(Entity Type)을 나타낸다.
> - (②) : 관계 타입(Relationship Type)을 나타낸다.
> - (③) : 속성(Attribute)을 나타낸다.
> - 선 : 속성과 개체 집합을 연결시키며, 개체 집합과 관계를 연결시킨다.

답

- ①   • ②   • ③

문제 11 다음은 관계형 데이터베이스의 릴레이션 구조를 표현한 것이다. 괄호(①~③)에 들어갈 알맞은 용어를 쓰시오.

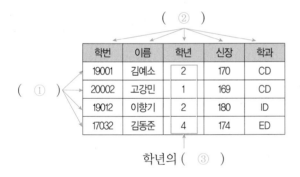

학번	이름	학년	신장	학과
19001	김예소	2	170	CD
20002	고강민	1	169	CD
19012	이향기	2	180	ID
17032	김동준	4	174	ED

(②)

(①)

학년의 (③)

> - (①) : 릴레이션을 구성하는 각각의 행을 의미하며, 파일 구조에서 레코드와 같은 의미이다.
> - (②) : 데이터베이스를 구성하는 가장 작은 논리적 단위로, 파일 구조상의 데이터 항목 또는 데이터 필드에 해당된다.
> - (③) : 하나의 애트리뷰트가 취할 수 있는 같은 타입의 원자(Atomic)값들의 집합이다.

답

- ①   • ②   • ③

문제 12 데이터베이스에서 아직 알려지지 않았거나 모르는 값으로서 '해당 없음' 등의 이유로 정보 부재를 나타내기 위해 사용하며, 이론적으로 아무것도 없는 특수한 데이터를 의미하는 것은 무엇인지 쓰시오.

답 :

문제 13 다음 설명에 해당하는 키(Key)의 종류를 쓰시오.

> 릴레이션을 구성하는 속성들 중에서 튜플을 유일하게 식별하기 위해 사용하는 속성들의 부분집합, 즉 기본키로 사용할 수 있는 속성들을 말하며, 릴레이션에 있는 모든 튜플에 대해서 유일성과 최소성을 만족시켜야 한다.

답 :

문제 14 한 릴레이션 내에 있는 속성들의 집합으로 구성된 키(Key)로, 릴레이션을 구성하는 모든 튜플에 대해 유일성은 만족하지만, 최소성은 만족하지 못하는 것은 무엇인지 쓰시오.

답 :

문제 15 다음은 무결성(Integrity)의 종류를 설명한 것이다. 서로 관련 있는 것끼리 연결하시오.

① 개체 무결성 •   • ⓐ 주어진 속성 값이 정의된 도메인에 속한 값이어야 한다는 규정

② 도메인 무결성 •   • ⓑ 릴레이션의 특정 속성에 대해 각 튜플이 갖는 속성값들이 서로 달라야 한다는 규정

③ 참조 무결성 •   • ⓒ 기본 테이블의 기본키를 구성하는 어떤 속성도 Null 값이나 중복값을 가질 수 없다는 규정

④ 고유 무결성 •   • ⓓ 외래키 값은 Null이거나 참조 릴레이션의 기본키 값과 동일해야 한다는 규정

문제 16 다음 설명에 해당하는 알맞은 용어를 쓰시오.

> • 시스템의 성능 향상, 개발 및 운영의 편의성 등을 위해 정규화된 데이터 모델을 통합, 중복, 분리하는 과정으로, 의도적으로 정규화 원칙을 위배하는 행위이다.
> • 시스템의 성능이 향상되고 관리 효율성은 증가하지만 데이터의 일관성 및 정합성이 저하될 수 있다.

답 :

문제 17 정규화(Normalization)를 거치지 않으면 데이터베이스 내에 데이터들이 불필요하게 중복되어 릴레이션 조작 시 예기치 못한 곤란한 현상이 발생하는데, 이를 이상(Anomaly)이라 한다. 이상(Anomaly)의 종류 3가지를 쓰시오.

답 :

문제 18 다음 〈보기〉에 제시된 정규형들을 정규화 과정에 맞게 기호(㉠~㉺)로 나열하시오.

〈보기〉

㉠ BCNF형	㉡ 제2정규형	㉢ 제5정규형
㉣ 제3정규형	㉤ 제1정규형	㉥ 제4정규형

답 :

문제 19 다음 설명에 해당하는 트랜잭션의 특징을 쓰시오.

> 데이터의 무결성(Integrity)을 보장하기 위하여 DBMS의 트랜잭션이 갖추어야 할 특징 중 하나로, 트랜잭션의 연산은 데이터베이스에 모두 반영되든지 아니면 전혀 반영되지 않아야 한다는 것을 의미한다.

답 :

문제 20 다음은 시스템 카탈로그(System Catalog)에 대한 설명이다. 괄호(①, ②)에 들어갈 알맞은 용어를 쓰시오.

- 시스템 카탈로그는 시스템 그 자체에 관련이 있는 다양한 객체에 관한 정보를 포함하는 시스템 데이터베이스이다.
- 카탈로그들이 생성되면 (①)에 저장되기 때문에 좁은 의미로는 카탈로그를 (①)이라고도 한다.
- 카탈로그에 저장된 정보를 (②)라고 한다.

답
- ①
- ②

문제 21 다음 설명에 해당하는 알맞은 용어를 쓰시오.

데이터의 검색이나 그룹화 등의 작업 속도를 향상시키기 위해 데이터가 정렬되도록 설정하는 기능으로, 검색을 자주하는 필드에 대해 설정하는 것이 바람직하다.

답 :

문제 22 다음에 제시된 관계대수를 가장 간략한 SQL문으로 변환하시오.

$$\sigma_{mcode=101}(stu)$$

답 :

[답안 작성 방법 안내]
'운영체제(OS; Operation System)'처럼 한글과 영문으로 제시되어 있는 경우 '운영체제', 'OS', 'Operation System' 중 1가지만 쓰면 됩니다.

Section 007

[문제 1]
논리적 설계

[문제 2]
내부 스키마(Internal Schema)

[문제 3]
개념적 설계 → 논리적 설계 → 물리적 설계

[문제 4]
데이터베이스 관리자(DBA; DataBase Administrator)

[문제 5]
데이터베이스(Database)

[문제 6]
외부 스키마(External Schema), 개념 스키마(Conceptual Schema), 내부 스키마(Internal Schema)

Section 008

[문제 1]
㉠

[문제 2]
DBMS(DataBase Management System, 데이터베이스 관리 시스템)

[문제 3]
㉠, ㉣, ㉥, ㉦, ㉨

ⓛ DBMS는 데이터베이스의 전문가가 부족한 단점이 있습니다.
ⓒ DBMS는 시스템이 복잡해지는 단점이 있습니다.
ⓜ DBMS는 전산화 비용이 증가하는 단점이 있습니다.
ⓞ DBMS는 데이터의 백업과 회복이 어려운 단점이 있습니다.

[문제 4]
NDBMS

Section 009

[문제 1]

개체(Entity)

[문제 2]

① 속성(Attribute)　② 관계(Relationship)

[문제 3]

속성(Attribute)

Section 010

[문제 1]

① 속성(Attribute)　② 관계 타입(Relationship Type)　③ 개체 타입(Entity Type)

Section 011

[문제 1]

① 7　② 4

[문제 2]

튜플(Tuple)

[문제 3]

도메인(Domain)

[문제 4]

① 속성(Attribute)　② 차수(Degree)

[문제 5]

① 스키마(Schema)　② 인스턴스(Instance)

[문제 6]

관계형 데이터베이스

Section 012

[문제 1]

슈퍼키(Super Key)

[문제 2]

제품코드

외래키는 다른 릴레이션의 기본키를 참조하는 속성으로, 여기서는 〈제품〉 테이블의 기본키인 '제품코드'를 참조하는 〈판매〉 테이블의 '제품코드'가 외래키입니다.

[문제 3]

대체키(Alternate Key)

[문제 4]

기본키(Primary Key)

[문제 5]
외래키(Foreign Key)

Section 013

[문제 1]
ⓒ

[문제 2]
도메인 무결성(Domain Integrity, 영역 무결성)

[문제 3]
참조 무결성(Referential Integrity)

Section 014

[문제 1]
이상(Anomaly)

[문제 2]
정규화(Normalization)

[문제 3]
다치 종속(Multi Valued Dependency)

[문제 4]
BCNF(Boyce-Codd Normal Form)

Section 015

[문제 1]
인덱스(Index)

[문제 2]
뷰(View)

[문제 3]
트랜잭션(Transaction)

[문제 4]
영속성(Durability)

[문제 5]
원자성(Atomicity), 일관성(Consistency), 독립성(Isolation), 영속성(Durability)

[문제 1]
개념적 설계

[문제 2]
스키마(Schema)

[문제 3]
① 외부(External)　② 개념(Conceptual)　③ 내부(Internal)

[문제 4]
응용 프로그래머

[문제 5]
DBMS(DataBase Management System, 데이터베이스 관리 시스템)

[문제 6]
① – ⓑ　② – ⓒ　③ – ⓐ

[문제 7]
중복성

[문제 8]
다 대 다(N:M)

[문제 9]
① 관계(Relationship)　② 개체(Entity)　③ 속성은 데이터베이스를 구성하는 가장 작은 논리적 단위이다.

[문제 10]
① 사각형(☐)　② 다이아몬드(◇)　③ 타원(◯)

[문제 11]
① 튜플(Tuple)　② 속성(Attribute)　③ 도메인(Domain)

[문제 12]
널(NULL)

[문제 13]
후보키(Candidate Key)

[문제 14]
슈퍼키(Super Key)

[문제 15]
① – ⓒ　② – ⓐ　③ – ⓓ　④ – ⓑ

[문제 16]
반정규화(Denormalization)

[문제 17]

삽입 이상(Insertion Anomaly), 삭제 이상(Deletion Anomaly), 갱신 이상(Update Anomaly)

[문제 18]

ⓜ → ⓛ → ⓔ → ⓖ → ⓗ → ⓒ

[문제 19]

원자성(Atomicity)

[문제 20]

① 자료 사전(Data Dictionary)　　② 메타 데이터(Meta-Data)

[문제 21]

인덱스(Index)

[문제 22]

select * from stu where mcode=101;

- 표시할 필드에 대한 조건이 없으므로 모든 필드를 대상으로 검색하면 됩니다. select *입니다.
- σ~mcode=101~ : 'mcode'가 101인 자료만을 대상으로 검색하므로 where mcode = 101입니다.
- (stu) : 〈stu〉 테이블의 자료를 검색하므로 from stu입니다.

3 장

네트워크 기초 활용

네트워크 / 인터넷

1 네트워크(Network)의 개념

네트워크는 두 대 이상의 컴퓨터를 전화선이나 케이블 등으로 연결하여 자원을 공유하는 것을 말한다.

- 네트워크는 다른 컴퓨터의 데이터, 프로그램, 주변장치, 인터넷 등을 공유하기 위해 사용한다.
- 네트워크는 각 사이트들이 분포되어 있는 지리적 범위에 따라 LAN과 WAN으로 분류된다.

근거리 통신망 (LAN; Local Area Network)	• 회사, 학교, 연구소 등에서 비교적 가까운 거리에 있는 컴퓨터, 프린터, 저장장치 등과 같은 자원을 연결하여 구성한다. • 주로 자원 공유를 목적으로 사용한다. • 사이트 간의 거리가 짧아 데이터의 전송 속도가 빠르고, 에러 발생율이 낮다. • 근거리 통신망에서는 주로 버스형이나 링형 구조를 사용한다.
광대역 통신망 (WAN; Wide Area Network)	• 국가와 국가 혹은 대륙과 대륙 등과 같이 멀리 떨어진 사이트들을 연결하여 구성한다. • 사이트 간의 거리가 멀기 때문에 통신 속도가 느리고, 에러 발생률이 높다. • 일정한 지역에 있는 사이트들을 근거리 통신망으로 연결한 후 각 근거리 통신망을 연결하는 방식을 사용한다.

2 인터넷(Internet)의 개요

인터넷이란 TCP/IP* 프로토콜을 기반으로 하여 전 세계 수많은 컴퓨터와 네트워크들이 연결된 광범위한 컴퓨터 통신망이다.

- 인터넷은 미 국방성의 ARPANET에서 시작되었다.
- 인터넷은 유닉스 운영체제를 기반으로 한다.
- 인터넷에 연결된 모든 컴퓨터는 고유한 IP 주소를 갖는다.
- 컴퓨터 또는 네트워크를 서로 연결하기 위해서는 브리지*, 라우터*, 게이트웨이*가 사용된다.
- 다른 네트워크 또는 같은 네트워크를 연결하여 중추적 역할을 하는 네트워크로, 보통 인터넷의 주가 되는 기간망을 일컫는 용어를 백본(Backbone)이라고 한다.

3 IP 주소(Internet Protocol Address)

24.6, 24.3, 22.3, 21.11, 20.4

IP 주소는 인터넷에 연결된 모든 컴퓨터 자원을 구분하기 위한 고유한 주소이다.

- 숫자로 8비트씩 4부분, 총 32비트로 구성되어 있다.
- IP 주소는 네트워크 부분의 길이에 따라 다음과 같이 A 클래스에서 E 클래스까지 총 5단계로 구성되어 있다.

A Class	• 국가나 대형 통신망에 사용(0~127로 시작*) • 2^{24} = 16,777,216개의 호스트 사용 가능	1 8 9 16 17 24 25 32bit ※ 기본 서브넷 마스크 : 255.0.0.0
B Class	• 중대형 통신망에 사용(128~191로 시작) • 2^{16} = 65,536개의 호스트 사용 가능	※ 기본 서브넷 마스크 : 255.255.0.0
24.6, 22.3, 21.11 C Class	• 소규모 통신망에 사용(192~223로 시작) • 2^{8} = 256개의 호스트 사용 가능	※ 기본 서브넷 마스크 : 255.255.255.0
D Class	멀티캐스트* 용으로 사용(224~239로 시작)	▨ 네트워크 부분
E Class	실험적 주소이며 공용되지 않음	☐ 호스트 부분

> A Class의 실질적인 네트워크 주소
> A Class의 네트워크 주소는 0~127로 시작하지만, 0번과 127번은 예약된 주소이므로 실질적으로는 1~126으로 시작합니다.

> 멀티캐스트(Multicast)
> 멀티캐스트란 한 명 이상의 송신자들이 특정한 한 명 이상의 수신자들에게 데이터를 전송하는 방식으로, 인터넷 화상 회의 등에서 사용됩니다.

4 IPv6(Internet Protocol version 6)

23.6, 22.11, 21.6

IPv6은 현재 사용하고 있는 IP 주소 체계인 IPv4의 주소 부족 문제를 해결하기 위해 개발되었다.

- IPv4에 비해 자료 전송 속도가 빠르다.
- IPv4와 호환성이 뛰어나다.
- 인증성*, 기밀성*, 데이터 무결성*의 지원으로 보안 문제를 해결할 수 있다.
- 주소의 확장성, 융통성, 연동성이 뛰어나며, 실시간 흐름 제어로 향상된 멀티미디어 기능을 지원한다.
- Traffic Class*, Flow Label*을 이용하여 등급별, 서비스별로 패킷을 구분할 수 있어 품질 보장이 용이하다.

IPv6의 구성

- 16비트씩 8부분, 총 128비트로 구성되어 있다.
- 각 부분을 16진수로 표현하고, 콜론(:)으로 구분한다.
- IPv6은 다음과 같이 세 가지 주소 체계로 나누어진다.

유니캐스트(Unicast)	단일 송신자와 단일 수신자 간의 통신(일대일(1:1) 통신에 사용)
멀티캐스트(Multicast)	단일 송신자와 다중 수신자 간의 통신(일대다(1:N) 통신에 사용)
애니캐스트(Anycast)	단일 송신자와 가장 가까이 있는 단일 수신자 간의 통신(일대일(1:1) 통신에 사용)

> • 인증성 : 사용자의 식별과 접근 권한 검증
> • 기밀성 : 시스템 내의 정보와 자원은 인가된 사용자에게만 접근 허용
> • 무결성 : 시스템 내의 정보는 인가된 사용자만 수정 가능
> • Traffic Class(트래픽 클래스) : IPv6 패킷의 클래스나 우선순위를 나타내는 필드
> • Flow Label(플로우 레이블) : 네트워크 상에서 패킷들의 흐름에 대한 특성을 나타내는 필드

23.8, 22.3

5 도메인 네임(Domain Name)

도메인 네임은 숫자로 된 IP 주소를 사람이 이해하기 쉬운 문자 형태로 표현한 것이다.

• 호스트 컴퓨터 이름, 소속 기관 이름, 소속 기관의 종류, 소속 국가명 순으로 구성*되며, 왼쪽에서 오른쪽으로 갈수록 상위 도메인을 의미한다.
• 문자로 된 도메인 네임을 컴퓨터가 이해할 수 있는 IP 주소로 변환하는 역할을 하는 시스템을 DNS(Domain Name System)라고 하며 이런 역할을 하는 서버를 DNS 서버라고 한다.

도메인 네임의 구성
www.sinagong.co.kr
소속 기관이름   소속 국가
소속 기관 종류
호스트 컴퓨터 이름

※ 정답 및 해설은 124쪽에 있습니다.

기출 따라잡기   Section 016

문제 1 21년 11월
인터넷에 관한 다음 설명에서 괄호에 들어갈 알맞은 용어를 쓰시오.

> 인터넷에 연결된 모든 컴퓨터 자원을 구분하기 위한 고유한 주소로, TCP/IP 구조에서 주로 (   )라고 불린다.

답 :

문제 2 24년 6월, 21년 11월
IP 주소는 네트워크 부분의 길이에 따라 A클래스에서 E클래스까지 총 5단계로 구성되는데, 이 중 C 클래스에서 기본적으로 사용하는 서브넷 마스크를 쓰시오.

답 :

문제 3 20년 4월
IPv4로 작성된 IP 192.168.0.10에 사용된 비트(bit) 수를 쓰시오.

답 :

문제 4 22년 11월, 21년 6월
IPv6의 특징에 대한 다음 설명에서 괄호(①, ②)에 들어갈 알맞은 답을 쓰시오.

> IPv6는 현재 사용하고 있는 IP 주소 체계인 IPv4의 주소 부족 문제를 해결하기 위해 개발되었다. IPv6는 (①)비트씩 (②)부분, 총 128비트로 구성되어 있으며, 각 부분을 16진수로 표현하고, 콜론(:)으로 구분한다.

답
- ①
- ②

문제 5 23년 6월
IPv6의 주소 표현 방식 중 유니캐스트 주소 공간을 표현하는 방식으로 옳은 것을 〈보기〉에서 찾아 기호(㉠~㉫)로 쓰시오.

〈보기〉

| ㉠ ::/128 | ㉡ ::/96 | ㉢ ::ffff:0:0/96 | ㉣ fc00::/7 | ㉤ ff00::/8 |

답 :

문제 6 22년 3월
서브넷 마스크가 255.255.255.0인 네트워크에서 사용 가능한 호스트 ID의 개수는 몇 개인지 쓰시오.

답 :

문제 7 24년 3월, 23년 6월
IPv4 주소와 IPv6 주소의 길이는 각각 몇 비트인지 쓰시오.

답
- ① IPv4 :
- ② IPv6 :

문제 8 23년 8월, 22년 3월
문자로 된 도메인 네임을 컴퓨터가 이해할 수 있는 IP 주소로 변환하는 역할을 하는 시스템은 무엇인지 쓰시오.

답 :

OSI 참조 모델

1 OSI(Open System Interconnection) 참조 모델의 개요

24.6

OSI 참조 모델은 다른 시스템 간의 원활한 통신을 위해 ISO(국제표준화기구)에서 제안한 통신 규약(Protocol)이다.

- 개방형 시스템(Open System) 간의 데이터 통신 시 필요한 장비 및 처리 방법 등을 7단계로 표준화하여 규정했다.
- OSI 7계층은 1~3 계층을 하위 계층, 4~7 계층을 상위 계층이라고 한다.
  - 하위 계층 : 물리 계층 → 데이터 링크 계층 → 네트워크 계층
  - 상위 계층 : 전송 계층 → 세션 계층 → 표현 계층 → 응용 계층

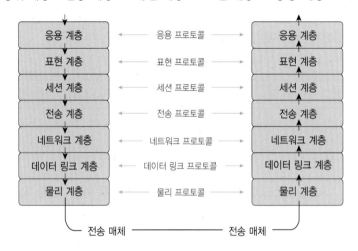

2 OSI 참조 모델 계층별 특징

24.8, 23.11, 23.8, 23.3, 22.11, 22.8, 22.5, 22.3, 21.8, 21.4, 20.11, 20.8, 20.4

24.8, 22.5, 22.3, 21.8, 20.8 물리 계층 (Physical Layer)	• 전송에 필요한 두 장치 간의 실제 접속과 절단 등 기계적, 전기적, 기능적, 절차적 특성에 대한 규칙을 정의한다. • RS–232C, X.21 등의 표준이 있다. • 프로토콜 데이터 단위(PDU)*는 비트(Bit)이다.
23.3, 21.4, 20.8 데이터 링크 계층* (Data Link Layer)	• 두 개의 인접한 개방 시스템들 간에 신뢰성 있고 효율적인 정보 전송을 할 수 있도록 한다. • HDLC, ADCCP, LLC, LAPB*, LAPD* 등의 표준이 있다. • 프로토콜 데이터 단위(PDU)는 프레임(Frame)이다.
23.8, 22.8, 21.8, 21.4, 20.11, 20.8 네트워크 계층 (Network Layer, 망 계층)	• 개방 시스템들 간의 네트워크 연결을 관리하는 기능과 데이터의 교환 및 중계 기능을 한다. • X.25, ARP, IPX, IP, ICMP 등의 표준이 있다. • 프로토콜 데이터 단위(PDU)는 패킷(Packet)이다.

24.8, 20.4 **전송 계층**※ (Transport Layer)	• 논리적 안정과 균일한 데이터 전송 서비스를 제공함으로써 종단 시스템 (End-to-End) 간에 투명한 데이터 전송을 가능하게 한다. • TCP, UDP, DCCP 등의 표준이 있다. • 프로토콜 데이터 단위(PDU)는 세그먼트(Segment)이다.
22.11 **세션**※ **계층** (Session Layer)	• 송 · 수신 측 간의 관련성을 유지하고 대화 제어를 담당한다. • 대화(회화) 구성 및 동기 제어, 데이터 교환 관리 기능이 있다. • 프로토콜 데이터 단위(PDU)는 메시지(Message)이다.
20.8 **표현 계층** (Presentation Layer)	• 응용 계층으로부터 받은 데이터를 세션 계층에 보내기 전에 통신에 적당 한 형태로 변환※하고, 세션 계층에서 받은 데이터는 응용 계층에 맞게 변 환하는 기능을 한다. • 서로 다른 데이터 표현 형태를 갖는 시스템 간의 상호 접속을 위해 필요 한 계층이다. • 프로토콜 데이터 단위(PDU)는 메시지(Message)이다.
23.11, 22.5, 20.8 **응용 계층** (Application Layer)	• 사용자(응용 프로그램)가 OSI 환경에 접근할 수 있도록 서비스를 제공한다. • HTTP, 전자 사서함(SMTP, POP3), 파일 전송(FTP), 원격 접속(TELNET) 등의 서비스를 제공한다. • 프로토콜 데이터 단위(PDU)는 메시지(Message)이다.

전송 계층의 서비스 등급
전송 계층은 네트워크의 형(Type)을 A형, B형, C형의 3개로 나누고, 서비스의 등급(Class)을 0~4까지 5등급으로 나누어, 네트워크형에 따라 다양한 서비스의 품질(QoS)을 제공합니다.

세션(Session)
세션은 두 이용자 사이의 연결을 의미합니다. 세션 계층은 연결을 원하는 두 이용자 사이의 세션 설정 및 유지를 해줌으로써 두 이용자 간의 대화를 관리하고, 파일 복구 등의 기능을 지원합니다.

통신 형태 변환
통신에 적당한 형태로 변환하는 과정에는 코드 변환, 암호화, 해독 등이 있습니다.

※ 정답 및 해설은 124쪽에 있습니다.

기출 따라잡기   Section 017

23년 11월, 22년 8월, 5월, 21년 8월
문제 1 OSI 7계층 중 네트워크 계층과 응용 계층에서 사용되는 프로토콜을 모두 골라 기호(㉠~㉧)로 쓰시오.

㉠ ICMP	㉡ IP	㉢ TCP	㉣ UDP
㉤ HTTP	㉥ FTP	㉦ IPSec	㉧ POP3

답

• ① 네트워크 계층 :

• ② 응용 계층 :

22년 11월
문제 2 OSI 7계층 중 다음에서 설명하는 특징을 갖는 계층이 무엇인지 쓰시오.

• 송 · 수신 측 간의 관련성을 유지하고 대화 제어를 담당한다.
• 대화(회화) 구성 및 동기 제어, 데이터 교환 관리 기능을 한다.
• 동기점은 오류가 있는 데이터의 회복을 위해 사용하는 것으로, 종류에는 소
동기점과 대동기점이 있다.

답 :

문제 3 OSI 7계층에 대한 다음 설명에서 괄호(①~⑤)에 들어갈 알맞은 계층을 쓰시오.

- (①)은 사용자가 OSI 환경에 접근할 수 있도록 서비스를 제공한다.
- (②)은 전송에 필요한 장치 간의 접속과 단절 등 기계적, 전기적 특성에 대한 규칙을 정의한다.
- (③)은 개방 시스템들 간의 네트워크 연결을 관리하는 기능과 데이터의 교환 및 중계 기능을 한다.
- (④)은 두 개의 인접 시스템들 간에 신뢰성 있고 효율적인 정보 전송을 할 수 있도록 지원한다.
- (⑤)은 서로 다른 데이터 표현 형태를 갖는 시스템 간의 상호 접속을 위해 필요한 계층이다.

답
- ①   - ②
- ③   - ④
- ⑤

문제 4 OSI 7계층 중 TCP(Transmission Control Protocol)와 UDP(User Datagram Protocol)가 속한 계층을 쓰시오.

답 :

문제 5 다음 설명에서 괄호(①, ②)에 들어갈 알맞은 용어를 〈보기〉에서 찾아 쓰시오.

- 물리 계층은 (①) 단위로 데이터를 전달하며, 전송에 필요한 두 장치 간의 실제 접속과 절단 등 기계적, 전기적, 기능적, 절차적 특성에 대한 규칙을 정의한다.
- 네트워크 계층은 (②) 단위로 데이터를 전달하며, 개방 시스템들 간의 네트워크 연결을 관리하는 기능과 데이터의 교환 및 중계 기능을 한다.

〈보기〉

비트(bit), 세그먼트(Segment), 패킷(Packet), 프레임(Frame), 메시지(Message)

답
- ①   - ②

네트워크 관련 장비

전문가의 조언

네트워크 구축에 필요한 장비들의 특징을 구분할 수 있어야 합니다. 어떤 네트워크를 연결하는가와, OSI 참조 모델의 어떤 계층에서 동작하는 장비인지를 중심으로 각 장비의 특징을 확실하게 알고 넘어가세요.

1 네트워크 인터페이스 카드(NIC; Network Interface Card)

네트워크 인터페이스 카드는 컴퓨터와 컴퓨터 또는 컴퓨터와 네트워크를 연결하는 장치로, 정보 전송 시 정보가 케이블을 통해 전송될 수 있도록 정보 형태를 변경한다.

• 이더넷 카드(LAN 카드) 혹은 네트워크 어댑터라고도 한다.

2 허브(Hub)

허브는 한 사무실이나 가까운 거리의 컴퓨터들을 연결하는 장치로, 각 회선을 통합적으로 관리하며, 신호 증폭 기능을 하는 리피터의 역할도 포함한다.

• 허브의 종류에는 더미 허브, 스위칭 허브가 있다.
• 더미 허브(Dummy Hub)
  − 네트워크에 흐르는 모든 데이터를 단순히 연결하는 기능만을 제공한다.
  − LAN이 보유한 대역폭을 컴퓨터 수만큼 나누어 제공한다.
    예 100MB의 대역폭을 5개의 컴퓨터에 제공한다면 각 컴퓨터는 20MB(100/5)의 대역폭을 사용하게 된다.
  − 네트워크에 연결된 각 노드를 물리적인 성형 구조로 연결한다.
• 스위칭 허브(Switching Hub)
  − 네트워크상에 흐르는 데이터의 유무 및 흐름을 제어하여 각각의 노드가 허브의 최대 대역폭을 사용할 수 있는 지능형 허브이다.
  − 최근에 사용되는 허브는 대부분 스위칭 허브이다.

3 리피터(Repeater)

리피터는 전송되는 신호가 전송 선로의 특성 및 외부 충격 등의 요인으로 인해 원래의 형태와 다르게 왜곡되거나 약해질 경우 원래의 신호 형태로 재생하여 다시 전송하는 역할을 수행한다.

• OSI 참조 모델의 물리 계층에서 동작하는 장비이다.
• 근접한 네트워크 사이에 신호를 전송하는 역할로, 전송 거리의 연장 또는 배선의 자유도를 높이기 위한 용도로 사용한다.

4 브리지(Bridge)

브리지는 LAN과 LAN을 연결하거나 LAN 안에서의 컴퓨터 그룹(세그먼트)을 연결하는 기능을 수행한다.

- 데이터 링크 계층 중 MAC(Media Access Control) 계층*에서 사용되므로 MAC 브리지라고도 한다.
- 네트워크 상의 많은 단말기들에 의해 발생되는 트래픽 병목 현상을 줄일 수 있다.
- 네트워크를 분산적으로 구성할 수 있어 보안성을 높일 수 있다.
- 브리지를 이용한 서브넷(Subnet) 구성 시 전송 가능한 회선 수는 브리지가 n개일 때, n(n−1)/2개이다.

5 스위치(Switch)

스위치는 브리지와 같이 LAN과 LAN을 연결하여 훨씬 더 큰 LAN을 만드는 장치이다.

- 하드웨어를 기반으로 처리하므로 전송 속도가 빠르다.
- 포트마다 각기 다른 전송 속도를 지원하도록 제어할 수 있고, 수십에서 수백 개의 포트를 제공한다.
- OSI 참조 모델의 데이터 링크 계층에서 사용된다.

잠깐만요 **스위치 분류**

스위치는 OSI 7 계층의 Layer에 따라 L2, L3, L4, L7으로 분류됩니다.

L2 스위치	• OSI의 2계층에 속하는 장비입니다. • 일반적으로 부르는 스위치는 L2 스위치를 의미합니다. • MAC 주소*를 기반으로 프레임*을 전송합니다. • 동일 네트워크 간의 연결만 가능합니다.
L3 스위치	• OSI의 3계층에 속하는 장비입니다. • L2 스위치에 라우터 기능이 추가된 것으로, IP 주소를 기반으로 패킷을 전송합니다. • 서로 다른 네트워크 간의 연결이 가능합니다.
L4 스위치	• OSI 4계층에 속하는 장비입니다. • 로드밸런서*가 달린 L3 스위치로, IP 주소 및 TCP/UDP를 기반으로 사용자들의 요구를 서버의 부하가 적은 곳에 배분하는 로드밸런싱 기능을 제공합니다.
L7 스위치	• OSI 7계층에 속하는 장비입니다. • IP 주소, TCP/UDP 포트 정보에 패킷 내용까지 참조하여 세밀하게 로드밸런싱합니다.

MAC 계층
LAN에서 데이터 링크 계층은 LLC(Logical Link Control) 계층과 MAC(Media Access Control) 계층으로 나누어지는데, 브리지는 이 중 MAC(Media Access Control) 계층에서 동작합니다.

MAC 주소
MAC 주소는 네트워크 어댑터(NIC)의 고유 번호를 말합니다. 네트워크 어댑터는 전세계에 걸쳐 유일한 번호를 가지므로 NIC만으로도 인터넷상의 컴퓨터를 구분할 수 있습니다.

프레임
L2 스위치에서는 패킷을 프레임이라고 부릅니다.

로드밸런서(Load Balancer)
로드밸런서는 특정 서버에만 부하가 발생하지 않도록 트래픽을 분산시켜 주는 장비입니다.

6 라우터(Router)

라우터는 브리지와 같이 LAN과 LAN의 연결 기능에 데이터 전송의 최적 경로를 선택할 수 있는 기능이 추가된 것으로, 서로 다른 LAN이나 LAN과 WAN의 연결도 수행한다.

- OSI 참조 모델의 네트워크 계층에서 동작하는 장비이다.
- 접속 가능한 경로에 대한 정보를 라우팅 제어표(Routing Table)에 저장하여 보관한다.
- 3계층(네트워크 계층)까지의 프로토콜 구조가 다른 네트워크 간의 연결을 위해 프로토콜 변환 기능을 수행한다.

7 게이트웨이(Gateway)

게이트웨이는 전 계층(1~7계층)의 프로토콜 구조가 다른 네트워크의 연결을 수행한다.

- 세션 계층, 표현 계층, 응용 계층 간을 연결하여 데이터 형식 변환, 주소 변환, 프로토콜 변환 등을 수행한다.
- LAN에서 다른 네트워크에 데이터를 보내거나 다른 네트워크로부터 데이터를 받아들이는 출입구 역할을 한다.

※ 정답 및 해설은 125쪽에 있습니다.

기출 따라잡기 Section 018

문제 1 출제예상
다음이 설명하는 네트워크 관련 장비를 쓰시오.

- 디지털 회선의 중간에 위치하는 것으로, 거리가 증가할수록 감쇠하는 디지털 신호의 장거리 전송을 위해 수신한 신호를 새로 재생시키거나 출력 전압을 높여 전송하는 장치이다.
- OSI 참조 모델의 물리 계층에서 동작하는 장비이다.

답 :

문제 2 이전기출
한 사무실이나 가까운 거리의 컴퓨터들을 연결하는 장치로, 각 회선을 통합적으로 관리하며, 신호 증폭 기능을 하는 리피터(Repeater)의 역할도 포함하는 네트워크 관련 장비를 쓰시오.

답 :

문제 3 프로토콜이 다른 네트워크를 연결시켜 주는 장치로, 응용 계층을 연결하여 데이터 형식의 변환 및 프로토콜의 변환 등을 수행한다. 주로 LAN에서 다른 네트워크에 데이터를 보내거나 다른 네트워크로부터 데이터를 받아들이는 출입구 역할을 하는 네트워크 관련 장비를 쓰시오.

답 :

문제 4 다음이 설명하는 네트워크 관련 장비를 쓰시오.

> • 리피터와 동일한 기능을 수행하지만, 단순 신호 증폭뿐만 아니라 네트워크 분할을 통해 트래픽을 감소시키며, 물리적으로 다른 네트워크를 연결할 때 사용한다.
> • 데이터 링크 계층 중 MAC(Media Access Control) 계층에서 사용된다.
> • 네트워크를 분산적으로 구성할 수 있어 보안성을 높일 수 있다.

답 :

문제 5 다음은 스위치(Switch) 종류들의 개별적인 특징을 설명한 것이다. 서로 관련 있는 것끼리 연결하시오.

① L7 스위치 •

② L4 스위치 •

③ L3 스위치 •

④ L2 스위치 •

ⓐ MAC 주소를 기반으로 프레임을 전송하며, 동일 네트워크 간의 연결만 가능하다.

ⓑ IP 주소를 기반으로 패킷을 전송하며, 서로 다른 네트워크 간의 연결이 가능하다.

ⓒ IP 주소 및 TCP/UDP를 기반으로 사용자들의 요구를 서버의 부하가 적은 곳에 배분하는 로드밸런싱 기능을 제공한다.

ⓓ IP 주소, TCP/UDP 포트 정보에 패킷 내용까지 참조하여 세밀한 로드밸런싱을 수행한다.

TCP/IP

1 프로토콜(Protocol)

23.11

- 프로토콜*은 서로 다른 기기들 간의 데이터 교환을 원활하게 수행할 수 있도록 표준화시켜 놓은 통신 규약이다.
- **프로토콜의 기본 요소**

구문(Syntax)	전송하고자 하는 데이터의 형식, 부호화, 신호 레벨 등을 규정함
의미(Semantics)	두 기기 간의 효율적이고 정확한 정보 전송을 위한 협조 사항과 오류 관리를 위한 제어 정보를 규정함
시간(Timing)	두 기기 간의 통신 속도, 메시지의 순서 제어 등을 규정함

- **프로토콜의 기능** : 단편화와 재결합, 캡슐화, 흐름 제어, 오류 제어, 동기화, 순서 제어, 주소 지정, 다중화, 경로 제어, 전송 서비스 등

2 TCP/IP(Transmission Control Protocol/Internet Protocol)

24.3, 22.8

TCP/IP는 인터넷에 연결된 서로 다른 기종의 컴퓨터들이 데이터를 주고받을 수 있도록 하는 표준 프로토콜이다.

프로토콜	내용
24.3, 22.8 TCP(Transmission Control Protocol)	• OSI 7계층의 전송 계층에 해당함 • 신뢰성 있는 연결형* 서비스를 제공함 • 신뢰성 있는 전송을 위해 3-way-hadshake*를 거친 후 전송함 • 패킷의 다중화, 순서 제어, 오류 제어, 흐름 제어 기능을 제공함
IP(Internet Protocol)	• OSI 7계층의 네트워크 계층에 해당함 • 데이터그램을 기반으로 하는 비연결형* 서비스를 제공함 • 패킷의 분해/조립, 주소 지정, 경로 선택 기능을 제공함

3 TCP/IP의 구조*

21.11, 21.8, 20.6

OSI	TCP/IP	기능
응용 계층 표현 계층 세션 계층	응용 계층	• 응용 프로그램 간의 데이터 송·수신 제공 • TELNET, FTP, SMTP, SNMP, DNS, HTTP 등
전송 계층	전송 계층	• 호스트들 간의 신뢰성 있는 통신 제공 • TCP, UDP, RTCP
네트워크 계층	인터넷 계층	• 데이터 전송을 위한 주소 지정, 경로 설정을 제공함 • IP, IPX, ICMP, IGMP, ARP, RARP, OSPF
데이터 링크 계층 물리 계층	네트워크 액세스 계층	• 실제 데이터(프레임)를 송·수신하는 역할 • Ethernet, IEEE 802, HDLC, X.25, RS-232C, ARQ 등

4 주요 프로토콜

24.8, 24.6, 24.3, 23.11, 23.8, 23.6, 22.11, 22.3, 21.8, 21.6, 20.8, 20.6

프로토콜	내용
22.11, 21.8, 20.6 HTTP(HyperText Transfer Protocol)	• 웹(WWW)에서 HTML(Hyper Text Markup Language)로 작성된 하이퍼텍스트 문서를 전송하기 위한 표준 프로토콜임 • 1989년 버너스리(Berners-Lee)가 WWW(World Wide Web)를 고안하면서 설계함 • HTTPS(HyperText Transfer Protocol Secure) : HTTP의 단점을 보완하고, 안전한 통신을 위해 3-way-handshake 방식을 사용해 보안을 강화시킨 버전으로, SSL/TLS의 인증, 암호화 기능을 지원함
TELNET	• 멀리 떨어져 있는 컴퓨터에 접속하여 자신의 컴퓨터처럼 사용할 수 있도록 해주는 서비스 • 프로그램을 실행하는 등 시스템 관리 작업을 할 수 있는 가상의 터미널(Virtual Terminal) 기능을 수행함
FTP(File Transfer Protocol)	컴퓨터와 컴퓨터 또는 컴퓨터와 인터넷 사이에서 파일을 주고 받을 수 있도록 하는 원격 파일 전송 프로토콜
24.8 SMTP(Simple Mail Transfer Protocol)	전자 우편을 전송하는 프로토콜로, 25번 포트를 사용함
23.8 IMAP(Internet Messaging Access Protocol)	로컬 서버에서 프로그램을 이용하여 전자 우편을 액세스하기 위한 표준 프로토콜
23.3 SNMP(Simple Network Management Protocol)	TCP/IP의 네트워크 관리 프로토콜로, 라우터나 허브 등 네트워크 기기의 네트워크 정보를 네트워크 관리 시스템에 보내는 데 사용되는 표준 통신 규약
23.3, 20.8 SSH(Secure Shell)	• 다른 네트워크상의 컴퓨터에 원격 접속하거나 파일을 복사할 수 있게 해주는 응용 프로토콜로, 22번 포트를 사용함 • rsh, rcp, rlogin, rexec 및 TELNET, FTP 서비스 등을 대체하기 위한 네트워크 보안 도구로 사용됨

24.6, 24.3, 23.6, 21.6 UDP (User Datagram Protocol)	• 데이터 전송 전에 연결을 설정하지 않는 비연결형 서비스를 제공함 • TCP에 비해 상대적으로 단순한 헤더 구조를 가지므로, 오버헤드가 적고, 흐름 제어나 순서 제어가 없어 전송 속도가 빠름
RTCP(Real-Time Control Protocol)	RTP(Real-time Transport Protocol) 패킷의 전송 품질을 제어하기 위한 제어 프로토콜로 데이터 전송을 모니터링하고 최소한의 제어와 인증 기능만을 제공함
ICMP(Internet Control Message Protocol, 인터넷 제어 메시지 프로토콜)	• IP와 조합하여 통신중에 발생하는 오류의 처리와 전송 경로 변경 등을 위한 제어 메시지를 관리하는 역할을 함 • 헤더는 8Byte로 구성됨
IGMP(Internet Group Management Protocol, 인터넷 그룹 관리 프로토콜)	멀티캐스트를 지원하는 호스트나 라우터 사이에서 멀티캐스트 그룹 유지를 위해 사용됨
22.5 ARP(Address Resolution Protocol, 주소 분석 프로토콜)	호스트의 IP 주소를 호스트와 연결된 네트워크 접속 장치의 물리적 주소(MAC Address)로 바꿈
RARP(Reverse Address Resolution Protocol)	ARP와 반대로 물리적 주소를 IP 주소로 변환하는 기능을 함
23.11, 21.6 DHCP(Dynamic Host Configuration Protocol, 동적 호스트 구성 프로토콜)	• IP 주소 부족 문제를 해결하기 위해 만들어진 프로토콜 • IP 주소가 일정한 시간 동안만 유효하도록 임대함으로써 사용 가능한 IP 주소의 개수보다 더 많은 컴퓨터가 IP 주소를 활용할 수 있음

물리적 주소(MAC Address)
물리적 주소는 랜 카드 제작사에서 랜 카드에 부여한 고유 번호입니다.

※ 정답 및 해설은 125쪽에 있습니다.

기출 따라잡기   Section 019

문제 1 21년 11월 다음은 OSI 7 계층과 TCP/IP의 계층을 서로 대응시킨 것이다. 괄호에 들어갈 알맞은 계층을 쓰시오.

OSI 7 계층	TCP/IP 계층
응용 계층	응용 계층
표현 계층	
세션 계층	
전송 계층	전송 계층
네트워크 계층	( )
데이터 링크 계층	네트워크 액세스 계층
물리 계층	

답 :

문제 2 다음 설명에 해당하는 프로토콜을 쓰시오.

- HTTP의 단점을 보완하고, 안전한 통신을 위해 보안이 강화된 버전이다.
- SSL/TLS의 인증, 암호화 기능을 적용하고 있다.
- TCP/IP 포트 번호는 443이다.

답 :

문제 3 다음 설명에 해당하는 알맞은 용어를 쓰시오.

- 로컬 서버에서 프로그램을 이용하여 메일을 액세스하기 위한 표준 프로토콜이다.
- 다중 로그인을 지원하기 때문에 다양한 위치에서 메일을 검색하고 관리할 수 있다.
- 메일 서버에서 메일 제목이나 보낸 사람을 확인한 후 선택적으로 메일을 다운로드할 수 있다.

답 :

문제 4 다음 설명에 해당하는 프로토콜을 쓰시오.

- OSI 7계층 중 전송 계층의 대표적인 프로토콜이다.
- 비연결형 서비스를 지원한다.
- 단순한 헤더 구조를 가지고 있으며, 전송 속도가 빠르다.

답 :

문제 5 23년 11월, 21년 6월
다음 설명에 해당하는 **프로토콜을 쓰시오.**

> IP 주소 부족 문제를 해결하기 위해 만들어진 프로토콜로, 동적 호스트 구성 프로토콜이라고 불린다. 네트워크 관리자들이 조직 내의 네트워크 상에서 IP 주소를 중앙에서 관리하고 할당할 수 있도록 지원하며, 주어진 IP 주소가 일정한 시간 동안만 그 컴퓨터에 유효하도록 하는 '임대' 개념을 사용하여, 사용 가능한 IP 주소의 개수보다 더 많은 컴퓨터가 있는 경우에 IP 주소의 임대 시간을 짧게 함으로써 IP 주소를 효율적으로 사용할 수 있다.

답 :

문제 6 22년 11월
넷스케이프 네비게이터 웹브라우저를 위해 개발된 **프로토콜로, SSL 프로토콜을** 기반으로 하여 실행된다. 웹브라우저와 서버 간의 안전한 통신을 위해 3-way Handshake 방식이 사용되는 이 프로토콜의 명칭을 쓰시오.

답 :

문제 7 22년 5월
호스트의 논리적인 IP 주소를 호스트와 연결된 네트워크 접속 장치의 물리적 주소(MAC Address)로 바꾸는 역할을 하는 프로토콜의 명칭을 쓰시오.

답 :

문제 8 24년 8월
다음 설명에 해당하는 **프로토콜을 쓰시오.**

> • 전자 우편을 전송하는 프로토콜이다.
> • TCP 포트번호는 25번이다.
> • 메일 서버간의 송수신뿐만 아니라, 메일 클라이언트에서 메일 서버로 메일을 보낼 때에도 사용된다.

답 :

문제 9 _{22년 8월} 다음 설명에 해당하는 프로토콜을 쓰시오.

OSI 7계층의 전송 계층에 해당하는 프로토콜로, 패킷의 다중화, 순서 제어, 오류 제어, 흐름 제어 기능을 제공한다. 신뢰성 있는 연결형 서비스를 제공하며, 신뢰성 있는 연결을 위해 송신지와 수신지 간의 통신에 앞서 3단계에 걸친 확인 작업인 3 Way Handshake를 수행한다.

답 :

문제 10 _{23년 11월} 네트워크에서 서로 다른 컴퓨터들 간에 정보 교환을 할 수 있게 해주는 통신 규약으로, 흐름 제어, 동기화, 오류 검출의 기능을 수행하는 것은 무엇인지 쓰시오.

답 :

문제 11 _{23년 3월} TCP/IP의 네트워크 관리 프로토콜로, 라우터나 허브 등 네트워크 기기의 네트워크 정보를 네트워크 관리 시스템에 보내는데 사용되는 표준 통신 규약을 〈보기〉에서 찾아 쓰시오.

〈보기〉

| • TCP | • HTTP | • SGMP | • SNMP | • UDP |

답 :

예상문제 은행

문제 1 다음 설명에 해당하는 알맞은 용어를 쓰시오.

상호 배제에 의해 나타나는 문제점으로, 둘 이상의 프로세스들이 자원을 점유한 상태에서 서로 다른 프로세스가 점유하고 있는 자원을 요구하며 무한정 기다리는 현상을 의미한다.

답 :

문제 2 OSI 7계층 중 개방 시스템들 간의 네트워크 연결 관리, 데이터의 교환 및 중계를 담당하며, ARP, IPX, IP 프로토콜과 관련된 계층은 무엇인지 쓰시오.

답 :

문제 3 클라이언트와 서버 사이에서 요청과 응답을 주고받기 위해 사용되는 프로토콜로, 1989년 영국의 컴퓨터 과학자 버너스리(Berners-Lee)가 WWW(World Wide Web)를 고안하면서 설계하였다. 주로 HTML(Hyper Text Markup Language)로 이루어진 하이퍼텍스트 문서를 전송하기 위해 사용되는 이 프로토콜의 이름을 쓰시오.

답 :

문제 4 다음은 TCP/IP 계층 프로토콜의 구조이다. 괄호에 들어갈 알맞은 계층을 쓰시오.

응용 계층
(   ) 계층
인터넷 계층
네트워크 액세스 계층

답 :

문제 5 다음 〈보기〉에서 전송 계층 프로토콜이 아닌 것을 모두 골라 기호(ⓐ~ⓕ)로 쓰시오.

〈보기〉

ⓐ tcp	ⓑ ftp	ⓒ udp	ⓓ dccp	ⓔ ipsec	ⓕ http

답 :

문제 6 OSI 7계층 중 다음에서 설명하는 특징을 갖는 계층이 무엇인지 쓰시오.

- 두 개의 인접한 개방 시스템들 간에 신뢰성 있고 효율적인 정보 전송을 할 수 있도록 시스템 간 연결 설정과 유지 및 종료를 담당한다.
- 송신 측과 수신 측의 속도 차이 해결을 위한 흐름 제어 기능을 한다.
- 프레임의 시작과 끝을 구분하기 위한 프레임의 동기화 기능을 한다.
- 오류의 검출과 회복을 위한 오류 제어 기능을 한다.
- 프레임의 순서적 전송을 위한 순서 제어 기능을 한다.

답 :

문제 7 LAN과 LAN을 연결하거나 LAN 안에서의 컴퓨터 그룹을 연결하는 기능을 수행하고, 네트워크 상의 많은 단말기들에 의해 발생되는 트래픽 병목 현상을 줄일 수 있는 네트워크 관련 장비를 쓰시오.

답 :

문제 8 OSI 7계층 중 다음과 같은 특징을 갖는 계층은 무엇인지 쓰시오.

- 전송에 필요한 두 장치 간의 실제 접속과 절단 등 기계적, 전기적, 기능적, 절차적 특성에 대한 규칙을 정의한다.
- RS-232C, X.21 등의 표준이 있으며, 프로토콜 데이터 단위(PDU)는 비트(Bit)이다.
- 관련 장비 : 리피터, 허브

답 :

문제 9 UDP(User Datagram Protocol)가 사용하는 데이터 전송 단위가 무엇인지 쓰시오.

답 :

문제 10 다음은 네트워크 관련 장비에 대한 설명이다. 괄호(①~③)에 들어갈 알맞은 용어를 쓰시오.

(①)는 네트워크를 구성할 때 한꺼번에 여러 대의 컴퓨터를 연결하는 장치로, 각 회선을 통합적으로 관리하며, 신호 증폭 기능을 하는 리피터의 역할도 포함한다. (①)의 종류에는 (②), (③)가 있다. (②)는 네트워크에 흐르는 모든 데이터를 단순히 연결하는 기능만을 제공한다. (③)는 네트워크상에 흐르는 데이터의 유무 및 흐름을 제어하여 각각의 노드가 (①)의 최대 대역폭을 사용할 수 있다.

답
- ①
- ②
- ③

문제 11 다음이 설명하는 네트워크 관련 장비를 쓰시오.

- 인터넷에 접속할 때 반드시 필요한 장비로, 가장 최적의 경로를 설정하여 전송한다.
- OSI 참조 모델의 네트워크 계층에서 동작한다.
- 접속 가능한 경로에 대한 정보를 라우팅 제어표(Routing Table)에 저장하여 보관한다.

답 :

문제 12　브리지(Bridge)는 LAN과 LAN을 연결하거나 LAN 안에서의 컴퓨터 그룹을 연결하는 기능을 수행한다. 브리지를 이용한 서브넷(Subnet) 구성 시 브리지가 15개일 경우 전송 가능한 회선 수는 몇 개인지 계산하시오.

답

· ① 계산식 :

· ② 답 :

문제 13　프로토콜은 서로 다른 기기들 간의 데이터 교환을 원활하게 수행할 수 있도록 표준화시켜 놓은 통신 규약이다. 프로토콜의 기본 요소 3가지를 쓰시오.

답 :

문제 14　RSH, RCP, RLOGIN, REXEC 및 TELNET, FTP 서비스 등을 대체하기 위한 네트워크 보안 도구 중 하나로, 기본적으로 22번 포트를 사용하며 다른 네트워크상의 컴퓨터에 원격 접속하거나 파일을 복사할 수 있게 해주는 응용 프로그램 또는 프로토콜을 가리키는 용어를 쓰시오.

답 :

문제 15　다음 TCP와 UDP에 대한 설명이다. 괄호(①, ②)에 공통으로 들어갈 알맞은 용어를 쓰시오.

> (①)는 양방향 연결형 서비스를 제공하며, 스트림 위주의 전달을 한다. (①)는 신뢰성 있는 경로를 확립하고 메시지 전송을 감독한다. (②)는 데이터 전송 전에 연결을 설정하지 않는 비연결형 서비스를 제공한다. (②)는 실시간 전송에 유리하며, 신뢰성보다는 속도가 중요시되는 네트워크에서 사용된다.

답

· ①

· ②

문제 16 다음 괄호(①, ②)에 들어갈 알맞은 프로토콜을 쓰시오.

(①)는 TCP/IP에서 사용되는 논리 주소를 물리 주소(MAC Address)로 변환시켜주는 프로토콜이고, (②)는 호스트의 물리 주소를 통하여 논리 주소인 IP 주소를 얻어오기 위해 사용되는 프로토콜이다.

답

• ①

• ②

문제 17 다음이 설명하는 라우팅 프로그램의 종류는 무엇인지 쓰시오.

IGP(Interior Gateway Protocol)의 한 종류로 최적의 경로를 탐색하기 위해 Bellman-Ford의 거리 벡터 알고리즘을 사용한다. 홉을 이용하여 경유 네트워크의 수가 가장 적은 경로를 탐색하는 방식이며, 최대 홉수가 16 미만으로 제한되므로 대규모 네트워크 보다는 소규모 네트워크에 적합하다.

답 :

문제 18 다음 〈보기〉에 제시된 OSI 7계층을 순서대로 기호(가~사)로 쓰시오.

〈보기〉

가. 네트워크 계층	나. 물리 계층	다. 데이터 링크 계층
라. 응용 계층	마. 세션 계층	바. 표현 계층
사. 전송 계층		

답 : ( ) → ( ) → ( ) → ( ) → ( ) → ( ) → ( )

[답안 작성 방법 안내]
'운영체제(OS; Operation System)'처럼 한글과 영문으로 제시되어 있는 경우 '운영체제', 'OS', 'Operation System' 중 1가지만 쓰면 됩니다.

Section 016

[문제 1]
IP 주소(Internet Protocol Address)

[문제 2]
255.255.255.0

[문제 3]
32

[문제 4]
16, 8

[문제 5]
②

[문제 6]
254개

> 255.255.255.0은 C Class의 서브넷 마스크입니다. C Class의 호스트 ID의 개수는 256개이지만 첫 번째 호스트 ID는 네트워크 주소로 사용되고, 마지막 호스트 ID는 브로드캐스트 주소로 사용되므로 실제 사용 가능한 호스트 ID의 개수는 254개입니다.

[문제 7]
① 32   ② 128

[문제 8]
DNS(Domain Name System)

Section 017

[문제 1]
① ㉠, ㉡   ② ㉢, ㉣, ㉤

[문제 2]
세션 계층(Session Layer)

[문제 3]
① 응용 계층(Application Layer)   ② 물리 계층(Physical Layer)   ③ 네트워크 계층(Network Layer)
④ 데이터링크 계층(Data Link Layer)   ⑤ 표현 계층(Presentation Layer)

[문제 4]
전송 계층(Transport Layer)

[문제 5]
① 비트(bit)   ② 패킷(Packet)

Section 018
[문제 1]
리피터(Repeater)

[문제 2]
허브(Hub)

[문제 3]
게이트웨이(Gateway)

[문제 4]
브리지(Bridge)

[문제 5]
① – ⓓ   ② – ⓒ   ③ – ⓑ   ④ – ⓐ

Section 019
[문제 1]
인터넷 계층

[문제 2]
HTTPS(HyperText Transfer Protocol Secure)

[문제 3]
IMAP(Internet Message Access Protocol)

[문제 4]
UDP(User Datagram Protocol)

[문제 5]
DHCP(Dynamic Host Configuration Protocol)

[문제 6]
HTTPS(HyperText Transfer Protocol Secure)

[문제 7]
ARP(Address Resolution Protocol)

[문제 8]
SMTP(Simple Mail Transfer Protocol)

[문제 9]
TCP(Transmission Control Protocol)

[문제 10]
프로토콜(Protocol)

[문제 11]

SNMP

예상문제은행 **3**장 네트워크 기초 활용   정답

[문제 1]

교착상태(DeadLock)

[문제 2]

네트워크 계층(Network Layer)

[문제 3]

HTTP(HyperText Transfer Protocol)

[문제 4]

전송(Transport)

[문제 5]

ⓑ, ⓔ, ⓕ

ftp와 http는 응용 계층, ipsec은 네트워크 계층의 프로토콜입니다.

[문제 6]

데이터 링크 계층(Data Link Layer)

[문제 7]

브리지(Bridge)

[문제 8]

물리 계층(Physical Layer)

[문제 9]

데이터그램(Datagram)

[문제 10]

① 허브(Hub)   ② 더미 허브(Dummy Hub)   ③ 스위칭 허브(Switching Hub)

[문제 11]

라우터(Router)

[문제 12]

① 15(15−1) / 2   ② 105

[문제 13]

구문(Syntax), 의미(Semantics), 시간(Timing)

126 1과목 응용 SW 기초 기술 활용

[문제 14]

SSH(Secure Shell)

[문제 15]

① TCP　　② UDP

[문제 16]

① ARP(Address Resolution Protocol)　　② RARP(Reverse Address Resolution Protocol)

[문제 17]

RIP(Routing Information Protocol)

[문제 18]

나, 다, 가, 사, 마, 바, 라

2 과목

프로그래밍 언어 활용

1 장

프로그래밍 언어의 종류

라이브러리

1 라이브러리의 개념

라이브러리는 프로그램을 효율적으로 개발할 수 있도록 자주 사용하는 함수나 데이터들을 미리 만들어 모아 놓은 집합체이다.

• 자주 사용하는 함수들의 반복적인 코드 작성을 피하기 위해 미리 만들어 놓은 것으로, 필요할 때는 언제든지 호출하여 사용할 수 있다.
• 라이브러리에는 표준 라이브러리와 외부 라이브러리가 있다.
• **표준 라이브러리** : 프로그래밍 언어에 기본적으로 포함되어 있는 라이브러리로, 여러 종류의 모듈*이나 패키지* 형태이다.
• **외부 라이브러리** : 개발자들이 필요한 기능들을 만들어 인터넷 등에 공유해 놓은 것으로, 외부 라이브러리를 다운받아 설치한 후 사용한다.

2 C언어의 주요 표준 라이브러리

23.3, 22.5, 22.3, 21.6

C언어는 라이브러리를 헤더 파일로 제공하는데, 각 헤더 파일에는 응용 프로그램 개발에 필요한 함수들이 정리되어 있다.

• C언어에서 헤더 파일을 사용하려면 '#include 〈stdio.h〉'와 같이 include문을 이용해 선언한 후 사용해야 한다.

헤더 파일	기능
stdio.h	• 데이터의 입·출력에 사용되는 기능들을 제공한다. • 주요 함수 : printf( ), scanf( ), fprintf( ), fscanf( ), fclose( ), fopen( ) 등
22.5 math.h*	• 수학 함수들을 제공한다. • 주요 함수 : sqrt( ), pow( ), abs( ), log( ) 등
21.6 string.h	• 문자열 처리에 사용되는 기능들을 제공한다. • 주요 함수 : strlen( ), strcpy( ), strcmp( ) 등
stdlib.h	• 자료형 변환, 난수 발생, 메모리 할당에 사용되는 기능들을 제공한다. • 주요 함수 : atoi( ), atof( ), srand( ), rand( ), malloc( ), free( ) 등
22.3 time.h	• 시간 처리에 사용되는 기능들을 제공한다. • 주요 함수 : time( ), clock( ) 등

3 Java의 주요 표준 라이브러리

Java는 라이브러리를 패키지에 포함하여 제공하는데, 각 패키지에는 Java 응용 프로그램 개발에 필요한 메소드*들이 클래스로 정리되어 있다.

- Java에서 패키지를 사용하려면 'import java.util'과 같이 import문을 이용해 선언한 후 사용해야 한다.
- import로 선언된 패키지 안에 있는 클래스의 메소드를 사용할 때는 클래스와 메소드를 마침표(.)로 구분하여 'Math.abs( )'와 같이 사용한다.

패키지	기능
java.lang	• Java에 기본적으로 필요한 인터페이스, 자료형, 예외 처리 등에 관련된 기능을 제공한다. • import문 없이도 사용할 수 있다. • 주요 클래스 : String, System, Process, Runtime, Math, Error 등
java.util	• 날짜 처리, 난수 발생, 복잡한 문자열 처리 등에 관련된 기능을 제공한다. • 주요 클래스 : Date, Calender, Random, StringTokenizer 등
java.io	• 파일 입·출력과 관련된 기능 및 프로토콜을 제공한다. • 주요 클래스 : InputStream, OutputStream, Reader, Writer 등
java.net	• 네트워크와 관련된 기능을 제공한다. • 주요 클래스 : Socket, URL, InetAddress 등
java.awt	• 사용자 인터페이스(UI)와 관련된 기능을 제공한다. • 주요 클래스 : Frame, Panel, Dialog, Button, Checkbox 등

4 24.8, 24.3, 23.8, 23.6, 22.8, 21.8
Java의 주요 메소드

4602004

클래스	주요 메소드
24.8, 24.3, 23.8, 23.6, ··· String	• A.compareTo(B) : 숫자로된 문자열 A와 B를 비교하여 같으면 0, A가 크면 1, B가 크면 −1을 반환함 • A.equals(B) : 대소문자를 구분하여 문자열 A와 B를 비교한 후 같으면 참, 다르면 거짓을 반환함 • A.equalsIgnoreCase(B) : 대소문자 구분없이 문자열 A와 B를 비교한 후 같으면 참, 다르면 거짓을 반환함 • toLowerCase(문자열) : 문자열을 모두 소문자로 변환함 • toUpperCase(문자열) : 문자열을 모두 대문자로 변환함 • split(구분자) : 지정된 구분자로 문자열을 구분하여 분리함 • replaceAll(변환 대상, 변환할 문자) : 변환 대상을 변환할 문자로 치환함 • A.substring(위치) : 문자열 A에서 지정한 위치를 포함한 이후의 모든 문자열을 반환함 • A.charAt(위치) : 문자열 A에서 위치에 해당하는 문자를 반환함 • A.length( ) : 문자열 A의 길이를 반환함 • A.trim( ) : 문자열 A의 좌우 공백을 제거함 • getNumericValue( ) : 숫자 형태의 문자열을 정수형으로 변환함. 숫자 형태가 아닌 문자열인 경우에는 −1을, 분수처럼 정수형으로 표현할 수 없는 문자열인 경우에는 −2를 반환함
23.6 StringTokenizer	• countTokens( ) : StringTokenizer 객체의 토큰 개수를 반환함 • hasMoreTokens( ) : Stringtokenizer 객체에 반환할 토큰이 있으면 참, 없으면 거짓을 반환함 • nextToken( ) : StringTokenizer 객체에서 차례로 토큰을 가져와 반환함

5 Python의 주요 표준 라이브러리

Python은 Java와 동일하게 라이브러리를 패키지로 제공하며, 패키지에는 응용 프로그램 개발에 필요한 클래스와 메소드들이 정의되어 있다.

- Python에서 라이브러리를 사용하려면 'import random'과 같이 선언하고, 사용할 때는 마침표(.)로 구분하여 'random.choice( )'와 같이 사용한다.

클래스	기능
내장 함수	• Python에 기본적인 인터페이스로, import문이나 클래스명 없이도 사용할 수 있다. • 주요 메소드 : abs( ), slice( ), pow( ), print( ) 등
os	• 운영체제와 상호 작용하기 위한 기능을 제공한다. • 주요 메소드 : getcwd( ), chdir( ), system( ) 등
re	• 고급 문자열 처리를 위한 기능을 제공한다. • 주요 메소드 : findall( ), sub( ) 등
math	• 복잡한 수학 연산을 위한 기능을 제공한다. • 주요 메소드 : cos( ), log( ) 등
random	• 무작위 선택을 위한 기능을 제공한다. • 주요 메소드 : choice( ), sample( ), random( ), randrange( ) 등
statistics	• 통계값 산출을 위한 기능을 제공한다. • 주요 메소드 : mean( ), median( ), variance( ) 등
datetime	• 날짜와 시간 조작을 위한 기능을 제공한다. • 주요 메소드 : today( ), date( ), strftime( ) 등

24.6, 23.3, 20.11, 20.4

잠깐만요 수학 / 난수 발생 함수

주요 수학 함수(C, Java, Python 공통)

함수명	기능
24.6, 23.3 pow(x, y)	x^y, 즉 x의 y승을 구합니다. 예 printf("%f", pow(2, 3)) → 8.000000
20.11 sqrt(x)	x의 제곱근을 구합니다. 예 printf("%f", sqrt(9)) → 3.000000
abs(x)	절대값을 구합니다. 예 printf("%d", abs(-5)) → 5
log(x)	자연 로그에 대한 값을 구합니다. 예 printf("%f", log(3)) → 1.098612
20.11 log10(x)	상용 로그에 대한 값을 구합니다. 예 printf("%f", log10(100)) → 2.000000
23.3 ceil(x)	소수점을 올림하여 정수로 표현합니다. 예 printf("%d", ceil(3.1415)) → 4

난수 발생 함수

언어	함수명	기능
C	20.4 rand( )	0에서 32767 사이의 정수 난수를 구합니다. 예 1~10 사이의 난수를 정수형 변수 a에 저장하시오. → a = rand( ) % 10 + 1;
Java	random( )	0에서 1 사이의 실수 난수를 구합니다. 예 1~10 사이의 난수를 정수형 변수 a에 저장하시오. → a = (int)(Math.random( ) * 10 + 1);
Python	random( )	0에서 1 사이의 실수 난수를 구합니다. 예 1~10 사이의 난수를 정수형 변수 a에 저장하시오. → a = int(random.random( ) * 10 + 1);

전문가의 조언

Java와 Python의 random( ) 함수는 C언어와 달리 실수 난수를 발생시키므로 (int)(실수) 또는 int(실수)와 같이 자료형을 변환해주는 과정이 필요합니다.

※ 정답 및 해설은 145쪽에 있습니다.

기출 따라잡기   Section 020

21년 8월, 20년 11월

문제 1 다음 Java로 구현된 프로그램을 분석하여 그 실행 결과를 쓰시오.

1602051

```java
public class Test {
    public static void main(String[] args) {
        System.out.println((int)Math.sqrt(16)+(int)Math.log10(100));
    }
}
```

답 :

20년 4월

문제 2 다음은 1부터 70까지의 난수를 구하는 프로그램을 C언어로 구현한 것이다. 괄호에 적합한 라이브러리 함수를 넣어 코드를 완성하시오.

1602052

```c
#include <stdio.h>
#include <stdlib.h>
main( ) {
    for (int i = 0; i < 10; i++) {
        printf("%d\n", (1 + (      ) % 70));
    }
}
```

답 :

문제 3 다음 C언어로 구현한 프로그램을 분석하여 그 실행 결과를 쓰시오.

```c
#include <stdio.h>
#include <math.h>

int main() {
    int ans = pow(2, ceil(M_PI));
    printf("%d", ans);
}
```

답 :

문제 4 다음 C언어로 구현된 프로그램을 분석하여 그 실행 결과를 쓰시오.

```c
#define _USE_MATH_DEFINES
#include <stdio.h>
#include <math.h>
main() {
  printf("%.2f", M_PI);
  return 0;
}
```

답 :

문제 5 다음 JAVA로 구현된 프로그램을 분석하여 그 실행 결과를 쓰시오.

```java
public class Main
{
    public static void main(String[] args) {
        String teststr = "          LoremIpsum      ";
        int a = teststr.trim( ).length( );

        System.out.print(a);
    }
}
```

답 :

문제 6 23년 8월, 22년 8월 다음 Java로 구현한 프로그램을 분석하여 그 실행 결과를 쓰시오.

```java
public class Test {
    public static void main(String[] args) {
        String str1 = "HELloWorLD!";
        String str2 = "heLLOwORld!";

        if (str1.equals(str2))
            System.out.print(str1.toUpperCase());
        else if (str1.equalsIgnoreCase(str2))
            System.out.print(str1.toLowerCase());
        else
            System.out.print(str2);
    }
}
```

답:

문제 7 23년 8월, 22년 8월 다음 Java로 구현한 프로그램을 분석하여 그 실행 결과를 쓰시오.

```java
public class Test
{
    public static void main(String[] args) {
        String str = "HELLO!@#WORLD/-";
        String res = str.replaceAll("[^ㄱ-ㅎㅏ-ㅣ가-힣a-zA-Z0-9,.]","*");

        System.out.print(res);
    }
}
```

답:

객체지향 프로그래밍 언어

1 객체지향 프로그래밍 언어

1602101

객체지향 프로그래밍 언어는 현실 세계의 개체를 기계의 부품처럼 하나의 객체로 만들어, 기계의 부품들을 조립하여 제품을 만들 듯이 소프트웨어를 개발할 때도 객체들을 조립해서 프로그램을 작성하는 기법이다.

• 프로시저보다는 명령과 데이터로 구성된 객체를 중심으로 하는 프로그래밍 기법이다.
• 한 프로그램을 다른 프로그램에서 이용할 수 있도록 한다.

2 객체지향 프로그래밍 언어의 종류

1602102

언어	특징
JAVA	• 분산 네트워크 환경에 적용이 가능함 • 멀티스레드 기능을 제공하므로 여러 작업을 동시에 처리할 수 있음 • 운영체제 및 하드웨어에 독립적이며, 이식성이 강함
C++	• C언어에 객체지향 개념을 적용한 언어임 • 모든 문제를 객체로 모델링하여 표현함
Smalltalk	• 1세대 객체지향 프로그래밍 언어로, 순수한 객체지향 프로그래밍 언어임 • 최초로 GUI*를 제공하였음

GUI(Graphical User Interface)
GUI는 아이콘이나 메뉴를 마우스
로 선택하여 작업을 수행하는 그
래픽 환경의 인터페이스입니다.

※ 정답 및 해설은 148쪽에 있습니다.

기출 따라잡기　　　　　　　　　　　　　　　Section 021

문제 1 ᵒᵘᵗᵉˣᵉ 프로그래밍 언어는 특정 문제를 해결하기 위한 프로그램을 작성
하기 위해 사용되는 언어를 말한다. 이러한 프로그래밍 언어 중 객체지향 프
로그래밍 언어의 개념을 간략히 서술하시오.

답 :

문제 2 ᵒᵘᵗᵉˣᵉ 다음은 객체지향 프로그래밍 언어에 대한 설명이다. 괄호(①, ②)
에 들어갈 가장 적합한 프로그래밍 언어를 쓰시오.

- (①) : 최초로 GUI를 제공한 언어로, 1세대 객체지향 프로그래밍 언어
중 하나이며, 순수한 객체지향 프로그래밍 언어이다.
- (②) : C언어에 객체지향 개념을 적용한 언어로, 모든 문제를 객체로
모델링하여 표현한다.

답
- ①
- ②

스크립트 언어

1 스크립트 언어(Script Language)

스크립트 언어는 HTML 문서 안에 직접 프로그래밍 언어를 삽입하여 사용하는 언어이다.

• 기계어로 컴파일되지 않고 별도의 번역기가 소스를 분석하여 동작한다.
• 게시판 입력, 상품 검색, 회원 가입 등과 같은 데이터베이스 처리 작업을 수행하기 위해 주로 사용한다.
• **스크립트 언어의 분류**

분류	내용
서버용 스크립트 언어	• 서버에서 해석되어 실행된 후 결과만 클라이언트로 보냄 • 종류 : ASP, JSP, PHP, 파이썬
클라이언트용 스크립트 언어	• 클라이언트의 웹 브라우저에서 해석되어 실행됨 • 종류 : 자바 스크립트(JAVA Script), VB 스크립트(Visual Basic Script)

2 스크립트 언어의 종류

언어	특징
자바 스크립트 (JAVA Script)	• 웹 페이지의 동작을 제어하는 데 사용되는 클라이언트용 스크립트 언어 • 클래스가 존재하지 않으며 변수 선언도 필요 없음 • 서버에서 데이터를 전송할 때 아이디, 비밀번호, 수량 등의 입력 사항을 확인하기 위한 용도로 많이 사용됨
VB 스크립트 (Visual Basic Script)	• 마이크로소프트 사에서 자바 스크립트에 대응하기 위해 제작한 언어 • Active X※를 사용하여 마이크로소프트 사의 애플리케이션들을 컨트롤할 수 있음
ASP(Active Server Page)	• 서버 측에서 동적으로 수행되는 페이지를 만들기 위한 언어 • 마이크로소프트 사에서 제작하였음 • Windows 계열에서만 수행 가능함
JSP(Java Server Page)	• JAVA로 만들어진 서버용 스크립트 언어 • 다양한 운영체제에서 사용 가능함

PHP(Professional Hypertext Preprocessor)	• Linux, Unix, Windows 운영체제에서 사용 가능한 서버용 스크립트 언어 • C, Java 등과 문법이 유사하므로 배우기 쉬워 웹 페이지 제작에 많이 사용됨
파이썬(Python)	• 객체지향 기능을 지원하는 대화형 인터프리터 언어 • 플랫폼에 독립적이고 문법이 간단하여 배우기 쉬움

쉘 스크립트	• 유닉스/리눅스 계열의 쉘(Shell)에서 사용되는 명령어들의 조합으로 구성된 스크립트 언어
	• 쉘 스크립트에서 사용되는 제어문
	  – 선택형 : if, case
	  – 반복형 : for, while, until

Basic	• 절차지향 기능을 지원하는 대화형 인터프리터 언어 • 초보자도 쉽게 사용할 수 있는 문법 구조를 가짐

인터프리터 언어
인터프리터 언어는 원시 프로그램을 줄 단위로 번역하여 바로 실행해 주는 언어로, 목적 프로그램을 생성하지 않고 즉시 실행 결과를 출력합니다.

쉘(Shell)
쉘은 사용자의 명령어를 인식하여 프로그램을 호출하고 명령을 수행하는 명령어 해석기입니다.

20.8, 20.6

잠깐만요 XML / JSON / AJAX

1602231

XML(eXtensible Markup Language)

• XML은 특수한 목적을 갖는 마크업 언어를 만드는 데 사용되는 다목적 마크업 언어입니다.
• 웹 페이지의 기본 형식인 HTML의 문법이 각 웹 브라우저에서 상호 호환적이지 못하다는 문제와 SGML의 복잡함을 해결하기 위하여 개발되었습니다.

JSON(JavaScript Object Notation)

• JSON은 속성–값 쌍(Attribute–Value Pairs)으로 이루어진 데이터 객체를 전달하기 위해 사람이 읽을 수 있는 텍스트를 사용하는 개방형 표준 포맷입니다.
• 비동기 처리에 사용되는 AJAX에서 XML을 대체하여 사용되고 있습니다.

AJAX(Asynchronous JavaScript and XML)

AJAX는 자바 스크립트(JavaScript) 등을 이용하여 클라이언트와 서버 간에 XML 데이터를 교환 및 제어함으로써 이용자가 웹 페이지와 자유롭게 상호 작용할 수 있도록 하는 비동기 통신 기술을 의미합니다.

전문가의 조언
어떤 것을 말하는지 찾아낼 수 있도록 XML, JSON, AJAX의 개념을 잘 정리해 두세요.

SGML(Stand Generalized Markup Language)
텍스트, 이미지, 오디오 및 비디오 등을 포함하는 멀티미디어 전자문서들을 다른 기종의 시스템들과 정보의 손실 없이 효율적으로 전송, 저장 및 자동 처리하기 위한 언어입니다.

※ 정답 및 해설은 148쪽에 있습니다.

기출 따라잡기 Section 022

문제 1 20년 8월 클라이언트와 서버 간 자바스크립트 및 XML을 비동기 방식으로 처리하며, 전체 페이지를 새로 고치지 않고도 웹페이지 일부 영역 부분만을 업데이트하는 것을 가능케 하는 기술을 쓰시오.

답 :

문제 2 20년 6월 XML의 대안으로 등장한 자바 스크립트(JavaScript) 기반의 기술로, 속성-값 쌍(Attribute-Value Pairs) 형태로 이루어진 구조적인 데이터의 교환을 위해 사람이 읽을 수 있는 텍스트를 사용하는 개방형 표준 포맷이다.
웹 브라우저와 웹 서버 간의 비동기 통신, 웹 서버 간의 데이터 교환 등에 주로 사용되는 이 기술의 이름을 쓰시오.

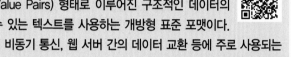

답 :

예상문제 은행

문제 1 다음 설명에 가장 적합한 프로그래밍 언어의 종류를 쓰시오.

1620101

- 부품을 조립하듯 객체들을 조립해서 프로그램을 작성할 수 있도록 한 프로그래밍 기법이다.
- 프로시저보다는 명령과 데이터로 구성된 객체를 중심으로 프로그래밍 한다.
- 코드의 재활용성이 높고 상속을 통한 재사용과 시스템의 확장이 용이하다.

답 :

문제 2 다음 설명에 가장 적합한 프로그래밍 언어의 종류를 쓰시오.

1620102

- HTML 문서 안에 직접 프로그래밍 언어를 삽입하여 사용하는 것으로, 기계어로 컴파일 되지 않고 별도의 번역기가 소스를 분석하여 동작하게 하는 언어이다.
- 게시판 입력, 상품 검색, 회원 가입 등과 같은 데이터베이스 처리 작업을 수행하기 위해 주로 사용한다.
- 클라이언트의 웹 브라우저에서 해석되어 실행되는 클라이언트용 언어와 서버에서 해석되어 실행된 후 결과만 클라이언트로 보내는 서버용 언어가 있다.

답 :

문제 3 서버용 스크립트 언어의 하나로, Linux, Unix, Windows 운영체제에서 사용된다. C, Java 언어의 문법과 유사하여 배우기가 쉽고, 웹페이지 제작에 많이 사용된다. 이 설명에 해당하는 프로그래밍 언어를 쓰시오.

1620103

답 :

문제 4 SW 인터페이스 구현에 관련된 다음 설명에서 괄호에 공통으로 들어갈 알맞은 용어를 쓰시오.

웹 페이지의 기본 형식인 HTML의 문법이 각 웹 브라우저에서 상호 호환적이지 못하다는 문제와 SGML의 복잡함을 해결하기 위하여 개발된 (   )은 다른 특수한 목적을 갖는 마크업 언어이다. 원활한 데이터의 연계를 위해 송ㆍ수신 시스템 간에 전송되는 데이터가 동일한 구조로 구성될 수 있도록 형태를 정의하는 역할을 수행하며, 다음과 같은 특징이 있다.

유니코드 문자 (Unicode Text)	텍스트 데이터 형식으로 유니코드를 사용하여 전 세계 언어를 지원한다.
( ) 파서(Parser)	대다수의 웹 브라우저가 해석을 위한 번역기(Parser)를 내장하고 있다.
마크업(Markup)과 내용(Content)	• ( ) 문서의 문자들은 마크업과 내용으로 구분된다. • 일반적으로 마크업은 "〈"로 시작하여 "〉"로 끝나는 태그(Tag)를 의미하고, 그 외의 문자열은 내용에 해당한다.
엘리먼트(Element)	마크업과 내용으로 이루어지는 하나의 요소를 의미한다.

답 :

문제 5 다음에 제시된 언어에서 스크립트 언어(Script Language)만 골라 쓰시오.

PHP, Cobol, Basic, Python, Fortran, Smalltalk

답 :

문제 6 다음의 설명에 가장 적합한 프로그래밍 언어를 쓰시오.

• 넷스케이프(Netscape)의 브렌던 아이크(Brendan Eich)가 개발한 클라이언트용 스크립트 언어이다.
• 웹 페이지의 동작을 제어하며, 변수 선언이 필요 없다.
• 서버에서 데이터를 전송할 때 아이디, 비밀번호, 수량 등의 입력 사항을 확인하기 위한 용도로 많이 사용된다.

답 :

4640212

문제 7 다음 Java로 구현한 프로그램을 분석하여 그 실행 결과를 쓰시오.

```java
import java.math.*;

public class Test
{
    public static void main(String[] args) {
        BigInteger n = new BigInteger("12345");
        BigInteger m = new BigInteger("54321");
        System.out.print(n.compareTo(m));
    }
}
```

답 :

4640312

문제 8 다음 Java로 구현한 프로그램을 분석하여 그 실행 결과를 쓰시오.

```java
public class Test
{
    public static void main(String[] args) {
        String str = "1,2,3,4,,,5,6,7,,8,9";
        String[] splittest = str.split(",");

        for(int i = 0; i<splittest.length; i++)
        {
            System.out.print(splittest[i]);
            if ((i+1) % 3 == 0)
                System.out.println();
        }
    }
}
```

답 :

정답 및 해설은 150쪽에 있습니다.

4640205

문제 9 다음 Java로 구현한 프로그램을 분석하여 그 실행 결과를 쓰시오.

```java
import java.util.Arrays;
import java.util.StringTokenizer;

public class Test {
    public static int[] Add(int[] originalArr, int val) {
        int[] newArray = Arrays.copyOf(originalArr, originalArr.length+1);
        newArray[newArray.length-1] = val;
        return newArray;
    }

    public static void main(String[] args) {
        String test1 = "15, -41, 12, 42, -12, 2, 4";
        String test2 = test1.replaceAll("[^0-9,-]", ",");
        StringTokenizer strtoken = new StringTokenizer(test2, ",");
        int[] originalArr = new int[strtoken.countTokens()];
        int index = 0;

        while(strtoken.hasMoreTokens()) {
            originalArr[index] = Integer.parseInt(strtoken.nextToken());
            index++;
        }

        int[] newArray = Add(originalArr, 99);
        int maxNumber = Integer.MIN_VALUE;

        for(int number : newArray) {
            if(number > maxNumber) {
                maxNumber = number;
            }
        }

        System.out.print(maxNumber);

    }
}
```

답 :

1장 프로그래밍 언어의 종류

정답

Section 020

[문제 1]

6

```
public class Test {
    public static void main(String[ ] args) {
❶        System.out.println((int)Math.sqrt(16)+(int)Math.log10(100));
    }
}
```

❶ 16의 제곱근($\sqrt{16}$) 4와 100을 $\log_{10}$에 대입한 결과 2를 더하여 출력한다.
　※ Math : 수학 관련 메소드들이 포함되어있는 클래스
　※ sqrt( ) : 제곱근을 구하는 메소드
　※ log10( ) : $\log_{10}$, 즉 인수가 10을 몇 번 곱해야 나오는 수인지 구하는 메소드
　결과　**6**

[문제 2]

rand( )

※ **답안 작성 시 주의 사항** : C언어에서 사용하는 변수, 함수의 이름은 대소문자를 구분하기 때문에 변수, 함수 이름을 작성할 때는 대소문자를 구분해서 정확히 작성해야 합니다.

```
#include <stdio.h>
#include <stdlib.h>              rand( ) 함수가 정의되어 있는 헤더 파일이다.
main( ) {
    for (int i = 0; i < 10; i++) {     반복 변수 i가 0에서 시작하여 1씩 증가하면서 10보다 작은 동안 다음 문장을 10회 반복 수행한다.
        printf("%d\n", (1 + rand( ) % 70));    rand( ) 함수로 발생한 난수를 70으로 나눈 나머지에 1을 더하여 출력한다. 즉 1~70
    }                                              사이의 난수를 출력한다.
}
```

[문제 3]

16

```
#include <stdio.h>
#include <math.h>

int main( ) {
❶    int ans = pow(2, ceil(M_PI));
❷    printf("%d", ans);
}
```

❶ 정수형 변수 ans를 선언하고 16으로 초기화한다.

  int ans = pow(2, ceil(M_PI));

- Ⓐ 원주율을 정의한 상수로, 3.14159265358979323846임
- Ⓑ ceil(3.1415…) : 소수점을 올림하여 정수로 표현함 → 4
- Ⓒ pow(2, 4) : 2의 4승 → 16

❷ ans의 값 16을 정수로 출력한다.

결과   **16**

[문제 4]

3.14

```
#define _USE_MATH_DEFINES        ⟨math.h⟩에 정의되어 있는 수학 상수를 사용하기 위한 정의문
#include ⟨stdio.h⟩               데이터의 입·출력에 사용되는 기능을 제공하는 헤더 파일
#include ⟨math.h⟩                수학 함수를 제공하는 헤더 파일
main( ) {
❶    printf("%.2f", M_PI);
❷    return 0;
}
```

❶ 상수 M_PI의 값을 출력하되, 정수 부분은 모두 출력하고 소수점 이하는 3자리에서 반올림하여 2자리까지만 출력한다.

결과   **3.14**

※ M_PI : 원주율(pi)의 값 3.1415926535… 을 저장하고 있는 상수로, math.h 헤더 파일에 정의되어 있음

❷ main( ) 함수에서의 **return 0;**은 프로그램의 종료를 의미한다.

[문제 5]

10

```
public class Main
{
    public static void main(String[ ] args) {
❶        String teststr = "      LoremIpsum      ";
❷        int a = teststr.trim( ).length( );

❸        System.out.print(a);
    }
}
```

❶ 문자열 변수 teststr을 선언하고, "   LoremIpsum   "으로 초기화한다.

❷ 정수형 변수 a를 선언하고, teststr 변수에 저장된 문자열에서 좌우 공백을 제거하고 남은 문자열의 길이로 초기화한다.

- teststr 변수에 저장된 문자열에서 좌우 공백을 제거하면 "LoremIpsum"만 남는다.
- teststr 변수에 저장된 값은 "LoremIpsum"의 길이인 10이다.
- **trim( )** : 변수에 저장된 문자열의 좌우 공백을 제거하는 메소드
- **length( )** : 변수에 저장된 문자열의 길이를 반환하는 메소드

❸ a의 값 10을 출력한다.

결과   **10**

[문제 6]

helloworld!

```java
public class Test {
    public static void main(String[ ] args) {
❶      String str1 = "HELloWorLD!";
❷      String str2 = "heLLOwORld!";

❸      if (str1.equals(str2))
            System.out.print(str1.toUpperCase( ));
❹      else if (str1.equalsIgnoreCase(str2))
❺          System.out.print(str1.toLowerCase( ));
        else
            System.out.print(str2);
    }
}
```

❶ 문자열 변수 str1을 선언하고 **HELloWorLD!**로 초기화한다.
❷ 문자열 변수 str2를 선언하고 **heLLOwORld!**로 초기화한다.
❸ str1과 str2를 대소문자를 구분하여 비교한 후 같으면 다음 문장을 수행하고 그렇지 않으면 ❹번을 실행한다. str1과 str2는 같지 않으므로 ❹번을 실행한다.
  • **A.equals(B)** : 문자열 A와 B를 대소문자를 구분하여 비교한 후 같으면 참, 다르면 거짓을 반환한다.
❹ str1과 str2를 대소문자 구분없이 비교하여 같으면 ❺번을 수행한다. str1과 str2는 같으므로 ❺번을 실행한다.
  • **A.equalsIgnoreCase(B)** : 대소문자 구분없이 문자열 A와 B를 비교한 후 같으면 참, 다르면 거짓을 반환한다.
❺ str1을 모두 소문자로 변환한 후 출력한다.
  • **toLowerCase( )** : 문자열을 모두 소문자로 변환한다.

결과   helloworld!

[문제 7]

HELLO***WORLD**

```java
public class Test
{
    public static void main(String[ ] args) {
❶      String str = "HELLO!@#WORLD/-";
❷      String res = str.replaceAll("[^ㄱ-ㅎㅏ-ㅣ가-힣a-zA-Z0-9,.]","*");
❸      System.out.print(res);
    }
}
```

❶ 문자열 변수 str을 선언하고 **HELLO!@#WORLD/-**로 초기화한다.
❷ 문자열 변수 res를 선언하고, str의 **!@#/-** 문자를 *로 치환한 값으로 초기화한다.

  res   HELLO***WORLD**

  • **String.replaceAll(변환 대상, 변환할 문자)** : String 객체의 replaceAll( ) 메소드는 정규식으로 작성된 변환 대상을 변환할 문자로 치환하는 메소드이다.
  • **[^ㄱ-ㅎㅏ-ㅣ가-힣a-zA-Z0-9,.]** : 대괄호[ ]는 범위를, ^는 제외를, ㄱ-ㅎ은 한글 자음을, ㅏ-ㅣ는 한글 모음을, 가-힣은 한글 '가'부터 '힣'까지의 글자를, a-z와 A-Z는 영문 소문자와 대문자를, 0-9는 숫자를 의미한다. 즉 해당 정규식은 한글 자음과 모음, '가'부터 '힣'까지의 글자, 영문 대·소문자, 숫자(0-9), 쉼표(,), 마침표(.)를 제외한 모든 텍스트가 변환 대상이라는 의미이고, 이 변환 대상은 두 번째 인수로 입력된 별표(*)로 치환된다.
  • **HELLO!@#WORLD/-**에서 한글, 영문, 숫자와 쉼표, 마침표 기호가 아닌 것은 **!@#/-**이므로 이 문자들을 *로 치환한 **HELLO***WORLD****을 반환한다.
❸ res의 값을 출력한다.

결과   HELLO***WORLD**

[문제 1]

※ 다음 중 밑줄이 표시된 내용은 반드시 포함되어야 합니다.

객체지향 프로그래밍 언어는 <u>현실 세계의 개체를 하나의 객체로 만들어, 이 객체들을 조립해서 프로그램을 작성하는 기법</u>이다.

[문제 2]

① Smalltalk ② C++

Section 022

[문제 1]

AJAX(Asynchronous JavaScript and XML)

[문제 2]

JSON(JavaScript Object Notation)

예상문제은행 **1**장 프로그래밍 언어의 종류 정답

[문제 1]

객체지향 프로그래밍 언어

[문제 2]

스크립트 언어(Script Language)

[문제 3]

PHP(Professional Hypertext Preprocessor)

[문제 4]

XML(eXtensible Markup Language)

[문제 5]

PHP, Basic, Python

[문제 6]

자바 스크립트(Java Script)

[문제 7]

-1

```
import java.math.*;                    BigInteger 클래스가 정의되어 있는 라이브러리이다.

public class Test
{
    public static void main(String[ ] args) {
❶        BigInteger n = new BigInteger("12345");
❷        BigInteger m = new BigInteger("54321");
❸        System.out.print(n.compareTo(m));
    }
}
```

❶ BigInteger 클래스의 객체 변수 n을 선언하고, 문자열 12345를 정수로 변환하여 n에 저장한다.
  • BigInteger : BigInteger 클래스는 long 형을 벗어나는 큰 정수를 다룰 수 있게 하는 클래스로, 생성자 호출 시 숫자로된 문자열을 인수로 입력받아 정수로
    저장한다.
❷ BigInteger 클래스의 객체 변수 m을 선언하고, 문자열 54321을 정수로 변환하여 m에 저장한다.
❸ n보다 m이 크므로 −1을 출력한다.
  • n.compareTo(m) : n과 m을 비교하여 같으면 0, m이 크면 −1, n이 크면 1을 반환하는 메소드이다.

결과   −1

[문제 8]
123
4
567
89

```
public class Test
{
    public static void main(String[ ] args) {
❶        String str = "1,2,3,4,,,5,6,7,,8,9";
❷        String[ ] splittest = str.split(",");

❸        for(int i = 0; i<splittest.length; i++)
        {
❹            System.out.print(splittest[i]);
❺            if ((i+1) % 3 == 0)
❻                System.out.println( );
        }
    }
}
```

❶ 문자열 변수 str을 선언하고 1,2,3,4,,,5,6,7,,8,9로 초기화한다.
❷ 문자열 배열 splittest를 선언하고 str의 값을 ","로 구분하여 분리한 후 저장한다.

	[0]	[1]	[2]	[3]	[4]	[5]	[6]	[7]	[8]	[9]	[10]	[11]
splittest	1	2	3	4			5	6	7		8	9

  • split(구분자) : 지정된 구분자로 문자열을 구분하여 분리한다.
❸ 반복 변수 i가 0부터 1씩 증가하면서 splittest 배열의 길이인 12보다 작은 동안 ❹~❻을 반복 수행한다.
❹ splittest[i]의 값을 출력한다.
❺ (i+1)을 3으로 나눈 나머지가 0이면 다음 문장을 수행한다.
❻ 커서를 다음 줄의 처음으로 이동한다.

※ 반복문 실행에 따른 변수들의 변화는 다음과 같다.

i	splittest[i]	(i+1) % 3	출력
0	1	1	1
1	2	2	12
2	3	0	123 ← 다음 줄로 커서 이동
3	4	1	4
4		2	4
5		0	4 ← 다음 줄로 커서 이동
6	5	1	5
7	6	2	56
8	7	0	567 ← 다음 줄로 커서 이동
9		1	
10	8	2	8
11	9	0	89 ← 다음 줄로 커서 이동
12			

※ splittest[4], splittest[5], splittest[9]에는 값이 없으므로 출력되지 않습니다.

[문제 9]

99

```
import java.util.Arrays;                    Arrays 클래스가 정의되어 있는 라이브러리이다.
import java.util.StringTokenizer;           StringTokenizer 클래스가 정의되어 있는 라이브러리이다.

public class Test {
⑩    public static int[ ] Add(int[ ] originalArr, int val) {
⑪        int[ ] newArray = Arrays.copyOf(originalArr, originalArr.length+1);
⑫        newArray[newArray.length-1] = val;
⑬        return newArray;
    }

    public static void main(String[ ] args) {
❶        String test1 = "15, -41, 12, 42, -12, 2, 4";
❷        String test2 = test1.replaceAll("[^0-9,-]", ",");
❸        StringTokenizer strtoken = new StringTokenizer(test2, ",");
❹        int[ ] originalArr = new int[strtoken.countTokens( )];
❺        int index = 0;

❻        while(strtoken.hasMoreTokens( )) {
❼            originalArr[index] = Integer.parseInt(strtoken.nextToken( ));
❽            index++;
        }
❾⑭        int[ ] newArray = Add(originalArr, 99);
⑮        int maxNumber = Integer.MIN_VALUE;

⑯        for(int number : newArray) {
⑰            if(number > maxNumber) {
⑱                maxNumber = number;
            }
        }

⑲        System.out.print(maxNumber);

    }
}
```

모든 Java 프로그램은 반드시 main( ) 메소드에서 시작한다.

❶ 문자열 변수 test1을 선언하고, 15, −41, 12, 42, −12, 2, 4로 초기화한다.

❷ 문자열 변수 test2를 선언하고, test1의 공백을 쉼표로 치환한 값으로 초기화한다.

test2	15,−41,12,42,−12,2,4

- **String.replaceAll(변환 대상, 변환할 문자)** : String 객체의 replaceAll( ) 메소드는 정규식으로 작성된 변환 대상을 변환할 문자로 치환하는 메소드이다.
- **정규식 [^0−9,−] : 대괄호[ ]**는 범위를, ^는 제외를, 0−9는 숫자를 의미한다. 즉 해당 정규식은 숫자(0~9)와 쉼표(,), 마이너스 기호(−)를 제외한 모든 텍스트가 변환 대상이라는 의미이고, 이 변환 대상은 두 번째 인수로 입력된 쉼표(,)로 치환된다.
- test1의 15, −41, 12, 42, −12, 2, 4에서 숫자와 쉼표, 마이너스 기호가 아닌 것은 공백뿐이므로 모든 공백을 쉼표로 치환한 15,,−41,,12,,42,,−12,,2,,4를 반환한다.

❸ StringTokenizer 클래스의 객체 변수 strtoken을 선언하고, test2에 저장된 문자열을 쉼표(,)로 분리하여 저장한다.

- **StringTokenizer(문자열, 구분자)** : StringTokenizer 클래스는 생성자 호출 시 인수로 입력된 문자열을 지정한 구분자로 분리한 후 분리된 문자열을 하나의 토큰(Token)으로 취급하여 처리하는 클래스이다(빈 문자열은 토큰으로 인식하지 않는다.).

	토큰1	토큰2	토큰3	토큰4	토큰5	토큰6	토큰7
strtoken	15	−41	12	42	−12	2	4

❹ strtoken의 토큰 개수인 7에 해당하는 정수형 배열 originalArr을 선언한다.

- **StringTokenizer.countTokens( )** : StringTokenizer 객체의 토큰 개수를 반환하는 메소드이다.

	[0]	[1]	[2]	[3]	[4]	[5]	[6]
originalArr	0	0	0	0	0	0	0

※ Java는 배열 선언 시 초기값을 지정하지 않으면 배열의 모든 요소에 자동으로 0이 저장됩니다.

❺ 정수형 변수 index를 선언하고 0으로 초기화한다.

❻ strtoken에 반환할 토큰이 있으면 ❼, ❽번을 반복 수행하고, 더 이상 반환할 토큰이 없으면 ❾번으로 이동한다.

- **StringTokenizer.hasMoreTokens( )** : StringTokenizer 객체에 반환할 토큰이 있으면 1(참)을, 토큰이 없으면 0(거짓)을 반환하는 메소드이다.

❼ 토큰을 정수로 변환하여 originalArr[index]에 저장한다.

- **StringTokenizer.nextToken( )** : StringTokenizer 객체에서 차례대로 토큰을 가져오는 메소드이다.
- **Integer.parseInt( )** : 숫자로된 문자열을 정수로 변환하는 메소드이다.

❽ 'index = index + 1;'과 동일하다. index의 값을 1씩 누적시킨다. ❻~❽번을 반복 수행하면 originalArr은 다음의 값을 갖는다.

	[0]	[1]	[2]	[3]	[4]	[5]	[6]
originalArr	15	−41	12	42	−12	2	4

❾ 정수형 변수 newArray를 선언한 후 originalArr의 시작 주소와 99를 인수로 Add( ) 메소드를 호출하고 돌려받은 값을 newArray에 저장한다.

❿ 정수형 배열을 반환하는 Add( ) 메소드의 시작점이다. ❾번에서 전달받은 orginalArr의 시작 주소와 99를 originalArr과 val이 받는다.

	[0]	[1]	[2]	[3]	[4]	[5]	[6]
Add.originalArr	15	−41	12	42	−12	2	4

Add.val	99

※ main( ) 메소드와 Add( ) 메소드에서 같은 이름을 가진 변수 및 객체들의 구분을 위해서 Add( ) 메소드의 변수 및 객체명에만 메소드명을 표기했습니다.

⓫ originalArr에서 originalArr의 길이에 1을 더한 8만큼의 요소를 복사하여 새로운 정수형 배열 newArray를 선언한다.

	[0]	[1]	[2]	[3]	[4]	[5]	[6]	[7]
Add.newArray	15	−41	12	42	−12	2	4	0

- **length** : length는 배열 클래스의 속성으로, 배열 요소의 개수가 저장되어 있다.
- **Arrays.copyOf(배열, 요소의 개수)** : 인수로 입력된 배열을 요소의 개수만큼 복사하여 반환하는 메소드이다. 복사할 요소의 개수가 배열의 전체 요소의 개수보다 크면 초과된 요소는 0으로 초기화되어 복사된다.

⓬ newArray.length는 8이므로 newArray[7]에 val의 값 99를 저장한다.

	[0]	[1]	[2]	[3]	[4]	[5]	[6]	[7]
Add.newArray	15	−41	12	42	−12	2	4	99

⓭ Add.newArray의 주소를 함수를 호출했던 ⓮번으로 반환한다.

⓮ ⓭번에서 돌려받은 주소를 newArray에 저장한다.

	[0]	[1]	[2]	[3]	[4]	[5]	[6]	[7]
newArray	15	−41	12	42	−12	2	4	99

⓯ 정수형 변수 maxNumber를 선언하고 −2³¹(−2,147,483,648)로 초기화한다.

- **Integer.MIN_VALUE** : 정수 자료형이 가지는 최소값인 −2³¹(−2,147,483,648)이 저장되어 있는 Integer 클래스의 속성이다.

⓰ newArray의 각 요소를 정수형 변수 number에 저장하면서 ⓱, ⓲번을 반복 수행한다. newArray는 8개의 요소를 가지므로 ⓱, ⓲번은 총 8회 수행된다.

⓱ number가 maxNumber보다 크면 ⓲번으로 이동하고 아니면 반복문의 처음인 ⓰번으로 이동한다.

⑱ maxNumber에 number의 값을 저장한다. ⑯~⑱번의 반복문 실행에 따른 변수들의 변화는 다음과 같다.

maxNumber	number	number〉maxNumber
−2,147,483,648	15	Yes
15	−41	No
42	12	No
99	42	Yes
	−12	No
	2	No
	4	No
	99	Yes

⑲ maxNumber의 값 99를 출력한다.

결과 | 99

2 장

C언어

순서도와 C언어의 기본

예제로 주어진 문제는 키보드로 두 수를 입력받아 두 수의 덧셈 결과를 출력하는 아주 간단한 C 프로그램이지만 우리는 이 프로그램을 통해 순서도와 C언어의 기본에 대해서 모두 배울 것입니다. 여기서 순서도 기호들의 개별적인 쓰임새를 알아두고, C 프로그램의 구조를 명확히 파악해 두세요. 순서도와 C언어에 적혀있는 번호는 같은 기능을 의미하니 각각을 공부한 다음 두 부분을 연결하여 다시 읽어보기 바랍니다.

예제 다음 순서도는 키보드로 두 수를 입력받아 두 수의 덧셈 결과를 출력하는 프로그램이다. 출력 결과를 확인하시오.

순서도(플로차트)

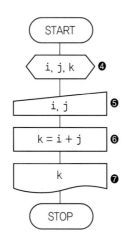

프로그램의 시작을 의미하는 기호로, 이 부분은 코드로 입력하지 않는다.

프로그램에서 사용할 변수를 선언하는 준비 기호로, 이 프로그램에서 i, j, k를 변수로 사용 하겠다는 선언이다. 코딩할 때는 사용할 자료의 형을 파악해서 자료형과 변수를 함께 입력해야 한다.

수동 입력 기호, 즉 키보드로 두 수를 입력 받아 하나는 i에, 다른 하나는 j에 저장한다는 의미이다. C 프로그램에서는 scanf( ) 함수를 이용하여 코딩한다.

처리 기호이다. k와 i+j가 같다는 의미가 아니고, i가 가지고 있는 값과 j가 가지고 있는 값을 더해 k에 저장한다는 의미이다. C 프로그램에서는 그대로 적어주고 문장 끝에 세미콜론(;)을 붙여주면 된다.

서류에 출력하는 기호, 즉 k가 가지고 있는 값을 종이에 출력하라는 기호이다. C 프로그램에서는 printf( ) 함수를 이용해서 화면에 출력한다.

프로그램의 끝을 의미하는 기호로, 이 부분은 코딩하지 않는다.

C언어 코드

```
❶ #include 〈stdio.h〉

❷ main( )

❸ {

❹     int i, j, k;

❺     scanf("%d %d", &i, &j);

❻     k = i + j;

❼     printf("%d\n", k);

❽ }
```

코드 해설

❶ #include 〈stdio.h〉

표준 입·출력과 관련된 함수를 정의해 놓은 파일의 이름이다. 헤더 파일이라고 하는데, 사용하는 함수에 따라 포함시켜야할 헤더 파일이 다르다. 여기서는 ❺번 문장의 scanf( ) 함수와 ❼번 문장의 printf( ) 함수를 사용하기 때문에 포함시켰다. 무슨 함수를 쓸 때 어떤 헤더 파일을 포함시켜야 하는지는 문제 풀이와 관계없기 때문에 기억해 둘 필요는 없다. 별도로 학습하지도 않는다.

❷ main( )

모든 C 프로그램은 반드시 main( ) 함수가 포함되어 있어야 실행할 수 있다. 즉 'main( ){ }'는 모든 C 프로그램에 반드시 포함되어야 한다.

❸, ❽ { }

'{'이 나오면 반드시 어딘가에 '}'이 있어야 한다. 그러니까 ❸번의 '{'는 ❽번의 '}'와 짝이다. 프로그램을 중간에서 끝내는 특별한 제어문이 없으면 무조건 '{'에서 시작하여 '}'에서 프로그램이 종료된다. 따로 학습할 내용이 아니다. 약속이니까 그냥 외워두기 바란다.

❹ int i, j, k;

순서도의 준비 기호에 적혀있는 변수를 입력한다. int는 정수 자료형을 의미하는 예약어이므로, 이제부터 이 프로그램에서 i, j, k는 정수형 변수로 사용하겠다는 의미이다. 자료형에는 int, long, short, float 등이 있으며, 이 부분은 'C언어의 자료형' 부분에서 학습한다. C 프로그램 코딩 시 반드시 지켜야 할 것은 반드시 세미콜론(;)으로 문장을 끝내야 한다는 것이다. C 프로그램에서는 줄 수와 관계없이 세미콜론(;)이 나올 때 까지를 한 문장으로 인식하여 컴파일하기 때문에 문장 끝에 세미콜론(;)이 없으면 컴파일 시 에러가 발생한다.

❺ scanf("%d %d", &i, &j);

순서도의 수동 입력문을 C 프로그램에서는 scanf( ) 함수로 코딩한다. 키보드로 입력받는 작업은 거의 scanf( ) 함수를 이용하므로 정확하게 알고 있어야한다. '%d'는 입력받는 문자를 10진수로 받아들이겠다는 의미이다. '%d'가 두 개이므로 대응하는 변수도 두 개인 거다. 앞쪽의 '%d'는 '&i'에, 뒤쪽의 '%d'는 '&j'에 대응된다. 그러니까 i와 j는 각각 10진수를 입력받는다는 의미이다. 변수에 &(번지 연산자)를 붙였는데, 지금은 scanf( ) 함수로 데이터를 입력 받을 때는 변수에 &를 붙인다고 그냥 외워두기 바란다. 이 부분은 159쪽 'C언어의 표준 입·출력 함수'에서 학습할 것이다.

❻ k = i + j;

순서도의 처리문에 있는 내용은 C 프로그램에서 대부분 그대로 입력한다. 순서도의 준비기호에 있는 내용은 변수의 형을 추가로 입력하지만 처리 기호에 있는 내용은 그대로 입력하면 된다. 반드시 세미콜론(;)으로 문장을 끝내야 한다는 것은 변하지 않는다. 처리문은 입·출력을 제외하고 무엇인가를 처리하는 모든 문장을 의미한다. 입·출력문, 제어문 등도 일종의 처리문이지만, 별도로 구분하여 그렇게 부르므로 입·출력문과 제어문을 제외한 모든 문장을 처리문이라고 보면 된다. 이 부분은 161쪽 'C언어의 연산자와 식'에서 공부할 것이다.

❼ printf("%d\n", k);

순서도의 출력문을 C 프로그램에서 화면에 출력할 때는 printf( ) 함수, 파일에 출력할 때는 fprintf( ) 함수 등을 사용한다. 여기서는 화면에 출력하므로 printf( ) 함수를 사용했다. scanf( ) 함수와 마찬가지로 형식 변환문자 '%d'는 k를 10진수로 출력하겠다는 의미이다. '\n'은 제어문자라고 하는데, 출력 내용을 제어하는 문자이다. '\'과 그 뒤 한 문자는 화면에 출력하지 않고 그 문자에 정해진 명령대로 출력물을 제어한다. '\n'은 한 줄 띄우라는 의미이므로 k가 가지고 있는 값을 출력한 뒤에 커서를 다음 줄로 옮긴다. 이 부분도 'C언어의 표준 입·출력 함수'에서 공부할 것이다.

1 20.8, 20.6, 20.4
주요 순서도 기호

1602301

어떤 문제를 해결하는 논리적인 절차를 알고리즘이라 하며, 이 알고리즘을 순서대로 처리하여 컴퓨터에게 특정 업무를 시키는 것이 컴퓨터 프로그램이다. 순서도는 프로그램을 작성하기 전에 이 일련의 절차들을 표준적인 기호를 이용하여 그림으로 표현한 것이다.

전문가의 조언

예제로 사용한 C 프로그램을 실행시켜서 결과를 확인하려면 컴퓨터에서 파일로 저장한 다음 컴파일과 링크 과정을 거쳐 실행 파일을 만든 다음 실행 파일을 더블클릭하여 실행시켜야 합니다. 이 책에서 사용된 모든 C 코드는 'Visual Studio 2019'에서 컴파일하여 결과를 확인했으니 안심하시고 공부해도 됩니다.
참고로 'Visual Studio 2019'는 무료로 다운받아 사용할 수 있으므로 시간적 여유가 있으면 직접 실습하면서 공부할 수도 있지만 시간 관계상 썩 추천하지는 않습니다.

전문가의 조언

혹시 정보처리기능사 실기 시험 후 프로그램에 흥미가 생겨 C언어를 공부하려거든 ㈜도서출판길벗에서 출간된 'C언어 코딩도장'을 구해서 학습하세요. 초보자가 접근하기 쉽게 구성되어 있으며 설명도 자세합니다. 특히 정보처리 실기를 취득한 후 실무 프로그램을 배우고자 하는 분에게는 많은 도움이 될 것입니다.

기호	의미	기능
⬭	단자(Terminal)	순서도의 시작과 끝 표시
▭	처리(Process)	연산 및 데이터 처리 표시
◇	판단(Decision)	조건을 비교하여 조건에 맞는 경로 선택
⬭	수동 입력(Console)	키보드를 이용한 수동 입력
▱	입 · 출력(Input/Output)	데이터의 입력과 출력
→	흐름선	처리의 흐름과 기호 연결
⬡	준비	변수 및 변수의 초기 값 선언
▭	카드 파일(Card File)	종이 카드의 입 · 출력
◯	연결자(Connector)	다른 곳으로의 연결
▭	서류(Document)	서류를 매체로 하는 출력
▭	서브루틴 호출	부(Sub) 프로그램 처리
▭	루프(Loop)	조건을 만족하는 동안 명령 반복 수행

2 C언어의 변수(Variable)

21.6

1602302

변수란 컴퓨터가 명령을 처리하는 도중 발생하는 값을 저장하기 위한 공간으로, 변할 수 있는 값을 의미한다. 변수는 저장하는 값에 따라 정수형, 실수형, 문자형, 포인터형 등으로 구분한다.

예제 1 다음은 C 프로그램의 일부이다. 변수에 저장되는 값을 알아보시오.

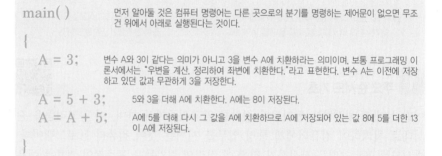

```
main( )          먼저 알아둘 것은 컴퓨터 명령어는 다른 곳으로의 분기를 명령하는 제어문이 없으면 무조
                 건 위에서 아래로 실행된다는 것이다.
{
  A = 3;         변수 A와 3이 같다는 의미가 아니고 3을 변수 A에 치환하라는 의미이며, 보통 프로그래밍 이
                 론서에서는 "우변을 계산, 정리하여 좌변에 치환한다."라고 표현한다. 변수 A는 이전에 저장
                 하고 있던 값과 무관하게 3을 저장한다.
  A = 5 + 3;     5와 3을 더해 A에 치환한다. A에는 8이 저장된다.
  A = A + 5;     A에 5를 더해 다시 그 값을 A에 치환하므로 A에 저장되어 있는 값 8에 5를 더한 13
                 이 A에 저장된다.
}
```

변수명 작성 규칙

- 영문자, 숫자, _(under bar)를 사용하며 글자 수에 제한이 없다.
- 중간에 공백을 포함할 수 없다.
- 대·소문자를 구분한다.
- 첫 자는 영문자나 _로 시작해야 한다.
- 예약어는 사용할 수 없다.
- 변수 선언 시에도 문장 끝에 반드시 세미콜론(;)을 붙여야 한다.

예제2 다음은 C 프로그램의 일부이다. 변수명이 틀린 이유를 확인하시오.

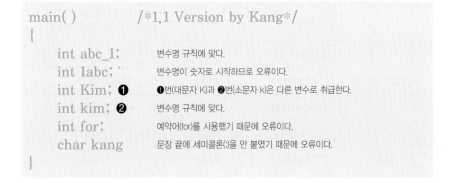

```
main( )                  /*1.1 Version by Kang*/
{
    int abc_1;           변수명 규칙에 맞다.
    int 1abc;            변수명이 숫자로 시작하므로 오류이다.
    int Kim; ❶          ❶번(대문자 K)과 ❷번(소문자 k)은 다른 변수로 취급한다.
    int kim; ❷          변수명 규칙에 맞다.
    int for;             예약어(for)를 사용했기 때문에 오류이다.
    char kang            문장 끝에 세미콜론(;)을 안 붙였기 때문에 오류이다.
}
```

주석(Comment)

컴퓨터 프로그램에서 프로그램 설명을 위해 입력한 부분을 주석이라고 합니다. 즉 주석은 사람만 알아볼 수 있으며, 컴파일 되지도 않습니다. 주석은 두 가지 방식으로 입력합니다.
- // : 다음에 오는 한 줄은 주석입니다.
- /* */ : '/*'과 '*/' 사이에 있는 문장은 모두 주석입니다.

잠깐만요 **예약어**

1602331

예약어는 정해진 기능을 수행하도록 이미 용도가 정해져 있는 단어로, 변수 이름이나 다른 목적으로 사용할 수 없습니다.
- C언어에는 다음과 같은 예약어가 있습니다.

구분	예약어
자료형	char, int, float, double, long, short, unsigned, const, signed, auto, static, extern, register, typedef, struct, union, enum, void
기본 명령	if, else, switch, case, default, for, while, do, goto, break, continue, return
연산자	sizeof

전문가의 조언

예약어의 종류를 모두 암기할 필요는 없습니다. 많이 사용하는 것들은 공부하다 보면 자연히 알게 될 것이고, 사용하지 않는 것들은 굳이 알 필요가 없기 때문입니다. 눈에만 익혀두세요.

3 C언어의 자료형(Data Type)

1602303

C언어에서는 다양한 자료형을 제공한다. 우선 정수형, 실수형, 문자형만 알아두고 나머지는 혹시 나오면 그때 공부하기로 하자.

기본 자료형과 기억 범위

전문가의 조언

자료형의 크기는 사용하는 컴퓨터나 운영체제에 따라 조금씩 다릅니다. 당연히 기억 범위도 다르겠죠. 기억 범위를 외우려고 노력하지 마세요. 대략 저 정도 크기의 데이터가 들어가는구나! 정도만 알아두세요. 관련 문제가 나오면 자세히 설명할게요.

🖥 Windows(64비트)에서 long은 4바이트, long double은 8바이트지만 Linux(64비트)에서는 long은 8바이트, long double은 16바이트입니다.

종류	자료형	크기	기억 범위
문자	char	1Byte	−128 ~ 127
부호없는 문자형	unsigned char	1Byte	0 ~ 255
정수	short	2Byte	−32,768 ~ 32,767
	int	4Byte	−2,147,483,648 ~ 2,147,483,647
	long	4Byte	−2,147,483,648 ~ 2,147,483,647
	long long	8Byte	−9,223,372,036,854,775,808 ~ 9,223,372,036,854,775,807
부호없는 정수형	unsigned short	2Byte	0 ~ 65,535
	unsigned int	4Byte	0 ~ 4,294,967,295
	unsigned long	4Byte	0 ~ 4,294,967,295
실수	float	4Byte	$1.2 \times 10^{-38} \sim 3.4 \times 10^{38}$
	double	8Byte	$2.2 \times 10^{-308} \sim 1.8 \times 10^{308}$
	long double	8Byte	$2.2 \times 10^{-308} \sim 1.8 \times 10^{308}$

1602332

예제 다음은 C 프로그램의 일부이다. 변수에 저장되는 값을 확인하시오.

```
main( )
{
    char aa = 'A';
```
문자형 변수 aa에 문자 'A'를 저장한다. 문자형 변수에는 한 글자만 저장되며, 저장될 때는 아스키 코드값으로 변경되어 정수로 저장된다. aa가 저장하고 있는 값을 문자로 출력하면 'A'가 출력되지만 숫자로 출력하면 'A'에 대한 아스키 코드 65가 출력된다.

```
    char ab[6] = "KOREA";
```
C언어에서는 큰따옴표(" ")로 묶인 글자는 글자 수에 관계없이 문자열로 처리된다. 문자열은 따로 저장하는 자료형이 없기 때문에 문자 배열, 또는 포인터를 이용하여 처리한다. 문자열 변수는 문자열의 끝을 알리기 위해 문자열의 맨 뒤에 항상 널 문자('\0')가 따라 다닌다. 그래서 5글자이지만 6개짜리 배열을 사용하는 것이다. 배열은 189쪽에서 공부할 것이다.

```
    short int si = 32768;
```
짧은 정수형 변수에 32767을 넘어가는 값을 저장했기 때문에 오버플로가 발생한다. 관련 문제에서 자세히 설명한다.

```
    int in = 32768;
```
정수형 변수 in에 32768이 저장된다.

```
    float fl = 24.56f;
```
단정도 실수형 변수 fl에 실수 24.56을 저장한다. 단정도 실수는 숫자 뒤에 f를 붙여 배정도 실수와 구분한다.

```
    double dfl = 24.5678;
```
배정도 실수형 변수 dfl에 24.5678을 저장한다.

```
}
```

4 C언어의 표준 입·출력 함수

24.6, 23.8, 22.3, 20.11

1602304

scanf( ) 함수

- scanf( ) 함수는 키보드로 입력받아 변수에 저장하는 함수이다.
- 형식

scanf(서식 문자열, 변수의 주소)	• 서식 문자열 : 입력받을 데이터의 형을 지정한다. printf( ) 함수로 출력할 때도 동일하게 사용한다. • 변수의 주소 : 데이터를 입력받을 변수를 적는다. 변수의 주소로 입력받아야 하기 때문에 변수에 주소 연산자 &를 붙인다.

- 서식 문자열

서식 문자열	의미
%d	정수형 10진수를 입·출력하기 위해 지정한다.
%u	부호없는 정수형 10진수를 입·출력하기 위해 지정한다.
%o	정수형 8진수를 입·출력하기 위해 지정한다.
%x	정수형 16진수를 입·출력하기 위해 지정한다.
%c	문자를 입·출력하기 위해 지정한다.
%s	문자열을 입·출력하기 위해 지정한다.
%f	소수점을 포함하는 실수를 입·출력하기 위해 지정한다.
%e	지수형 실수를 입·출력하기 위해 지정한다.
%ld	긴 정수형 10진수를 입·출력하기 위해 지정한다.

전문가의 조언

먼저 %d, %c, %s, %f만 기억해 두기 바랍니다. 나머지는 다시 나올 때 그때 기억하면 됩니다. d는 decimal(10진수)의 약자, c는 character(문자)의 약자, s는 string(문자열)의 약자, f는 float(실수)의 약자라는 것을 알면 훨씬 쉽게 기억됩니다.

1602333

예제 다음 C 프로그램은 무슨 작업을 수행하는 것인지 확인하시오.

```
#include <stdio.h>
main( )
{
    int i, j;
    float aa;
    char cc, dd[10];
    scanf("%c\n", &cc);
    scanf("%d %o", &i, &j);

    scanf("%f", &aa);
    scanf("%s", dd);

}
```

문자형 변수 cc에 문자 1글자를 입력 받는다.

정수형 변수 i에 10진수를, 정수형 변수 j에 8진수를 입력 받는다. 20 20을 입력했다면 i에는 20, j에는 16이 저장된다. 8진수 20이 10진수로는 16이다.

실수형 변수 aa에 소수점이 포함된 실수를 입력받는다.

10개짜리 문자 배열 dd에 10개 미만의 문자열을 입력받는다. 배열의 이름은 주소이므로 &를 붙이지 않는다. 배열과 문자열은 189쪽과 194쪽 문제들에서 설명할 것이다.

- getchar( ) : 키보드로 한 문자를 입력받아 변수에 저장하는 함수
- gets( ) : 키보드로 문자열을 입력받아 변수에 저장하는 함수
- putchar( ) : 인수로 주어진 한 문자를 화면에 출력하는 함수
- puts( ) : 인수로 주어진 문자열을 화면에 출력하는 함수

printf( ) 함수

- printf( ) 함수는 인수로 주어진 값을 화면에 출력하는 함수이다.
- 형식

printf(서식 문자열, 변수)	• 서식 문자열 : 변수의 형에 맞는 서식 문자열을 입력한다. scanf( ) 함수로 입력할 때와 동일한 서식 문자열을 사용한다. 서식 문자열에 제어문자를 넣어 출력 결과물의 위치를 조정할 수 있다. • 변수 : 서식 문자열의 순서에 맞게 출력할 변수를 적는다. scanf( )와 달리 주소 연산자 &를 붙이지 않는다.

- 주요 제어문자

제어문자	기능
\n	커서를 다음 줄로 옮긴다.
\t	탭으로 정해진 칸 만큼 커서를 수평으로 이동시킨다.
\r	커서를 그 줄의 맨 처음으로 이동시킨다.

예제 다음 C 프로그램의 출력 결과를 확인하시오.

```
#include <stdio.h>
main( )
{
    int i = 250;            정수형 변수 i에 250을 저장한다.
    float a = 125.23f;      실수형 변수 a에 125.23을 저장한다. 단정도형 실수는 f를 붙여야 한다.

    float b = 314.1592e+5;  실수형 변수 b에 314.1592e+5를 저장한다.
                            정규화되어 3.141592e+07의 형태로 저장된다.

    char c = 'A';           문자 변수 c에 'A'를 저장한다.

    char dd[] = "Korea";    문자 배열 dd에 문자열 "Korea"를 저장한다.
```

```
        printf("10진수i = %d\t 8진수i = %o\n", i, i); ❻
        printf("a = %8.2f, b = %e\n", a, b); ❼
        printf(
        "c값은 문자로 %c이고 아스키 코드로 %d이다.\n", c, c); ❽
        printf("%-10s, %10s\n\r", dd, dd); ❾
}
```

전문가의 조언

314.1592e+5는 314.1592×10⁵을 의미합니다. 실수가 실수형 변수에 저장될 때는 정규화 과정을 거쳐 가수부를 한 자리만 남기므로 3.141592e+07이 저장됩니다.

추가 해설

❻ 결과 `10진수i = 250      8진수i = 372`

10진수i = 을 그대로 출력하고 서식 문자열 '%d'에 대응하는 정수형 변수 i의 값 **250**을 출력하고 서식 문자열 '\t'로 인해 4칸을 띈 다음 서식 문자열의 공백만큼 한 칸을 띈다. 이어서 **8진수i =** 을 출력하고 서식 문자열 '%o'에 대응하는 정수형 변수 i의 값을 8진수로 출력한다. '\n'으로 인해 커서는 다음 줄로 이동한다.

❼ 결과 `a =   125.23, b = 3.141592e+07`

a = 을 그대로 출력하고 서식 문자열 "%8.2f"에 대응하는 실수 변수의 값 125.23을 총 8자리를 확보하여 소수점과 소수점 이하 2자리를 출력하고 남은 5자리에 정수 **125**를 출력한다. 그리고 콤마(,)를 출력한 다음 서식 문자열의 공백만큼 한 칸을 띈다. 이어서 **b =** 을 출력하고 서식 문자열 '%e'에 대응하는 실수형 변수 b의 값을 소수점 이상 한자리만 표시하는 지수 형태로 출력한다. '\n'으로 인해 커서는 다음 줄로 이동한다.

❽ 결과 `c값은 문자로 A이고 아스키 코드로 65이다.`

두 줄에 걸쳐 입력했지만 세미콜론(;)까지를 한 문장으로 인식하여 정상적으로 컴파일된다.

❾ 결과 `Korea     ,      Korea`

10자리를 확보해 왼쪽을 기준으로 dd의 값 **Korea**를 출력하고, 다시 10자리를 확보해 오른쪽을 기준으로 dd의 값 **Korea**를 출력한다.
- \n : 출력 후 커서를 다음 줄로 옮긴다.
- \r : 출력 후 커서를 그 줄의 처음으로 옮긴다.

\n\r를 사용하면 출력 후 커서를 다음 줄의 처음으로 옮긴다. 그러나 텍스트 화면으로 출력할 때는 '\n'만 사용해도 다음 줄의 처음으로 커서가 이동한다. 텍스트 화면에서는 커서를 다음 줄로 옮기면 무조건 줄의 처음으로 이동하기 때문이다.

❻
```
printf("10진수i = %d\t 8진수i = %o\n", i, i);  ·10진수i = 250 8진수i = 372
```

---

5 C언어의 연산자와 식

24.8, 24.3, 23.6, 23.3, 22.11, 22.3, 21.8, 20.11, 20.8, 20.6, 20.4

1602305

전문가의 조언

C언어에서 사용하는 연산자들의 개별적인 의미는 반드시 암기해야 합니다. 산술 연산자, 관계 연산자, 비트 연산자, 논리 연산자의 의미를 모두 정확하게 기억해 두세요.

산술 연산자

연산자	의미	비고
+	덧셈	
−	뺄셈	
*	곱셈	

/	나눗셈	
	거듭 제곱※	
%	나머지	
++	증가 연산자	· 전치 : 변수 앞에 증감 연산자가 오는 형태로 먼저 변수의 값을 증감시킨 후 변수를 연산에 사용한다(++a, --a).
--	감소 연산자	· 후치 : 변수 뒤에 증감 연산자가 오는 형태로 먼저 변수를 연산에 사용한 후 변수의 값을 증감시킨다(a--, a++).

1602337

[예제] 다음 C 프로그램에서 변수의 값을 확인하시오.

```
#include <stdio.h>
main( )
{
    int a, b, c;                정수형 변수 a, b, c를 선언한다.
    a = 5 % 3;                  5를 3으로 나누고 나머지를 a에 저장하므로 a에는 2가 기억된다.
    a--;                        a = a - 1과 같다. a가 가진 값에서 1을 뺀 다음 다시 a에 저장하므로 a는 1이
                                된다.
    b = (a++) + 3;              후치 연산이므로 a값을 증가시키기 전에 a의 값 1과 3을 더한 4를 b에
                                저장한다. 그리고 a를 증가시킨다. a는 2가 된다.
    printf("%d, %d\n", a, b);   결과  2, 4
    c = (++a) + 3;              전치 연산이므로 a값을 증가시킨 후에 a의 값 3에 3을 더한 6을 c에 저
                                장한다.
    printf("%d, %d, %d\n", a, b, c);  결과  3, 4, 6
}
```

관계 연산자

1602338

관계 연산자는 두 수의 관계를 비교하여 참(true) 또는 거짓(false)의 결과를 얻는다. C 프로그램에서 거짓은 0, 참은 1로 사용되지만 0외의 모든 숫자도 참으로 간주한다.

연산자	의미
==	같다
!=	같지 않다
〉	크다※
〉=	크거나 같다
〈	작다
〈=	작거나 같다

비트 연산자

비트 연산자는 컴퓨터에 숫자가 저장되는 최소 단위인 비트(0, 1)별로 연산하여 결과를 얻는다.

연산자	의미	비고
&	and	두 비트가 모두 1일 때만 1
^	xor	두 비트가 모두 같으면 0, 서로 다르면 1
|*	or	두 비트 중 한 비트라도 1이면 1
~	not	각 비트의 부정. 0이면 1, 1이면 0
《	왼쪽 시프트	비트를 왼쪽으로 이동
》	오른쪽 시프트	비트를 오른쪽으로 이동

 전문가의 조언

비트 연산자 '|'는 키보드에서 엔터 키 위쪽의 ⊞를 Shift와 같이 누르면 입력되는 글자입니다.

예제 다음 C 프로그램의 결과는 무엇인가?

```
#include <stdio.h>

main( )
{
❶    int a = 5, b = 7, c, d, e, f;       정수형 변수 a, b, c, d, e, f를 선언하면서 a에는 5,
                                          b에는 7을 저장한다.
❷    c = a & b;
❸    d = a | b;
❹    e = a ^ b;
❺    f = ~b;
❻    a = a >> 1;
❼    b = b << 3;
❽    printf("%d, %d, %d, %d, %d, %d\n", a, b, c, d, e, f);
}
```

추가 해설

❷ &(비트 and)는 두 비트가 모두 1일 때 1이 되는 비트 연산자이다.

C에서 정수형 변수는 4바이트(32비트)이므로 각 변수의 값을 4바이트 2진수로 변환한 다음 비트별로 연산한다.

```
5 = 0000 0000 0000 0000 0000 0000 0000 0101
7 = 0000 0000 0000 0000 0000 0000 0000 0111

&   0000 0000 0000 0000 0000 0000 0000 0101
0000 0000 0000 0000 0000 0000 0000 0101은 10진수로 5이다.
```

❸ |(비트 or)는 두 비트 중 한 비트라도 1이면 1이 되는 비트 연산자이다.

```
5 = 0000 0000 0000 0000 0000 0000 0000 0101
7 = 0000 0000 0000 0000 0000 0000 0000 0111

|   0000 0000 0000 0000 0000 0000 0000 0111
0000 0000 0000 0000 0000 0000 0000 0111은 10진수로 7이다.
```

❹ ^(비트 xor)는 두 비트가 모두 같으면 0, 서로 다르면 1이 되는 비트 연산자이다.

```
  5 = 0000 0000 0000 0000 0000 0000 0000 0101
  7 = 0000 0000 0000 0000 0000 0000 0000 0111
  ^   0000 0000 0000 0000 0000 0000 0000 0010
```

0000 0000 0000 0000 0000 0000 0000 0010은 10진수로 2다.

❺ ~(비트 not)는 각 비트의 부정을 만드는 연산자이다.

```
  7 = 0000 0000 0000 0000 0000 0000 0000 0111
  ~   1111 1111 1111 1111 1111 1111 1111 1000
```

부호화 2의 보수법을 사용하는 C언어는 맨 왼쪽의 비트는 부호 비트로, 0이면 양수이고 1이면 음수이다. 원래의 값을 알기 위해서는 …1111 1000에 대한 2의 보수를 구한다. …0000 1000은 10진수로 8이고 원래 음수였으므로 -를 붙이면 -8이다.

❻ >>는 오른쪽 시프트 연산자이므로, a에 저장된 값을 오른쪽으로 1비트 이동시킨 다음 그 값을 다시 a에 저장시킨다. int는 4바이트이므로 4바이트 2진수로 변환하여 계산하면 된다.
  • 4바이트에 5를 2진수로 표현하면 다음과 같다.

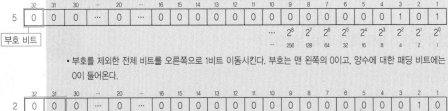

  • 부호를 제외한 전체 비트를 오른쪽으로 1비트 이동시킨다. 부호는 맨 왼쪽의 0이고, 양수에 대한 패딩 비트에는 0이 들어온다.

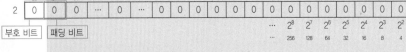

이것을 10진수로 변환하면 2다. a에는 2가 기억된다.

❼ <<는 왼쪽 시프트 연산자이므로, b에 저장된 값을 왼쪽으로 3비트 이동시킨 다음 그 값을 다시 b에 저장시킨다. 정수형 변수는 4바이트이므로 4바이트 2진수로 변환하여 계산하면 된다.
  • 4바이트에 7을 2진수로 표현하면 다음과 같다.

  • 부호를 제외한 전체 비트를 왼쪽으로 3비트 이동시킨다. 부호는 맨 왼쪽의 0이다. 양수이므로 빈 자리(패딩 비트)에는 0이 들어오면 된다.

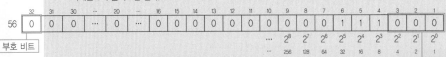

이것을 10진수로 변환하면 56(32+16+8)이다. b에는 56이 기억된다.

❽ 결과   `2, 56, 5, 7, 2, -8`

전문가의 조언

패딩 비트

Shift에서 자리를 이동한 후 생기는 왼쪽이나 오른쪽 끝의 빈 자리에 채워지는 비트를 말합니다. C언어와 Java는 모두 부호화 2의 보수법을 사용하기 때문에 부호화 2의 보수법의 음수에 대한 패딩 비트만 알아두면 됩니다. 양수는 항상 빈 자리에 0이 채워지기 때문에 신경쓰지 않아도 됩니다. 실제 시험에서도 거의 양수만 출제된다고 생각되지만 혹시 모르니 알아두세요.

• 양수 : Shift Left, Shift Right 모두 0이 채워집니다.
• 음수
  – Shift Left : 왼쪽으로 이동하므로 오른쪽의 빈 자리에는 0이 채워집니다.
  – Shift Right : 오른쪽으로 이동하므로 맨 왼쪽의 부호 비트를 제외한 빈 자리에 1이 채워집니다.

논리 연산자

1602341

논리 연산자는 두 개의 논리 값을 연산하여 참(true) 또는 거짓(false)의 결과를 얻는다. 관계 연산자와 마찬가지로 거짓은 0, 참은 1이다.

연산자	의미	비고
!	not	부정
&&	and	모두 참이면 참
||	or	하나라도 참이면 참

예제 다음 C 프로그램의 결과는 무엇인가?

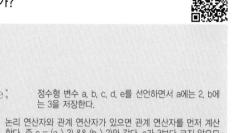

```
#include <stdio.h>
main( )
{
    int a = 2, b = 3, c, d, e;        정수형 변수 a, b, c, d, e를 선언하면서 a에는 2, b에
                                      는 3을 저장한다.
    c = a > 3 && b > 2;               논리 연산자와 관계 연산자가 있으면 관계 연산자를 먼저 계산
                                      한다. 즉 c = (a > 3) && (b > 2)와 같다. a가 3보다 크지 않으므
                                      로 (b > 2)에 관계없이 0이 c에 저장된다.
    d = a > 3 || b > 2;               a가 3보다 크지 않지만 b가 2보다 크므로 1이 d에 저장된다.
    e = !c;                           c의 부정이므로 1이 e에 저장된다.
    printf("%d, %d, %d\n", c, d, e);    결과   0, 1, 1
}
```

대입 연산자

C언어에서는 연산 후 대입하는 연산식을 간단히 입력하기 위해 대입
연산자를 제공한다. 대입 연산자는 산술, 관계, 비트, 논리 연산자에 모두 적용
할 수 있다.

예제 다음 C 프로그램의 결과는 무엇인가?

```
#include <stdio.h>
main( )
{
    int a = 2, b = 3, c = 4;
    a += 2;          a = a + 2와 같다. a에는 4가 저장된다.
    b *= 2;          b = b * 2와 같다. b에는 6이 저장된다.
    c %= 2;          c = c % 2와 같다. c에는 0이 저장된다.
    printf("%d, %d, %d\n", a, b, c);    결과   4, 6, 0
}
```

조건 연산자

• 조건에 따라 서로 다른 수식을 처리한다.
• **형식**

조건 ? 수식1 : 수식2;

'조건'의 수식이 참이면 '수식1'을 처리하고, '조건'의 수식이 거짓이면 '수식2'를
처리한다.

예제 다음 C 프로그램의 결과는 무엇인가?

```
#include <stdio.h>
main( )
{
    int a = 10, b = 20, c, d;
    c = a > b ? a : b;

    d = a > b ? a - b : b - a;

    printf("%d, %d\n", c, d);
}
```

a가 b보다 크면 a의 값을 c에 저장하고 그렇지 않으면 b의 값을 c에 저장한다.

a가 b보다 크면 (a-b)의 값을 d에 저장하고 그렇지 않으면 (b-a)의 값을 d에 저장한다.

결과   20, 10

기타 연산자

연산자	의미
sizeof	자료형의 크기 출력
,(콤마)	• 콤마로 구분된 연산식이나 변수를 차례대로 수행한다. • 콤마로 구분하여 한 줄에 두 개 이상의 수식을 작성하거나 변수를 정의할 수 있다. • 순서 연산자라 부르기도 한다.

연산자 우선순위

• 한 개의 수식에 여러 개의 연산자가 사용되면 기본적으로 아래 표의 순서대로 처리된다.
• 아래 표의 가로로 나열된 연산자는 우선순위가 같기 때문에 결합규칙에 따라 ←는 오른쪽에 있는 연산자부터, →는 왼쪽에 있는 연산자부터 차례로 계산된다.

대분류	중분류	연산자	결합규칙	우선순위
단항 연산자	단항 연산자	!(논리 not) ~(비트 not) ++(증가) ――(감소)	←	높음
이항 연산자	산술 연산자	* / %(나머지)	→	↑
		+ -		
	시프트 연산자	<< >>		
	관계 연산자	< <= >= >		
		==(같다) !=(같지 않다)		
	비트 연산자	&(비트 and) ^(비트 xor) |(비트 or)		
	논리 연산자	&&(논리 and) ||(논리 or)		

삼항 연산자	조건 연산자	? :		→	
대입 연산자	대입 연산자	= += -= *= /= %= ⟨⟨= ⟩⟩= 등		←	
순서 연산자	순서 연산자	,		→	낮음

1602349

[예제] 다음 C 프로그램의 결과는 무엇인가?

```
#include ⟨stdio.h⟩
main( )
{
    int a = 2, b = 3, c = 4, d;
    d = a * b + c ⟩= 8 && c / a − b != 0;  ❶
    printf("%d\n", d);  ❷
}
```

[추가 해설]

❶ 변수에 값을 대입하면 수식은 다음과 같다.

2 * 3 + 4 ⟩= 8 && 4 / 2 − 3 != 0;

- ❶ 2 * 3 = 6
- ❷ 4 / 2 = 2
- ❸ 6 + 4 = 10
- ❹ 2 − 3 = −1
- ❺ 10 ⟩= 8 = 참(true)
- ❻ −1 != 0 = 참(true)
- ❼ ❺와 ❻ 모두 참(true)이므로 1이 d에 저장된다.

❷ 결과 `1`

1602350

[잠깐만요] 순서도의 연산자

순서도와 프로그래밍 언어에서 사용하는 연산자가 조금 다릅니다. 순서도에는 가급적이면 순서도에서 사용하는 연산자로 표기해야 합니다.

분류	의미	순서도	C	Java	Python
산술 연산자	덧셈	+	+	+	+
	뺄셈	−	−	−	−
	곱셈	× 또는 *	*	*	*
	나눗셈	÷ 또는 /	/	/	/
	거듭 제곱	** 또는 ^	pow( ) 함수※	pow( ) 함수	pow( ) 함수
	나머지	MOD※	%	%	%

[전문가의 조언]

순서도에서 논리 연산자를 사용하는 것이 불가능한 것은 아니지만 일반적인 사용 방식에 따라 문제를 해결하는 것이 좋습니다. 논리 연산자를 사용할 때는 두 개의 조건식을 조합하는 방식으로 사용하면 됩니다.

pow( ) 함수의 사용
xy와 같은 거듭 제곱을 구하는 함수로, pow(x, y) 형태로 사용합니다. pow( ) 함수에 대한 자세한 설명은 Section 020을 참조하세요.

MOD 함수의 사용
⟮예⟯ 5를 3으로 나눈 나머지를 표현할 때
- MOD(5, 3)
- 5 MOD 3

관계 연산자	같다	=	==	==	==
	같지 않다	〈 〉 또는 ≠	!=	!=	!=
논리 연산자	논리 and	사용 안됨	&&	&&	&&
	논리 or	사용 안됨	||	||	||

※ 정답 및 해설은 216쪽에 있습니다.

기출 따라잡기   Section 023

23년 11월, 3월

문제 1   다음 C언어로 구현한 프로그램을 분석하여 그 실행 결과를 쓰시오.

```c
#include <stdio.h>
int main()
{
    int calc, x = 40, y = 60, z = 80;
    calc = x < y ? y++ : --z;
    printf("%d//%d//%d", calc, y, z);
    return 0;
}
```

답:

20년 11월, 6월, 4월

문제 2   다음 C언어로 구현된 프로그램을 분석하여 그 실행 결과를 쓰시오.

```c
#include <stdio.h>
main() {
    int num1 = 16, num2 = 44;
    int a = num1++;
    int b = --num2;
    printf("%d", a + b);
}
```

답:

문제 3 21년 8월, 20년 11월, 8월 다음 C언어로 구현된 프로그램을 분석하여 그 실행 결과를 쓰시오.

```
#include <stdio.h>
main() {
    int num1 = 16, num2 = 80;
    printf("%d", num1 > num2 ? num1 & num2 : num1 ^ num2);
}
```

답 :

문제 4 20년 11월 다음 C언어로 구현된 프로그램을 분석하여 그 실행 결과를 쓰시오.

```
#include <stdio.h>
main() {
    int num;
    num = 0b1001;
    printf("%d", num);
}
```

답 :

문제 5 24년 3월 다음 C 언어로 구현한 프로그램을 분석하여 그 실행 결과를 쓰시오.

```
#include <stdio.h>
int main( )
{
    int x = 5, y = 10, z = 20, sum;
    x += y;
    y -= x;
    z %= y;
    sum = x + y + z;
    printf("%d", sum);
    return 0;
}
```

답 :

문제 6 다음 C언어로 구현된 프로그램을 분석하여 그 실행 결과를 쓰시오.

```c
#include <stdio.h>
main() {
    int num = 1640;
    printf("%d", num >> 3);
}
```

답 :

문제 7 다음 C언어로 구현한 프로그램을 분석하여 그 실행 결과를 쓰시오.

```c
#include <stdio.h>
int main()
{
    int a = 15;
    printf("%o", a);
    return 0;
}
```

답 :

문제 8 다음 C언어로 구현된 프로그램을 분석하여 그 실행 결과를 쓰시오.

```c
#include <stdio.h>

int main(void) {
    int i = 200;
    float a = 123.456f;

    i = (int)a;
    printf("%d, %3.2f", i, a);
    return 0;
}
```

답 :

문제 9 22년 11월

다음 C언어로 구현된 프로그램을 분석하여 그 실행 결과를 쓰시오.

```c
#include <stdio.h>
main( ) {
    printf("%d", -5 & 7);
    return 0;
}
```

답 :

문제 10 23년 3월, 22년 3월

다음 C언어로 구현된 프로그램1의 실행 결과가 4일 경우 프로그램2의 실행 결과를 쓰시오.

프로그램1

```c
#include <stdio.h>

main() {
    printf("%d", sizeof(12));
    return 0;
}
```

프로그램2

```c
#include <stdio.h>

main() {
    printf("%d\n", sizeof(12.3));
    printf("%d", sizeof(char));
    return 0;
}
```

답 :

C언어의 제어문

1602401

1 제어문

컴퓨터 프로그램은 명령어가 서술된 순서에 따라 무조건 위에서 아래로 실행되는데, 조건을 지정해서 진행 순서를 변경할 수 있다. 이렇게 프로그램의 순서를 변경할 때 사용하는 명령문을 제어문이라고 한다. if문, switch~case, 반복문, break, continue 등이 있다.

예제 다음 문제는 1~10까지의 숫자 중에서 짝수의 합과 홀수의 합을 각각 구하는 프로그램이다. 출력 결과를 확인하시오.

순서도(플로차트)

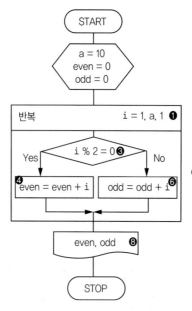

❶ 반복문 기호다. 반복 변수 i가 1에서 시작하여 1씩 증가하면서 a가 가지고 있는 값인 10이 될 때까지 반복기호 안의 명령문을 수행한다. 그러니까 ❸~❻ 사이의 문장을 10회 반복한다. 자세한 내용은 '반복문'에서 배운다.

❸ 조건 판단문 기호다. 순서도에 쓰인 문장은 "만약 ~라면" 이라고 해석하면 된다. 그리고 '='는 치환의 의미가 아니고 '같다'의 의미이다. 그러니까 ❸번은 "i를 2로 나눠 나머지가 0과 같다면?"쯤 되는 거다. 그래서 짝수이면 'Yes'쪽 실행문인 ❹번을 실행하고 홀수이면 'No'쪽 실행문인 ❻번을 실행한다. 실제 순서도에는 이렇게 조건식을 구체적으로 명시하지 않고 "i = 짝수" 이렇게 하는 경우도 있다. 알고리즘은 알아서 구현하라는 것이다. 자세한 내용은 'if문'에서 배운다.

C언어 코드

```
#include 〈stdio.h〉
main( )
{
    int a = 10, even = 0, odd = 0;
    for (int i = 1; i 〈= a; ++i) ❶
```

디버깅

a	even	odd	i
10	0	0	1
	2	1	2
	6	4	3
	12	9	4
	20	16	5
	30	25	6
			7
			8
			9
			10
			11

```
{ ❷                                    for문의 시작이다. ❼번이 for문의 끝이다.
    if (i % 2 == 0) ❸                  순서도와 만찬가지로 "만약 ~라면" 이라고 해석하면 된다. i를 2
                                        로 나눠 나머지가 0이면 ❹번 문장을 실행하고, 아니면 ❺번의 다
                                        음 문장인 ❻번 문장을 실행한다.
        even += i; ❹                   ❸번의 조건식이 참일 경우 실행할 문장이다. 만약 실행할 문장이
                                        여럿이면 { }를 넣고 그 사이에 필요한 문장을 모두 입력한다. 실
                                        행 후 제어는 ❼번으로 이동한다. ❼번은 반복문의 끝이므로 ❶번
                                        으로 이동하여 반복 조건을 검사한다.
    else ❺                             ❸번의 조건식이 거짓일 경우 실행할 문장의 시작점이다.
        odd += i; ❻                    ❸번의 조건식이 거짓일 경우 실행할 실제 처리문이다. 마찬가지로 실행
                                        할 문장이 여럿이면 { }를 넣고 그 안에 모두 입력한다. 실행 후 ❶번으
                                        로 이동하여 반복 조건을 검사한다.
} ❼                                    반복문의 끝이다.
printf("%d, %d\n", even, odd); ❽      결과  30, 25
                                        even은 2+4+6+8+10이므로 30이고,
                                        odd는 1+3+5+7+9이므로 25이다.
}
```

※ 디버깅이란 컴퓨터에서 발생한 오류를 잡기 위해 소스 코드를 한 줄 한 줄 추적해 가며 변수 값의 변화를 검사하는 작업입니다.

추가 해설

❶ 정수 변수 i를 선언하면서 초기값으로 1을 가지고 1씩 증가하면서 a가 가지고 있는 값인 10보다 작거나 같은 동안 for문의 범위인 ❷~❼ 사이의 문장을 반복하여 수행한다. 그러니까 ❷~❼ 사이를 총 10회 수행하는 것이다. 변수 i는 for문 안에서 선언했기 때문에 for문의 적용범위인 ❷~❼ 사이에서만 인식된다. 만약 ❽번의 출력문에서 i를 출력하면 그런 변수는 없다고 오류를 발생시킨다.

---

2 if문

24.8, 24.6, 24.3, 23.11, 23.6, 23.3, 21.11, 21.6, 21.4, 20.6, 20.4

1602402

조건에 따라서 실행할 문장 두 개 중 하나를 선택하는 제어문이다. 조건이 참일 때만 실행할 문장을 지정할 수도 있고, 참과 거짓 각각에 대해서 실행할 문장을 지정할 수도 있다.

• **형식**

```
if(조건) ❶                    if는 조건 판단문에 사용되는 예약어이므로 그대로 적는다.
                              조건은 참(1) 또는 거짓(0)이 결과로 나올 수 있는 수식을 ( ) 안에 입력한다.
    실행할 문장1;              ❶번의 조건이 참일 경우 실행할 문장을 적는다. 참일 경우 실행할 문장이
                              두 문장 이상이면 { }를 입력하고 그 사이에 문장을 적는다.
else                          ❶번의 조건이 거짓일 경우 실행할 문장의 시작점이다. 그대로 적는다.
    실행할 문장2;              ❶번의 조건이 거짓일 경우 실행할 문장을 적는다. 두 문장 이상인 경우 { }
                              를 입력하고 그 사이에 문장을 적는다.
```

예제 1 다음은 10을 출력하는 프로그램이다. 순서도와 프로그램의 실행 결과를 확인하시오.

순서도(플로차트)

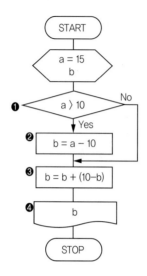

❶ 조건 판단문 기호는 "만약 ~라면" 이라고 해석하면 된다고 했다. 그러니까 "a가 10보다 크면?"쯤 되는 거다. a가 10보다 크면 'Yes'쪽 실행문인 ❷번을 실행한다. 여기서는 a가 10보다 크지 않을 때, 즉 a가 10보다 작거나 같을 때 실행할 문장은 없다.

C언어 코드

```
#include <stdio.h>
main( )
{
    int a = 15, b;
    if (a > 10)  ❶
        b = a - 10;  ❷
    b = b + (10 - b);  ❸
    printf("%d\n", b);  ❹
}
```

❶ a가 10보다 크면 ❷번 문장을 실행하고, 아니면 ❸번 문장으로 이동해서 실행을 계속한다.

❷ ❶번의 조건식이 참일 경우 실행할 문장이다. b는 5가 된다.

❸ 여기서는 ❶번의 조건식이 거짓일 경우 실행할 문장이 없다. 조건 판단문을 벗어나면 무조건 ❸번으로 온다. b는 10이 된다.

결과 `10`

예제 2 다음은 두 수의 차이를 양수로 출력하는 순서도와 프로그램이다. 실행 결과를 확인하시오.

1602431

순서도(플로차트)

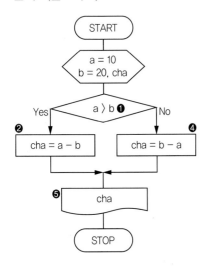

❶ a가 b보다 크면 `Yes`쪽 실행문인 ❷번을 실행하고, 아니면, 즉 a가 b보다 작거나 같으면 ❹번을 실행한다.

C언어 코드

```
#include <stdio.h>
main( )
{
    int a = 10, b = 20, cha;
    if (a > b) ❶
        cha = a - b; ❷
    else ❸
        cha = b - a; ❹
    printf("%d\n", cha); ❺
}
```

❶ a가 b보다 크면 ❷번 문장을 실행하고, 아니면 ❸번의 다음 문장인 ❹번 문장을 실행한다.

❷ ❶번의 조건식이 참일 경우 실행할 문장이다. 참이 아니기 때문에 초기화시키지 않은 cha에는 알 수 없는 값이 그대로 있게 된다.

❸ ❶번의 조건식이 거짓일 경우 실행할 문장의 시작점이다.

❹ ❶번의 조건식이 거짓일 경우 실행할 실제 처리문이다. cha는 10이 된다.

❺ 결과 `10`

3 다중 if문

21.8

if문은 조건이 참과 거짓인 경우의 두 가지만 판별하여 제어를 이동한다. 선택해야 할 문장이 여러 개면 if문을 여러 개 사용하는 다중 if문을 사용한다.

예제 다음은 점수에 대한 학점을 출력하는 순서도와 프로그램이다. 실행 결과를 확인하시오.

순서도(플로차트)

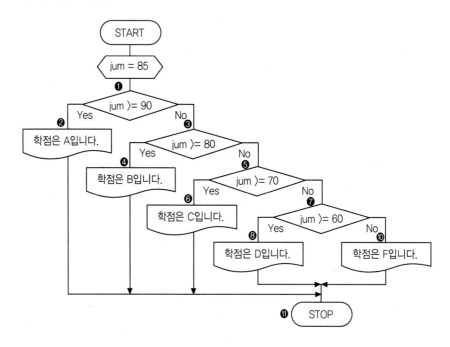

C언어 코드

```
#include <stdio.h>
main( )
{
    int jum = 85;
    if (jum >= 90) { ❶

        printf("학점은 A입니다.\n"); ❷



    }
    else if (jum >= 80) { ❸

        printf("학점은 B입니다.\n"); ❹

    }
    else if (jum >= 70) { ❺
```

jum이 90 이상이면 ❷번을 실행하고, 아니면 ❸번으로 이동한다.

학점은 A입니다.를 출력하고, ⓫번으로 이동하여 프로그램을 종료한다. 수행할 문장이 하나이기 때문에 { }를 입력하지 않아도 결과는 같다. { }를 입력하면 코드의 가독성이 높아진다.

jum이 80 이상이면 ❹번을 실행하고, 아니면 ❺번으로 이동한다.

학점은 B입니다.를 출력하고, ⓫번으로 이동하여 프로그램을 종료한다.

jum이 70 이상이면 ❻번을 실행하고, 아니면 ❼번으로 이동한다.

```
        printf("학점은 C입니다. \n");  ❻
    }
    else if (jum >= 60) {  ❼
        printf("학점은 D입니다. \n");  ❽

    }
    else {  ❾
        printf("학점은 F입니다. \n");  ❿

    }
}  ⓫
```

❻	**학점은 C입니다.**를 출력하고, ⓫번으로 이동하여 프로그램을 종료한다.
❼	jum이 60 이상 이면 ❽번을 실행하고, 아니면 ❾번으로 이동한다.
❽	**학점은 D입니다.**를 출력하고, ⓫번으로 이동하여 프로그램을 종료한다
❾	❼번의 조건식이 거짓일 경우 실행할 문장의 시작점이다.
❿	**학점은 F입니다.**를 출력하고, ⓫번으로 이동하여 프로그램을 종료한다.

4 switch문

24.6, 22.5, 20.8

1602404

if문은 조건이 참과 거짓인 경우의 두 가지만 판별하여 제어를 이동해야 하므로 분기할 문장이 여러 곳이면 중첩 if를 여러 번 사용하는 불편함이 있었다. switch 문을 사용하면 분기할 곳이 여러 곳이어도 간단하게 처리할 수 있다.

• 형식

```
switch(식)  ❶
{  ❷
case 레이블1:  ❸

    실행할 문장1;
    break;
case 레이블2:  ❹
    실행할 문장2;
    break;
        ⋮
default:
    실행할 문장3;
    break;
}  ❺
```

❶	• switch는 switch문에 사용되는 예약어로 그대로 입력한다. • 식 : '레이블1' ~ '레이블n'의 값 중 하나를 도출하는 변수나 수식을 입력한다.
❷~❺	❷~❺번이 switch문의 범위이다. '{'로 시작해서 '}'로 끝난다. 반드시 입력해야 한다.
❸	• case는 switch문에서 레이블을 지정하기 위한 예약어로 그대로 입력해야 한다. • 레이블1 : ❶번 식의 결과가 될 만한 값 중 하나를 입력한다. 결과가 '레이블1'과 일치하면 이곳으로 찾아온다. 식의 결과가 5종류로 나타나면 case문이 5번 나와야 한다.
	❶번 식의 결과가 ❸번의 '레이블1'과 일치할 때 실행할 문장이다.
	switch문을 탈출하여 ❺번으로 간다.
❹	❶번의 식의 결과가 '레이블2'와 일치하면 찾아오는 곳이다.
	❶번의 식의 결과가 ❹번의 '레이블2'와 일치할 때 실행할 문장이다.
	switch문을 탈출하여 ❺번으로 이동한다.
default	❶번의 식의 결과가 '레이블1' ~ '레이블n'에 해당하지 않는 경우 찾아오는 곳이다.

예제 다음은 ❸ 다중 if문의 [예제]를 switch문으로 표현한 C 프로그램이다. 실행 결과를 확인하시오.

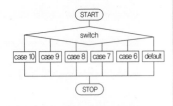

```c
#include <stdio.h>
main( )
{
    int jum = 85;
    switch (jum / 10)          jum을 10으로 나눠 결과에 해당하는 숫자를 찾아간다. 85/10은 8.5지만 C
                               언어에서 정수 나눗셈은 결과도 정수이므로 결과는 8이다. 8에 해당하는
                               ❺번으로 이동하여 ❻, ❼번을 실행한다.

    { ❶                        ❶~❽번까지가 switch 조건문의 범위이다.
    case 10:                   100점일 경우 'jum/10'의 결과인 10이 찾아오는 곳이지만 할 일은 'case 9:'와 같으므
                               로 아무것도 적지 않는다. 아무것도 적지 않으면 다음 문장인 ❷번으로 이동한다.

    case 9: ❷                  'jum/10'이 9일 경우 찾아오는 곳이다. ❸, ❹번을 실행한다.
        printf("학점은 A입니다.\n");  ❸    학점은 A입니다.를 출력한다.
        break; ❹               break를 만나면 switch문을 탈출하여 ❾번으로 이동한다.
    case 8: ❺                  'jum/10'이 8일 경우 찾아오는 곳이다. ❻, ❼번을 실행한다.
        printf("학점은 B입니다.\n");  ❻    학점은 B입니다.를 출력한다.
        break; ❼               switch문을 탈출하여 ❾번으로 이동한다.
    case 7:
        printf("학점은 C입니다.\n");
        break;
    case 6:
        printf("학점은 D입니다.\n");
        break;
    default:                   case 10~6에 해당되지 않는 경우, 즉 jum이 59 이하인 경우 찾아오는 곳이다.
        printf("학점은 F입니다.\n");
        break;
    } ❽
} ❾
```

5 반복문

24.8, 24.6, 24.3, 23.11, 23.6, 23.3, 22.8, 22.5, 21.11, 21.6, 21.4, 20.6

1602405

반복문이란 일정한 횟수를 반복하는 명령문을 말한다. 보통 변수의 값을 일정하게 증가시키면서 그 변수의 값이 정해 놓은 수가 될 때까지 명령이나 명령 그룹을 반복 수행한다. 반복문에는 for, while, do~while문이 있다.

1602432

for문

초기값, 최종값, 증가값을 지정하는 수식을 이용해 정해진 횟수를 반복하는 제어문이다. 반복은 초기값을 정한 다음 증가값 만큼 증가시키면서 최종값이 될 때까지 반복 수행한다.

• 형식

for(식1; 식2; 식3)	• for는 반복문을 의미하는 예약어로 그대로 입력한다. • 식1 : 초기값을 지정할 수식을 입력한다. • 식2 : 최종값을 지정할 수식을 입력한다. • 식3 : 증가값으로 사용할 수식을 입력한다.
실행할 문장;	식2가 참일 동안 실행할 문장을 입력한다. 문장이 두 문장 이상일 경우 { }를 입력하고 그 사이에 처리할 문장들을 입력한다.

예제 다음은 1~10까지의 합을 더하는 순서도와 프로그램이다. 결과를 확인하시오.

순서도(플로차트)

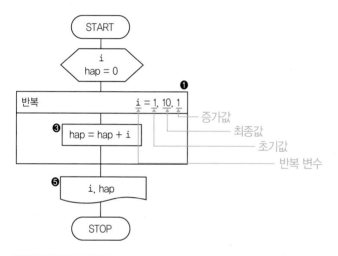

```
#include <stdio.h>
main( )
{
    int i, hap = 0;
    for(i = 1; i <= 10; ++i) ❶

    { ❷

        hap += i; ❸
    } ❹
    printf("%d, %d\n", i, hap); ❺

}
```

❶ 반복 변수 i가 1에서 시작(초기값)하여 1씩 증가(증가값)하면서 10보다 작거나 같은 동안(최종값) ❸번 문장을 반복하여 수행한다. 그러니까 ❷~❹ 사이의 문장을 10회 반복하는 것이다.

❷ ❷~❹까지가 반복문의 범위이다. 반복문에서 실행할 문장이 하나인 경우 { }를 생략해도 된다.

❸ 'hap = hap + i;'와 동일하다. i의 값을 hap에 누적시킨다.

❹ 반복문의 끝이다.

결과 `11, 55`

주의할 점은 반복문을 벗어날 때 반복 변수는 최종값을 나타내는 수식의 결과가 거짓이 되도록 증가한 후 빠져나간다는 것이다. 그러니까 여기서는 i가 10이하인 동안에는 ❸번 문장을 수행하고, i가 11이 되었을 때 반복문을 벗어난다.

디버깅

i	hap
	0
1	1
2	3
3	6
4	10
5	15
6	21
7	28
8	36
9	45
10	55
11	

while문

조건이 참인 동안 정해진 문장을 반복 수행하다가 조건이 거짓이면 반복문을 벗어난다.

• **형식**

while(조건)	• while은 반복문에 사용되는 예약어로 그대로 입력한다.
	• (조건) : 참이나 거짓을 결과로 갖는 수식을 '조건'에 입력한다. 참(1)을 직접 입력할 수도 있다.
실행할 문장;	조건이 참인 동안 실행할 문장을 입력한다. 문장이 두 문장 이상인 경우 { }를 입력하고 그 사이에 처리할 문장들을 입력한다.

예제 다음은 1~10까지의 합을 더하는 순서도와 프로그램이다. 결과를 확인하시오.

순서도(플로차트)

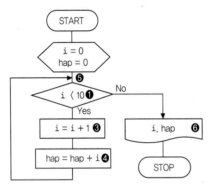

❶ i가 10보다 작으면 ❸번으로 이동하고 아니면 ❻번으로 이동한다.

❸ i의 값을 1씩 누적시킨다.

❹ i의 값을 hap에 누적시키고 ❺번으로 이동한다.

❺ 반복문의 수행 여부를 판단하기 위해 돌아오는 곳이다. goto문을 사용하여 코딩할 경우 돌아올 레이블이 표시되는 곳이지만, C언어는 goto문을 지양하므로 while문의 반복 범위가 되도록 코딩한다.

❻ 결과 10, 55

```c
#include <stdio.h>
main( )
{
    int i = 0, hap = 0;
aa:
    if (i < 10)
    {
        i = i + 1;
        hap = hap + i;
        goto aa;
    }
    printf("%d, %d\n", i, hap);
}
```

```c
#include <stdio.h>
main( )
{
    int i = 0, hap = 0;
    while (i < 10)        ❶
    {                     ❷
        i++;              ❸
        hap += i;         ❹
    }                     ❺
    printf("%d, %d\n", i, hap);  ❻

}
```

❶ i가 10보다 작은 동안 ❷~❺ 사이의 문장을 반복하여 수행한다. i가 10 이상이면 반복문을 벗어나 ❻번으로 이동한다.

❷ ❷~❺까지가 반복문의 범위이다. 반복문에서 실행할 문장이 하나인 경우는 { }를 생략해도 된다.

❸ 'i = i + 1;'과 동일하다. i의 값을 1씩 누적시킨다.

❹ 'hap = hap + i;'와 동일하다. i의 값을 hap에 누적시킨다.

❺ 반복문의 끝이다.

❻ 결과 10, 55
i가 10이 되었을 때 10을 hap에 누적한 다음 while문을 벗어나기 때문에 i는 10으로 끝난다.

디버깅

i	hap
0	0
1	1
2	3
3	6
4	10
5	15
6	21
7	28
8	36
9	45
10	55

do~while문

조건이 참인 동안 정해진 문장을 반복 수행하다가 조건이 거짓이면 반복문을 벗어나는 while문과 같은 동작을 하는데, 다른 점은 do~while문은 무조건 한 번 실행한 다음 조건을 판단하여 탈출 여부를 결정한다는 것이다.

• **형식**

do	do는 do~while문에 사용되는 예약어로, do~while의 시작 부분에 그대로 입력한다.
실행할 문장;	조건이 참인 동안 실행할 문장을 입력한다. 문장이 두 문장 이상인 경우 { }를 입력하고 그 사이에 실행할 문장들을 입력한다.
while(조건);	• while은 do~while문에 사용되는 예약어로, do~while의 끝 부분에 그대로 입력한다. • (조건) : 참이나 거짓을 결과로 갖는 수식을 '조건'에 입력한다. 조건이 반복문의 끝에 있기 때문에 무조건 한 번 실행한 다음 조건을 판단한다.

[예제] 다음은 1~10까지의 합을 더하는 순서도와 프로그램이다. 결과를 확인하시오.

순서도(플로차트)

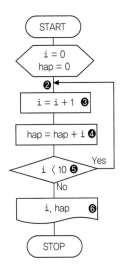

❷ 반복문의 시작점이다. goto문을 사용하여 코딩할 경우 돌아올 레이블이 표시되는 곳이지만, C언어는 goto문을 지양하므로 do~while문의 반복 범위가 되도록 코딩한다.

❸ i의 값을 1씩 누적시킨다.

❹ i의 값을 hap에 누적시킨다.

❺ i가 10보다 작으면 ❷번으로 이동하고 아니면 ❻번으로 이동한다.

❻ 결과 `10, 55`

디버깅

i	hap
0	0
1	1
2	3
3	6
4	10
5	15
6	21
7	28
8	36
9	45
10	55

```
#include <stdio.h>
main( )
{
    int i = 0, hap = 0;
    do ❶
    { ❷

        i++; ❸
        hap += i; ❹
    } while(i < 10); ❺
    printf("%d, %d\n", i, hap); ❻

}
```

❶ do~while 반복문의 시작점이다. ❷~❺ 사이의 문장을 반복하여 수행한다.

❷~❺까지가 반복문의 범위이다. 반복문에서 실행할 문장이 하나인 경우는 { }를 생략해도 된다.

'i = i + 1;'과 동일하다. i의 값을 1씩 누적시킨다.

'hap = hap + i;'와 동일하다. i의 값을 hap에 누적시킨다.

i가 10보다 작은 동안 ❷~❺ 사이의 문장을 반복하여 수행한다.

결과 `10, 55`
i가 10이 되었을 때 10을 hap에 누적한 다음 do~while문을 벗어나기 때문에 i는 10으로 끝난다.

break, continue

switch문이나 반복문의 실행을 제어하기 위해 사용한다.
- **break** : switch문이나 반복문 안에서 break가 나오면 블록을 벗어난다.
- **continue**
  - 반복문에서만 사용된다.
  - continue 이후의 문장을 실행하지 않고 제어를 반복문의 처음으로 옮긴다.

[예제] 다음은 1~10까지의 합을 더하되 5의 배수는 배제하는 프로그램이다. 결과를 확인하시오.

순서도(플로차트)

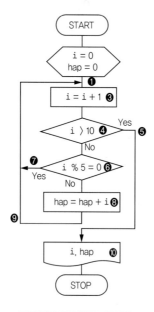

전문가의 조언

순서도에 표시된 번호와 C언어 코드에 표시된 번호는 같은 기능을 하는 부분을 의미합니다. 순서도에 없고 코드에만 있는 번호는 코드에서만 필요한 기능이기 때문입니다.

디버깅

i	hap
0	0
1	1
2	3
3	6
4	10
5	
6	16
7	23
8	31
9	40
10	
11	

```
#include <stdio.h>
main( )
{
    int i = 0, hap = 0;
    while (1) ❶              조건이 참(1)이므로 무한 반복한다. 중간에 반복을 끝내는 문장이 반드시
                             있어야 한다.
    { ❷                      ❷~❾까지가 반복문의 범위이다.
        i++; ❸               'i = i + 1;'과 동일하다. i의 값을 1씩 누적시킨다.
        if (i > 10) ❹        i가 10보다 크면 ❺번 문장을 수행하고, 아니면 ❻번 문장을 수행한다.
            break; ❺         반복문을 탈출하여 ❿번으로 이동한다.
        if (i % 5 == 0) ❻    i를 5로 나눈 나머지가 0이면, 즉 i가 5의 배수이면 ❼번 문장을 수행
                             하고, 아니면 ❽번 문장으로 이동한다.
            continue; ❼      이후의 문장, 즉 ❽번을 생략하고 반복문의 처음인 ❶번으로 이동한다. 5
                             의 배수는 hap에 누적되지 않는다.
        hap += i; ❽          'hap = hap + i;'와 동일하다. i의 값을 hap에 누적시킨다.
    } ❾                      반복문의 끝이다.
    printf("%d,%d\n", i, hap); ❿    결과  11, 40
}
```

※ 정답 및 해설은 220쪽에 있습니다.

기출 따라잡기

Section 024

문제 1 24년 6월, 22년 5월, 20년 8월

다음 C언어로 구현한 프로그램에 5가 입력되었다고 가정했을 때 그 실행 결과를 쓰시오.

```c
#include<stdio.h>
int main()
{
    int num;
    scanf("%d", &num);
    switch (num) {
    case 1:
        printf("1을 입력\n");
        break;
    case 2:
        printf("2를 입력\n");
        break;
    case 3:
        printf("3을 입력\n");
        break;
    default:
        printf("입력 오류\n");
        break;
    }
    return 0;
}
```

답:

문제 2 21년 4월, 20년 6월

다음 C언어로 구현한 프로그램을 분석하여 그 실행 결과를 쓰시오.

```c
#include <stdio.h>
main() {
    int i, j;
    for (i = 2; i <= 4; i++) {
        for (j = 5; j <= 7; j++) {
        }
    }
    printf("%d × %d = %2d", j, i, i * j);
}
```

답:

문제 3 다음 C 언어로 구현한 프로그램을 분석하여 그 실행 결과를 쓰시오.

```c
#include <stdio.h>
mint main( )
{
    int ans;
    for (int i = 0; i < 5; i++)
        for (int j = 0; j < 5; j++)
            if (i==j || i+j==4) ans++;

    printf("%d", ans);
    return 0;
}
```

답:

문제 4 다음 C언어로 구현한 프로그램을 분석하여 그 실행 결과를 쓰시오.

```c
#include <stdio.h>
int main()
{
    double num = 0.01;
    double res = 0;
    int cnt = 0;
    while(cnt < 100)
    {
        res += num;
        cnt++;
    }
    printf(res == 1 ? "true" : "false");

    return 0;
}
```

답:

22년 5월, 21년 11월, 6월

문제 5 다음 C언어로 구현된 프로그램을 분석하여 그 실행 결과를 쓰시오.

1602455

```c
#include <stdio.h>
main() {
    int num = 1;
    for (int i = 1; ; i++) {
        num = num * i;
        if (i > 5)
            break;
    }
    printf("%d", num);
}
```

답 :

24년 6월, 23년 3월

문제 6 다음 C언어로 구현한 프로그램을 분석하여 그 실행 결과를 쓰시오.

4640107

```c
#include <stdio.h>
#define N 100
main() {
    int i = 1;
    int cnt = 0;

    while (i <= N) {
        if ((i % 3) == 0 && (i % 7) == 0) {
            cnt++;
            printf("%d*%d*", cnt, i);
        }
        i++;
    }
}
```

답 :

문제 7 다음 C언어로 구현한 프로그램을 분석하여 그 실행 결과를 쓰시오.

```
#include <stdio.h>
int main()
{
    int n1 = 172;
    int n2 = 387;

    while( n1 != n2 )
    {
        if ( n1 > n2 ) n1-=n2;
        else n2-=n1;
    }

    printf("%d", n1);

    return 0;
}
```

답 :

SECTION 025

C언어의 포인터, 배열

1 포인터

23.11, 20.8

앞에서 어떤 수나 문자를 저장하기 위해 변수를 사용했다. 사실 이 변수는 기억 장소의 어느 위치에 대한 이름이며 그 위치는 주소로도 표현할 수 있다. 우리는 친구 홍길동의 집에 모이기 위해 "홍길동이네 집으로 와"라고 말하기도 하지만 홍길동의 집 주소인 "서울시 마포구 서교동 00번지로 와"라고 말하기도 한다. C언어에서는 변수의 위치, 즉 주소를 제어할 수 있는 기능을 제공한다. 변수의 주소를 출력할 수도 있고 주소를 주소 변수에 저장할 수도 있다. 주소를 저장할 수 있는 변수를 포인터 변수라 한다.

- 포인터 변수를 선언할 때는 자료의 형을 먼저 쓰고 변수명 앞에 *를 붙인다.
- 포인터 변수에 주소를 저장하기 위해 변수의 주소를 구할 때는 변수 앞에 &를 붙인다.
- 실행문에서 포인터 변수에 *를 붙이면 해당 포인터 변수가 가리키는 곳의 값을 말한다.

예를 들어, a 변수에 100을 저장시키고, a 변수의 주소를 포인터 변수 b에 기억시켰다면 다음 그림과 같이 표현하고 말할 수 있다.

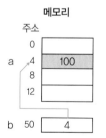

- a는 메모리의 4번지에 대한 이름이다.
- a 변수의 주소는 4다.
- a 변수에는 100이 기억되어 있다.
- 4번지에는 100이 기억되어 있다.
- &a는 a 변수의 주소를 말한다. 즉 &a는 4다.
- 포인터 변수 b는 a 변수의 주소를 기억하고 있다.
- 포인터 변수가 가리키는 곳의 값을 말할 때는 *을 붙인다.
- *b는 b에 저장된 주소가 가리키는 곳에 저장된 값을 말하므로 100이다.

> **전문가의 조언**
>
> 갑자기 어려워져서 놀랐나요. 예제를 풀어보면서 하나씩 이해해 보세요. 별로 어렵지 않습니다. 이해가 안 되면 QR코드를 스캔해 강의를 시청하세요

예제 다음 C언어로 구현된 프로그램의 출력 결과를 확인하시오.

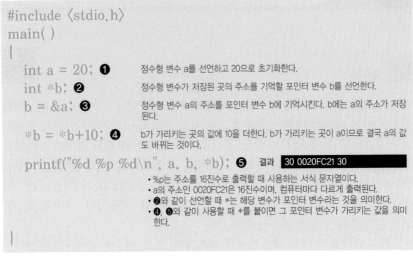

```
#include <stdio.h>
main( )
{
    int a = 20; ❶          정수형 변수 a를 선언하고 20으로 초기화한다.
    int *b; ❷              정수형 변수가 저장된 곳의 주소를 기억할 포인터 변수 b를 선언한다.
    b = &a; ❸             정수형 변수 a의 주소를 포인터 변수 b에 기억시킨다. b에는 a의 주소가 저장
                          된다.
    *b = *b+10; ❹         b가 가리키는 곳의 값에 10을 더한다. b가 가리키는 곳이 a이므로 결국 a의 값
                          도 바뀌는 것이다.
    printf("%d %p %d\n", a, b, *b); ❺   결과   30 0020FC21 30
                          • %p는 주소를 16진수로 출력할 때 사용하는 서식 문자열이다.
                          • a의 주소인 0020FC21은 16진수이며, 컴퓨터마다 다르게 출력된다.
                          • ❷와 같이 선언할 때 *는 해당 변수가 포인터 변수라는 것을 의미한다.
                          • ❹, ❺와 같이 사용할 때 *를 붙이면 그 포인터 변수가 가리키는 값을 의미
                          한다.
}
```

위 코드의 실행 과정에 따른 메모리의 변화를 그려보면 다음과 같다.

• ❶, ❷번 수행 : 주기억장치의 빈 공간 어딘가에 a라는 이름을 붙이고 그 곳에 20을 저장한다.

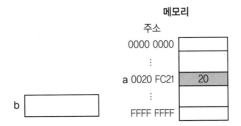

• ❸번 수행 : 변수 a의 주소가 b에 기억된다는 것은 b가 변수 a의 주소를 가리키고 있다는 의미이다.

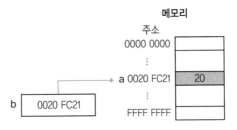

- **❹번 수행 :** b가 가리키는 곳의 값에 10을 더해 다시 b가 가리키는 곳에 저장한다. 그곳은 변수 a의 주소이므로 변수 a의 값도 저절로 변경되는 것이다.

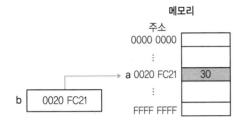

2 배열

24.8, 23.11, 22.8, 21.11, 21.8, 21.6, 21.4, 20.11, 20.8

1602502

배열은 동일한 데이터 유형을 여러 개 사용하는 경우 이를 손쉽게 처리하기 위해 여러 개의 변수들을 조합해서 하나의 변수명으로 정의해 사용하는 것을 말한다. 배열은 하나의 이름으로 여러 기억장소를 가리키기 때문에 배열에서 개별적인 요소들의 위치는 첨자를 이용하여 지정한다.

1602532

1차원 배열

- 1차원 배열은 변수들을 일직선상의 개념으로 조합한 배열이다.
- 배열은 변수명 뒤에 대괄호 [ ]를 붙이고 그 안에 사용할 개수를 지정한다.
- C언어에서는 배열의 위치가 0부터 시작된다.
- C언어에서는 배열의 이름을 주소로 사용할 수 있다.
- **형식**

자료형 변수명[개수]	• 자료형 : 배열에 저장할 자료의 형을 지정한다.
	• 변수명 : 사용할 배열의 이름으로 사용자가 임의로 지정한다.
	• 개수 : 배열의 크기를 지정한다.

예 int a[5] : 5개의 요소를 갖는 정수형 배열 a

	첫 번째	두 번째	세 번째	네 번째	다섯 번째
배열 a	a[0]	a[1]	a[2]	a[3]	a[4]

※ a[3] : a는 배열의 이름이고, 3은 첨자로서 배열 a에서의 위치를 나타낸다. a[3]에 4를 저장시키려면 'a[3] = 4'와 같이 작성한다.

예제 1 다음 C언어로 구현된 프로그램의 출력 결과를 확인하시오.

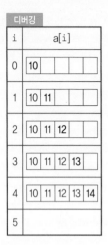

i	a[i]
0	10
1	10 11
2	10 11 12
3	10 11 12 13
4	10 11 12 13 14
5	

```
#include <stdio.h>
main( )
{
    int a[5];
```
5개의 요소를 갖는 정수형 배열 a를 선언한다. 선언할 때는 사용할 개수를 선언하고, 사용할 때는 첨자를 0부터 사용하므로 주의해야 한다.

	첫 번째	두 번째	세 번째	네 번째	다섯 번째
배열 a	a[0]	a[1]	a[2]	a[3]	a[4]

```
    int i;
    for (i = 0; i < 5; i++)
```
정수형 변수 i를 선언한다.

반복 변수 i가 0에서 시작하여 1씩 증가하면서 5보다 작은 동안 ❶번 문장을 반복하여 수행한다. 그러니까 ❶번 문장을 5회 반복하는 것이다.

```
        a[i] = i + 10;  ❶
```
배열 a의 i번째에 i+10을 저장시킨다. i는 0~4까지 변하므로 배열 a에 저장된 값은 다음과 같다.

배열 a	10	11	12	13	14
	a[0]	a[1]	a[2]	a[3]	a[4]

```
    for (i = 0; i < 5; i++)
```
반복 변수 i가 0에서 시작하여 1씩 증가하면서 5보다 작은 동안 ❷번 문장을 반복하여 수행한다.

```
        printf("%d ", a[i]);  ❷
```
배열 a의 i번째를 출력한다. i는 0~4까지 변하므로 출력 결과는 다음과 같다. 서식 문자열에 '\n'이 없기 때문에 한 줄에 붙여서 출력한다.

결과 `10 11 12 13 14`

```
}
```

1602533

예제 2 다음 C언어로 구현된 프로그램의 출력 결과를 확인하시오.

```
#include <stdio.h>
main( )
{
    int a[5];
```
5개의 요소를 갖는 정수형 배열 a를 선언한다. 선언할 때는 사용할 개수를 선언하고, 사용할 때는 첨자를 0부터 사용한다.

```
    int i;
```
정수형 변수 i를 선언한다.

```
    int *p;  ❶
    for (i = 0; i < 5; i++)
```
반복 변수 i가 0에서 시작하여 1씩 증가하면서 5보다 작은 동안 ❷번을 반복 수행한다.

```
        a[i] = i + 10;  ❷
    p = a;  ❸
    for (i = 0; i < 5; i++)
```
반복 변수 i가 0에서 시작하여 1씩 증가하면서 5보다 작은 동안 ❹번을 반복하여 수행한다.

```
        printf("%d ", *(p+i));  ❹
```
결과 `10 11 12 13 14`

```
}
```

추가 해설

❶ 정수형 변수가 저장된 곳의 주소를 기억할 정수형 포인터 변수 p를 선언한다.

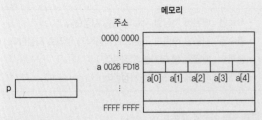

❷ 배열 a의 i번째에 i+10을 저장한다. i는 0∼4까지 변하므로 배열 a에 저장된 값은 다음과 같다.

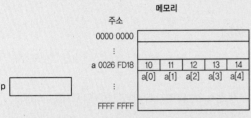

❸ 배열명 a는 배열의 주소이므로 포인터 변수 p에는 배열 a의 시작 위치가 기억된다. 배열의 이름은 주소이므로 'p = &a' 처럼 입력하지 않도록 주의해야 한다.

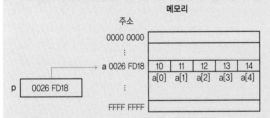

❹ p에 저장된 값은 정수형 배열의 시작 주소이다. p의 값을 1 증가 시킨다는 것은 현재 p가 가리키고 있는 정수형 자료의 주소에서 다음 정수형 자료의 주소로 가리키는 주소를 증가시킨다는 것이다. 정수형 자료의 크기는 4바이트이므로 다음 물리적 메모리의 주소는 4Byte 증가한 곳을 가리키는 것이다. p에 저장된 배열의 시작 주소에서 1번지씩, 즉 4Byte씩 증가시키는 것을 그림으로 표현하면 다음과 같다.

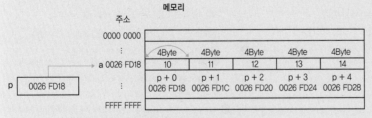

• p+0 : 배열의 시작 주소에 0을 더했으므로, 배열의 시작 주소인 '0026 FD18' 번지 그대로이다.

• *(p+0) : '0026 FD18' 번지의 값은 10이다. **10**을 출력한다.

• p+1 : '0026 FD18'에서 한 번지 증가한 주소는 '0026 FD1C' 번지이다.

• *(p+1) : '0026 FD1C' 번지의 값은 11이다. **11**을 출력한다.

• p+2 : '0026 FD18'에서 두 번지 증가한 주소는 '0026 FD20' 번지이다.

• *(p+2) : '0026 FD20' 번지의 값은 12이다. **12**를 출력한다.

⋮

전문가의 조언

갑작스런 체감 난이도 상승에 당황스럽겠지만 일단 다른 건 고민하지 말고 이 부분만 이해하고 넘어가세요. 포인터와 관련된 문제가 나올 때마다 자세한 그림과 함께 설명하겠습니다.

전문가의 조언

포인터의 증가가 헷갈리면 정수형 자료의 크기가 4Byte이기 때문에 포인터를 1 증가시키면 물리적인 주소는 4Byte가 증가한다고 기억해 두세요. 만약 p가 문자 배열의 주소를 가지고 있다면 문자형 자료의 크기는 1Byte이므로 포인터를 1 증가시킬 때 물리적인 메모리의 주소도 1Byte 증가합니다.

2차원 배열

- 2차원 배열은 변수들을 평면, 즉 행과 열로 조합한 배열이다.
- 형식

자료형 변수명[행개수][열개수]	• 자료형 : 배열에 저장할 자료의 형을 지정한다. • 변수명 : 사용할 배열의 이름으로 사용자가 임의로 지정한다. • 행개수 : 배열의 행 크기를 지정한다. • 열개수 : 배열의 열 크기를 지정한다.

예 int b[3][3] : 3개의 행과 3개의 열을 갖는 정수형 배열 b

배열 b

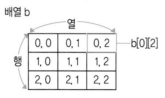

※ b[0][2] : b는 배열의 이름이고, 0은 행 첨자, 2는 열 첨자로서 배열 b에서의 위치를 나타낸다.

예제 **3행 4열의 배열에 다음과 같이 숫자를 차례로 기억시키는 프로그램이다. 배열의 변화를 확인하시오.**

배열 a

1	2	3	4
5	6	7	8
9	10	11	12

```
#include <stdio.h>
main( )
{
    int a[3][4];
    int i, j, k = 0;
    for (i = 0; i < 3; i++) ❶
    {❷
        for (j = 0; j < 4; j++) ❸
        {❹
            k++; ❺
            a[i][j] = k; ❻
        } ❼
    } ❽
}
```

3행 4열의 크기를 갖는 정수형 배열 a를 선언한다.
정수형 변수 i, j, k를 선언하고 k를 0으로 초기화 한다.
반복 변수 i가 0에서 시작하여 1씩 증가하면서 3보다 작은 동안 ❷~❽번을 반복하여 수행한다. 결국 ❸번 문장을 3회 반복한다.
❷~❽이 ❶번 반복문의 반복 범위이지만 실제 실행할 문장은 ❸번 하나이다.
반복 변수 j가 0에서 시작하여 1씩 증가하면서 4보다 작은 동안 ❹~❼번을 반복하여 수행한다. • i가 0일 때 j는 0에서 3까지 4회 반복 • i가 1일 때 j는 0에서 3까지 4회 반복 • i가 2일 때 j는 0에서 3까지 4회 반복 수행하므로 ❺~❻번을 총 12회 수행한다.
❹~❼이 ❸번 반복문의 반복 범위이다.
k를 1씩 증가시킨다. k는 총 12회 증가하므로 1~12까지 변한다.
배열 a의 i행 j열에 k를 기억시킨다. a[0][0]~a[2][3]까지 1~12가 저장된다.
❹번의 짝이다.
❷번의 짝이다.
첫 번째 { 의 짝이자 프로그램의 끝이다.

디버깅

i	j	k	배열 a[i][j]
		0	
0	0 1 2 3 4	1 2 3 4	1 2 3 4 (첫 행만 채워짐)
1	0 1 2 3 4	5 6 7 8	1 2 3 4 / 5 6 7 8
2	0 1 2 3 4	9 10 11 12	1 2 3 4 / 5 6 7 8 / 9 10 11 12
3			

※ 정답 및 해설은 226쪽에 있습니다.

기출 따라잡기   Section 025

23년 11월

문제 1 다음 C언어로 구현한 프로그램을 분석하여 그 실행 결과를 쓰시오.

4640410

```c
#include <stdio.h>
int main()
{
    char a[] = {'1', 'B', 'C', 'D', 'E'};
    char *p;
    p = &a[2];
    printf("%c%c", *p, *(p-2));
    return 0;
}
```

답:

전문가의 조언

문제가 조금 어렵게 느껴지더라도 당황하지 말고 앞에서 설명한 것처럼 배열을 그려 놓고 변수의 값을 하나씩 추적하면서 값을 찾아보세요. 그래도 안 되면 해설과 동영상 강의를 보면서 풀어보세요.

문제 2) 21년 4월, 20년 11월
다음은 좌회전 ROL(Rotate of Left)을 구현한 C언어 프로그램이다. 코드의 실행 결과가 아래와 같을 때 ㉠에 알맞은 명령을 쓰시오.

〈코드〉

```c
#include <stdio.h>
main() {
    int i, a[5], temp;
    for (i = 0; i < 5; i++) {
        a[i] = i + 1;
        printf("%d", a[i]);
    }
    printf("\n");
    temp = a[0];
    for (i = 0; i < 4; i++) {
        a[i] = a[i + 1];
    }
    (   ㉠   ) = temp;
    for (i = 0; i < 5; i++) {
        printf("%d", a[i]);
    }
}
```

〈결과〉

```
12345
23451
```

답 :

문제 3) 22년 8월
다음 C언어로 구현된 프로그램을 분석하여 그 실행 결과를 쓰시오.

```c
#include <stdio.h>
main( )
{
    int a[5] = {3, 2, 5, 1, 4};
    int temp, i;
    for (i = 0; i < 4; i++)
    {
        temp = a[i];
        a[i] = a[i + 1];
        a[i + 1] = temp;
    }
```

```
for (i = 0; i < 5; i++)
    {
        printf("%d", a[i]);
    }
}
```

답 :

문제 4 다음 C언어로 구현된 프로그램에 "Korea50"을 입력하였을 때
그 실행 결과를 쓰시오.

```
#include <stdio.h>
main() {
    int len = 0;
    char str[50];
    gets(str);
    for (int i = 0; str[i]; i++)
        len += 1;
    printf("%d", len);
}
```

답 :

문제 5 다음 C언어로 구현된 프로그램을 분석하여 그 실행 결과를 쓰시오.

```
#include <stdio.h>
main() {
    int i = 0, sum = 0;
    int a[10] = { 47,104,30,65,46,80,51,106,61,62 };
    for (i = 0; i < 10; i = i + 2)
            sum = sum + a[i];
    printf("%d", sum);
}
```

답 :

24년 8월, 23년 11월

문제 6 다음 C언어로 구현한 프로그램을 분석하여 그 실행 결과를 쓰시오.

```c
#include <stdio.h>
int main()
{
    int map[5][5] = {
        1, 5, 6, 7, 8,
        2, 4, 6, 4, 9,
        1, 5, 7, 4, 2,
        2, 3, 4, 5, 5,
        5, 2, 4, 1, 1 };
    int i = 0, j = 0;
    int res = map[i][j];
    while(1)
    {
        if (i == 4 && j == 4) break;
        else if (i == 4) j++;
        else if (j == 4) i++;
        else if (map[i+1][j] >= map[i][j+1]) j++;
        else
            i++;
        res += map[i][j];
    }
    printf("result : %d", res);
    return 0;
}
```

답 :

문제 7 ²²년 8월 다음 C언어로 구현된 프로그램을 분석하여 그 실행 결과를 쓰시오.

```c
#include <stdio.h>
main( )
{
    int a[10] = {3, 7, 9, 4, 5, 1, 8, 2, 6, 10};
    int i;
    for (i = 0; i < 10; i++)
    {
        if (i % 3 == 2)
        {
            printf("%d", a[i]);
        }
    }
}
```

답 :

문제 8 ²¹년 6월 다음 C언어로 구현된 프로그램을 분석하여 그 실행 결과를 쓰시오.

```c
#include <stdio.h>
#include <string.h>
main()
{
    int k, n;
    char st[] = "I am Tom!";
    char temp;
    n = strlen(st);
    n--;
    for (k = 0; k < n; k++)
    {
        temp = *(st + k);
        *(st + k) = *(st + n);
        *(st + n) = temp;
        n--;
    }
    printf("%s\n", st);
}
```

답 :

C언어의 사용자 정의 함수

C언어는 함수 지향 언어로 처음 시작할 때 입력하는 main( )도 함수다. 함수에는 C언어에 내장되어 있는 내장 함수와 사용자가 만들어 사용하는 사용자 정의 함수가 있다.

1 사용자 정의 함수

24.6, 24.3, 23.8, 23.6, 23.3, 22.11, 21.11, 21.8, 21.6, 21.4, 20.6, 20.4

사용자 정의 함수는 사용자가 필요한 기능을 취향대로 만들어 사용할 수 있는 함수이다. 사용자 정의 함수를 사용하면 프로그램 구조가 간단해지고 이해하기가 쉬워진다. 무엇보다 동일한 코드를 반복 입력하는 수고를 줄일 수 있다.

예제 1 다음 프로그램의 실행 결과를 확인하시오.

```
#include <stdio.h>
❶ void func(int i, int j);


  main( )
  {
❷  int a = 3, b = 12;
❸  func(a, b);

⓫  printf("%d, %d\n", a, b);
  }


❹  void func(i, j)
❺  int i, j;
❻  {
❼    i *= 3;
❽    j /= 3;
❾    printf("%d, %d\n", i, j);
❿  }
```

❶ void func(int i, int j);
사용할 사용자 정의 함수를 선언하는 곳이다. ❹번에서 작성하는 사용자 정의 함수를 이곳에서 정의하는 것이다. 이런 함수를 이 프로그램에서 만들어 사용하겠다는 의미이다.
• void : 사용할 함수의 리턴 값이 없음을 알려준다. 그대로 적어준다.
• func : 사용할 함수의 이름이다. ❹번에서 정의한 이름과 일치해야 한다.
• (int i ,int j) : 함수에서 사용할 인수이다. 호출하는 곳에서 보내준 인수의 순서와 자료형이 일치해야 한다. 인수로 사용하는 변수의 이름이 같을 필요는 없다.

❷ int a = 3, b = 12;
정수형 변수 a와 b를 선언하고, 초기값으로 3과 12를 각각 할당한다.

❸ func(a, b);
a, b, 즉 3과 12를 인수로 하여 func 함수를 호출한다. 'func(3,12);'라는 의미이다. ❹번으로 이동한다.

⓫ printf("%d, %d\n", a, b);
결과 `3, 12`
func( ) 함수에서 돌려받은 값이 없으므로 원래의 a와 b의 값인 3과 12를 그대로 출력한다.

❹ void func(i, j)
• void : 함수의 리턴 값이 없을 때 적어준다.
• func : 함수의 이름이다. 사용자가 임의로 지정하면 된다.
• (i,j) : 함수에서 사용할 인수이다. 호출하는 곳에서 보내준 인수의 순서와 자료형이 일치해야 한다. ❸번에서 'func(a, b)'라고 했으므로 i는 a의 값 3을 받고, j는 b의 값 12를 받는다.

❺ int i, j;
인수로 받은 i와 j가 정수형 변수임을 선언한다. 꼭 해야 한다.

❻ {
❻~❿이 func 함수의 범위이다.

❼ i *= 3;
i = i * 3이므로 i는 9가 된다.

❽ j /= 3;
j = j / 3이므로 j는 4가 된다.

❾ printf("%d, %d\n", i, j);
결과 `9, 4`

❿ }
함수를 마치고 ⓫번으로 이동한다.

예제 2 다음 프로그램의 실행 결과를 확인하시오.

```
  #include <stdio.h>
❶ func(i, j);                        사용할 함수를 선언하는 곳이다. 리턴값이 있으므로 void를 생략한다.

  main( )
  {
❷     int a = 3, b = 12;             정수형 변수 a와 b를 선언하고, 초기값으로 3과 12를 각각 할당한다.
❸⓬    a = func(a, b);               a, b 즉 3과 12를 인수로 하여 func 함수를 호출한 다음 결과를 a로
                                      받는다. ❹번으로 이동한다.
                                      ⓾번에서 돌려받은 i의 값이 a에 저장된다. a는 9가 된다.
⓭     printf("%d, %d\n", a, b);     결과  9, 12
                                      a는 리턴값 9를 받았으므로 9를 출력하고, b는 원래의 값 12를 그
                                      대로 출력한다.
  }

❹ func(i, j)                         함수의 리턴 값이 있으므로 void를 생략한다. ❸번에서 'func(a, b)'
                                      라고 했으므로 i는 a의 값 3을 받고, j는 b의 값 12를 받는다.
❺ int i, j;                          인수로 받은 i와 j가 정수형 변수임을 선언한다. 꼭 해야 한다.
❻ {                                  ❻~⓫이 func 함수의 범위이다.
❼     i *= 3;                        i = i * 3이므로 i는 9가 된다.
❽     j /= 3;                        j = j / 3이므로 j는 4가 된다.
❾     printf("%d, %d\n", i, j);     결과  9, 4
⓾     return i;                      호출한 곳, 즉 여기서는 main( ) 함수로 값을 돌려주기
                                      위해 사용하는 명령이다. return 문을 만나면 가지고 갈
                                      값을 챙겨 함수를 종료하고 호출한 곳으로 돌아간다. 괄
                                      호를 사용해 'return(i);'와 같이 입력해도 된다. i를 반
                                      환하므로 ⓬번으로 이동하여 i가 가지고 있는 값 9를 a
                                      에 저장한다.
⓫ }
```

전문가의 조언

번호는 실행 순서를 의미합니다. ❸⓬처럼 한 문장에 번호가 둘 있는 것은 ❸번째에 수행하고 ⓬번째에 다시 수행한다는 의미입니다.

예제 3 다음 프로그램의 실행 결과를 확인하시오.

1602631

```
  #include <stdio.h>
❶ void func(int *i, int *j);

  main( )
  {
❷     int a = 3, b = 12;
❸     func(&a, &b);
⓫     printf("%d, %d\n", a, b);
  }

❹ void func(i, j)
❺ int *i, *j;
❻ {
❼     *i *= 3;
❽     *j /= 3;
❾     printf("%d, %d\n", *i, *j);
⓾ }
```

앞의 코드에 대한 순서대로 메모리의 변화를 그리면 다음과 같다.

❶ 사용할 함수를 선언하는 곳이다.
- void : 리턴값이 없으므로 void를 붙인다.
- (int *i, int *j) : 함수에서 사용할 인수이다. 정수형 포인터 변수 2개를 사용한다는 뜻인데, 호출하는 곳에서 보내준 인수의 순서와 자료형이 일치해야 한다.

❷ 정수형 변수 a와 b를 선언하고, 초기값으로 3과 12를 할당한다.

❸ 정수형 변수 a와 b의 주소를 인수로 하여 func 함수를 호출한다. 'func(0020 FC20,0020 FC24)'와 같은 의미이다. ❹번으로 이동한다.

❹ 함수의 리턴 값이 없으므로 void를 붙인다. ❸번에서 'func(&a, &b)'라고 했으므로 i는 a의 주소를 받고, j는 b의 주소를 받는다. 이제 i는 a 변수의 주소를 가리키고, j는 b 변수의 주소를 가리킨다.

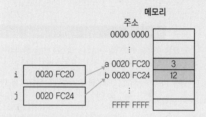

❺ 인수로 받은 i와 j가 정수형 변수의 주소를 저장할 수 있는 정수형 포인터 변수라고 선언한다.

❻ ❻~❿이 func 함수의 범위이다.

❼ *i *= 3은 *i = *i * 3으로, 그리고 다시 *i = (*i) * 3으로 바꾸면 이해가 쉽다. i가 가리키는 곳의 값에 3을 곱해 그곳에 저장하므로 9가 된다.

❽ *j /= 3은 *j = *j / 3으로, 그리고 다시 *j = (*j) / 3으로 바꾸면 이해가 쉽다. j가 가리키는 곳의 값을 3으로 나눠 그곳에 저장하므로 4가 된다.

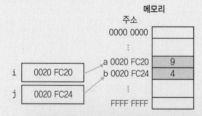

❾ 결과   9, 4

i가 가리키는 곳의 값 9와 j가 가리키는 곳의 값 4를 출력한다.

❿ 함수를 마치고 ⓫번으로 돌아간다.

⓫ 결과   9, 4

a 변수와 b 변수는 모두 값을 돌려받지 않았지만 a 변수와 b 변수의 주소에 있는 값이 변경되었으므로 변경된 값 9와 4를 출력한다.

예제 4 다음은 재귀 함수를 이용해 팩토리얼(Factorial)을 구하는 프로그램이다. 실행 결과를 확인하시오.

1602632

```
#include <stdio.h>
main( )
{
    printf("%d", factorial(5));
}


factorial(int n) {
    if ( n <= 1 )
        return 1;
    else
        return n * factorial(n-1);
}
```

코드 해설

```
main( )
{
❶  printf("%d", factorial(5));
}
```

❶ 5를 인수로 하여 factorial 함수를 호출한 다음 돌려받은 값을 정수형으로 출력한다.

```
   factorial(int n) {
❶     if ( n <= 1 )
           return 1;
       else
❷         return n * factorial(n-1);
①회  }
```

factorial 함수가 호출될 때 5를 전달받았으므로 n은 5이다. ❶의 조건을 만족하지 않으므로 ❷를 수행한다. ❷를 수행하기 위해 factorial( ) 함수를 호출하는데, 호출할 때 전달되는 값은 factorial(n-1)이므로 factorial(4)인 상태로 호출된다.

```
   factorial(int n) {
❶     if ( n <= 1 )
           return 1;
       else
❷         return n * factorial(n-1);
②회  }
```

factorial 함수가 호출될 때 4를 전달받았으므로 n은 4이다. ❶의 조건을 만족하지 않으므로 ❷를 수행한다. ❷를 수행하기 위해 factorial( ) 함수를 호출하는데, 호출할 때 전달되는 값은 factorial(n−1)이므로 factorial(3)인 상태로 호출된다.

```
       factorial(int n) {
    ❶    if ( n <= 1 )
              return 1;
           else
    ❷        return n * factorial(n-1);
③회    }
```

factorial 함수가 호출될 때 3을 전달받았으므로 n은 3이다. ❶의 조건을 만족하지 않으므로 ❷를 수행한다. ❷를 수행하기 위해 factorial( ) 함수를 호출하는데, 호출할 때 전달되는 값은 factorial(n−1)이므로 factorial(2)인 상태로 호출된다.

```
       factorial(int n) {
    ❶    if ( n <= 1 )
              return 1;
           else
    ❷        return n * factorial(n-1);
④회    }
```

factorial 함수가 호출될 때 2를 전달받았으므로 n은 2이다. ❶의 조건을 만족하지 않으므로 ❷를 수행한다. ❷를 수행하기 위해 factorial( ) 함수를 호출하는데, 호출할 때 전달되는 값은 factorial(n−1)이므로 factorial(1)인 상태로 호출된다.

```
       factorial(int n) {
    ❶    if ( n <= 1 )
    ❷        return 1;
           else
              return n * factorial(n-1);
⑤회    }
```

factorial 함수가 호출될 때 1을 전달받았으므로 n은 1이다. ❶의 조건을 만족하므로 ❷를 수행한다. 'return 1;'이므로 함수의 실행을 종료하고 1을 반환하면서 제어를 ④회 factorial(n−1) 함수를 호출했던 곳으로 옮긴다.

```
       factorial(int n) {
           if ( n <= 1 )
              return 1;
           else
    ❶        return n * factorial(n-1);
④회    }
```

⑤회 수행 과정에서 1이 반환되었으므로
❶ 2를 반환하면서 제어를 ③회 factorial(n−1) 함수로 옮긴다.

return n * factorial(n−1)
     ⓐ   ⓑ
- ⓐ : 2 ('factorial(n−1)'을 호출할때 n은 2였으므로)
- ⓑ : 1 (⑤회 수행 과정에서 1이 반환되었으므로)

```
factorial(int n) {
    if ( n <= 1 )
        return 1;
    else
❶       return n * factorial(n-1);
③회  }
```

④회 수행 과정에서 2가 반환되었으므로

❶ 6을 반환하면서 제어를 ②회 factorial(n−1) 함수로 옮긴다.

$$\underset{3}{\text{return n}} * \underset{2}{\frac{\text{factorial(n−1)}}{}}$$

```
factorial(int n) {
    if ( n <= 1 )
        return 1;
    else
❶       return n * factorial(n-1);
②회  }
```

③회 수행 과정에서 6이 반환되었으므로

❶ 24를 반환하면서 제어를 ①회 factorial(n−1) 함수로 옮긴다.

$$\underset{4}{\text{return n}} * \underset{6}{\frac{\text{factorial(n−1)}}{}}$$

```
factorial(int n) {
    if ( n <= 1 )
        return 1;
    else
❶       return n * factorial(n-1);
①회  }
```

②회 수행 과정에서 24가 반환되었으므로

❶ 120을 반환하면서 제어를 처음 factorial(5) 함수로 옮긴다.

$$\underset{5}{\text{return n}} * \underset{24}{\frac{\text{factorial(n−1)}}{}}$$

```
main( )
{
❶  printf("%d", factorial(5));
}
```

❶ ①회 수행 과정에서 120이 반환되었으므로 돌려받은 값 120을 정수형으로 출력하고 프로그램을 종료한다.

지금까지의 재귀 함수 과정을 개괄적인 그림을 통해 살펴보자.

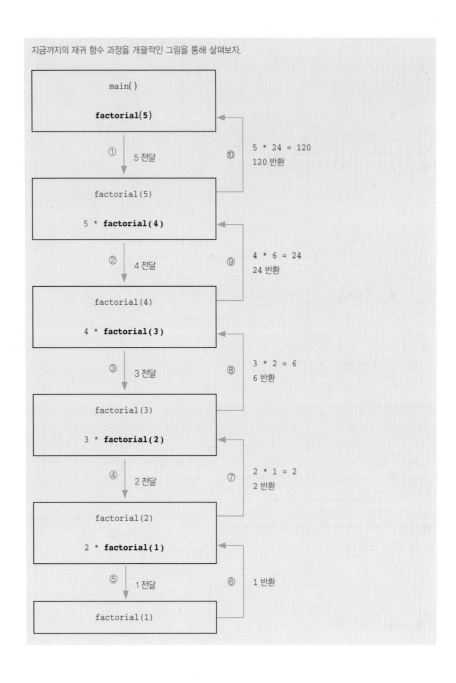

1602633

예제 5 다음 프로그램의 실행 결과를 확인하시오.

```
#include <stdio.h>
int add(int i, int j) {  ❺

    return i + j;  ❻

}


main( ) {
    int i = 10, j = 5, result;  ❶

    int (*pf)(int, int);  ❷

    pf = add;  ❸
    result = pf(i, j);  ❹
    printf("%d", result);  ❼
}
```

❺ ❹번에서 pf(i, j)라고 했으므로 정수형 변수 i는 i의 값 10을 받고, 정수형 변수 j는 j의 값 5를 받는다.

❻ i + j의 값, 즉 15를 가지고 add 함수를 호출했던 main( ) 함수로 제어를 옮긴다.

❶ 정수형 변수 i, j, result를 선언하고 i는 10, j는 5로 초기화한다.

❷ 정수형 매개 변수 두 개가 있는 정수형 함수 포인터 pf를 선언한다.

❸ add 함수의 시작 주소를 함수 포인터 pf에 저장한다.

❼ 결과 **15**

전문가의 조언

함수 포인터

- C언어에서 함수 이름은 해당 함수가 시작되는 주소를 의미합니다. 변수의 주소를 포인터 변수에 저장하는 것처럼 함수의 주소도 함수 포인터에 저장할 수 있을 뿐만아니라 함수 포인터를 이용하여 함수를 호출할 수도 있습니다.

- 함수 포인터를 선언하는 방법은 함수를 선언하는 것과 동일한데, 포인터 변수임을 의미하는 *를 붙여주고 우선순위를 구분하기 위해 함수 포인터 이름과 함께 괄호로 묶어주는 것만 다릅니다.

추가 해설

❷ int (*pf)(int, int);
　① ②　　③
- ① : 반환값 자료형
- ② : 함수 포인터 이름
- ③ : 매개변수 자료형

❸ add 함수의 시작 주소를 함수 포인터 pf에 저장한다는 것은 pf가 add 함수의 시작 주소를 가리키고 있다는 것을 의미한다. 여기서 add 함수가 할당된 공간의 주소는 임의로 정한 것이며, 이해를 돕기 위해 10진수로 표현했다.

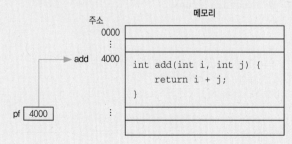

❹ i와 j, 즉 10과 5를 인수로 하여 pf 함수를 호출한 다음 돌려받은 값을 result에 저장한다. pf에는 add 함수의 시작 주소가 저장되어 있으므로 함수 포인터 pf를 호출하는 것은 add 함수를 호출하는 것과 같은 의미이다.

※ 정답 및 해설은 233쪽에 있습니다.

문제 1 21년 11월   다음 C언어로 구현된 프로그램을 분석하여 그 실행 결과를 쓰시오.

```c
#include <stdio.h>
int num;
int grow();

main() {
    printf("%d", num);
    grow();
}

int grow() {
    num = 16448000;
}
```

답:

문제 2 24년 3월, 23년 6월, 21년 6월, 20년 6월   다음 C언어로 구현한 프로그램을 분석하여 그 실행 결과를 쓰시오.

```c
#include <stdio.h>
#include <stdbool.h>

bool numTest(int n) {
    int i = 2;
    if ( n < 2 ) return false;
    else if ( n == 2 ) return true;

    while(1)
    {
        if ( n % i == 0 ) return false;
        else if ( i * i > n ) break;
        i++;
    }
    return true;
}

int main()
{
    int j = 0;
    int res = 0;
```

```
        for (j = 1; j <= 20; j++)
        {
            if ( numTest(j) ) res += j;
        }
        printf("%d", res);

        return 0;
}
```

답 :

문제 3 다음 C언어로 구현된 프로그램을 분석하여 그 실행 결과를 쓰시오.

3902653

```
#include <stdio.h>
#define ArrSize 5

void into(int arr[], int gn, int ao);
void PrintArr(int arr[]);

void into(int arr[], int gn, int ao) {
    arr[ao] = gn;
}

void PrintArr(int arr[]) {
    int i;
    for (i = 0; i < ArrSize; i++) {
        printf("%d", arr[i]);
    }
    printf("\n");
}

int main( ) {
    int arr[ArrSize];
    int i, j;
    for (i = 1; i < 6; i++) {
        for (j = 0; j < ArrSize; j++) {
            into(arr, (j + 1) * i % 5, j);
        }
        PrintArr(arr);
    }
    return 0;
}
```

답 :

문제 4 23년 8월 다음 C언어로 구현한 프로그램을 분석하여 그 실행 결과를 쓰시오.

4640309

```c
#include <stdio.h>

int printBin(int a)
{
    if (a == 0 | a == 1) printf("%d", a);
    else
    {
        printBin(a/2);
        printf("%d", a%2);
    }
}

int main()
{
    int x = 11;
    printBin(x);
    return 0;
}
```

답:

문제 5 21년 8월, 4월, 20년 6월 다음 C언어로 구현한 프로그램을 분석하여 그 실행 결과를 쓰시오.

1602652

```c
#include <stdio.h>
int hrdcompare(num1, num2);
main() {
    printf("%d", hrdcompare(10, 23) + hrdcompare(35, 19));
}
hrdcompare(int num1, int num2) {
    if (num1 > num2)
        return num1;
    else
        return num2;
}
```

답:

예상문제 은행

문제 1 다음 C언어로 구현된 프로그램을 분석하여 그 실행 결과를 쓰시오.

1620201

```c
#include <stdio.h>
main() {
        int a = 12, b = 8, c = 2, d = 3;
        a /= b++ - c * d;
        printf("%d", a);
}
```

답 :

문제 2 다음 C언어로 구현한 프로그램을 분석하여 그 실행 결과를 쓰시오.

1602456

```c
#include <stdio.h>
#define func1 0
#define func2 1
main( ) {
    int num = 83;
    if (num % 2 == func1)
        printf("HRD");
    else if (num % 2 == func2)
        printf("KOREA");
    else
        printf("1644 - 8000");
}
```

답 :

문제 3 C언어 안에서 이미 의미와 사용법이 정해진 단어로, 다양한 문법적인 용도로 사용되고 있기 때문에 식별자로 사용할 수 없는 단어들을 가리키는 용어를 보기에서 찾아 쓰시오.

1602360

〈보기〉

| • 예약어 | • 식별자 | • 연산자 | • 구조체 | • 주석 | • 분리자 |

답 :

문제 4 다음 C언어로 구현된 프로그램을 분석하여 그 실행 결과를 쓰시오.

3902455

```c
#include <stdio.h>
main( ) {
    int a[5] = {5, 4, 3, 2, 1};
    int i = 4, sum = 0;
    do {
        a[i] = a[i] % 3;
        sum = sum + a[i];
        i--;
    } while (i > 0);
    printf("%d", sum);
}
```

답:

문제 5 다음 C언어로 구현한 프로그램을 분석하여 그 실행 결과를 쓰시오.

1602553

```c
#include <stdio.h>
int main()
{
    int* pnum, Num1 = 200, Num2 = 300;
    pnum = &Num1;
    (*pnum) += 40;
    pnum = &Num2;
    (*pnum) -= 50;
    printf("Num1=%d\nNum2=%d", Num1, Num2);
}
```

답:

문제 6 다음은 피보나치 수를 구하는 알고리즘을 C언어 〈코드〉로 구현한 프로그램이다. 제시된 〈피보나치 수〉의 정의를 참고하여 〈코드〉의 미완성 로직을 면밀히 분석한 후 괄호(①, ②)에 들어갈 가장 적합한 코드를 쓰시오.

전문가의 조언

피보나치 수는 첫 번째 항과 두 번째 항을 더해서 세 번째 항을 만들고, 두 번째 항과 세 번째 항을 더해서 네 번째 항을 만드는 방법으로, 계속해서 다음 항을 만들어 가는 수입니다.

〈피보나치 수〉의 정의

Fibonacci(n)
- if n=0, 0
- if n=1, 1
- others, Fibonacci(n−2) + Fibonacci(n−1)

〈코드〉

```c
#include <stdio.h>
int Fibonacci(int n) {
    if(n==0)
        return 0;
    else if(n==1)
        return (  ①  );
    else
        return Fibonacci((  ②  )) + Fibonacci(n-1);
}

int main(void) {
    int i=0;
    for(i=0; i<10; i++)
        printf("%d ", Fibonacci(i));
    return 0;
}
```

답

- ①

- ②

문제 7 다음 C언어로 구현한 프로그램을 분석하여 그 실행 결과를 쓰시오.

```c
#include <stdio.h>
hrd(num) {
    if (num <= 0)
        return;
    printf("%d ", num);
    hrd(num - 1);
}
main() {
    hrd(5);
    return 0;
}
```

답 :

문제 8 다음 C언어로 구현된 프로그램을 분석하여 그 실행 결과를 쓰시오.

```c
int main(int argc, char* argv[]) {
    int i;
    char str[4];

    str[0] = 'K';
    str[1] = 'O';
    str[2] = 'R';
    str[3] = 'E';
    str[4] = 'A';

    for (i = 0; i < 5; i++) {
        printf("%c", str[i]);
    }
    return 0;
}
```

답 :

문제 9 다음 C언어로 구현된 프로그램을 분석하여 그 실행 결과를 쓰시오.

```c
#include <stdio.h>
main() {
    for (int i = 9; i > 0; i--) {
        switch(i % 2) {
        case 1:
            printf("%d", i);
            break;
        default:
            printf("*");
            break;
        }
    }
    return 0;
}
```

답 :

문제 10 다음 C언어로 구현된 프로그램을 분석하여 그 실행 결과를 쓰시오.

```c
#include <stdio.h>
main() {
    int a, b = 10;
    for (a = 0; a < 5; ++a, b -= a);
    printf("%d, %d", a, b);
}
```

답 :

문제 11 다음 〈보기〉의 3가지 연산자를 우선순위가 높은 것부터 차례대로 나열하시오.

〈보기〉

• 산술 연산자	• 논리 연산자	• 관계 연산자

답 :

문제 12 다음 C언어로 구현된 프로그램을 분석하여 그 실행 결과를 쓰시오.

```c
#include <stdio.h>
main() {
    int numAry[] = { 0,0,0,0,3 };
    int i, j;
    for (j = 4; j >= 0; --j)
        for (i = 4; i > j; --i)
            numAry[j] += numAry[i];
    for (j = 0; j < 5; ++j)
        printf("%d ", numAry[j]);
}
```

답 :

문제 13 다음 C언어로 구현한 프로그램을 분석하여 그 실행 결과를 쓰시오.

```c
#include <stdio.h>
#include <string.h>
#include <stdlib.h>

int main()
{
    char a[] = "A B c  D e  F ! ";
    delBl(a);
    printf("%s", a);
    return 0;
}

void delBl(char a[])
{
    int len = strlen(a);
    char* str = (char*)malloc(sizeof(char) * len);
    int i, k = 0;

    for(i = 0; i < len; i++)
    {
        if (a[i] != ' ')
            str[k++] = a[i];
    }
    str[k] = '\0';
    strcpy(a, str);
    free(str);
}
```

답 :

문제 14 다음은 5개의 정수를 입력받아 그 중 홀수의 개수를 구하여 출력하는 알고리즘을 C언어로 구현한 코드이다. 프로그램을 분석하여 괄호에 들어갈 가장 적합한 답을 쓰시오.

전문가의 조언

알고리즘의 이해
이 문제는 a 배열에 저장된 값에서 공백을 제거한 후 출력하는 문제입니다

```c
#include <stdio.h>
main() {
    int i, a[5], cnt = 0;
    for (i = 0; i < 5; i++)
        scanf("%d", &a[i]);
    for (i = 0; i < 5; i++) {
        if (a[i] % 2 (     ) 0)
            cnt = cnt + 1;
    }
    printf("홀수의 개수 :  %d개", cnt);
}
```

답 :

문제 15 C언어로 구현된 99를 넘지 않는 소수의 개수를 구하는 프로그램에서 괄호에 들어갈 가장 적합한 변수(Variable)나 조건식을 C언어 코드 형식으로 쓰시오.

```c
#include <stdio.h>
int isprime(int number)
{
    int i;
    for(i = 2; i < number; i++)
        if ( (     ) )
            return 0;
    return 1;
}

int main()
{
    int number = 99, cnt = 0, i;
    for(i = 2; i <= number; i++)
        cnt = cnt + isprime(i);
    printf("%d를 넘지 않는 소수는 %d개입니다.\n", number, cnt);
    return 0;
}
```

답 :

Section 023

[문제 1]

60//61//80

```
#include <stdio.h>
int main( )
{
❶    int calc, x = 40, y = 60, z = 80;
❷    calc = x < y ? y++ : --z;
❸    printf("%d//%d//%d", calc, y, z);
❹    return 0;
}
```

❶ 정수형 변수 calc, x, y, z를 선언하고 x는 40, y는 60, z는 80으로 초기화한다.

❷ x가 y보다 작으면 y를 calc에 저장한 후 y의 값을 1 증가시키고, x가 y보다 크거나 같으면 z를 1 감소시킨 값을 calc에 저장한다. x의 값 40은 y의 값 60보다 작으므로 calc에 60을 저장한 후 y의 값은 1 증가되어 61이 된다.

❸ calc, y, z의 값 사이에 //을 포함하여 출력한다.

결과   60//61//80

❹ main( ) 함수에서의 **return 0;**은 프로그램의 종료를 의미한다.

[문제 2]

59

```
#include <stdio.h>
main( ) {
  int num1 = 16, num2 = 44;
  int a = num1++;

  int b = --num2;

  printf("%d", a + b);
}
```

정수형 변수 num1과 num2를 선언하고, 각각 16과 44로 초기화한다.

num1++은 후치 연산이므로 정수형 변수 a를 선언하면서 num1의 값인 16으로 초기화한 후, 이어서 num1의 값을 1 증가시킨다.

--num2는 전치 연산이므로 num2의 값을 1 감소시킨 후, 이어서 정수형 변수 b를 선언하면서 num2의 값인 43으로 초기화한다.

a와 b를 더한 값을 정수로 출력한다.

결과   59

[문제 3]

64

```
#include <stdio.h>
main( ) {
❶    int num1 = 16, num2 = 80;
❷    printf("%d", num1 > num2 ? num1 & num2 : num1 ^ num2);
}
```

❶ 정수형 변수 num1, num2를 선언하고, 각각 16과 80으로 초기화한다.

❷ num1이 num2보다 크면 num1 & num2의 결과를 출력하고, 아니면 num1 ^ num2의 결과를 출력한다. num1의 값 16은 num2의 값 80보다 크지 않으므로 num1^num2(16^80)를 연산한 값 **64**를 출력한다.
- ^(비트 xor)는 두 비트가 모두 같으면 0, 서로 다르면 1이 되는 비트 연산자이다.

```
16 = 0001 0000
80 = 0101 0000
^    0100 0000  = 64
```

결과 **64**

[문제 4]

9

```
#include <stdio.h>
main( ) {
  int num;
  num = 0b1001;

  printf("%d", num);
}
```

정수형 변수 num을 선언한다.
num에 2진수 1001을 저장한다.
※ C언어와 Java에서 숫자 앞의 '0b'는 2진수를, '0'은 8진수를, '0x'는 16진수를 의미한다.
num에 저장된 값을 정수형 10진수로 출력한다.
결과 **9**

[문제 5]

10

```
#include <stdio.h>
int main( )
{
  int x = 5, y = 10, z = 20, sum;
  x += y;
  y -= x;
  z %= y;
  sum = x + y + z;
  printf("%d", sum);

  return 0;
}
```

정수형 변수 x, y, z, sum을 선언하고 x를 5, y를 10, z를 20으로 초기화한다.
'x = x + y'와 동일하다. 'x + y'의 결과 값을 x에 저장한다. x에는 15가 저장된다.
'y = y - x'와 동일하다. 'y - x'의 결과 값을 y에 저장한다. y에는 -5가 저장된다.
'z = z % y'와 동일하다. 'z % y'의 결과 값을 z에 저장한다. z에는 0이 저장된다.
'x + y + z'의 결과 값을 sum에 저장한다. sum에는 10이 저장된다.
sum의 값 **10**을 정수로 출력한다.
결과 **10**
프로그램을 종료한다.

[문제 6]

205

```
#include <stdio.h>
main( ) {
❶  int num = 1640;
❷  printf("%d", num >> 3);
}
```

❶ 정수형 변수 num을 선언하고 1640으로 초기화한다.
❷ >>는 오른쪽 시프트 연산자이므로, num에 저장된 값 1640을 오른쪽으로 3비트 이동시킨 다음 그 값을 출력한다. int는 4Byte이므로 4Byte 2진수로 변환하여 계산하면 된다.

- 4바이트에 1640을 2진수로 표현하면 다음과 같다.

	32	31	30	29	...	13	16	15	14	13	12	11	10	9	8	7	6	5
1640	0	0	0	0	...	0	0	1	1	0	0	1	1	0	1	0	0	0
	부호 비트				...	2^{12}	2^{11}	2^{10}	2^9	2^8	2^7	2^6	2^5	2^4	2^3	2^2	2^1	2^0
						4096	2048	1024	512	256	128	64	32	16	8	4	2	1

- 부호를 제외한 전체 비트를 오른쪽으로 3비트 이동시킨다. 양수이므로 패딩 비트(빈자리)에는 0이 채워진다.

	32	31	30	29	...	13	12	11	10	9	8	7	6	5	4	3	2	1
205	0	0	0	0	...	0	0	0	0	0	1	1	0	0	1	1	0	1
	부호 비트	패딩 비트			...	2^{12}	2^{11}	2^{10}	2^9	2^8	2^7	2^6	2^5	2^4	2^3	2^2	2^1	2^0
						4096	2048	1024	512	256	128	64	32	16	8	4	2	1

- 10진수로 변환된 205(128+64+8+4+1)가 화면에 출력된다.

결과	205

※ 시프트 연산은 왼쪽으로 n비트 이동하면 원래 값에 2^n을 곱한 값과 같고, 오른쪽으로 n비트 이동하면 원래 값을 2^n으로 나눈 값과 같습니다. 즉 ❷번은 1640을 오른쪽으로 3비트 이동하는 연산이므로 1640을 2^3(8)으로 나눠서 계산해도 됩니다.

[문제 7]

17

```
#include <stdio.h>
int main( )
{
❶    int a = 15;
❷    printf("%o", a);
❸    return 0;
}
```

❶ 정수형 변수 a를 선언하고 15로 초기화한다.
❷ a의 값을 8진수로 출력한다.
10진수 15를 8진수로 변환하면 다음과 같다.

```
8 | 15
   1 … 7
```

결과	17

❸ main( ) 함수에서의 **return 0;**은 프로그램의 종료를 의미한다.

[문제 8]

123, 123.46

```
#include <stdio.h>
int main(void) {
  int i = 200;
  float a = 123.456f;
  i = (int)a;
  printf("%d, %3.2f", i, a);



  return 0;
}
```

정수형 변수 i를 선언하고, 200으로 초기화한다. (i = 200)
실수형 변수 a를 선언하고, 123.456으로 초기화한다. (a = 123.456)
a의 값을 정수로 변환하여 i에 저장한다. (i = 123)
i의 값을 정수로 출력한 후 쉼표(,)와 공백 한 칸을 출력한다. 이어서 a의 값을 실수로 출력하되 반올림하여 소수점 이하 2자리까지만 출력한다. 전체 3자리를 확보한 후 오른쪽으로 정렬하여 출력해야 하지만 출력할 값인 123.46이 3자리를 넘기 때문에 이를 무시하고 바로 출력된다.

결과	123, 123.46

프로그램을 종료한다.

[문제 9]

3

```
#include <stdio.h>
main( ) {
  printf("%d", -5 & 7);



  return 0;
}
```

-5와 7을 &(비트 and) 연산한 결과를 정수형으로 출력한다.
C언어에서 정수형은 4바이트(32비트)이므로 각각의 값을 4바이트 2진수로 변환한 다음 비트별로 연산한다.

-5 =	1111	1111	1111	1111	1111	1111	1111	1011
7 =	0000	0000	0000	0000	0000	0000	0000	0111
&	0000	0000	0000	0000	0000	0000	0000	0011

∴ 0000 0000 0000 0000 0000 0000 0000 0011은 10진수로 3이다.

결과 **3**
프로그램을 종료한다.

[문제 10]

8

1

• 프로그램1

```
#include <stdio.h>
main( ) {
  printf("%d", sizeof(12));



  return 0;
}
```

숫자 12는 정수형이므로 정수 자료형인 int의 크기 4를 출력한다.
• sizeof( ) : 자료형의 크기를 바이트(Byte) 단위로 출력하는 함수

결과 **4**
프로그램을 종료한다.

• 프로그램2

```
#include <stdio.h>
main( ) {
  printf("%d\n", sizeof(12.3));



  printf("%d", sizeof(char));



  return 0;
}
```

12.3은 실수형이므로 기본 실수 자료형인 double의 크기 8을 출력한 후 커서를 다음 줄의 처음으로 이동한다.

결과 **8**

char는 문자 자료형으로 1Byte의 크기를 가지므로 1을 출력한다.

결과 **8**
1
프로그램을 종료한다.

[문제 1]

입력 오류

```
#include⟨stdio.h⟩
int main( )
{
❶    int num;
❷    scanf("%d", &num);
❸    switch (num) {

    case 1:
        printf("1을 입력\n");
        break;
    case 2:
        printf("2를 입력\n");
        break;
    case 3:
        printf("3을 입력\n");
        break;
❹    default:
❺        printf("입력 오류\n");

❻        break;
    }
❼    return 0;
}
```

정수형 변수 num을 선언한다.
정수를 입력받아 num에 저장한다. 문제에서 5가 입력되었다고 하였으므로 num에는 5가 저장된다.
num에 저장된 숫자를 찾아간다. num의 값은 5이고, case는 1, 2, 3 외에는 없으므로 default가 있는 ❹번으로 이동한다.

case에 찾는 값이 없는 경우 찾아오는 곳이다.
화면에 **입력 오류**를 출력하고 커서를 다음 줄의 처음으로 옮긴다.

결과   **입력 오류**

switch문을 벗어나 ❼번으로 이동한다.

0을 반환하며 프로그램을 종료한다.

[문제 2]

8 × 5 = 40

※ **답안 작성 시 주의 사항** : 프로그램의 실행 결과는 부분 점수가 없으므로 정확하게 작성해야 합니다. 예를 들어 서식 지정자를 무시하고 8, 5, 40 또는 8 5 40으로 썼을 경우 부분 점수 없이 완전히 틀린 것으로 간주됩니다.

```
#include ⟨stdio.h⟩
main( ) {
    int i, j;
❶    for (i = 2; i ⟨= 4; i++) {

❷        for (j = 5; j ⟨= 7; j++) {

❸        }
❹    }
❺    printf("%d × %d = %2d", j, i, i * j);


}
```

반복 변수 i가 2에서 시작하여 1씩 증가하면서 4보다 작거나 같은 동안 ❷번 문장을 반복하여 수행한다. 결국 ❷번을 3번 반복하여 수행한다.

반복 변수 j가 5에서 시작하여 1씩 증가하면서 7보다 작거나 같은 동안 반복하는데 실행할 문장 없으므로 for문만 3번 반복하여 수행한다.

❷번 반복문의 끝이다.
❶번 반복문의 끝이다.
j의 값을 정수로 출력한 후 × 를 출력한다. 이어서 i의 값을 정수로 출력하고 = 을 출력한 다음, 2칸을 확보하여 i*j의 값을 정수로 출력한다.

결과   8 × 5 = 40

i	j
2	5
	6
	7
	8
3	5
	6
	7
	8
4	5
	6
	7
	8
5	

[문제 3]

9

```
#include <stdio.h>
int main( ) {
❶    int ans;
❷    for (int i = 0; i < 5; i++)
❸        for (int j = 0; j < 5; j++)
❹            if (i==j || i+j==4) ans++;

❺    printf("%d", ans);

❻    return 0;
}
```

❶	정수형 변수 ans를 선언한다.
❷	반복 변수 i가 0부터 1씩 증가하면서 5보다 작은 동안 ❸, ❹번을 반복 수행한다.
❸	반복 변수 j가 0부터 1씩 증가하면서 5보다 작은 동안 ❹번을 반복 수행한다.
❹	i가 j와 같거나 i+j가 4면, ans의 값을 1씩 증가시킨다.
❺	ans의 값 9를 정수로 출력한다.

결과 **9**

| ❻ | 프로그램을 종료한다. |

디버깅

i	j	i==j	i+j==4	ans
0	0	Yes	No	1
	1	No	No	
	2	No	No	
	3	No	No	
	4	No	Yes	2
	5			
1	0	No	No	
	1	Yes	No	3
	2	No	No	
	3	No	Yes	4
	4	No	No	
	5			
2	0	No	No	
	1	No	No	
	2	Yes	Yes	5
	3	No	No	
	4	No	No	
	5			

3	0	No	No	
	1	No	Yes	6
	2	No	No	
	3	Yes	No	7
	4	No	No	
	5			
4	0	No	Yes	8
	1	No	No	
	2	No	No	
	3	No	No	
	4	Yes	No	9
	5			
5				

[문제 4]

false

```
#include <stdio.h>
int main( )
{
❶    double num = 0.01;
❷    double res = 0;
❸    int cnt = 0;
❹    while(cnt < 100)
     {
❺        res += num;
❻        cnt++;
     }
❼    printf(res == 1 ? "true" : "false");

❽    return 0;
}
```

❶ 실수형 변수 num을 선언하고 0.01로 초기화한다.
❷ 실수형 변수 res를 선언하고 0으로 초기화한다.
❸ 정수형 변수 cnt를 선언하고 0으로 초기화한다.
❹ cnt가 100보다 작은 동안 ❺, ❻번을 반복 수행한다.
❺ 'res = res + num;'과 동일하다. res에 num을 누적시킨다.
❻ 'cnt = cnt + 1;'과 동일하다. cnt의 값을 1 증가시킨다.
　반복문 실행에 따른 변수들의 변화는 다음과 같다.

num	res	cnt
0.01	0	0
	0.01	1
	0.02	2
	0.03	3
	⋮	⋮
	0.99	99
	1.00	100

❼ res의 값이 1이면 true를 출력하고, 아니면 false를 출력한다. res의 값이 1이지만 double 형이고 비교되는 1은 int형이므로 자료형이 서로 달라 false가 출력된다.

결과　false

[문제 5]

720

```
#include <stdio.h>
main( ) {
❶    int num = 1;
❷    for (int i = 1; ; i++) {

❸        num = num * i;
❹        if (i > 5)
❺            break;
     }
❻    printf("%d", num);

}
```

정수형 변수 num을 선언하고 1로 초기화한다.

반복 변수 i가 1에서 시작하여 1씩 증가하는 반복문인데 종료값이 없으므로 ❸~❹번을 무한 반복한다. 반복하는 과정에서 ❹번의 조건을 만족하면 break문이 수행되어 반복문을 빠져나온다.

num에 num과 i를 곱한 값을 저장한다.

i가 5보다 크면 ❺번을 수행하고, 아니면 반복문의 처음인 ❷번으로 이동한다.

반복문을 빠져나와 ❻번으로 이동한다.

num의 값을 정수로 출력한다.

결과 720

디버깅

반복횟수	i	출력
		1
1	1	1
2	2	2
3	3	6
4	4	24
5	5	120
6	6	720

[문제 6]

1*21*2*42*3*63*4*84*

```
#include <stdio.h>
#define N 100                     숫자 100을 N으로 정의한다. 프로그램 안에서 N은 100과 동일하게 쓰인다.

main( ) {
❶    int i = 1;
❷    int cnt = 0;

❸    while ( i <= N ) {
❹        if ( (i%3) == 0 && (i%7) == 0 ) {
❺            cnt++;
❻            printf("%d*%d*", cnt, i);
         }
❼        i++;
     }
}
```

❶ 정수형 변수 i를 선언하고 1로 초기화한다.

❷ 정수형 변수 cnt를 선언하고 0으로 초기화한다.

❸ i가 N, 즉 100보다 작거나 같은 동안 ❹∼❼번을 반복 수행한다.

❹ i를 3과 7로 나눈 나머지가 모두 0이면 ❺, ❻번을 수행하고, 아니면 ❼번으로 이동한다.

❺ 'cnt = cnt + 1;'과 동일하다. cnt의 값에 1을 누적시킨다.

❻ cnt의 값을 정수로 출력하고 *을 출력한 다음 i의 값을 정수로 출력하고 *을 출력한다.

❼ 'i = i + 1;'과 동일하다. i의 값에 1을 누적시킨다.

반복문 실행에 따른 변수들의 변화는 다음과 같다.

i	i%3	i%7	cnt	출력
1	1	1	0	
2	2	2		
3	0	3		
4	1	4		
5	2	5		
6	0	6		
7	1	0		
8	2	1		
9	0	2		
⋮	⋮	⋮		
21	0	0	1	1*21*
22	1	1		
⋮	⋮	⋮		
42	0	0	2	1*21*2*42*
43	1	1		
⋮	⋮	⋮		
63	0	0	3	1*21*2*42*3*63*
64	1	1		
⋮	⋮	⋮		
84	0	0	4	1*21*2*42*3*63*4*84*
85	1	1		
⋮	⋮	⋮		
100	1	2		

[문제 7]

43

```c
#include <stdio.h>
int main( )
{
❶    int n1 = 172;
❷    int n2 = 387;

❸    while( n1 != n2 )
     {
❹        if ( n1 > n2 ) n1 -= n2;
❺        else n2 -= n1;
     }

❻    printf("%d", n1);

❼    return 0;
}
```

❶ 정수형 변수 n1을 선언하고 172로 초기화한다.

❷ 정수형 변수 n2를 선언하고 387로 초기화한다.

❸ n1과 n2가 같지 않은 동안 ❹, ❺번을 반복 수행한다.

❹ n1이 n2보다 크면 'n1 -= n2;', 즉 'n1 = n1 − n2;'를 수행하고, 아니면 ❺번으로 이동한다.

❺ ❹번 조건이 거짓일 경우 실행할 문장으로, n1이 n2보다 작거나 같으면 'n2 -= n1;', 즉 'n2 = n2 − n1;'을 수행한다.

  반복문 실행에 따른 변수들의 변화는 다음과 같다.

n1	n2	n1>n2
172	387	No
	215	No
	43	Yes
129		Yes
86		Yes
43		

❻ n1의 값 43을 정수로 출력한다.

결과 **43**

❼ 프로그램을 종료한다.

[문제 1]

C1

```
#include <stdio.h>
int main( )
{
❶    char a[ ] = {'1', 'B', 'C', 'D', 'E'};
❷    char *p;
❸    p = &a[2];
❹    printf("%c%c", *p, *(p-2));
❺    return 0;
}
```

❶ 5개의 요소를 갖는 문자형 배열 a를 선언한다. 개수를 지정하지 않았으므로, 초기값으로 지정된 수만큼 배열의 요소가 만들어진다.

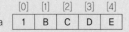

	[0]	[1]	[2]	[3]	[4]
a	1	B	C	D	E

❷ 문자형 포인터 변수 p를 선언한다.

❸ p에 a[2]의 주소를 저장한다. 다음의 그림에서 a가 할당된 공간의 주소는 임의로 정한 것이며, 이해를 돕기 위해 10진수로 표현했다.

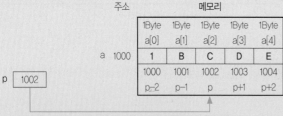

❹ p가 가리키는 곳의 값과 p-2가 가리키는 곳의 값을 문자로 출력한다.

결과 **C1**

❺ main( ) 함수에서의 **return 0;**은 프로그램의 종료를 의미한다.

[문제 2]

a[4]

문제의 코드는 다음과 같이 배열에 저장된 값들을 왼쪽으로 한 칸씩 이동시키고, 배열을 벗어난 맨 왼쪽의 요소를 배열의 오른쪽 끝으로 이동시키는 좌회전(ROL, Rotate of Left) 알고리즘을 구현한 프로그램입니다.

• 왼쪽으로 한 칸씩 이동

1	2	3	4	5	

• 배열을 벗어난 1을 배열의 오른쪽 끝으로 이동

| 1 | 2 | 3 | 4 | 5 | | → | 2 | 3 | 4 | 5 | 1 |

```
#include <stdio.h>
main( ) {
❶    int i, a[5], temp;
❷    for (i = 0; i < 5; i++) {
❸        a[i] = i + 1;
❹        printf("%d", a[i]);
     }
❺    printf("\n");
❻    temp = a[0];
❼    for (i = 0; i < 4; i++) {
❽        a[i] = a[i + 1];
     }
❾    a[4] = temp;



❿    for (i = 0; i < 5; i++) {
⓫        printf("%d", a[i]);



     }
}
```

정수형 변수 i, temp와 5개의 요소를 갖는 정수형 배열 a를 선언한다.
반복 변수 i가 0에서 1씩 증가하면서 5보다 작은 동안 ❸, ❹번을 반복 수행한다.
a[i]에 i에 1을 더한 값을 저장한다.

결과 `12345`

커서를 다음 줄의 처음으로 옮긴다.
temp에 a[0]의 값 1을 저장한다.
반복 변수 i가 0에서 1씩 증가하면서 4보다 작은 동안 ❽번을 반복 수행한다.

a[4]에 temp의 값 1을 저장한다.

```
        [0]  [1]  [2]  [3]  [4]
배열 a    2    3    4    5    1
```

반복 변수 i가 0에서 1씩 증가하면서 5보다 작은 동안 ⓫번을 반복 수행한다.
결과
`12345`
`23451`

❹ a[i]의 값을 출력한다.
반복문 실행에 따른 변수들의 변화는 다음과 같다.

i	a[ ] [0] [1] [2] [3] [4]	출력
0	1	1
1	1 2	1 2
2	1 2 3	1 2 3
3	1 2 3 4	1 2 3 4
4	1 2 3 4 5	1 2 3 4 5
5		

❽ a[i]에 a[i+1]의 값을 저장한다.
반복문 실행에 따른 변수들의 변화는 다음과 같다.

i	a[ ] [0] [1] [2] [3] [4]
0	2 2 3 4 5
1	2 3 3 4 5
2	2 3 4 4 5
3	2 3 4 5 5
4	

⓫ a[i]의 값을 출력한다.
반복문 실행에 따른 변수들의 변화는 다음과 같다.

i	a[i]	출력
0	2	2
1	3	2 3
2	4	2 3 4
3	5	2 3 4 5
4	1	2 3 4 5 1
5		

[문제 3]

25143

```c
#include <stdio.h>
main( )
{
❶   int a[5] = {3, 2, 5, 1, 4};
❷   int temp, i;
❸   for (i = 0; i < 4; i++)
❹   {
❺       temp = a[i];
❻       a[i] = a[i + 1];
❼       a[i + 1] = temp;
    }
❽   for (i = 0; i < 5; i++)
    {
❾       printf("%d", a[i]);
    }
}
```

❶ 5개의 요소를 갖는 정수형 배열 a를 선언하고 초기화한다.

	[0]	[1]	[2]	[3]	[4]
a	3	2	5	1	4

❷ 정수형 변수 temp와 i를 선언한다.

❸ 반복 변수 i가 0부터 1씩 증가하면서 4보다 작은 동안 ❺~❼번을 반복 수행한다.

❺~❼ temp 변수를 이용하여 a[i]와 a[i+1]의 값을 교환한다.

반복문 실행에 따른 변수들의 변화는 다음과 같다.

i	temp	a[i]	a[i+1]	a [0]	[1]	[2]	[3]	[4]
0	3	2	3	3	2	5	1	4
1	3	5	3	2	3	3	3	3
2	3	1	3		5	1	4	
3	3	4	3					
4								

❽ 반복 변수 i가 0부터 1씩 증가하면서 5보다 작은 동안 ❾번을 반복 수행한다.

❾ a[i]의 값을 정수로 출력한다.

결과 25143

[문제 4]

7

```
#include 〈stdio.h〉
main( ) {
❶    int len = 0;
❷    char str[50];
❸    gets(str);



❹    for (int i = 0; str[i]; i++)
❺        len += 1;
❻    printf("%d", len);

}
```

정수형 변수 len을 선언하고 0으로 초기화한다.
50개의 요소를 갖는 문자형 배열 str을 선언한다.
문자열을 입력받아 str에 저장한다. 문제에서 Korea50을 입력한다고 하였으므로 다음과 같이 저장된다.

배열 str	str[0]	str[1]	str[2]	str[3]	str[4]	str[5]	str[6]	str[7]	str[8]	str[9]	…
	K	o	r	e	a	5	0	\0			

반복 변수 i가 0에서 시작하여 1씩 증가하면서 str[i]의 값이 참(true)인 동안 ❺번을 반복 수행한다.
'len = len + 1;'과 동일하다. len의 값을 1씩 누적시킨다.
len의 값 **7**을 정수로 출력한다.

결과 **7**

※ 이 문제에서는 for문의 종료값에 참(true)이나 거짓(false)을 반환하는 조건식이 아닌 변수가 지정되었으므로 변수의 값이 거짓이면 for문이 종료됩니다. C언어에서는 숫자 0을 거짓(false)으로, 그 외의 모든 숫자나 문자는 참(true)으로 인식합니다. 즉 str[i]의 값이 0이면 for문이 종료됩니다. i가 증가하다 6이 되어 str[6]이 종료값으로 사용될 때 str[6]의 값이 0이므로 for문이 종료될 것으로 예상할 수 있지만 배열 str에 저장된 **Korea50**은 gets 함수로 입력받았기 때문에 str[6]에는 숫자 0이 아닌 문자 '0'이 저장되어 있습니다. 그러므로 for문은 str[6]이 아니라 아스키코드 값으로 변환했을 때 0인 널 문자\0가 저장된 str[7]이 종료값으로 사용될 때 종료하게 됩니다.

디버깅

반복횟수	i	str[i]	len
			0
1	0	K	1
2	1	o	2
3	2	r	3
4	3	e	4
5	4	a	5
6	5	5	6
7	6	0	7
	7	\0	

[문제 5]

235

```
#include 〈stdio.h〉
main( ) {
❶    int i, sum = 0;
❷    int a[10] = { 47,104,30,65,46,80,51,106,61,62 };




❸    for (i = 0; i 〈 10; i = i + 2)
❹        sum = sum + a[i];
```

정수형 변수 i와 sum을 선언하고 sum을 0으로 초기화한다.
10개의 요소를 갖는 정수형 배열 a를 선언하고 초기화한다.

배열 a	a[0]	a[1]	a[2]	a[3]	a[4]	a[5]	a[6]	a[7]	a[8]	a[9]
	47	104	30	65	46	80	51	106	61	62

반복 변수 i가 0부터 2씩 증가하면서 10보다 작은 동안 ❹번을 반복 수행한다.
sum에 a[i]의 값을 누적시킨다.

❺   printf("%d", sum);   sum의 값 **235**를 출력한다.

                                           결과 235

}

디버깅

i	a[i]	sum
		0
0	47	47
2	30	77
4	46	123
6	51	174
8	61	235
10		

[문제 6]

result : 17

```c
#include <stdio.h>
int main( )
{
❶    int map[5][5] = {
         1, 5, 6, 7, 8,
         2, 4, 6, 4, 9,
         1, 5, 7, 4, 2,
         2, 3, 4, 5, 5,
         5, 2, 4, 1, 1 };
❷    int i = 0, j = 0;
❸    int res = map[i][j];
❹    while(1)
     {
❺        if (i == 4 && j == 4) break;
❻        else if (i == 4) j++;
❼        else if (j == 4) i++;
❽        else if (map[i+1][j] >= map[i][j+1]) j++;
❾        else
             i++;
❿        res += map[i][j];
     }
⓫    printf("result : %d", res);
⓬    return 0;
}
```

❶ 5행 5열의 요소를 갖는 정수형 2차원 배열 map을 선언하고 초기화한다.

1	5	6	7	8
2	4	6	4	9
1	5	7	4	2
2	3	4	5	5
5	2	4	1	1

❷ 정수형 변수 i와 j를 선언하고 각각 0으로 초기화한다.
❸ 정수형 변수 res를 선언하고 map[i][j]의 값인 1로 초기화한다.
❹ while의 조건이 1, 즉 참이므로 ❺~❿을 무한 반복한다.
❺ i와 j가 모두 4이면, while문을 벗어나 ⓫번으로 이동한다.
❻ 그렇지 않고 i가 4이면 j의 값에 1을 누적시킨다.
❼ 그렇지 않고 j가 4이면 i의 값에 1을 누적시킨다.
❽ 그렇지 않고 map[i+1][j]가 map[i][j+1]보다 크거나 같으면 j의 값에 1을 누적시킨다.
❾ ❺~❽번 조건에 해당하지 않으면 i의 값에 1을 누적시킨다.
❿ 'res = res + map[i][j]'와 동일하다. res에 map[i][j]의 값을 누적시킨다.

반복문 실행에 따른 변수들의 변화는 다음과 같다.

i	j	map[i+1][j]	map[i][j+1]	map[i][j]	res
0	0	[1][0]=2	[0][1]=5	[0][0]=1	1
1				[1][0]=2	3
2		[2][0]=1	[1][1]=4	[2][0]=1	4
		[3][0]=2	[2][1]=5		
3				[3][0]=2	6
	1	[4][0]=5	[3][1]=3	[3][1]=3	9
4		[4][1]=2	[3][2]=4	[4][1]=2	11
	2			[4][2]=4	15
	3			[4][3]=1	16
	4			[4][4]=1	17

⓫ result : 를 출력한 후 res의 값 17을 정수로 출력한다.

결과 `result : 17`

⓬ main( ) 함수에서의 **return 0;**은 프로그램의 종료를 의미한다.

[문제 7]

916

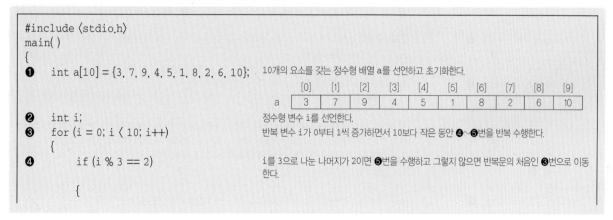

```
#include <stdio.h>
main( )
{
❶    int a[10] = {3, 7, 9, 4, 5, 1, 8, 2, 6, 10};     10개의 요소를 갖는 정수형 배열 a를 선언하고 초기화한다.

❷    int i;                                           정수형 변수 i를 선언한다.
❸    for (i = 0; i < 10; i++)                         반복 변수 i가 0부터 1씩 증가하면서 10보다 작은 동안 ❹~❺번을 반복 수행한다.
     {
❹        if (i % 3 == 2)                              i를 3으로 나눈 나머지가 2이면 ❺번을 수행하고 그렇지 않으면 반복문의 처음인 ❸번으로 이동한다.

         {
```

10개의 요소를 갖는 정수형 배열 a를 선언하고 초기화한다.

	[0]	[1]	[2]	[3]	[4]	[5]	[6]	[7]	[8]	[9]
a	3	7	9	4	5	1	8	2	6	10

❺   `printf("%d", a[i]);`

a[i]의 값을 정수로 출력한다.
반복문 실행에 따른 변수들의 변화는 다음과 같다.

i	i%3	a[i]	출력
0	0	3	
1	1	7	
2	2	9	9
3	0	4	
4	1	5	
5	2	1	91
6	0	8	
7	1	2	
8	2	6	916
9	0	10	
10			

```
            }
        }
}
```

[문제 8]

!moT ma I

```c
#include <stdio.h>
#include <string.h>
main( )
{
    int k, n;                          ❶
    char st[] = "I am Tom!";           ❷

    char temp;                         ❸
    n = strlen(st);                    ❹

    n--;                               ❺

    for (k = 0; k < n; k++)            ❻
    {
        temp = *(st + k);              ❼

        *(st + k) = *(st + n);         ❽
        *(st + n) = temp;              ❾

        n--;                           ❿
    }
    printf("%s\n", st);                ⓫
}
```

정수형 변수 k, n을 선언한다.
배열을 선언할 때 사용할 개수를 생략하고 초기값을 지정하면, 초기값으로 지정된 값의 수와 같은 크기의 배열이 선언되는데, 초기값이 문자열인 경우 널 문자가 들어가기 때문에 문자열의 크기보다 1 큰 배열이 만들어진다.
문자형 변수 temp를 선언한다.
strlen( )은 문자열의 길이를 구하는 함수이다. st가 가리키는 문자열, 즉 "I am Tom!"의 길이 9를 저장한다. strlen( ) 함수는 널 문자를 제외한 순수한 문자열의 길이만 구한다.
n의 값을 1 감소시킨다. C언어에서는 배열의 위치가 0부터 시작하므로 배열 st는 st[0]~st[8]까지 9개의 문자를 저장하게 된다. 즉 교환할 문자의 끝 위치는 8번째이므로 n을 1감소시키는 것이다.
반복 변수 k가 0에서 시작하여 1씩 증가하면서 n보다 작은 동안 ❼~❿번을 반복하여 수행하는데, ❿번에서 n이 1씩 감소하면서 문자의 끝 위치를 하나씩 앞으로 당긴다. 즉 ❼~❿번을 4회 반복한다.

temp에 배열 st가 가리키는 곳의 주소에서 k만큼 증가한(st가 문자형이므로 1Byte씩 증가) 주소가 가리키는 곳의 값(*(st+k))을 저장한다.
(st+k)가 가리키는 곳의 값을 (st+n)이 가리키는 곳의 값으로 치환한다.
(st+n)이 가리키는 곳의 값을 temp에 저장된 값으로 치환한다.
※ 결국 ❼~❾번은 temp 변수를 이용하여 (st+k)가 가리키는 곳의 값과 (st+n)이 가리키는 곳의 값을 서로 교환하는 것이다.
    k가 0, n이 8일 때, st[0]번과 st[8]번을 교환.   k가 1, n이 7일 때, st[1]번과 st[7]번을 교환,
    k가 2, n이 6일 때, st[2]번과 st[6]번을 교환.   k가 3, n이 5일 때, st[3]번과 st[5]번을 교환한다.
    총 4회 교환 작업을 하고 n과 k가 4가 되었을 때 반복문을 벗어난다.
n의 값을 1 감소시킨다.

%s는 문자열을 출력하는 서식 문자열이므로 배열 st에 저장되어 있는 문자열이 출력된다.

디버깅

k	n	Temp	*(st+k)	*(st+n)	st[]									
					st[0]	st[1]	st[2]	st[3]	st[4]	st[5]	st[6]	st[7]	st[8]	st[9]
	9				I		a	m		T	o	m	!	\0
0	8	I	!	I	I→!		a	m		T	o	m	!→I	\0
1	7			m	!→m		a	m		T	o	m→	I	\0
2	6	a	o	a	!	m→o	a	m		T	o→a		I	\0
3	5	m	T	m	!	m	o	m→T		T→m	a		I	\0
4	4				!	m	o	T		m	a		I	\0

Section **026**

[문제 1]

0

```c
#include <stdio.h>
int num;

int grow( )

main( ) {
①    printf("%d", num);

②    grow( );
} ⑤
③ grow( ) {
④    num = 16448000;

}
```

정수형 변수 num을 선언한다. main( ) 함수 밖에서 선언된 변수는 초기화하지 않으면 자동으로 0으로 초기화된다.

main( ) 함수에서 사용할 grow( ) 함수를 정의한다. main( ) 함수 이전에 사용할 함수의 형태만 미리 선언하여 컴파일러에게 알리는 것을 프로토타입이라고 한다.

num의 값 0을 출력한다.

결과 **0**

grow( ) 함수를 호출한다. ❸번으로 이동한다.

grow( ) 함수의 시작점이다.

num에 16448000을 저장한다. 함수가 종료되었으므로 함수를 호출했던 ❷번의 다음 줄인 ❺번으로 이동하여 프로그램을 종료한다.

```
#include <stdio.h>
#include <stdbool.h>

❺    bool numTest(int n) {
❻        int i = 2;
❼        if ( n < 2 ) return false;
❾        else if ( n == 2 ) return true;

❿        while(1)
         {
⓫            if ( n % i == 0 ) return false;
⓬            else if ( i * i > n ) break;
⓮            i++;
         }
⓭        return true;
     }

     int main( )
     {
❶        int j = 0;
❷        int res = 0;
❸        for (j = 1; j <= 20; j++)
         {
❹❽            if ( numTest(j) ) res += j;
         }
⓯        printf("%d", res);

⓰        return 0;
     }
```

모든 C언어 프로그램은 반드시 main( ) 함수에서 시작한다.
❶ 정수형 변수 j를 선언하고 0으로 초기화한다.
❷ 정수형 변수 res를 선언하고 0으로 초기화한다.
❸ 반복 변수 j가 1부터 1씩 증가하면서 20보다 작거나 같은 동안 ❹번을 반복 수행한다.

첫 번째 반복
❹ j의 값 1을 인수로 numTest( ) 함수를 호출한 결과가 참(true)이면 res에 j의 값을 누적시킨다.
❺ 논리값을 반환하는 numTest( ) 함수의 시작점이다. ❹번에서 전달받은 1을 n이 받는다.
❻ 정수형 변수 i를 선언하고 2로 초기화한다.
❼ n은 1이므로 2보다 작다. 조건을 만족하므로 논리값 false(거짓)를 반환하면서 ❽번으로 이동한다.
❽ ❼번에서 돌려받은 값이 false(거짓)이므로 'res += j;'를 수행하지 않고 ❸번으로 돌아가 j의 값을 1 증가시킨다.

두 번째 반복
❹ j의 값 2를 인수로 numTest( ) 함수를 호출한 결과가 참(true)이면 res에 j의 값을 누적시킨다.
❺ 논리값을 반환하는 numTest( ) 함수의 시작점이다. ❹번에서 전달받은 2를 n이 받는다.
❻ 정수형 변수 i를 선언하고 2로 초기화한다.
❼ n은 2이므로 2보다 작지 않다. 조건을 만족하지 않으므로 ❾번으로 이동한다.
❾ n은 2이므로 조건을 만족한다. 논리값 true(참)를 반환하면서 함수를 호출했던 ❽번으로 이동한다.

❽ ❾번에서 돌려받은 값이 true(참)이므로 res에 j를 누적한 후 ❸번으로 돌아가 j의 값을 1 증가시킨다.

  res에는 2가 저장된다.

세 번째 반복

❹ j의 값 3을 인수로 numTest( ) 함수를 호출한 결과가 참(true)이면 res에 j의 값을 누적시킨다.

❺ 논리값을 반환하는 numTest( ) 함수의 시작점이다. ❹번에서 전달받은 3을 n이 받는다.

❻ 정수형 변수 i를 선언하고 2로 초기화한다.

❼ n은 3이므로 ❼번과 ❾번 조건을 만족하지 않아 ❿번으로 이동한다.

❿ 조건이 참(1)이므로 break 또는 return을 만나 반복문을 탈출할 때까지 ⓫~⓮번을 무한 반복한다.

⓫ n의 값 3을 i의 값 2로 나눈 나머지가 1이므로 조건을 만족하지 않아 ⓬번으로 이동한다.

⓬ i의 값 2를 두 번 곱한 값 4는 n의 값 3보다 크므로 break 명령을 수행한다. 반복문을 탈출하여 ⓭번으로 이동한다.

⓭ 논리값 true(참)를 반환하면서 함수를 호출했던 ❽번으로 이동한다.

❽ ⓭번에서 돌려받은 값이 true(참)이므로 res에 j를 누적한 후 ❸번으로 돌아가 j의 값을 1 증가시킨다.

  res에는 5가 저장된다.

네 번째 반복

❹ j의 값 4를 인수로 numTest( ) 함수를 호출한 결과가 참(true)이면 res에 j의 값을 누적시킨다.

❺ 논리값을 반환하는 numTest( ) 함수의 시작점이다. ❹번에서 전달받은 4를 n이 받는다.

❻ 정수형 변수 i를 선언하고 2로 초기화한다.

❼ n은 4이므로 ❼번과 ❾번 조건을 만족하지 않아 ❿번으로 이동한다.

❿ 조건이 참(1)이므로 break 또는 return을 만나 반복문을 탈출할 때까지 ⓫~⓮번을 무한 반복한다.

⓫ n의 값 4를 i의 값 2로 나눈 나머지가 0이므로 논리값 false(거짓)를 반환하면서 함수를 호출했던 ❽번으로 이동한다.

❽ ⓫번에서 돌려받은 값이 false(거짓)이므로 'res += j;'를 수행하지 않고 ❸번으로 돌아가 j의 값을 1 증가시킨다.

다섯 번째 반복

❹ j의 값 5를 인수로 numTest( ) 함수를 호출한 결과가 참(true)이면 res에 j의 값을 누적시킨다.

❺ 논리값을 반환하는 numTest( ) 함수의 시작점이다. ❹번에서 전달받은 5를 n이 받는다.

❻ 정수형 변수 i를 선언하고 2로 초기화한다.

❼ n은 5이므로 ❼번과 ❾번 조건을 만족하지 않아 ❿번으로 이동한다.

❿ 조건이 참(1)이므로 break 또는 return을 만나 반복문을 탈출할 때까지 ⓫~⓮번을 무한 반복한다.

⓫ n의 값 5를 i의 값 2로 나눈 나머지가 1이므로 조건을 만족하지 않아 ⓬번으로 이동한다.

⓬ i의 값 2를 두 번 곱한 값 4는 n의 값 5보다 작으므로 ⓮번으로 이동한다.

⓮ 'i = i + 1;'과 동일하다. i의 값을 1 증가시킨 후 ⓫번으로 이동한다. i에는 3이 저장된다.

⓫ n의 값 5를 i의 값 3으로 나눈 나머지가 2이므로 조건을 만족하지 않아 ⓬번으로 이동한다.

⓬ i의 값 3을 두 번 곱한 값 9는 n의 값 5보다 크므로 break 명령을 수행한다. 반복문을 탈출하여 ⓭번으로 이동한다.

⓭ 논리값 true(참)를 반환하면서 함수를 호출했던 ❽번으로 이동한다.

❽ ⓭번에서 돌려받은 값이 true(참)이므로 res에 j의 값을 누적시킨 후 ❸번으로 돌아가 j의 값을 1 증가시킨다.

  res에는 10이 저장된다.

위의 과정을 통해 다음 사항들을 알 수 있다.
- numTest( ) 함수는 인수가 2보다 작으면 false를, 2면 true를 반환하고, 인수가 3 이상인 경우 인수를 2부터 1씩 증가하면서 나눴을 때 나머지가 0이 아니면 true를 반환하는 것으로 보아 소수를 찾는 함수임을 알 수 있다.
- ❽번에서 numTest(j)가 true(참)라는 것은 소수임을 의미하므로, res에는 1부터 20까지의 숫자 중에서 소수에 해당하는 값이 누적된다.

• 자세한 값의 변화는 다음 표를 통해 확인하자.

main( ) 함수		numTest( ) 함수			
j	res	n	i	n % i	반환값
0 1	0	1	2		false
2	2	2	2		true
3	5	3	2	1	true
4		4	2	0	false
5	10	5	2 3	1 2	true
6		6	2	0	false
7	17	7	2 3	1	true
⋮	⋮	⋮	⋮	⋮	⋮
11	28	11	2 3 4	1 2 3	true
⋮	⋮	⋮	⋮	⋮	⋮
13	41	13	2 3 4	1 1 1	true
⋮	⋮	⋮	⋮	⋮	⋮
17	58	17	2 3 4 5	1 2 1 2	true
⋮	⋮	⋮	⋮	⋮	⋮
19	77	19	2 3 4 5	1 1 3 4	true
20		20	2	0	false
21					

⓯ res의 값 **77**을 정수로 출력한다.

결과　77

⓰ 프로그램을 종료한다.

[문제 3]

12340

24130

31420

43210

00000

```
#include <stdio.h>
#define ArrSize 5                          숫자 5를 ArrSize로 정의한다. 프로그램 안에서 ArrSize는 숫자 5와 동일하게 쓰인다.

void into(int arr[ ], int gn, int ao);     사용할 into( ) 함수를 선언한다.
void PrintArr(int arr[ ]);                 사용할 PrintArr( ) 함수를 선언한다.
❻ void into(int arr[ ], int gn, int ao) {
❼     arr[ao] = gn;
  }

❾ void PrintArr(int arr[ ]) {
❿     int i;
⓫     for (i = 0; i < ArrSize; i++) {
⓬         printf("%d", arr[i]);
      }
⓭     printf("\n");
  }

  int main( ) {
❶     int arr[ArrSize];
❷     int i, j;
❸     for (i = 1; i < 6; i++) {
❹         for (j = 0; j < ArrSize; j++) {
❺             into(arr, (j + 1) * i % 5, j);
          }
❽         PrintArr(arr);
      }
⓮     return 0;
  }
```

모든 C 프로그램은 반드시 main( ) 함수에서 시작한다.
❶ ArrSize의 값인 5, 즉 5개의 요소를 갖는 정수형 배열 arr을 선언한다.

          [0]   [1]   [2]   [3]   [4]
  arr [| | | |]

❷ 정수형 변수 i와 j를 선언한다.
❸ 반복 변수 i가 1부터 1씩 증가하면서 6보다 작은 동안 ❹~❽번을 반복 수행한다. ❽번은 함수 호출문이므로 함수에서 수행되는 코드를 포함하면 반복문이 수행하는 반복문의 범위는 ❹~⓭번이 된다.
❹ 반복 변수 j가 0부터 1씩 증가하면서 ArrSize의 값인 5보다 작은 동안 ❺번을 반복 수행한다.
❺ 배열 arr의 시작 주소와 (j + 1) * i % 5, j의 값을 인수로 하여 into( ) 함수를 호출한다.
❻ into 함수의 시작점이다. ❺번에서 전달받은 값들을 배열 arr, gn, ao가 순서대로 받는다. into 함수의 수행 결과는 arr[j] = (j + i) * i % 5와 같다.
  ※ 배열의 이름은 배열의 시작 주소를 가리키므로, 인수로 전달하는 경우 함수에서 변경된 값이 main( ) 함수의 배열에도 적용된다는 점을 염두에 두세요.
❼ arr[ao]에 gn의 값을 저장한다. 메소드가 종료되었으므로 메소드를 호출했던 ❺번으로 이동하여 반복문을 계속 수행한다.
❽ 배열 arr의 시작 주소를 인수로 하여 PrintArr( ) 함수를 호출한다.
❾ PrintArr 함수의 시작점이다. ❽번에서 전달받은 주소를 배열 arr이 받는다.

⑩ 정수형 변수 i를 선언한다.
⑪ 반복 변수 i가 0부터 1씩 증가하면서 ArrSize의 값인 5보다 작은 동안 ⑫번을 반복 수행한다.
⑫ arr[i]의 값을 정수형으로 출력한다.
⑬ 한 줄을 띄운다.
⑭ 프로그램을 종료한다.
  ※ 반복문의 실행에 따른 변수들의 변화는 다음과 같다.

main( )			into( )		arr					PrintArr( )		
i	j	(j+1)*i%5	gn	ao	[0]	[1]	[2]	[3]	[4]	i	반복문 출력	전체 출력
1	0	(1)*1 % 5 = 1	1	0	1	2	3	4	0	0	1	12340
	1	(2)*1 % 5 = 2	2	1						1	12	
	2	(3)*1 % 5 = 3	3	2						2	123	
	3	(4)*1 % 5 = 4	4	3						3	1234	
	4	(5)*1 % 5 = 0	0	4						4	12340	
	5									5		
2	0	(1)*2 % 5 = 2	2	0	2	4	1	3	0	0	2	12340
	1	(2)*2 % 5 = 4	4	1						1	24	24130
	2	(3)*2 % 5 = 1	1	2						2	241	
	3	(4)*2 % 5 = 3	3	3						3	2413	
	4	(5)*2 % 5 = 0	0	4						4	24130	
	5									5		
3	0	(1)*3 % 5 = 3	3	0	3	1	4	2	0	0	3	12340
	1	(2)*3 % 5 = 1	1	1						1	31	24130
	2	(3)*3 % 5 = 4	4	2						2	314	31420
	3	(4)*3 % 5 = 2	2	3						3	3142	
	4	(5)*3 % 5 = 0	0	4						4	31420	
	5									5		
4	0	(1)*4 % 5 = 4	4	0	4	3	2	1	0	0	4	12340
	1	(2)*4 % 5 = 3	3	1						1	43	24130
	2	(3)*4 % 5 = 2	2	2						2	432	31420
	3	(4)*4 % 5 = 1	1	3						3	4321	43210
	4	(5)*4 % 5 = 0	0	4						4	43210	
	5									5		
5	0	(1)*5 % 5 = 0	0	0	0	0	0	0	0	0	0	12340
	1	(2)*5 % 5 = 0	0	1						1	00	24130
	2	(3)*5 % 5 = 0	0	2						2	000	31420
	3	(4)*5 % 5 = 0	0	3						3	0000	43210
	4	(5)*5 % 5 = 0	0	4						4	00000	00000
	5									5		
6												

[문제 4]

1011

```
int main( )
{
❶    int x = 11;
❷    printBin(x);
     return 0;
}
```

모든 C언어 프로그램은 반드시 main( ) 함수에서 시작한다.

❶ 정수형 변수 x를 선언하고 11로 초기화한다.

❷ x의 값 11을 인수로 하여 printBin(11) 함수를 호출한다.

```
❸    int printBin(int a)          //a는 11이다.
     {
❹        if (a == 0 | a == 1) printf("%d", a);
         else
         {
❺            printBin(a/2);
             printf("%d", a%2);
         }
     }
```

❸ 정수를 반환하는 printBin( ) 함수의 시작점이다. ❷번에서 전달받은 11을 a가 받는다.

❹ a가 0 또는 1이면 a의 값을 정수로 출력하고 그렇지 않으면 ❺번을 실행한다. a가 11이므로 ❺번을 실행한다.

❺ a/2의 값인 5를 인수로 하여 printBin(5) 함수를 호출한다.

```
❻    int printBin(int a)          //a는 5다.
     {
❼        if (a == 0 | a == 1) printf("%d", a);
         else
         {
❽            printBin(a/2);
             printf("%d", a%2);
         }
     }
```

❻ 정수를 반환하는 printBin( ) 함수의 시작점이다. ❺번에서 전달받은 5를 a가 받는다.

❼ a가 5이므로 ❽번을 실행한다.

❽ a/2의 값인 2를 인수로 하여 printBin(2) 함수를 호출한다.

```
❾    int printBin(int a)          //a는 2다.
     {
❿        if (a == 0 | a == 1) printf("%d", a);
         else
         {
⓫            printBin(a/2);
             printf("%d", a%2);
         }
     }
```

❾ 정수를 반환하는 printBin( ) 함수의 시작점이다. ❽번에서 전달받은 2를 a가 받는다.

❿ a가 2이므로 ⓫번을 실행한다.

⓫ a/2의 값인 1을 인수로 하여 printBin(1) 함수를 호출한다.

```
⓬   int printBin(int a)          //a는 1이다.
    {
⓭       if (a == 0 | a == 1) printf("%d", a);
        else
        {
            printBin(a/2);
            printf("%d", a%2);
        }
    }
```

⓬ 정수를 반환하는 printBin( ) 함수의 시작점이다. ⓫번에서 전달받은 1을 a가 받는다.

⓭ a가 1이므로 1을 출력한 후 제어를 printBin(1)을 호출했던 ⓫번 아래 문장인 ⓮번으로 옮긴다.

결과   `1`

```
❾   int printBin(int a)          //a는 2다.
    {
❿       if (a == 0 | a == 1) printf("%d", a);
        else
        {
⓫           printBin(a/2);
⓮           printf("%d", a%2);
        }
    }
```

⓮ printBin(1)을 호출할 때 a는 2였으므로 a%2의 값인 0을 출력한 후 제어를 printBin(2)를 호출했던 ❽번 아래 문장인 ⓯번으로 옮긴다.

결과   `10`

```
❻   int printBin(int a)          //a는 5다.
    {
❼       if (a == 0 | a == 1) printf("%d", a);
        else
        {
❽           printBin(a/2);
⓯           printf("%d", a%2);
        }
    }
```

⓯ printBin(2)를 호출할 때 a는 5였으므로 a%2의 값인 1을 출력한 후 제어를 printBin(5)를 호출했던 ❺번 아래 문장인 ⓰번으로 옮긴다.

결과   `101`

```
❸  int printBin(int a)           //a는 11이다.
   {
❹     if (a == 0 | a == 1) printf("%d", a);
       else
       {
❺         printBin(a/2);
❻         printf("%d", a%2);
       }
   }
```

❻ printBin(5)를 호출할 때 a는 11이었으므로 a%2의 값인 1을 출력한 후 제어를 printBin(11)을 호출했던 ❷번 아래 문장인 ❼번으로 옮긴다.

결과 `1011`

```
int main()
{
❶     int x = 11;
❷     printBin(x);
❼     return 0;
}
```

❼ main( ) 함수에서의 **return 0;**은 프로그램의 종료를 의미한다.

[문제 5]

58

```
main( ) {
❶     printf("%d", hrdcompare(10, 23) + hrdcompare(35, 19));
}
```

❶ 10과 23을 인수로 hrdcompare 함수를 호출한 다음 돌려받은 값과, 35와 19를 인수로 hrdcompare 함수를 호출한 다음 돌려받은 값을 더하여 화면에 출력한다.

```
❷ hrdcompare(int num1, int num2) {
❸    if (num1 > num2)
          return num1;
      else
❹        return num2;
}
```

❷ hrdcompare 함수의 시작점이다. ❶번에서 전달받은 값 10과 23을 각각 num1과 num2가 받는다.
❸ num1의 값 10이 num2의 값 23보다 크지 않으므로 ❹번으로 이동한다.
❹ num2의 값 23을 반환한다. ❶번의 hrdcompare(10, 23)의 값은 23이 된다.

```
❺ hrdcompare(int num1, int num2) {
❻    if (num1 > num2)
❼        return num1;
      else
          return num2;
}
```

❺ hrdcompare 함수의 시작점이다. ❶번에서 전달받은 값 35와 19를 각각 num1과 num2가 받는다.
❻ num1의 값 35가 num2의 값 19보다 크므로 ❼번으로 이동한다.

❼ num1의 값 35를 반환한다. ❶번의 hrdcompare(35, 19)의 값은 35가 된다.

```
main( ) {
❽    printf("%d", hrdcompare(10, 23) + hrdcompare(35, 19));
}
```

❽ hrdcompare(10, 23)의 값 23과 hrdcompare(35, 19)의 값 35를 더한 **58**을 화면에 출력한다.

결과   `58`

[문제 1]

6

```
#include 〈stdio.h〉
main( ) {
    int a = 12, b = 8, c = 2, d = 3;
    a /= b++ − c * d;          연산식이 복잡할 때는 우선순위에 맞게 괄호로 묶은 다음 계산하면 쉽다. 연산자의 우선순위가 같을 때는 좌에서 우로, 대입 연
                               산자는 우선순위가 가장 낮다.
                               a = a / (b++ − (c * d))
                                 = 12 / (8 − (2 * 3))
                                 = 6
                               ※ b++는 후치 연산이므로 연산에 참여한 후 1을 증가시킨다.
    printf("%d", a);           결과  6
}
```

[문제 2]

KOREA

```
#include 〈stdio.h〉
#define func1 0                func1을 상수 0으로 정의하는 명령문이다.
#define func2 1                func2를 상수 1로 정의하는 명령문이다.
main( ) {
❶    int num = 83;            정수형 변수 num을 선언하고 83으로 초기화한다.
❷    if (num % 2 == func1)    num을 2로 나눈 나머지가 func1과 같으면 다음 줄로 이동하고 아니면 ❸번으로 이동한다. num의
                              값 83을 2로 나눈 나머지 1은 func1인 0과 같지 않으므로 ❸번으로 이동한다.
         printf("HRD");
❸    else if (num % 2 == func2)    num을 2로 나눈 나머지가 func2와 같으면 ❹번으로 이동하고 아니면 else문으로 이동한다. num
                              의 값 83을 2로 나눈 나머지 1은 func2인 1과 같으므로 ❹번으로 이동한다.
❹        printf("KOREA");     KOREA를 출력한 후 if문을 벗어나 ❺번으로 이동한다.
                              결과   KOREA
     else
         printf("1644 − 8000");
} ❺                          프로그램을 종료한다.
```

[문제 3]

예약어

[문제 4]

4

```
#include <stdio.h>
main( ) {
❶    int a[5] = {5, 4, 3, 2, 1};


❷    int i = 4, sum = 0;
❸    do {
❹        a[i] = a[i] % 3;
❺        sum = sum + a[i];
❻        i--;
❼    } while (i > 0);




❽    printf("%d", sum);

}
```

5개의 요소를 갖는 정수형 배열 a를 선언하고 초기화한다.

	[0]	[1]	[2]	[3]	[4]
a	5	4	3	2	1

정수형 변수 i와 sum을 선언하고 i를 4로, sum을 0으로 초기화한다.
do~while 반복문의 시작점이다. ❹~❻번 문장을 반복 수행한다.
a[i]를 3으로 나눈 나머지를 a[i]에 저장한다.
sum에 a[i]의 값을 누적시킨다.
'i = i − 1;'과 동일하다. i의 값을 1씩 감소시킨다.
i가 0보다 큰 동안 ❹~❻번 문장을 반복 수행한다.
반복문 실행에 따른 변수들의 변화는 다음과 같다.

a					i	a[i]%3	sum
[0]	[1]	[2]	[3]	[4]	4	1	0
5	4	3	2	1	3	2	1
	1	0	2	1	2	0	3
					1	1	3
					0		4

sum의 값을 정수로 출력한다.

결과 4

[문제 5]

Num1=240

Num2=250

※ **답안 작성 시 주의 사항** : 프로그램의 실행 결과는 부분 점수가 없으므로 정확하게 작성해야 합니다. 예를 들어, 출력값들을 쉼표나 공백으로 구분하여 Num1=240, Num2=250 또는 Num1=240 Num2=250과 같이 썼을 경우 부분 점수 없이 완전히 틀린 것으로 간주됩니다.

```
#include <stdio.h>
int main( )
{
❶    int* pnum, Num1 = 200, Num2 = 300;
❷    pnum = &Num1;
❸    (*pnum) += 40;
❹    pnum = &Num2;
❺    (*pnum) -= 50;
❻    printf("Num1=%d\nNum2=%d", Num1, Num2);
}
```

❶ 정수형 포인터 변수 pnum과 정수형 변수 Num1, Num2를 선언한다. Num1과 Num2를 각각 200과 300으로 초기화한다.

❷ Num1의 주소를 포인터 변수 pnum에 기억시킨다. (다음 그림에서 지정한 주소는 임의로 정한 것이며, 이해를 돕기 위해 10진수로 표현했다.)

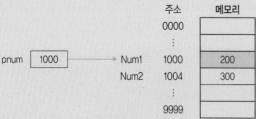

❸ '(*pnum) = (*pnum) + 40;'과 동일하다. pnum이 가리키는 곳의 값에 40을 더한다. pnum은 Num1의 주소를 가지고 있으므로 pnum이 가리키는 곳의 값인 Num1의 값 200에 40이 더해진다.

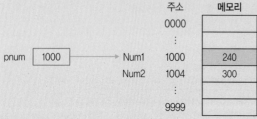

❹ Num2의 주소를 포인터 변수 pnum에 기억시킨다.

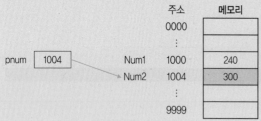

❺ '(*pnum) = (*pnum) − 50;'과 동일하다. pnum이 가리키는 곳의 값에서 50을 뺀다. pnum은 Num2의 주소를 가지고 있으므로 pnum이 가리키는 곳의 값인 Num2의 값 300에서 50이 감소된다.

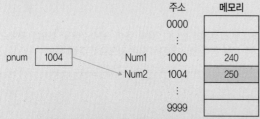

❻ 문자열 Num1=과 변수 Num1의 값 240을 출력하고, 커서를 다음 줄의 처음으로 옮긴다. 이어서 문자열 Num2=와 변수 Num2의 값 250을 출력한다.

결과
```
Num1=240
Num2=250
```

[문제 6]

① 1   ② n−2

[피보나치 수의 정의]

피보나치 수는 0과 1로 시작하며, 다음 피보나치 수는 바로 앞의 두 피보나치 수의 합이 된다.

0, 1, 1, 2, 3, 5, 8, 13, 21, 34, 55, 89, 144, 233, 377, 610, 987, 1597, 2574, …

Fibonacci(n)
 - if n=0, 0 : n이 0이면 0을 반환
 - if n=1, 1 : n이 1이면 1을 반환
 - others, Fibonacci(n-2) + Fibonacci(n-1) : 그 외에는 바로 앞의 두 수의 합을 반환

```
int main(void) {
❶    int i=0;
❷    for(i=0; i<10; i++)
❸        printf("%d ", Fibonacci(i));
     return 0;
}
```

모든 C 프로그램은 반드시 main( ) 함수부터 시작해야 한다.

❶ 정수형 변수 i를 선언하고, i의 초기값으로 0을 할당한다.

❷ 반복 변수 i가 0에서 시작하여 1씩 증가하면서 10보다 작은 동안 ❸번 문장을 반복한다. 즉 ❸번 문장을 10회 반복한다.

❸ i의 값을 인수로 하여 Fibonacci( ) 함수를 호출한 다음 돌려받은 값을 정수형으로 출력한다. 처음에는 i가 0이므로 Fibonacci(0) 함수를 호출한다.

```
int Fibonacci(int n) {
❶    if ( n == 0 )
❷        return 0;
     else if ( n == 1 )
         return 1;
     else
         return Fibonacci(n-2) + Fibonacci(n-1);
}
```

Fibonacci( ) 함수가 호출될 때 0을 전달받았으므로 n은 0이다. ❶의 조건을 만족하므로 ❷를 수행한다. 반환값 0을 가지고 Fibonacci(0) 함수를 호출했던 main( ) 함수로 제어를 옮긴다.

```
int main(void) {
     int i=0;
❷    for(i=0; i<10; i++)
❶❸        printf("%d ", Fibonacci(i));
     return 0;
}
```

❶ Fibonacci( ) 함수에서 돌려받은 값 0을 출력한다.   결과 0

❷ i의 값을 1증가 시킨 후 최종값과 비교한다. i값 1은 10보다 작으므로 ❸번 문장을 수행한다.

❸ i의 값을 인수로 하여 Fibonacci( ) 함수를 호출한 다음 돌려받은 값을 정수형으로 출력한다. i가 1이므로 Fibonacci(1) 함수를 호출한다.

```
int Fibonacci(int n) {
     if ( n == 0 )
         return 0;
❶    else if ( n == 1 )
❷        return 1;
     else
         return Fibonacci(n-2) + Fibonacci(n-1);
}
```

Fibonacci( ) 함수가 호출될 때 1을 전달받았으므로 n은 1이다. ❶의 조건을 만족하므로 ❷를 수행한다. 반환값 1을 가지고 Fibonacci(1) 함수를 호출했던 main( ) 함수로 제어를 옮긴다.

```
int main(void) {
    int i=0;
❷   for(i=0; i<10; i++)
❶❸      printf("%d ", Fibonacci(i));
    return 0;
}
```

❶ Fibonacci( ) 함수에서 돌려받은 값 **1**을 출력한다.   결과 `0 1`

❷ i의 값을 1 증가 시킨 후 최종값과 비교한다. i값 2는 10보다 작으므로 ❸번 문장을 수행한다.

❸ i 값을 인수로 하여 Fibonacci( ) 함수를 호출한 다음 돌려받은 값을 정수형으로 출력한다. i가 2이므로 Fibonacci(2) 함수를 호출한다.

i가 0일 때는 Fibonacci(0) 함수를 호출하여 리턴값이 0이고, i가 1일 때는 Fibonacci(1) 함수를 호출하여 리턴값이 1이라는 것을 이해했다. 나머지 과정은 자신이 자신을 호출하는 재귀 함수를 이용하는 데, 앞에서 이해한 Fibonacci(0), Fibonacci(1)의 결과를 사용하면 된다. 코드는 앞에서 이해한 내용이 반복되므로 이제부터는 두 수의 합으로 피보나치 수가 만들어지는 과정을 개괄적인 그림과 변수들의 변화 표로 설명하겠다.

i=2일 때, Fibonacci(2) 함수를 호출하며 n은 2이다.

```
int Fibonacci(int n) {
    if ( n == 0 )
        return 0;
    else if ( n == 1 )
        return 1;
❶   else
❷       return Fibonacci(n-2) + Fibonacci(n-1);
}
```

❶의 조건에 해당되므로 ❷번 문장, 즉 'Fibonacci(0) + Fibonacci(1)'을 수행한 후 결과를 반환한다.

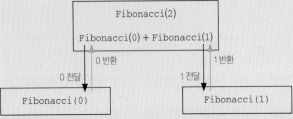

• Fibonacci(n − 2) + Fibonacci(n − 1)은 0 + 1이므로 1을 반환한다.

• main( ) 함수에서는 Fibonacci(2) 함수를 호출하여 **1**을 돌려받으므로 최종적인 출력 결과는 다음과 같다.

결과 `0 1 1`

i=3일 때, Fibonacci(3) 함수를 호출하며 n은 3이다.

n이 3이므로 Fibonacci(1) + Fibonacci(2)를 수행한 후 결과를 반환한다.

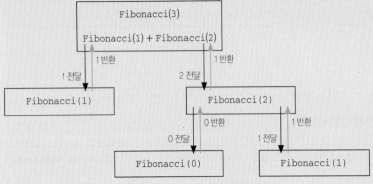

• Fibonacci(n − 2) + Fibonacci(n − 1)은 1 + 1이므로 2를 반환한다.

- main( ) 함수에서는 Fibonacci(3) 함수를 호출하여 **2**를 돌려받으므로 최종적인 출력 결과는 다음과 같다.

결과 `0 1 1 2`

i=4일 때, Fibonacci(4) 함수를 호출하며 n은 4이다.

n이 4이므로 Fibonacci(2) + Fibonacci(3)을 수행한 후 결과를 반환한다.

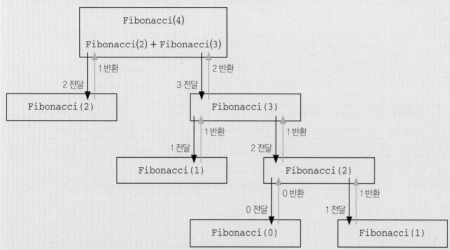

- Fibonacci(n − 2) + Fibonacci(n − 1)은 1 + 2이므로 3을 반환한다.
- main( ) 함수에서는 Fibonacci(4) 함수를 호출하여 **3**을 돌려받으므로 최종적인 출력 결과는 다음과 같다.

결과 `0 1 1 2 3`

i=5일 때, Fibonacci(5) 함수를 호출하며 n은 5이다.

n이 5이므로 Fibonacci(3) + Fibonacci(4)를 수행한 후 결과를 반환한다.

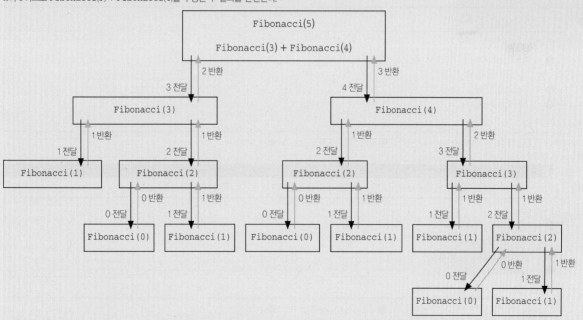

- Fibonacci(n − 2) + Fibonacci(n − 1)은 2 + 3이므로 5를 반환한다.
- main( ) 함수에서는 Fibonacci(5) 함수를 호출하여 **5**를 돌려받으므로 최종적인 출력 결과는 다음과 같다.

결과 `0 1 1 2 3 5`

이후 과정도 앞에서 살펴본 과정의 반복이다. main( ) 함수의 i 값이 10이 될 때까지 모두 수행해 보자.

디버깅

i	함수 호출	n	Fibonacci( ) 함수 리턴값	출력
0	Fibonacci(0)	0	0	0
1	Fibonacci(1)	1	1	1
2	Fibonacci(2)	2	Fibonacci(n–2) + Fibonacci(n–1) = Fibonacci(0) + Fibonacci(1) = 0 + 1	1
3	Fibonacci(3)	3	Fibonacci(n–2) + Fibonacci(n–1) = Fibonacci(1) + Fibonacci(2) = 1 + 1	2
4	Fibonacci(4)	4	Fibonacci(n–2) + Fibonacci(n–1) = Fibonacci(2) + Fibonacci(3) = 1 + 2	3
5	Fibonacci(5)	5	Fibonacci(n–2) + Fibonacci(n–1) = Fibonacci(3) + Fibonacci(4) = 2 + 3	5
6	Fibonacci(6)	6	Fibonacci(n–2) + Fibonacci(n–1) = Fibonacci(4) + Fibonacci(5) = 3 + 5	8
7	Fibonacci(7)	7	Fibonacci(n–2) + Fibonacci(n–1) = Fibonacci(5) + Fibonacci(6) = 5 + 8	13
8	Fibonacci(8)	8	Fibonacci(n–2) + Fibonacci(n–1) = Fibonacci(6) + Fibonacci(7) = 8 + 13	21
9	Fibonacci(9)	9	Fibonacci(n–2) + Fibonacci(n–1) = Fibonacci(7) + Fibonacci(8) = 13 + 21	34
10				

[문제 7]

5 4 3 2 1

```
main( ) {
❶    hrd(5);
     return 0;
}
```

❶ 5를 인수로 하여 hrd 함수를 호출한다.

```
hrd(num) {
❷    if (num <= 0)
          return;
❸    printf("%d ", num);
❹    hrd(num–1);
}
```
①회

hrd 함수가 호출될 때 5를 전달받았으므로 num은 5이다. ❷의 조건을 만족하지 않으므로 ❸을 수행한다.
❸ num의 값 5를 출력하고 한 칸을 띄운다.

결과   5

❹를 수행하기 위해 hrd 함수를 호출하는데, 호출할 때 전달되는 값은 num–1이므로 hrd(4)인 상태로 호출된다.

```
hrd(num) {
❺    if (num <= 0)
          return;
❻    printf("%d ", num);
❼    hrd(num–1);
}
```
②회

hrd 함수가 호출될 때 4를 전달받았으므로 num은 4이다. ❺의 조건을 만족하지 않으므로 ❻을 수행한다.
❻ num의 값 4를 출력하고 한 칸을 띄운다.

결과   5 4

❼을 수행하기 위해 hrd 함수를 호출하는데, 호출할 때 전달되는 값은 num–1이므로 hrd(3)인 상태로 호출된다.

```
   hrd(num) {
❽     if (num <= 0)
          return;
❾     printf("%d ", num);
❿     hrd(num-1);
   }
```
③회

hrd 함수가 호출될 때 3을 전달받았으므로 num은 3이다. ❽의 조건을 만족하지 않으므로 ❾를 수행한다.
❾ num의 값 3을 출력하고 한 칸을 띄운다.

결과 `5 4 3`

❿을 수행하기 위해 hrd 함수를 호출하는데, 호출할 때 전달되는 값은 num-1이므로 hrd(2)인 상태로 호출된다.

```
   hrd(num) {
⓫     if (num <= 0)
          return;
⓬     printf("%d ", num);
⓭     hrd(num-1);
   }
```
④회

hrd 함수가 호출될 때 2를 전달받았으므로 num은 2이다. ⓫의 조건을 만족하지 않으므로 ⓬를 수행한다.
⓬ num의 값 2를 출력하고 한 칸을 띄운다.

결과 `5 4 3 2`

⓭을 수행하기 위해 hrd 함수를 호출하는데, 호출할 때 전달되는 값은 num-1이므로 hrd(1)인 상태로 호출된다.

```
   hrd(num) {
⓮     if (num <= 0)
          return;
⓯     printf("%d ", num);
⓰     hrd(num-1);
   }
```
⑤회

hrd 함수가 호출될 때 1을 전달받았으므로 num은 1이다. ⓮의 조건을 만족하지 않으므로 ⓯를 수행한다.
⓯ num의 값 1을 출력하고 한 칸을 띄운다.

결과 `5 4 3 2 1`

⓰을 수행하기 위해 hrd 함수를 호출하는데, 호출할 때 전달되는 값은 num-1이므로 hrd(0)인 상태로 호출된다.

```
   hrd(num) {
⓱     if (num <= 0)
⓲         return;
          printf("%d ", num);
          hrd(num-1);
   }
```
⑥회

hrd 함수가 호출될 때 0을 전달받았으므로 num은 0이다. ⓱의 조건을 만족하므로 ⓲를 수행한다.
return;이므로 함수의 실행을 종료하고 반환값 없이 제어를 ⑤회 hrd(0) 함수를 호출했던 곳으로 옮긴다.

```
   hrd(num) {
⓮     if (num <= 0)
          return;
⓯     printf("%d ", num);
⓰     hrd(num-1);
   } ⓳
```
⑤회

⓳ 함수의 실행을 종료하고 반환값 없이 제어를 ④회 hrd(1) 함수를 호출했던 곳으로 옮긴다.

```
hrd(num) {
⓫    if (num <= 0)
          return;
⓬    printf("%d ", num);
⓭    hrd(num-1);
④회 } ⓴
```

⓴ 함수의 실행을 종료하고 반환값 없이 제어를 ③회 hrd(2) 함수를 호출했던 곳으로 옮긴다.

```
hrd(num) {
❽    if (num <= 0)
          return;
❾    printf("%d ", num);
❿    hrd(num-1);
③회 } ㉑
```

㉑ 함수의 실행을 종료하고 반환값 없이 제어를 ②회 hrd(3) 함수를 호출했던 곳으로 옮긴다.

```
hrd(num) {
❺    if (num <= 0)
          return;
❻    printf("%d ", num);
❼    hrd(num-1);
②회 } ㉒
```

㉒ 함수의 실행을 종료하고 반환값 없이 제어를 ①회 hrd(4) 함수를 호출했던 곳으로 옮긴다.

```
hrd(num) {
❷    if (num <= 0)
          return;
❸    printf("%d ", num);
❹    hrd(num-1);
①회 } ㉓
```

㉓ 함수의 실행을 종료하고 반환값 없이 제어를 처음 hrd(5) 함수를 호출했던 곳으로 옮긴다.

```
main( ) {
❶    hrd(5);
㉔    return 0;
}
```

㉔ main 함수에서 **return 0;**는 프로그램 종료를 의미한다.

[문제 8]

KORE

※ **답안 작성 시 주의 사항** : 프로그램의 실행 결과는 부분 점수가 없으므로 정확하게 작성해야 합니다. 예를 들어 출력값 사이에 콤마를 넣어 K, O, R, E로 썼을 경우 부분 점수 없이 완전히 틀린 것으로 간주됩니다.

이 문제는 코드를 번역하는 컴파일러의 버전이나 개발 환경에 따라 코드 오류로 프로그램이 실행조차 되지 않거나, KOREA라는 결과를 출력할 수 있습니다. 하지만 출제자의 의도에 따라 str 배열의 요소 수만큼의 글자가 출력될 것이라고 가정하고 문제를 해결해야 합니다.

```
int main(int argc, char* argv[]) {
❶    int i;                              정수형 변수 i를 선언한다.
❷    char str[4];                        4개의 요소를 갖는 문자형 배열 str을 선언한다.

❸    str[0] = 'K';                       str[0]에 'K'를 저장한다.
❹    str[1] = 'O';                       str[1]에 'O'를 저장한다.
❺    str[2] = 'R';                       str[2]에 'R'을 저장한다.
❻    str[3] = 'E';                       str[3]에 'E'를 저장한다.
❼    str[4] = 'A';                       str[4]에 'A'를 저장해야 하지만, str 배열은 str[0]부터 str[3]까지 4개의 요소만을 가지므로 'A'
                                         는 저장되지 못한다.

❽    for (i = 0; i < 5; i++) {           반복 변수 i가 0부터 1씩 증가하면서 5보다 작은 동안 ❾번을 반복 수행한다.
❾        printf("%c", str[i]);           str[i]를 문자로 출력한다.
    }
❿    return 0;                           프로그램을 종료한다.
}
```

디버깅

	str[0]	str[1]	str[2]	str[3]
배열 str	K	O	R	E

i	str[i]	출력
0	K	K
1	O	KO
2	R	KOR
3	E	KORE
4		
5		

[문제 9]

9*7*5*3*1

```
#include <stdio.h>
main( ) {
❶    for (int i = 9; i > 0; i--) {         반복 변수 i가 9부터 1씩 감소하면서 0보다 큰 동안 ❷~❽번을 반복 수행한다.
❷        switch(i % 2) {                   i를 2로 나눈 나머지에 해당하는 숫자를 찾아간다.
❸        case 1:                           'i%2'가 1일 경우 찾아오는 곳이다.
❹            printf("%d", i);              i의 값을 정수로 출력한다.
❺            break;                        switch문을 벗어나 반복문의 처음인 ❶번으로 이동한다.
❻        default:                          case 1에 해당되지 않는 경우 찾아오는 곳이다.
❼            printf("*");                  *을 출력한다.
❽            break;                        switch문을 벗어나 반복문의 처음인 ❶번으로 이동한다.
         }
     }
❾    return 0;                             프로그램을 종료한다.
}
```

디버깅

i	i%2	출력
9	1	9
8	0	9*
7	1	9*7
6	0	9*7*
5	1	9*7*5
4	0	9*7*5*
3	1	9*7*5*3
2	0	9*7*5*3*
1	1	9*7*5*3*1
0		

[문제 10]

5, −5

```
#include <stdio.h>
main( ) {
    int a, b = 10;
    for (a = 0; a < 5; ++a, b -= a);


    printf("%d, %d", a, b);


}
```

반복문 for는 for(식1; 식2; 식3)와 같이 초기값, 최종값, 증가값으로 사용할 식을 '식1', '식2', '식3'에 적는데, 여기서는 증가값을 지정하는 '식3' 자리에 수식 두 개가 콤마(,) 연산자로 나열되어 있다. 이건 나열된 두 식을 차례대로 수행하라는 의미이므로 '++a'와 'b -= a'를 순서대로 수행한 후 '식2'를 확인한다.

결과 5, −5

주의할 점은 반복문을 벗어날 때 반복 변수는 'a < 5'의 결과가 거짓이 되도록 증가한 후 빠져 나간다는 것이다. 여기서는 a가 5보다 작은 동안에는 반복문을 수행하고, a가 1 증가하여 5가 되었을 때 'b -= a'를 수행한 다음 반복문을 탈출한다.

디버깅

a	b
0	10
1	9
2	7
3	4
4	0
5	−5

[문제 11]

산술 연산자, 관계 연산자, 논리 연산자

[문제 12]

24 12 6 3 3

```
#include <stdio.h>
main( ) {
    int numAry[ ] = { 0,0,0,0,3 };
```
배열을 선언할 때 사용할 개수를 생략하고 초기값을 지정하면, 초기값으로 지정된 값의 수와 같은 크기의 배열이 선언된다.

	첫 번째	두 번째	세 번째	네 번째	다섯 번째
배열 numAry	0	0	0	0	3
	numAry[0]	numAry[1]	numAry[2]	numAry[3]	numAry[4]

```
    int i, j;
    for (j = 4; j >= 0; --j)
        for (i = 4; i > j; --i)
            numAry[j] += numAry[i];
    for (j = 0; j < 5; ++j)
        printf("%d ", numAry[j]);
}
```
numAry[j]의 값을 출력한다.

디버깅

j	i	numAry[i]	numAry[j]	numAry[j] += numAry[i]	배열 numAry	출력
4	4					
3	4	3	0	3		
	3					
2	4	3	0	3		
	3	3	3	6		
	2					
1	4	3	0	3	0 0 0 0 3	
	3	3	3	6	3 3 3 3	
	2	6	6	12	6 6 6	24 12 6 3 3
	1				12 12	
					24	
0	4	3	0	3		
	3	3	3	6		
	2	6	6	12		
	1	12	12	24		
	0					
−1						

[문제 13]

ABcDeF!

```
#include ⟨stdio.h⟩
#include ⟨string.h⟩
#include ⟨stdlib.h⟩

    int main( )
    {
❶       char a[ ] = "A B c D e F!";
❷       delBl(a);
❸       printf("%s", a);
❹       return 0;
    }

❸   void delBl(char a[ ])
    {
❹       int len = strlen(a);
❺       char* str = (char*)malloc(sizeof(char) * len);
❻       int i, k = 0;

❼       for(i = 0; i ⟨ len; i++)
        {
❽           if (a[i] != ' ')
❾               str[k++] = a[i];
        }
❿       str[k] = '\0';
⓫       strcpy(a, str);
⓬       free(str);
    }
```

모든 C 프로그램은 반드시 main( ) 함수에서 시작한다.

❶ 16개의 요소를 갖는 문자형 배열 a를 선언한다. 개수를 지정하지 않았으므로, 초기값으로 지정된 수만큼 배열의 요소가 만들어진다.

	[0]	[1]	[2]	[3]	[4]	[5]	[6]	[7]	[8]	[9]	[10]	[11]	[12]	[13]	[14]	[15]
a	A		B		c			D		e			F		!	

❷ 배열 a의 시작 주소를 인수로 하여 delBl( ) 함수를 호출한다.

❸ delBl 함수의 시작점이다. ❷번에서 전달받은 주소를 배열 a가 받는다.

❹ 정수형 변수 len을 선언하고, a 배열에 저장된 문자열, 즉 "A B c D e F!"의 길이인 16을 저장한다.
 • strlen( ) : 문자열의 길이를 구하는 함수이다.

❺ malloc 함수가 메모리에서 char 자료형의 크기 * 16, 즉 16Byte의 빈 영역을 찾아 할당한 다음 그 영역의 시작 주소를 포인터 변수 str에 저장한다. 이제 str은 할당된 공간의 시작 주소를 가리킨다. (malloc 함수가 동적으로 할당하는 것이므로 여기서 지정한 주소 1000은 임의로 정한 것이며, 이해를 돕기 위해 주소를 10진수로 표현했다.)

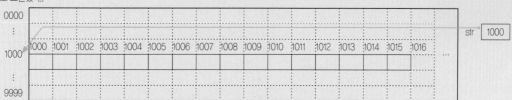

❻ 정수형 변수 i와 k를 선언하고 k를 0으로 초기화한다.

❼ 반복 변수 i가 0부터 1씩 증가하면서 16보다 작은 동안 ❽∼❾번을 반복 수행한다.

❽ a[i]의 값이 ' '(공백)이 아니면 ❾번 문장을 수행한다.

❾ a[i]의 값을 str[k]에 저장한다. k++은 후치 증가 연산자이므로 str[k]에 값이 저장된 후 1 증가한다.

반복문 실행에 따른 변수들의 변화는 다음과 같다.

i	a[i]	k	a 배열 / str 배열
		0	
0	A	1	
1			
2	B	2	
3			
4	c	3	
5			a 배열: [0]A [2]B [4]c [7]D [9]e [12]F [14]!
6			
7	D	4	
8			
9	e	5	
10			
11			str 배열: [0]A [1]B [2]c [3]D [4]e [5]F [6]!
12	F	6	
13			
14	!	7	
15			
16			

❿ str[k]에 \0(널 문자)을 저장한다. 널 문자(\0)는 문자열의 끝을 알리는 용도이다.

	[0]	[1]	[2]	[3]	[4]	[5]	[6]	[7]	[8]	[9]	[10]	[11]	[12]	[13]	[14]	[15]
str	A	B	c	D	e	F	!	\0								

⓫ 문자열 배열 str을 문자열 배열 a에 복사한다.
- strcpy(a, b) : 문자 배열 a에 문자 배열 b의 값을 복사한다.

	[0]	[1]	[2]	[3]	[4]	[5]	[6]	[7]	[8]	[9]	[10]	[11]	[12]	[13]	[14]	[15]
a	A	B	c	D	e	F	!	\0								

⓬ str이 가리키고 있는 메모리 공간을 해제한다. 즉 str이 가리키고 있는 1000 번지부터 할당된 16Byte 공간을 해제한다.
- free( ) : malloc( ) 함수에 의해 동적으로 할당된 메모리를 해제한다.

⓭ 배열 a에 저장된 문자열을 출력한다.

결과　ABcDeF!

⓮ main( ) 함수에서의 **return 0;**은 프로그램의 종료를 의미한다.

[문제 14]

!= 또는 >

※ **답안 작성 시 주의 사항** : C언어에서 사용하는 형식에 맞게 정확히 작성해야 합니다. '같지 않다'는 표현을 '〈〉'으로 하지 않도록 주의하세요.

문제의 코드는 5개의 값을 배열 a로 입력받은 후 각 수를 2로 나눈 나머지가 0이 아닌 수의 개수를 출력하는 프로그램입니다.

```
#include 〈stdio.h〉
 main( ) {
    int i, a[5], cnt = 0;
❶ for (i = 0; i 〈 5; i++)
❷    scanf("%d", &a[i]);
❸ for (i = 0; i 〈 5; i++) {
❹    if (a[i] % 2 != 0)
❺       cnt = cnt + 1;
    }
❻ printf("홀수의 개수 : %d개", cnt);
 }
```

정수형 변수 i, cnt와 5개의 요소를 갖는 배열 a를 선언하고 cnt를 0으로 초기화한다.
반복 변수 i가 0에서 시작하여 1씩 증가하면서 5보다 작은 동안 ❷번을 5회 반복 수행한다.
a[i]에 입력받은 값을 저장한다.
반복 변수 i가 0에서 시작하여 1씩 증가하면서 5보다 작은 동안 ❹, ❺번을 5회 반복 수행한다.
a[i]를 2로 나눈 나머지가 0이 아니면 ❺번을 수행한다.
cnt의 값을 1씩 누적시킨다.
홀수의 개수 : 를 출력한 후 cnt의 값을 출력하고, 이어서 **개**를 출력한다.

디버깅

배열 a에 차례대로 1, 2, 3, 4, 5가 입력되었다고 가정하고 두 번째 for문부터 디버깅한 결과이다.

i	a[i]	a[i]%2	cnt	출력
0	1	1	0	홀수의 개수 : 3개
1	2	0	1	
2	3	1	2	
3	4	0	3	
4	5	1		
5				

[문제 15]

number % i == 0

문제의 코드는 2부터 99까지의 수가 소수인지 판별하기 위해 isprime( ) 함수에서 각 수보다 1 작은 수까지 차례대로 나누어 떨어지는지 검사합니다. 예를 들어 5는 2, 3, 4로 나누었을 때 한 번도 나누어 떨어지지 않으므로 소수이고, 6은 2로 나누었을 때 나누어 떨어지므로 소수가 아닙니다.

```
        #include 〈stdio.h〉
❹⓫   int isprime(int number)
        {
❺⓬       int i;
❻⓭⓯   for (i = 2; i 〈 number; i++)
❼⓮       if (number % i == 0)
                    return 0;
❽⓰   return 1;
        }

        int main( )
        {
❶       int number = 99, cnt = 0, i;
❷❾⓱   for (i = 2; i 〈= number; i++)
❸❿⓲       cnt = cnt + isprime(i);
        printf("%d를 넘지 않는 소수는 %d개입니다.\n", number, cnt);
        return 0;
        }
```

모든 C 프로그램은 반드시 main( ) 함수부터 시작해야 한다.

❶ 정수형 변수 number, cnt, i를 선언하고 number에는 99를, cnt에는 0을 할당한다.

❷ 반복 변수 i가 2에서 시작하여 1씩 증가하면서 number(99)보다 작거나 같은 동안 ❸번을 반복한다. 즉 ❸번 문장을 98회 반복한다.

❸ i의 값을 인수로 하여 isprime( ) 함수를 호출한 다음 돌려받은 값을 cnt와 더한 후 그 값을 cnt에 저장한다. 처음에는 i가 2이므로 isprime(2)로 호출한다.

❹ isprime( ) 함수의 시작점이다. ❸번에서 보낸 2를 number가 받는다.

❺ 정수형 지역 변수 i를 선언한다.

❻ 반복 변수 i가 2에서 시작하여 1씩 증가하면서 number보다 작은 동안 ❼번을 반복한다. 즉 number가 2이므로 ❼번 문장을 수행하지 않고 ❽번으로 이동한다.

❽ 반환값 1을 가지고 isprime(2) 함수를 호출했던 ❸번으로 제어를 옮긴다. isprime(2)에서 돌려받은 값 1을 cnt에 누적한다.

❾ i의 값을 1증가 시킨 후 최종값과 비교한다. i값 3은 number(99)보다 작으므로 ❿번 문장을 수행한다.

❿ i의 값을 인수로 하여 isprime( ) 함수를 호출한 다음 돌려받은 값을 cnt와 더한 후 그 값을 cnt에 저장한다. i가 3이므로 isprime(3)으로 호출한다.

⓫ isprime( ) 함수의 시작점이다. ❿번에서 보낸 3을 number가 받는다.

⓬ 정수형 지역 변수 i를 선언한다.

⓭ 반복 변수 i가 2에서 시작하여 1씩 증가하면서 number보다 작은 동안 ⓮번을 반복한다. 즉 number가 3이므로 ⓮번 문장을 1회 반복한다.

⓮ number(3)를 i(2)로 나눈 나머지가 0인지를 확인한다. 나머지가 1이므로 제어를 다시 ⓯번으로 옮긴다.

⓯ i의 값을 1증가 시킨 후 최종값과 비교한다. i값 3은 number(3)와 같으므로 반복문을 수행하지 않고 제어를 ⓰번으로 옮긴다.

⓰ 반환값 1을 가지고 isprime(3) 함수를 호출했던 ❿번으로 제어를 옮긴다. isprime(3) 함수에서 돌려받은 값 1을 cnt에 누적한다.

⓱ i의 값을 1증가 시킨 후 최종값과 비교한다. i값 4는 number(99)보다 작으므로 ⓲번 문장을 수행한다.

⓲ i의 값을 인수로 하여 isprime( ) 함수를 호출한 다음 돌려받은 값을 cnt와 더한 후 그 값을 cnt에 저장한다. i가 4이므로 isprime(4)로 호출한다.

⋮

나머지 과정은 isprime( ) 함수에서 for문의 반복 변수 i를 2부터 전달받은 인수보다 작을 때까지 반복하면서 'number % i'가 0인 경우에는 0을 반환하고 그렇지 않은 경우는 1을 반환하는 과정을 반복하게 된다. 반복 과정에서 각 변수들의 변화는 디버깅을 통해 확인하자.

3 장

Java

Java의 기초

1602700

Java 프로그램은 C, C++ 언어를 베이스로 했기 때문에 C언어와 문법이 거의 같다. 이번 섹션에서는 정보처리기능사 실기 시험에 출제될 정도의 범위 내에서 C언어 프로그램과 다른 점만 설명한다. 크게 배열, 문자열, 향상된 FOR문, 그리고 클래스를 사용하는 것이 다르다. 이번 섹션에서는 이 부분만 공부하고 관련문제를 풀어볼 것이다.

 전문가의 조언

Java 프로그램에 주어진 배점을 감안하여 출제 범위를 배점에 맞게 좁히고 C언어와 다른 점만 설명하므로, 반드시 C언어와 순서도를 다 공부하고 나중에 보세요. C언어와 다른 부분만 C언어와 비교하여 설명하며, C언어와 순서도에서 배운 내용과 알고리즘은 언급하지 않을 것이기에 적당한 사전 지식이 없으면 조금 어려울 수 있습니다.

예제 다음은 1~7까지 더하는 C 프로그램과 Java 프로그램이다. 두 프로그램의 차이점을 확인해 보시오.

```
〈C 프로그램〉                      〈Java 프로그램〉
    #include 〈stdio.h〉         ❶ public class Problem
❸ void main( )                   ❷ {
  {                              ❸     public static void main (String[] args){
❹     int i, j = 0;             ❹         int i , j = 0;
❺     for (i = 1; i 〈 8; i++)   ❺         for (i = 1; i 〈 8; i++)
❻     {                         ❻         {
❼         j = j + i;            ❼             j = j + i;
❽     }                         ❽         }
❾     printf("%d, %d", i, j);   ❾         System.out.printf("%d, %d", i, j);
❿ }                             ❿     }
                                ⓫ }
```

코드 해설

❶ Java 프로그램은 아무리 작은 프로그램이라도 클래스 안에 속성(변수)과 메소드(함수)를 만들어서 실행한다.
  • public class : 실행을 위한 클래스에 그대로 꼭 써야하는 예약어다. C언어에는 해당되는 부분이 없다.
  • Problem : 클래스 이름으로, 사용자가 원하는 이름을 임의로 지정하면 된다. 단 첫 글자는 대문자로 지정하는 것이 관례이다.

❷번의 중괄호 '{'에서 ⓫번의 '}'까지가 Problem 클래스의 범위이다.

❸ 모든 C 프로그램은 반드시 main( ) 함수로부터 시작해야 한다. 마찬가지로 모든 Java 프로그램은 실행용으로 만든 클래스 안에 반드시 main( ) 메소드가 있어야 여기서부터 실행이 시작된다. 이걸 프로그램 실행 진입점 이라고 한다. 그러니까 ❶, ❷, ❸, ❿, ⓫번은 모든 Java 프로그램에 반드시 포함되어야 하는 것이다. C언어의 함수를 Java 같은 객체지향 언어에서는 메소드(Method)라고 부른다.
  • public static : main( ) 메소드 앞에 반드시 써야 한다는 것을 알아두고 넘어가면 된다.
  • void : C언어 프로그램과 마찬가지로 리턴 값이 없다는 의미이다.
  ※ 일단은 Java에서는 이렇게 시작하는구나? 정도로만 알아두기 바란다. 새로운 내용이 나올 때마다 그때그때 빼놓지 않고 자세히 설명할 것이다.

❹~❽ 문법이 C 프로그램과 동일하다. 문법은 거의 똑같으므로 이번 섹션에서는 다른 점만 설명할 것이다.

❾ Java는 프로그램에서 사용될 만한 것은 이미 다 클래스로 만들어져 있다. 이걸 API라고 하며, 사용자는 이것을 잘 골라서 사용하면 된다.

- System.out.printf( ) : System 클래스의 서브 클래스인 out 클래스의 메소드 printf( )를 사용해서 출력한다는 의미이다. printf( ) 메소드는 C 프로그램의 printf( )함수의 사용법과 동일하니 자세한 내용은 160쪽을 참조하면 된다.

❿ main( ) 메소드의 끝이다.

⓫ Problem 클래스의 끝이다.

1602701

1 배열과 반복문
24.6, 23.3, 22.8, 22.3, 21.11, 20.8, 20.6

Java에서는 향상된 for문을 사용할 수 있는데, 향상된 for문은 객체를 대상으로만 가능하다. Java에서는 배열을 객체로 취급하며, 배열을 이용하여 작업할 때 필요할 만한 내용은 이미 API로 만들어 두었기 때문에 잘 골라서 사용하면 된다. 배열에 대한 기본은 C언어에서 배웠기 때문에 바로 예제를 풀면서 설명한다.

예제 1 다음 Java 프로그램의 출력 결과를 확인해 보시오.

```
#include <stdio.h>            public class Example {
main( )                          public static void main(String[] args){
{                           ❶      int a[] = new int[5];
❶  int a[5];               ❷      int i;
❷  int i;                  ❸      for (i = 0; i < 5; i++)
❸  for (i = 0; i < 5; i++) ❹          a[i] = i + 10;
❹      a[i] = i + 10;      ❺      for (i = 0; i < 5; i++)
❺  for (i = 0; i < 5; i++) ❻          System.out.printf("%4d ", a[i]);
❻      printf("%4d ", a[i]);    }
}                            }
```

코드 해설

❶ 배열을 선언하는 부분이 조금 다르다. 배열은 Java에서 객체로 취급되며, 객체 변수*는 'new' 명령을 이용해서 생성해야 한다.
- int a[ ] : a는 정수 배열 변수라는 의미이다. Java에서는 'int[ ] a'와 같이 대괄호를 형 선언문 바로 뒤에 적는것을 선호하는데, C언어에서는 이렇게 표기할 수 없다.
- new int[5] : 5개짜리 정수 배열을 생성한다.
- C언어처럼 사용하려면 다음과 같이 배열을 선언하면서 초기값을 주면 된다.
  int a[ ]={0,0,0,0,0};

❷~❺ C 프로그램과 동일하다.

❻ 결과　`10 11 12 13 14`

객체 변수
정확히 말하면 heap 영역에 객체를 생성하고 생성된 객체가 있는 곳의 주소를 객체 변수에 저장하는 것입니다. Java에서는 주소를 제어할 수 없으므로 그냥 객체 변수를 생성한다고 이해해도 됩니다.

예제 2 다음은 Java에서 향상된 for문을 사용한 예제이다. 결과를 확인하시오.

```java
public class Example {
    public static void main(String[] args){
❶      int[] a = {90,100,80,70,60,50,30};
❷      int hap = 0;
❸      float avg;
❹      for (int i : a)
❺          hap = hap + i;
❻      avg = (float)hap / a.length;
❼      System.out.printf("%4d, %4.2f", hap, avg);
    }
}
```

코드 해설

❶ 배열을 선언하면서 초기값을 지정한다. 개수를 정하지 않으면 초기값으로 지정된 수만큼 배열의 요소가 만들어 진다. 이건 C언어와 같다.

	a[0]	a[1]	a[2]	a[3]	a[4]	a[5]	a[6]
배열 a	90	100	80	70	60	50	30

❷ 총점을 구하기 위해 정수형 변수 hap을 선언하고 초기값으로 0을 할당한다.

❸ 평균을 구하기 위해 실수형 변수 avg를 선언한다.

❹ 향상된 반복문이다. a 배열의 요소 수만큼 ❺번을 반복 수행한다.
- int **i** : a 배열의 각 요소가 일시적으로 저장될 변수를 선언한다. a 배열과 형이 같아야 한다. a 배열이 정수면 정수, 문자면 문자여야 한다.
- a : 배열의 이름을 입력한다. a 배열이 7개의 요소를 가지므로 각 요소를 i에 저장하면서 ❺번을 7번 수행한다.

❺ i의 값을 hap에 누적한다. i는 a 배열 각 요소의 값을 차례로 받는다.
변수의 변화는 다음과 같다.
첫 번째 수행 : a 배열의 첫 번째 값이 i를 거쳐 hap에 누적된다.

hap	i	a					
90	90	90	100	80	70	60	50	30

두 번째 수행 : a 배열의 두 번째 값이 i를 거쳐 hap에 누적된다.

hap	i	a					
190	100	90	100	80	70	60	50	30

세 번째 수행 : a 배열의 세 번째 값이 i를 거쳐 hap에 누적된다.

hap	i	a					
270	80	90	100	80	70	60	50	30

⋮

이런 방식으로 a 배열의 요소 수만큼 반복한다.

❻ 총점이 저장되어 있는 hap을 실수형으로 변환한 후 a 배열의 요소 수로 나눠 평균을 구한다.
- length : 클래스에는 클래스의 속성과 수행해야 할 메소드가 포함되어 있다. length는 배열 클래스의 속성으로 배열 요소의 개수가 저장되어 있다. a 배열은 7개의 요소를 가지므로 a.length는 7을 가지고 있다.
- a.length : 개체 변수의 이름과 메소드는 .(마침표)로 연결하여 사용한다.

❼ 결과 `480, 68.57`

2 문자열

22.11, 22.8, 21.11, 20.11

1602702

C언어에서는 문자열을 배열에 넣고 배열의 이름을 이용하든지 포인터 변수를 이용해 처리했지만 Java에서는 주소를 컨트롤하는 기능이 없기 때문에 불가능하다. 하지만 Java에서는 문자열을 처리할 수 있도록 클래스를 제공한다. 클래스를 제공하므로 당연히 그에 따른 속성과 매소드도 지원하는데 여기서는 문제풀이에 꼭 필요한 속성과 매소드만 언급할 것이다.

> 전문가의 조언
>
> C언어의 문자열 처리는 195쪽과 197쪽 기출 따라잡기 [문제 4], [문제 8]을 참조하세요.

예제 다음은 문자열을 거꾸로 출력하는 Java 프로그램이다. 결과를 확인하시오.

```
public class Example {
    public static void main(String[] args){
❶       String str = "Information!";
❷       int n = str.length();
❸       char[] st = new char [n];
❹       n--;
❺       for (int k = n; k >= 0; k--) {
❻           st[n-k] = str.charAt(k);
❼       }
❽       for (char k : st) {
❾           System.out.printf("%c", k);
        }
    }
}
```

코드 해설

❶ 문자열 변수 str을 선언하면서 초기값으로 "Information!"을 할당한다. 객체 변수를 생성할 때는 예약어 new를 입력해야 하지만 문자열 변수는 초기값을 이용해 new 없이 바로 생성할 수 있다.

❷ 문자열 클래스에서 length( ) 메소드는 해당 문자열의 길이를 반환한다. 즉 정수형 변수 n에 str에 저장된 문자열의 길이가 12가 저장된다.

❸ Java에서는 배열도 클래스이므로 생성할 때는 new를 사용해야 한다. n에 12가 저장되어 있으므로 st는 12개의 요소를 갖는 문자 배열로 생성된다.
- char[ ] st : 문자 배열이고 배열 이름은 st이다. 'char st[ ]'처럼 입력해도 된다. st만 임의로 입력하고 나머지는 그대로 적어준다.
- new : 객체 변수를 생성하는 예약어. 그대로 입력한다.
- char [n] : 문자 배열의 크기를 지정하므로 12개 요소를 갖는 문자 배열이 생성된다. n을 제외한 나머지는 항상 그대로 입력한다.

❹ 12개짜리 배열이지만 배열의 첨자는 0부터 시작하여 11까지 사용하기 때문에 첨자로 사용할 변수의 값을 1 감소시킨다(n = 11).

	st[0]	st[1]	st[2]	st[3]	st[4]	st[5]	st[6]	st[7]	st[8]	st[9]	st[10]	st[11]
st												

❺ 정수형 변수 k를 반복 변수로 선언하면서 초기값으로 11을 갖고, 1씩 감소시키면서 0보다 크거나 같은 동안 ❻번을 반복 실행한다. 실행할 문장이 한 개이므로 ❺, ❼의 중괄호는 없어도 된다. 반복 변수 k는 for문 안에서 선언한 지역 변수이기 때문에 for문을 벗어나면 소멸된다.

❻ charAt( ) 메소드는 해당 문자열에서 인수에 해당하는 위치의 문자열을 반환한다.

첫 번째 수행 : k=11, n=11이므로 str.charAt(k)는 '!'를 반환한다. '!'를 st[n-k]번째, 즉 st[0]번째에 저장한다.

st[0]	st[1]	st[2]	st[3]	st[4]	st[5]	st[6]	st[7]	st[8]	st[9]	st[10]	st[11]
!											

두 번째 수행 : k=10, n=11이므로 str.charAt(k)는 'n'을 반환한다. 'n'을 st[1]에 저장한다.

st[0]	st[1]	st[2]	st[3]	st[4]	st[5]	st[6]	st[7]	st[8]	st[9]	st[10]	st[11]
!	n										

위와 같은 작업을 반복수행하다가 k=0일 때, 'l'를 st[11]에 저장한 다음 k는 -1이 되어 반복문을 벗어난다.

st[0]	st[1]	st[2]	st[3]	st[4]	st[5]	st[6]	st[7]	st[8]	st[9]	st[10]	st[11]
!	n	o	i	t	a	m	r	o	f	n	l

❽ 향상된 반복문이다. st 배열의 각 요소를 처음부터 차례대로 문자 변수 k에 옮기면서 st 배열의 개수, 즉 ❾번을 12회 반복 수행한다.

❾ k에는 st 배열 각 요소의 값이 할당되므로 12회 수행을 마치면 출력 결과는 다음과 같다. 서식 문자열에 '\n'이 없으므로 한 줄에 붙여 출력한다.

결과   `!noitamrofnl`

21.11, 20.8

잠깐만요   **JAVA에서의 표준 출력**

1602733

JAVA에서 값을 화면에 출력할 때는 System 클래스의 서브 클래스인 out 클래스의 메소드 print( ), println( ), printf( ) 등을 사용하여 출력합니다.

• **형식 1** : 서식 문자열에 맞게 변수의 내용을 출력합니다.

> System.out.printf(서식 문자열, 변수)

– printf( ) 메소드는 C언어의 printf( ) 함수와 사용법이 동일합니다.

예 System.out.printf("%-8.2f", 200.2);
    (∨는 빈 칸을 의미함)

> 200.20∨∨

▶ % : 서식 문자임을 지정
▶ - : 왼쪽부터 출력
▶ 8 : 출력 자릿수를 8자리로 지정
▶ 2 : 소수점 이하를 2자리로 지정
▶ f : 실수로 출력

• **형식 2** : 값이나 변수의 내용을 형식없이 출력합니다.

> System.out.print( )

– 문자열을 출력할 때는 큰따옴표로 묶어줘야 합니다.
– 문자열 또는 문자열 변수를 연속으로 출력할 때는 +를 이용합니다.

예 System.out.print("abc123" + "def");

> abc123def

- 형식 3 : 값이나 변수의 내용을 형식없이 출력한 후 커서를 다음 줄의 처음으로 이동합니다.

System.out.println( )

- println( ) 메소드는 출력 후 다음 줄로 이동한다는 것을 제외하면 print( ) 메소드와 사용법이 동일합니다.

 System.out.println("abc123" + "def");

```
abc123def
|
```
└─ 커서의 위치

※ 정답 및 해설은 286쪽에 있습니다.

기출 따라잡기   Section 027

3902751

24년 6월, 22년 3월

문제 1 다음 Java로 구현된 프로그램을 분석하여 그 실행 결과를 쓰시오.

```java
public class Test {
    public static void main(String[] args) {
        int i;
        int num[] = {2, 1, 3, 7, 4, 9};
        int numb[] = new int[10];
        for (i = 0; i < num.length; i++)
            numb[i] = num[i];
        for (i = 0; i < numb.length; i++)
            System.out.printf("%d", numb[i]);
    }
}
```

目:

문제 2 다음 Java로 구현된 프로그램을 분석하여 그 실행 결과를 쓰시오.

```java
public class hrdkorea {
    public static void main(String[ ] args) {
        int cnt = 0;
        int sum = 0;
        for (int i = 0; i <= 7; i++)
        {
            if (i % 2 == 1)
            {
                cnt = cnt + 1;
                sum = sum + i;
            }
        }
        System.out.printf(cnt + ", " + sum);
    }
}
```

답:

문제 3 다음 Java로 구현한 프로그램을 분석하여 그 실행 결과를 쓰시오.

```java
public class Test {
    public static void main(String[] args) {
        String weeks[] = {"월요일", "화요일", "수요일", "목요일", "금
                          요일", "토요일", "일요일"};
        int cnt = 1;
        for ( int i = 1; i < 7; i++) {
            if (i%3 == 0)
                break;
            cnt++;
        }
        System.out.print("오늘은 " + weeks[cnt]);
    }
}
```

답:

문제 4 21년 11월 다음 Java로 구현된 프로그램을 분석하여 그 실행 결과를 쓰시오.

```
public class Test {
    public static void main(String[] args) {
        int arr[] = { 0,1,2,3 };
        for (int num:arr)
            System.out.println(num);
    }
}
```

답:

문제 5 23년 11월 다음 Java로 구현한 프로그램을 분석하여 그 실행 결과를 쓰시오.

```
import java.lang.*;
public class Main {
    public static void main(String[] args) {
        switch((int)Math.signum(-100)) {
            case -1:
                System.out.print("N");
                break;
            case 0:
                System.out.print("P");
                break;
            case 1:
                System.out.print("E");
                break;
            default:
                System.out.print("Z");
        }
    }
}
```

답:

Java의 활용

1 24.8, 24.3, 23.11, 23.3, 22.11, 22.8, 22.5, 20.4
클래스와 함수

클래스는 객체 생성을 위한 필드(속성)와 함수(메소드)를 정의하는 설계도로, Java는 아무리 작은 프로그램이라도 클래스를 만들어서 사용해야 한다. 클래스를 만들어 사용하는 순서는 다음과 같다.

먼저 클래스 이름을 정하고 객체 생성을 위한 필드(속성)와 함수(메소드)를 정의한다. 마치 자동차를 만들기 위한 설계도와 같다. 이때 사용하는 명령이 class이다.

두 번째로 할 일은 객체 생성이다. 자동차 설계도로 자동차를 만들어야 사용할 수 있듯이 클래스를 이용해 객체를 생성해야 프로그램에서 사용할 수 있다. 이때 사용하는 명령이 new이다.

이후에는 생성된 객체들을 이용하여 프로그램을 코딩하면 된다.

함수 사용에 있어 함수를 선언하고 호출하는 방법이 C언어와 조금 다르니 잘 알아두기 바란다. 아마도 이게 함수 이름이고 이게 인수고, 이게 자료형이구나! 정도로 파악할 수 있으면 된다고 본다.

예제 1 다음은 Java에서 클래스를 만들고 객체를 생성해서 사용하는 간단한 프로그램이다. 어떤 일을 수행하는지 확인하시오.

```
Ⓐ class ClassA {
Ⓑ       int a = 10;
Ⓒ ❹    int funcAdd(int x, int y) {
   ❺         return x + y + a;
       }
   }

Ⓓ public class Test {
Ⓔ       public static void main(String[] args) {
   ❶         int x = 3, y = 6, r;
   ❷         ClassA cal = new ClassA();
   ❸❻        r = cal.funcAdd(x, y);
   ❼         System.out.print(r);
       }
   }
```

코드 해설

Ⓐ class ClassA {
   ClassA 클래스를 정의한다. Ⓑ ~ Ⓒ가 클래스의 범위이다.
   • class : 클래스를 정의하는 명령어로, 꼭 써야 하는 예약어이다. 같은 파일에서 클래스를 정의할 때는 public을 두 번 사용하지 못한다. 실행 클래스에서 사용하므로 여기서는 사용할 수 없다. 그렇다는 것이다. 외우지는 마라.
   • ClassA : 클래스 이름으로, 사용자가 원하는 이름을 임의로 지정할 수 있다. 단 첫 글자는 관례상 대문자로 지정한다.

Ⓑ 정수형 변수 a를 선언하고 10으로 초기화한다. Java에서는 클래스 안에 선언하는 변수를 클래스의 속성이라고 부른다.

Ⓒ int funcAdd(int x, int y) {
   정수를 반환하는 funcAdd(int x, int y) 메소드를 정의한다. 호출문으로부터 정수형 인수 2개를 전달받아 각각 x와 y에 저장한다.
   • int : 메소드의 반환값이 정수임을 알려준다.
   • funcAdd : 메소드의 이름이다.
   • (int x, int y) : 호출하는 곳에서 보내준 인수를 저장할 변수이다. 호출하는 곳에서 보내준 인수의 개수와 자료형이 일치해야 한다.

Ⓓ Test 클래스를 정의한다. 실행 클래스의 시작점으로 Java 프로그램은 아무리 작은 프로그램이라도 클래스를 만들어서 클래스 안에 실행문과 메소드(함수)를 만들고 실행해야 한다. 그리고 클래스 중에는 반드시 main( ) 메소드를 담고 있는 실행 클래스가 있어야 한다.

Ⓔ main( ) 메소드의 시작점이다. 여기서부터 실제 프로그램이 시작된다.

❶ 정수형 변수 x, y, r을 선언하고, x와 y를 각각 3과 6으로 초기화한다.
❷ ClassA cal = new ClassA( );
   ClassA 클래스의 객체 변수 cal을 선언한다.
   • ClassA : 클래스의 이름이다. 앞에서 정의한 클래스의 이름을 그대로 적어준다.
   • cal : 객체 변수의 이름이다. 사용자가 원하는 이름을 적으면 된다.
   • new : 객체 생성 예약어다. 그대로 적어준다.
   • ClassA( ) : 생성자*이다.
❸ x와 y의 값 3과 6을 인수로 cal의 funcAdd( ) 메소드를 호출하여 반환받은 값을 r에 저장한다.
   cal은 ClassA 클래스의 객체 변수이므로 ClassA의 funcAdd( ) 메소드인 ❹번이 호출된다.
❹ 정수를 반환하는 funcAdd 메소드의 시작점이다. 호출문으로부터 정수형 인수 2개를 전달받아 각각 x와 y에 저장한다. ❸번에서 호출할 때 3과 6을 전달했으므로 x는 3, y는 6이다.
❺ x + y + a를 연산한 후 메소드를 호출했던 ❻번으로 결과를 반환한다. x + y의 값은 9이고, a는 메소드에 없으므로 소속된 클래스에서 찾는다. ClassA의 a의 값이 10이므로 x + y + a(3 + 6 + 10)의 값은 19가 된다.
❻ ❺번에서 19가 반환되었으므로 r에 19를 저장한다.
❼ r의 값 **19**를 출력한다.

결과 | 19

생성자(Constructor)
생성자는 객체 변수 생성에 사용되는 메소드로, 객체 변수를 생성하면서 초기화를 수행합니다. 클래스 안에 생성자를 정의하는 문장이 있다면 문장에 적힌 대로 객체 변수를 초기화하면서 생성하지만, 없으면 그냥 객체 변수만 생성하고 제어가 다음 줄로 넘어갑니다.

예제 2 다음은 두 수를 교환하는 Java 프로그램이다. 결과를 확인하시오.

```
public class Example {
    static class AAclass{ ❶          Example 클래스를 정의한다. 클래스 안에 클래스를 정의할
                                     때는 static을 붙인다.
        int i;
        int j;
    }
    public static void main(String[] args){
        AAclass myVal = new AAclass(); ❷        객체 변수 myVal을 생성한다.
        myVal.i = 10;
        myVal.j = 20;
        myVal = change(myVal); ❸❾
⓾       System.out.printf("i=%d, j=%d\n", myVal.i, myVal.j);
    }
    static AAclass change(AAclass myVal){ ❹
        int temp;
        temp = myVal.i; ❺
        myVal.i = myVal.j; ❻
        myVal.j = temp; ❼
        return myVal; ❽
    }
}
```

추가 해설

❸ 객체 변수 myVal을 인수로 하여 change( ) 메소드를 호출한다. 다음과 같이 객체의 모든 속성이 change( ) 메소드로 전달된다. 실제로는 myVal의 주소가 전달된다. 즉 리턴값을 돌려받지 않아도 변경된 결과가 적용되므로 myVal에 할당하지 않고 'change(myVal);'와 같이 입력해도 결과는 같다. 메모리의 주소를 그려서 설명하지 않는 이유는, Java에서는 주소를 컨트롤 할 수 있는 기능을 제공하지 않으며, 주소의 개념 없이 변수의 개념만 가지고 충분히 이해할 수 있기 때문이다.

	myVal.i	myVal.j
myVal	10	20

❹ • static : 실행 클래스 안에 메소드를 정의할 때는 static을 붙여야 한다. 실행 클래스는 main( ) 메소드가 속해있는 클래스를 말한다.
  • AAclass : change( ) 메소드의 리턴값이 AAclass 클래스의 객체 변수라는 의미이다. 리턴값이 정수일 때 int를 적는 것과 같은 이치다. 꼭 적어야 한다.
  • change : 메소드의 이름이다. 사용자가 원하는 이름을 적으면 된다.
  • (AAclass myVal) : change( ) 메소드의 인수로 AAclass 클래스의 객체 변수 myVal을 받는다. ❸번에서 호출할 때 사용한 개체 변수명과 동일해도 되고 그렇지 않아도 된다.

⑤~⑦ : myVal.i와 myVal.j의 값을 교환하는 명령으로 실행 과정은 다음과 같다.

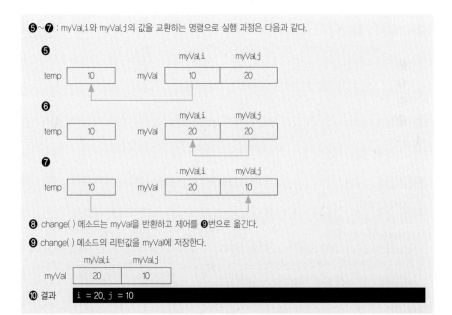

⑤

temp	10	myVal	myVal.i	myVal.j
			10	20

⑥

temp	10	myVal	myVal.i	myVal.j
			20	20

⑦

temp	10	myVal	myVal.i	myVal.j
			20	10

⑧ change( ) 메소드는 myVal을 반환하고 제어를 **⑨**번으로 옮긴다.

⑨ change( ) 메소드의 리턴값을 myVal에 저장한다.

myVal	myVal.i	myVal.j
	20	10

⑩ 결과   `i = 20, j = 10`

예제 3 다음 Java 프로그램의 실행 결과를 확인하시오.

1415303

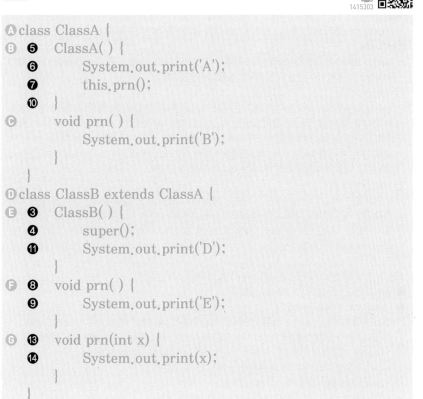

```
Ⓐ class ClassA {
Ⓑ  ⑤   ClassA( ) {
    ⑥       System.out.print('A');
    ⑦       this.prn();
    ⑩   }
Ⓒ      void prn( ) {
            System.out.print('B');
        }
    }
Ⓓ class ClassB extends ClassA {
Ⓔ  ③   ClassB( ) {
    ④       super();
    ⑪       System.out.print('D');
        }
Ⓕ  ⑧   void prn( ) {
    ⑨       System.out.print('E');
        }
Ⓖ  ⑬   void prn(int x) {
    ⑭       System.out.print(x);
        }
    }
```

예제는 여러 메소드에 포함된 출력문을 실행하는 문제입니다. 이 문제에서 새롭게 학습하는 내용은 상속, 메소드 재정의(오버라이딩), 오버로딩입니다. 상속 관계에 있는 클래스 사이에서 메소드가 재정의되는 과정과 super나 this 예약어의 의미를 상세하게 설명했습니다. 코드를 한줄 한줄 짚어가면서 상황에 따라 달리 호출되는 메소드를 확실히 파악해 두세요.

[코드 수행 과정]

왼쪽의 코드는 다음과 같은 과정으로 AED7를 화면에 출력하는 코드입니다.

1. 부모 클래스와 부모 클래스에서 사용할 메소드를 정의합니다.
2. 자식 클래스와 자식 클래스에서 사용할 메소드를 정의하고 부모 클래스와 상속 관계를 설정합니다.
3. 부모 클래스에서 A를 출력합니다.
4. 자식 클래스에서 E를 출력합니다.
5. 자식 클래스에서 D를 출력합니다.
6. 자식 클래스에서 7을 출력합니다.

```
public class Test {
    public static void main(String[] args) {
❶        int x = 7;
❷        ClassB cal = new ClassB();
⓬        cal.prn(x);
⓯    }
}
```

코드 해설

Ⓐ class ClassA {
ClassA 클래스를 정의한다. **Ⓑ**~**Ⓒ**가 클래스의 범위이다.

Ⓑ ClassA( ) {
ClassA 클래스에 속한 ClassA( ) 메소드를 정의한다. ClassA( ) 메소드는 클래스와 이름이 동일하다. 이와 같이 클래스와 이름이 동일한 메소드는 해당 클래스의 객체 변수 생성 시 자동으로 실행되는데, 이러한 메소드를 생성자(Constructor)라고 한다.

Ⓒ void prn( ) {
반환값 없는 메소드 prn( )을 정의한다.

Ⓓ class ClassB extends ClassA {
ClassB를 클래스 정의하고 부모 클래스로 ClassA를 지정하면서 ClassA에 속한 변수와 메소드를 상속받는다. ClassB 클래스는 ClassA의 변수와 메소드를 사용할 수 있게 된다. **Ⓔ**~**Ⓖ**가 클래스의 범위이다.
• extends [클래스명] : 클래스 정의 시 상속받을 클래스를 추가하는 예약어

Ⓔ ClassB( ) {
ClassB 클래스에 속한 ClassB( ) 메소드를 정의한다. ClassB( ) 메소드도 ClassB 클래스와 이름이 동일하므로 객체 변수 생성 시 자동으로 실행되는 생성자이다.

Ⓕ void prn( ) {
반환값 없는 메소드 prn( )을 정의한다. **Ⓓ**에서 ClassB 클래스는 ClassA 클래스의 메소드를 사용할 수 있다고 했으므로 ClassB 클래스에는 이름이 같은 메소드(**Ⓒ**, **Ⓕ**) prn( )이 두 개 존재하게 된다. 이와 같이 상속으로 인해 동일한 이름의 메소드가 여러 개인 경우, 부모 클래스에서 정의된 prn( ) 메소드(**Ⓒ**)는 자식 클래스의 prn( ) 메소드(**Ⓕ**)에 의해 재정의되어 자식 클래스의 prn 메소드(**Ⓕ**)만 사용되는데, 이를 메소드 오버라이딩 또는 메소드 재정의라고 한다.

Ⓖ void prn(int x) {
반환값 없는 메소드 prn(int x)를 정의한다. 메소드의 이름이 **Ⓒ**, **Ⓕ**와 같지만 '인수를 받는 자료형과 개수'가 다르므로 서로 다른 메소드이다. 즉 prn( )과 prn(int x)는 다른 메소드라는 것이다. 이렇게 이름은 같지만 인수를 받는 자료형과 개수를 달리하여 여러 기능을 정의하는 것을 오버로딩(Overloading)이라고 한다.

모든 Java 프로그램의 실행은 반드시 main( ) 메소드에서 시작한다.
❶ 정수형 변수 x를 선언하고 7로 초기화한다.
❷ ClassB cal = new ClassB( );
ClassB 클래스의 객체 변수 cal을 선언하고 ClassB 클래스의 생성자를 호출한다. ClassB 클래스에는 클래스명과 동일한 생성자가 정의되어 있으므로 생성자를 실행하기 위해 ❸번으로 이동한다.
• ClassB : 클래스의 이름이다. 앞에서 정의한 클래스의 이름을 그대로 적어준다.
• cal : 객체 변수의 이름이다. 사용자가 원하는 이름을 적으면 된다.
• new : 객체 생성 예약어다. 그대로 적어준다.
• ClassB( ) : 클래스와 이름이 동일한 메소드로, 생성자이다.

전문가의 조언

객체 변수의 선언
• 객체 변수를 선언한다는 것은 클래스를 사용하기 위해 객체 변수를 생성하고 생성된 객체가 있는 곳의 주소를 객체 변수에 저장하는 것입니다.
• 기본 형식

클래스명 객체변수명 = new 생성자( )

• super : 상속한 부모 클래스를 가리키는 예약어

• this : 현재 실행중인 메소드가 속한 클래스를 가리키는 예약어

❸ ClassB 클래스의 생성자인 ClassB( ) 메소드의 시작점이다. 지금처럼 클래스 안에 생성자를 정의하는 문장이 있을 경우 객체가 생성될 때 자동으로 호출되어 실행된다.

❹ 부모 클래스의 생성자인 ClassA( ) 메소드를 호출한다. ❺번으로 이동한다.

※ super( ) : 부모 클래스의 생성자를 호출한다.

❺ ClassA 클래스의 생성자 ClassA( ) 메소드의 시작점이다.

❻ A를 출력한다.

결과	A

❼ 자신이 속한 ClassA 클래스의 prn( ) 메소드를 호출한다. ClassA 클래스의 prn( ) 메소드는 ClassB 클래스의 prn( ) 메소드에 의해 재정의되었으므로 ❽번으로 이동한다.

❽ 반환값 없는 prn( ) 메소드의 시작점이다.

❾ E를 출력한 후 메소드가 종료되면 호출했던 ❼번의 다음 줄인 ❿번으로 이동한다.

결과	AE

❿ ClassA( ) 메소드가 종료되었으므로 호출했던 ❹번의 다음 줄인 ⓫번으로 이동한다.

⓫ D를 출력한 후 ClassB( ) 메소드가 종료되면 호출했던 ❷번의 다음 줄인 ⓬번으로 이동한다.

결과	AED

⓬ x의 값 7을 인수로 cal의 prn(int x) 메소드를 호출한다.※ ⓭번으로 이동한다.

⓭ 반환값 없는 prn(int x) 메소드의 시작점이다. ⓬번에서 전달한 7을 x가 받는다.

⓮ x의 값 7을 출력한 후 prn(int x) 메소드가 종료되면 호출했던 ⓬번의 다음 줄인 ⓯번으로 이동하여 프로그램을 종료한다.

결과	AED7

전문가의 조언

ClassB( ) 클래스 안에는 prn( )과 prn(int x) 메소드가 있습니다. 메소드의 이름이 동일해도 '인수의 자료형과 개수'가 다르면 서로 다른 메소드입니다. 그러므로 ⓬번에서 호출되는 메소드는 ❽번의 prn( ) 메소드가 아닌 ⓭번의 prn(int x) 메소드입니다. 동일한 이름으로 인수만 달리하여 여러 기능을 정의하는 것을 오버로딩(Overloading)이라고 합니다.

※ 정답 및 해설은 290쪽에 있습니다.

기출 따라잡기　　　　　　　　　　　　　　　Section 028

3902754

문제 1 22년 11월, 5월　다음 Java로 구현된 프로그램을 분석하여 그 실행 결과를 쓰시오.

```java
public class Test {
    public static void main(String[] args) {
        int arr1[] = {3, 5, 9, 2, 5, 4};
        atest at = new atest();
        int arr2[] = at.rw(arr1);
        at.pa(arr2);
    }
}

class atest {
    int[] rw(int[] a) {
        int len = a.length;
        int b[] = new int[len];
        for(int i = 0; i < len; i++)
            b[i] = a[len - i - 1];
        return b;
    }
    void pa(int[] arr) {
        for(int i = 0; i < arr.length; i++) {
            System.out.print(arr[i]);
        }
    }
}
```

目 :

문제 2 22년 5월 다음 Java로 구현된 프로그램을 분석하여 그 실행 결과를 쓰시오.

3902756

```java
class TestClass {
    int a, b, c;
}

public class Main {
    public static void main(String[] args) {
        TestClass Myint = new TestClass();
        Myint.a = 8;
        Myint.b = 10;
        hrd(Myint);
        System.out.println("a = " + Myint.a);
        System.out.println("b = " + Myint.b);
        System.out.println("c = " + Myint.c);
    }
    static void hrd(TestClass Myint) {
        if (Myint.a++ >= Myint.b--)
            Myint.c = Myint.a - Myint.b;
        else
            Myint.c = Myint.a + Myint.b;
    }
}
```

답 :

문제 3 22년 11월 다음 Java로 구현된 프로그램을 분석하여 그 실행 결과를 쓰시오.

3902757

```java
public class Test {
    static int cycle(int[] arr, int i) {
        if (i <= 0) return 0;
        return arr[i] % 3 + cycle(arr, i - 1);
    }
    public static void main(String[] args) {
        int[] arr = { 5, 4, 3, 2, 1 };
        System.out.print(cycle(arr, 4));
    }
}
```

답 :

전문가의 조언

• return은 반환할 값을 챙겨 함수
를 종료하고 호출한 곳으로 돌
아가는 예약어입니다.
• cycle( ) 함수 안에서 다시 cycle( )
함수를 호출하는 것을 재귀 함수
라고 합니다. 즉 재귀 함수란 자
기가 자기를 호출하는 순환 프로
그램을 의미합니다. 재귀 함수는
순환하는 만큼 반복하여 실행하
면서 변수에 저장된 값을 추적하
면 결과를 이해하기 쉽습니다.

문제 4 24년 8월, 3월, 23년 3월
다음 Java로 구현한 프로그램을 분석하여 그 실행 결과를 쓰시오.

```java
public class Test {
    public static void main(String[] args) {
        Otest ot = new Otest();
        ot.cat();
        ot.cat("4");
    }
}

class Otest {
    void cat() {
        System.out.print("1234");
    }
    void cat(int c) {
        System.out.print(++c);
    }
    void cat(String c) {
        System.out.print("문자");
    }
}
```

답:

24년 8월, 3월, 23년 11월

문제 5 다음 Java로 구현한 프로그램을 분석하여 그 실행 결과를 쓰시오.

```java
class ClassA {
    int a = 1;
    int b = 1;
}

class ClassB extends ClassA {
    void testcase() {
        System.out.println(this.a + this.b);
    }
    void testcase(int i) {
        System.out.println(this.a - this.b);
    }
    void testcase(char i) {
        System.out.println(this.a * this.b);
    }
    void testcase(float i) {
        System.out.println(this.a / this.b);
    }
}
public class Main
{
    public static void main(String[] args) {
        int a = 10;
        int b = 3;

        ClassB c = new ClassB();
        c.testcase(a/b);
    }
}
```

답 :

문제 1 다음 Java로 구현된 프로그램을 분석하여 그 실행 결과를 쓰시오.

```
public class Test {
    public static void main(String[] args) {
        String str = "HRDK" + 40 + 23;
        System.out.println(str);
    }
}
```

답 :

문제 2 다음 Java로 구현된 프로그램을 분석하여 그 실행 결과를 쓰시오.

```
public class Test {
    public static void main(String[] args) {
        char num = 0x06;
        System.out.printf("%04x", num << 2);
    }
}
```

답 :

문제 3 다음 Java로 구현한 프로그램을 분석하여 그 실행 결과를 쓰시오.

```
public class Test {
    public static void main(String[] args) {
        int a = 9;
        int b = 11;
        int c = a^b;
        System.out.println(c);
    }
}
```

답 :

문제 4 다음은 짝수의 합을 구하는 Java 프로그램이다. 프로그램을 분석하여 빈 칸에 들어갈 알맞은 코드를 쓰시오.

```java
public class Test {
    public static void main(String[] args) {
        int sum = 0;
        for (int i = 0; i < 10; i++) {
            if (i % 2 == 0)
                [                    ]
        }
        System.out.println("짝수의 합 = " + sum);
    }
}
```

답 :

문제 5 다음 JAVA로 구현한 프로그램을 분석하여 그 실행 결과를 쓰시오.

```java
public class Test {
    public static void main(String[] args) {
        int a = sum(3, 4);
        System.out.println(a);
    }
    public static int sum(int a, int b) {
        int sum;
        return sum = a + b;
    }
}
```

답 :

1620303

문제 6 다음 Java로 구현된 프로그램을 분석하여 그 실행 결과를 쓰시오.

```java
public class Problem {
    public static void main(String[] args) {
        int j, k, L, result;
        j = 10;
        k = 20;
        L = 30;
        result = j < k ? k++ : --L;
        System.out.printf("%d %d %d\n", result, k, L);
    }
}
```

답 :

3932307

문제 7 다음 Java로 구현된 프로그램을 분석하여 그 실행 결과를 쓰시오.

```java
public class Test {
    public static void main(String[] args) {
        StringBuffer sb = new StringBuffer( );
        sb.append("KOREA");
        sb.insert(3, "HRD");
        System.out.print(sb.toString( ));
    }
}
```

답 :

문제 8 다음 Java로 구현된 프로그램을 분석하여 그 실행 결과를 쓰시오.

```java
public class hrdkorea {
    public static void main(String[] args) {
        int[] arr1 = {3, 5, 9, 2, 1, 5};
        atest at = new atest();
        at.pa(arr1, 2);
    }
}

class atest {
    void pa(int[] arr, int c) {
        int i;
        if (c > 1) {
            for (i = 0; i < arr.length; i++) {
                if ( (i + 1) % c == 0 ) {
                    System.out.printf("%d", arr[i]);
                }
            }
        }
        else {
            for(i = 0; i < arr.length; i++) {
                System.out.printf("%d", arr[i]);
            }
        }
    }
}
```

답 :

문제 9 다음 Java로 구현된 프로그램을 분석하여 그 실행 결과를 쓰시오.

3932309

```java
public class JavaEX {
    public static void main(String[] args) {
        int n;
        n = 10;
        increase(n);
        System.out.printf("%d", n);
    }

    static void increase(int n) {
        n = n + 1;
    }
}
```

답 :

문제 10 다음 Java로 구현된 프로그램을 분석하여 그 실행 결과를 쓰시오.

1602760

```java
public class Test {
    public static void main(String[] args) {
        String str = "*ulsan*";
        int n = str.length();
        char[] st = new char[n];
        n--;
        for (int k = n; k >= 0; k--)
            st[n - k] = str.charAt(k);
        for (char k:st)
            System.out.printf("%c", k);
    }
}
```

답 :

문제 11 다음 Java로 구현된 프로그램을 분석하여 그 실행 결과를 쓰시오.

```
public class Problem {
    public static void main(String[] args){
        int i, hap = 0;
        for(i = 1; i <= 10; ++i, hap += i);
        System.out.printf("%d, %d\n", i, hap);
    }
}
```

답 :

문제 12 다음은 키보드로 입력받은 숫자의 홀·짝 여부를 판단하는 Java 프로그램이다. 괄호에 들어갈 알맞은 변수(Variable)나 조건식을 적어 프로그램을 완성하시오.

```
import java.util.Scanner;

public class Problem {
    public static void main(String[] args){
        int inNum;
        Scanner scan01 = new Scanner(System.in);
        inNum = scan01.nextInt();
        if((     ) == 0)
            System.out.printf("%d= 짝수입니다.\n", inNum);
        else
            System.out.printf("%d= 홀수입니다.\n", inNum);
        scan01.close();
    }
}
```

답 :

문제 13 다음 Java로 구현된 프로그램을 분석하여 그 실행 결과를 쓰시오.

```java
public class Problem {
    public static void main(String[] args){
        int i = 0, hap = 0;
        for(i = 1; i <= 5; ++i, hap += i)
            System.out.printf("합은%d %4d입니다\n", i, hap);
    }
}
```

답 :

문제 14 다음 Java로 구현된 프로그램을 분석하여 그 실행 결과를 쓰시오.

```java
public class Problem {
    public static void main(String[] args){
        int a, b, c;
        a = 10;
        b = 20;
        c = prnt(a, b);
        System.out.printf("a=%d, b=%d, c=%d\n", a, b, c);
    }

    static int prnt(int x, int y)
    {
        int z;
        if (x == y) z = x + y;
        else z = x - y;
        return(z);
    }
}
```

답 :

정답 및 해설은 305쪽에 있습니다.

문제 15 다음은 결과로 100을 산출하는 프로그램을 Java로 구현한 것이다. 괄호에 들어갈 알맞은 예약어를 〈보기〉에서 찾아 기호(㉠~㉤)로 쓰시오.

```java
interface Cals {
    public void get(int v);
}

class Test (     ) Cals {
    public void get(int v) {
        System.out.print(v*v);
    }
}

public class Main {
    public static void main(String[] args) {
        Cals a = new Test();
        a.get(10);
    }
}
```

〈보기〉

㉠ new
㉡ abstract
㉢ super
㉣ extends
㉤ implements

답 :

Section 027

[문제 1]

2137490000

```java
public class Test {
    public static void main(String[ ] args) {
❶        int i;
❷        int num[ ] = {2, 1, 3, 7, 4, 9};
❸        int numb[ ] = new int[10];
❹        for (i = 0; i < num.length; i++)
❺            numb[i] = num[i];
❻        for (i = 0; i < numb.length; i++)
❼            System.out.printf("%d", numb[i]);
    }
}
```

❶ 정수형 변수 i를 선언한다.

❷ 배열을 선언할 때 사용할 개수를 생략하고 초기값을 지정하면, 초기값의 수로 배열의 크기가 지정된다.

	num[0]	num[1]	num[2]	num[3]	num[4]	num[5]
배열 num	2	1	3	7	4	9

❸ 10개의 요소를 갖는 정수형 배열 numb를 선언한다.

	numb[0]	numb[1]	numb[2]	numb[3]	numb[4]	numb[5]	numb[6]	numb[7]	numb[8]	numb[9]
배열 numb	0	0	0	0	0	0	0	0	0	0

※ Java는 배열 선언 시 초기화를 하지 않아도 자동으로 0으로 초기화됩니다.

❹ 반복 변수 i가 0부터 1씩 증가하면서 num 배열의 길이인 6보다 작은 동안 ❺번을 반복 수행한다.
 • length : 배열 클래스의 속성으로, 배열 요소의 개수가 저장되어 있음

❺ num[i]의 값을 numb[i]에 저장한다. 결과적으로 num[1]~[5]까지의 값이 numb[1]~[5]에 저장된다. 반복문 실행에 따른 변수들의 변화는 다음과 같다.

i	num[i]	numb 배열									
		[0]	[1]	[2]	[3]	[4]	[5]	[6]	[7]	[8]	[9]
		0	0	0	0	0	0	0	0	0	0
0	2	2									
1	1		1								
2	3			3							
3	7				7						
4	4					4					
5	9						9				
6											

❻ 반복 변수 i가 0부터 1씩 증가하면서 numb 배열의 길이인 10보다 작은 동안 ❼번을 반복 수행한다.
 • length : numb 배열의 요소는 10개이므로 numb.length는 10임

❼ numb[i]의 값을 정수형으로 출력한다.

결과 2137490000

[문제 2]

4, 16

```
public class hrdkorea {
    public static void main(String[ ] args) {
❶        int cnt = 0;
❷        int sum = 0;
❸        for (int i = 0; i <= 7; i++)
        {
❹            if (i % 2 == 1)
            {
❺                cnt = cnt + 1;
❻                sum = sum + i;
            }
        }
❼        System.out.printf(cnt + ", " + sum);
    }
}
```

❶ 정수형 변수 cnt를 선언하고 0으로 초기화한다.
❷ 정수형 변수 sum을 선언하고 0으로 초기화한다.
❸ 반복 변수 i가 0부터 1씩 증가하면서 7보다 작거나 같은 동안 ❹~❻번을 반복 수행한다.
❹ i를 2로 나눈 나머지가 1이면 홀수이므로 ❺~❻번을 수행하고, 그렇지 않으면 ❸번으로 이동한다.
❺ cnt의 값을 1씩 증가시킨다. 즉, cnt에 홀수의 개수를 증가시킨다.
❻ sum에 i의 값을 누적시킨다. 즉, sum에 홀수를 누적시킨다.
❼ cnt의 값을 출력하고 쉼표(,)와 빈 칸을 출력한 후 sum의 값을 출력한다.
※ 반복문 실행에 따른 변수들의 변화는 다음과 같다.

i	i%2	cnt	sum	출력
0	0	0	0	
1	1	1	1	
2	0			
3	1	2	4	
4	0			4, 16
5	1	3	9	
6	0			
7	1	4	16	
8				

[문제 3]

오늘은 목요일

```java
public class Test {
    public static void main(String[ ] args) {
❶        String weeks[ ] = {"월요일", "화요일", "수요일", "목요일", "금요일", "토요일", "일요일"};
❷        int cnt = 1;
❸        for ( int i = 1; i < 7; i++) {
❹            if (i%3 == 0)
❺                break;
❻            cnt++;
         }
❼        System.out.print("오늘은 " + weeks[cnt]);
    }
}
```

❶ 7개의 요소를 갖는 문자열 배열 weeks를 선언하고 초기화한다. 개수를 지정하지 않으면 초기값으로 지정된 수만큼 배열의 요소가 만들어진다.

	[0]	[1]	[2]	[3]	[4]	[5]	[6]
weeks	월요일	화요일	수요일	목요일	금요일	토요일	일요일

❷ 정수형 변수 cnt를 선언하고 1로 초기화한다.

❸ 반복 변수 i가 1부터 1씩 증가하면서 7보다 작은 동안 ❹~❻번을 반복 수행한다.

❹ i를 3으로 나눈 나머지가 0이면 ❺번을 수행하고 아니면 ❻번으로 이동한다.

❺ for문을 벗어나 ❼번으로 이동한다.

❻ cnt의 값을 1씩 누적시킨다.

❼ 오늘은을 출력한 후 한 칸을 띄운 후 weeks[cnt]의 값을 출력한다.

반복문 수행에 따른 변수들의 변화는 다음과 같다.

cnt	i	i%3	출력
1	1	1	
2	2	2	오늘은 목요일
3	3	0	

[문제 4]

0

1

2

3

※ **답안 작성 시 주의 사항** : 프로그램의 실행 결과는 부분 점수가 없으므로 정확하게 작성해야 합니다. 예를 들어 출력값 사이에 줄나눔 없이 0123으로 썼을 경우 부분 점수 없이 완전히 틀린 것으로 간주됩니다.

```
public class Test {
    public static void main(String[ ] args) {
①      int arr[ ] = { 0,1,2,3 };                4개의 요소를 갖는 정수형 배열 arr을 선언하고 초기화한다.
②      for (int num:arr)                        arr 배열의 요소 수만큼 ❸번을 반복 수행한다.
                                                 • num : arr 배열의 각 요소가 일시적으로 저장될 변수를 선언한다.
                                                 • arr : 배열의 이름으로, arr 배열이 4개의 요소를 가지므로 각 요소를 num에 저장하면서 ❸번을
                                                   4번 수행한다.
③          System.out.println(num);             num의 값을 출력하고 커서를 다음 줄의 처음으로 옮긴다.
    }                                            결과   0
}                                                      1
                                                       2
                                                       3
```

디버깅

반복 횟수	num	출력
1	0	0
2	1	0
		1
3	2	0
		1
		2
4	3	0
		1
		2
		3

[문제 5]

N

```
import java.lang.*;                          Math 클래스를 사용하기 위해 java.lang 패키지를 선언한다.
public class Main {
    public static void main(String[ ] args) {
①      switch((int)Math.signum(−100)) {
②          case −1:
③              System.out.print("N");
④              break;
            case 0:
                System.out.print("P");
                break;
            case 1:
                System.out.print("E");
                break;
            default:
                System.out.print("Z");
        }
    } ❺
}
```

❶ '(int)Math.signum(−100)'의 결과에 해당하는 숫자를 찾아간다. signum(−100)에서 인수가 음수이므로 −1.0을 반환하고, 반환된 값은 (int)−1.0에 의해 정수인 −1로 변환된다. −1에 해당하는 ❷번으로 이동한다.
 • Math : 수학관련 메소드들이 포함되어 있는 클래스
 • signum( ) : 인수가 양수이면 1.0, 음수이면 −1.0을 반환함
❷ '(int)Math.signum(−100)'이 −1인 경우 찾아오는 곳이다.
❸ N을 출력한다.
 결과 N
❹ switch문을 벗어나 ❺번으로 이동한 후 프로그램을 종료한다.

Section 028
[문제 1]

452953

```
public class Test {
    public static void main(String[ ] args) {
❶        int arr1[ ] = {3, 5, 9, 2, 5, 4};
❷        atest at = new atest( );
❸❿        int arr2[ ] = at.rw(arr1);
⓫        at.pa(arr2);
    } ⓯
}

class atest {
❹    int[ ] rw(int[ ] a) {
❺        int len = a.length;
❻        int b[ ] = new int[len];
❼        for(int i = 0; i < len; i++)
❽            b[i] = a[len − i − 1];
❾        return b;
    }
⓬    void pa(int[ ] arr) {
⓭        for(int i = 0; i < arr.length; i++) {
⓮            System.out.print(arr[i]);
        }
    }
}
```

모든 Java 프로그램은 반드시 main( ) 메소드에서 시작한다.
❶ 정수형 배열 arr1을 선언하고 초기화한다. 배열의 크기를 생략하면, 초기값의 수로 배열의 크기가 지정되므로 6개의 요소를 갖는 배열이 선언된다.

	[0]	[1]	[2]	[3]	[4]	[5]
arr1	3	5	9	2	5	4

❷ 클래스 atest의 객체 변수 at를 선언한다.
❸ 정수형 배열 arr2를 선언하고, 배열 arr1의 시작 주소를 인수로 하여 at의 rw( ) 메소드를 호출한 후 반환받은 결과로 arr2를 초기화한다. at는 atest 클래스의 객체 변수이므로 atest의 rw( ) 메소드인 ❹번이 호출된다.
❹ 정수형 배열을 반환하는 rw( ) 메소드의 시작점이다. ❸번에서 전달받은 배열의 주소는 배열 a가 받는다.

	[0]	[1]	[2]	[3]	[4]	[5]
a	3	5	9	2	5	4

※ 배열의 이름은 배열의 시작 주소를 가리키므로, 인수로 전달하는 경우 메소드에서 변경된 값이 main( )의 배열에도 적용된다는 점을 염두에 두세요.

❺ 정수형 변수 len을 선언하고 배열 a의 길이인 6으로 초기화한다.
 • length : 배열 요소의 개수를 저장하고 있는 속성
❻ len이 6이므로 6개의 요소를 갖는 정수형 배열 b를 선언한다.

	[0]	[1]	[2]	[3]	[4]	[5]
b						

❼ 반복 변수 i가 0부터 1씩 증가하면서 6보다 작은 동안 ❽번을 반복 수행한다.
❽ a[len-i-1]의 값을 b[i]에 저장한다. a 배열에 저장된 값들이 뒤에서부터 차례대로 b 배열에 저장된다.
 반복문 실행에 따른 변수들의 변화는 다음과 같다.

b[i]						len	i	배열 a						a[len-i-1]
[0]	[1]	[2]	[3]	[4]	[5]			[0]	[1]	[2]	[3]	[4]	[5]	
4						6	0	3	5	9	2	5	4	a[5] = 4
4	5						1	3	5	9	2	**5**	4	a[4] = 5
4	5	2					2	3	5	9	**2**	5	4	a[3] = 2
4	5	2	9				3	3	5	**9**	2	5	4	a[2] = 9
4	5	2	9	5			4	3	**5**	9	2	5	4	a[1] = 5
4	5	2	9	5	3		5	**3**	5	9	2	5	4	a[0] = 3
							6							

❾ 배열 b의 시작 주소를 rw( ) 메소드를 호출했던 ❿번으로 반환한다.
❿ ❾번에서 반환받은 배열 b의 시작 주소로 배열 arr2를 초기화한다.

	[0]	[1]	[2]	[3]	[4]	[5]
arr2	4	5	2	9	5	3

⓫ 배열 arr2의 시작 주소를 인수로 하여 at의 pa( ) 메소드를 호출한다. at는 atest 클래스의 객체 변수이므로 atest의 pa( ) 메소드인 ⓬번이 호출된다.
⓬ pa( ) 메소드의 시작점이다. ⓫번에서 전달받은 배열의 주소는 배열 arr이 받는다.

	[0]	[1]	[2]	[3]	[4]	[5]
arr	4	5	2	9	5	3

⓭ 반복 변수 i가 0부터 1씩 증가하면서 6보다 작은 동안 ⓮번을 반복 수행한다.
⓮ arr[i]의 값을 출력한다. 반복문이 종료되어 메소드가 끝나면 메소드를 호출했던 ⓫번의 다음 줄인 ⓯번으로 이동하여 프로그램을 종료한다.

결과   452953

[문제 2]

a = 9

b = 9

c = 18

```
class TestClass {                              클래스 TestClass를 정의한다.
    int a, b, c;                               클래스 TestClass에는 정수형 변수 a, b, c가 선언되어 있다.
}

public class Main {
    public static void main(String[ ] args) {
❶       TestClass Myint = new TestClass( );
❷       Myint.a = 8;
❸       Myint.b = 10;
❹       hrd(Myint);
❽       System.out.println("a = " + Myint.a);
❾       System.out.println("b = " + Myint.b);
❿       System.out.println("c = " + Myint.c);
    }
❺   static void hrd(TestClass Myint) {
❻       if (Myint.a++ )= Myint.b--)
                Myint.c = Myint.a − Myint.b;
        else
❼               Myint.c = Myint.a + Myint.b;
    }
}
```

모든 Java 프로그램은 반드시 main( ) 메소드에서 시작한다.

❶ 클래스 TestClass의 객체 변수 Myint를 선언한다.

	int a	int b	int c
객체 변수 Myint			

❷ 객체 변수 Myint의 변수 a에 8을 저장한다.

❸ 객체 변수 Myint의 변수 b에 10을 저장한다.

	int a	int b	int c
객체 변수 Myint	8	10	

❹ 객체 변수 Myint의 시작 주소를 인수로 하여 hrd 메소드를 호출한다.

❺ 반환 값이 없는 hrd( ) 메소드의 시작점이다. ❹번에서 전달받은 객체 변수의 주소는 Myint가 받는다.
   ※ 객체 변수의 이름은 객체 변수의 시작 주소를 가리키므로, 인수로 전달하는 경우 메소드에서 변경된 값이 main( )의 객체 변수에도 적용된다는 점을 염두에 두세요.

❻ Myint의 a가 Myint의 b보다 크거나 같으면 다음 문장을 수행하고, 그렇지 않으면 ❼번을 수행한다. Myint의 a의 값 8은 Myint의 b의 값 10보다 작으므로 ❼번으로 이동한다.
   ※ Myint.a++과 Myint.b--는 후치 연산자이므로 조건을 비교한 후 Myint의 a의 값은 1이 증가하여 9가 되고 Myint의 b의 값은 1이 감소하여 9가 된다.

	int a	int b	int c
객체 변수 Myint	9	9	

❼ Myint의 c에 Myint의 a와 b를 더한 값을 저장한다. Myint의 c에는 18이 저장된다. 메소드가 종료되었으므로 메소드를 호출했던 ❹번의 다음 줄인 ❽번으로 이동한다.

	int a	int b	int c
객체 변수 Myint	9	9	18

❽ a = 를 출력하고 Myint의 a의 값 9를 출력한 후 다음 줄의 처음으로 커서를 이동시킨다.

결과	a = 9

❾ b = 를 출력하고 Myint의 b의 값 9를 출력한 후 다음 줄의 처음으로 커서를 이동시킨다.

결과	a = 9 b = 9

❿ c = 를 출력하고 Myint의 c의 값 18을 출력한 후 다음 줄의 처음으로 커서를 이동시킨다.

결과	a = 9 b = 9 c = 18

[문제 3]

4

모든 Java 프로그램은 반드시 main( ) 메소드에서 시작한다.

```
      public static void main(String[ ] args) {
❶        int[ ] arr = { 5, 4, 3, 2, 1 };
❷        System.out.print(cycle(arr, 4));
      }
```

❶ 정수형 배열 arr을 선언하고 초기화한다. 배열의 크기를 생략하면, 초기값의 수로 배열의 크기가 지정되므로 선언되므로 5개의 요소를 갖는 배열이 선언된다.

	[0]	[1]	[2]	[3]	[4]
arr	5	4	3	2	1

❷ 배열 arr의 시작 주소와 4를 인수로 하여 cycle( ) 메소드를 호출한 다음 돌려받은 값을 출력한다.

```
❸    static int cycle(int[ ] arr, int i) {        //i는 4이다.
❹        if (i <= 0) return 0;
❺        return arr[i] % 3 + cycle(arr, i − 1);
     }
```

❸ 정수를 반환하는 cycle( ) 메소드의 시작점이다. ❷번에서 전달받은 배열의 주소는 배열 arr이 받고 4는 i가 받는다.
  ※ 배열의 이름은 배열의 시작 주소를 가리키므로, 인수로 전달하는 경우 메소드에서 변경된 값이 main( )의 배열에도 적용된다는 점을 염두에 두세요.
❹ i가 0보다 작거나 같으면 메소드를 호출했던 ❷번으로 이동하여 0을 반환한다. i의 값 4는 0보다 작거나 같지 않으므로 ❺번을 수행한다.
❺ arr[i] % 3 + cycle(arr, i − 1)을 계산한 후 메소드를 호출했던 ❷번으로 결과를 반환한다. ❺번을 수행하기 위해 cycle( ) 메소드를 호출하는데, 호출할 때 전달되는 값은 cycle(arr, i−1)이므로 cycle(arr, 3)인 상태로 호출된다.

```
❻    static int cycle(int[ ] arr, int i) {        //i는 3이다.
❼        if (i <= 0) return 0;
❽        return arr[i] % 3 + cycle(arr, i − 1);
     }
```

cycle( ) 메소드가 호출될 때 arr의 주소와 3을 전달받았으므로 i는 3이다. ❼번의 조건을 만족하지 않으므로 ❽번을 수행한다. ❽번을 수행하기 위해 cycle( ) 메소드를 호출하는데, 호출할 때 전달되는 값은 cycle(arr, i−1)이므로 cycle(arr, 2)인 상태로 호출된다.

```
❾    static int cycle(int[ ] arr, int i) {        //i는 2이다.
❿        if (i <= 0) return 0;
⓫        return arr[i] % 3 + cycle(arr, i − 1);
     }
```

cycle( ) 메소드가 호출될 때 arr의 주소와 2를 전달받았으므로 i는 2이다. ❿번의 조건을 만족하지 않으므로 ⓫번을 수행한다. ⓫번을 수행하기 위해 cycle( ) 메소드를 호출하는데, 호출할 때 전달되는 값은 cycle(arr, i−1)이므로 cycle(arr, 1)인 상태로 호출된다.

```
⓬      static int cycle(int[ ] arr, int i) {          //i는 1이다.
⓭          if (i <= 0) return 0;
⓮          return arr[i] % 3 + cycle(arr, i − 1);
        }
```

cycle( ) 메소드가 호출될 때 arr의 주소와 1을 전달받았으므로 i는 1이다. ⓭번의 조건을 만족하지 않으므로 ⓮번을 수행한다. ⓮번을 수행하기 위해 cycle( ) 메소드를 호출하는데, 호출할 때 전달되는 값은 cycle(arr, i−1)이므로 cycle(arr, 0)인 상태로 호출된다.

```
⓯      static int cycle(int[ ] arr, int i) {          //i는 0이다.
⓰          if (i <= 0) return 0;
                return arr[i] % 3 + cycle(arr, i − 1);
        }
```

cycle( ) 메소드가 호출될 때 arr의 주소와 0을 전달받았으므로 i는 0이다. ⓰번의 조건을 만족하므로 함수의 실행을 종료하고 0을 반환하면서 제어를 cycle(arr, 0) 메소드를 호출했던 ⓮번으로 옮긴다.

```
⓬      static int cycle(int[ ] arr, int i) {          //i는 1이다.
⓭          if (i <= 0) return 0;
⓮⓱        return arr[i] % 3 + cycle(arr, i − 1);
        }
```

⓱ ⓰번에서 0을 반환하였으므로 1을 반환하면서 제어를 cycle(arr, 1) 메소드를 호출했던 ⓫번으로 옮긴다.

return arr[i] % 3 + cycle(arr, i − 1);
    ⓐ   ⓑ

- ⓐ : arr[1]%3 → 4%3 = 1 ('cycle(arr, i−1)'을 호출할 때 i는 1이었으므로)
- ⓑ : 0 (⓰번에서 0을 반환하였으므로)
∴ⓐ+ⓑ는 1이므로 함수를 호출했던 ⓫번으로 1이 반환된다.

```
❾      static int cycle(int[ ] arr, int i) {          //i는 2이다.
❿          if (i <= 0) return 0;
⓫⓲        return arr[i] % 3 + cycle(arr, i − 1);
        }
```

⓲ ⓱번에서 1을 반환하였으므로 1을 반환하면서 제어를 cycle(arr, 2) 메소드를 호출했던 ❽번으로 옮긴다.

return arr[i] % 3 + cycle(arr, i − 1);
    ⓐ   ⓑ

- ⓐ : arr[2]%3 → 3%3 = 0 ('cycle(arr, i−1)'을 호출할 때 i는 2였으므로)
- ⓑ : 1 (⓱번에서 1을 반환하였으므로)
∴ⓐ+ⓑ는 1이므로 함수를 호출했던 ❽번으로 1이 반환된다.

```
❻      static int cycle(int[ ] arr, int i) {          //i는 3이다.
❼          if (i <= 0) return 0;
❽⓳        return arr[i] % 3 + cycle(arr, i − 1);
        }
```

⓳ ⓲번에서 1을 반환하였으므로 3을 반환하면서 제어를 cycle(arr, 3) 메소드를 호출했던 ❺번으로 옮긴다.

return arr[i] % 3 + cycle(arr, i − 1);
    ⓐ   ⓑ

- ⓐ : arr[3]%3 → 2%3 = 2 ('cycle(arr, i−1)'을 호출할 때 i는 3이었으므로)
- ⓑ : 1 (⓲번에서 1을 반환하였으므로)
∴ⓐ+ⓑ는 3이므로 함수를 호출했던 ❺번으로 3이 반환된다.

```
❸      static int cycle(int[ ] arr, int i) {          //i는 4이다.
❹          if (i <= 0) return 0;
❺⑳          return arr[i] % 3 + cycle(arr, i − 1);
       }
```

⑳ ⑲번에서 3을 반환하였으므로 4를 반환하면서 제어를 cycle(arr, 4) 메소드를 호출했던 ❷번으로 옮긴다.

return arr[i] % 3 + cycle(arr, i − 1);
      ⓐ   ⓑ

- ⓐ : arr[4]%3 → 1%3 = 1 ('cycle(arr, i−1)'을 호출할 때 i는 4였으므로)
- ⓑ : 3 (⑲번에서 3을 반환하였으므로)
∴ⓐ+ⓑ는 4이므로 함수를 호출했던 ❷번으로 4가 반환된다.

```
       public static void main(String[ ] args) {
❶          int[ ] arr = { 5, 4, 3, 2, 1 };
❷㉑          System.out.print(cycle(arr, 4));
       }
```

㉑ ⑳번에서 4를 반환하였으므로 돌려받은 값 4를 출력하고 프로그램을 종료한다.

결과   **4**

[문제 4]

1234문자

※ **답안 작성 시 주의 사항** : 프로그램의 실행 결과는 부분 점수가 없으므로 정확하게 작성해야 합니다. 예를 들어, 출력값 사이에 줄을 나눠

1234
문자 로 썼을 경우 부분 점수 없이 완전히 틀린 것으로 처리됩니다.

```
public class Test {
    public static void main(String[ ] args) {
❶        Otest ot = new Otest( );
❷        ot.cat( );
❺        ot.cat("4");
    } ❽
}
class Otest {
Ⓐ ❸ void cat( ) {
❹        System.out.print("1234");
    }
Ⓑ   void cat(int c) {
         System.out.print(++c);
    }
Ⓒ ❻ void cat(string c) {
❼        System.out.print("문자");
    }
}
```

Ⓐ 반환값 없는 메소드 cat( )를 정의한다.

Ⓑ 반환값 없는 메소드 cat(int c)를 정의한다.

Ⓒ 반환값 없는 메소드 cat(string c)를 정의한다.

※ Ⓐ, Ⓑ, Ⓒ가 메소드 이름은 같지만 '인수를 받는 자료형'이 다르므로 서로 다른 메소드입니다. 즉 cat( )와 cat(int c), cat(string c)는 다른 메소드라는 것입니다. 이렇게 이름은 같지만 인수를 받는 자료형을 달리하여 여러 기능을 정의하는 것을 오버로딩(Overloading)이라고 합니다.

모든 Java 프로그램은 반드시 main( ) 메소드에서 시작한다.

❶ Otest 클래스의 객체 변수 ot를 선언한다.

❷ ot.cat( ) 메소드를 호출한다. cat( )에 인수가 없으므로 ❸번으로 이동한다.

❸ 반환값이 없는 cat( ) 메소드의 시작점이다.

❹ 1234를 출력한다.

결과   1234

❺ 숫자를 큰따옴표로 묶으면 문자로 인식한다. 즉 문자 4를 인수로 하여 ot.cat( ) 메소드를 호출한다. 전달되는 인수의 자료형이 문자형이므로 ❻번으로 이동한다.

❻ 반환값이 없는 cat(string c) 메소드의 시작점이다.

❼ 문자를 출력한다.

결과   1234문자

[문제 5]

0

```
Ⓐ class ClassA {
       int a = 1;
       int b = 1;
}

Ⓑ class ClassB extends ClassA {
Ⓒ     void testcase( ) {
            System.out.println(this.a * this.b);
       }
Ⓓ ❺    void testcase(int i) {
   ❻        System.out.println(this.a - this.b);
       }
Ⓔ     void testcase(char i) {
            System.out.println(this.a / this.b);
       }
Ⓕ     void testcase(float i) {
            System.out.println(this.a + this.b);
       }
}
public class Main
{
       public static void main(String[ ] args) {
❶         int a = 10;
❷         int b = 3;

❸         ClassB c = new ClassB( );
❹         c.testcase(a/b);
       } ❼
}
```

Ⓐ ClassA 클래스를 정의한다.
Ⓑ ClassB 클래스를 정의하고 부모 클래스로 ClassA를 지정하면서 ClassA에 속한 변수를 상속받는다.
Ⓒ 반환값 없는 메소드 testcase( )를 정의한다.
Ⓓ 반환값 없는 메소드 testcase(int i)를 정의한다. 메소드 이름이 Ⓒ, Ⓔ, Ⓕ와 같지만 '인수를 받는 자료형'이 다르므로 서로 다른 메소드이다. 이렇게 이름은 같지만 자료형을 달리하여 여러 기능을 정의하는 것을 오버로딩(Overloading)이라고 한다.

모든 Java 프로그램의 실행은 반드시 main( ) 메소드에서 시작한다.
❶ 정수형 변수 a를 선언하고 10으로 초기화한다.
❷ 정수형 변수 b를 선언하고 3으로 초기화한다.
❸ 클래스 ClassB의 객체 변수 c를 선언한다.
❹ a/b의 결과인 3을 인수로 하여 c의 testcase( ) 메소드를 호출한다. ❺번으로 이동한다.
　※ ❶, ❷번에서 a와 b를 정수형으로 선언했으므로, a/b의 결과는 3.33333330이 아닌 3입니다.
　※ a/b의 결과값이 정수형이므로 Ⓒ~Ⓕ 중 ❹번에서 호출되는 메소드는 정수형 자료형을 인수로 하는 testcase(int i) 메소드입니다.
❺ 반환값 없는 testcase(int i) 메소드의 시작점이다. ❹번에서 전달받은 3을 i가 받는다.
❻ 'this.a − this.b'의 값, 즉 ClassA에서 선언한 a에서 b를 뺀 값 0을 출력한다. 메소드가 종료되면, 호출했던 ❹번의 다음 줄인 ❼번으로 이동하여 프로그램을 종료한다.
　※ this : 현재 실행중인 메소드가 속한 클래스를 가리키는 예약어로, 현재 실행중인 testcase(int i) 메소드가 속한 ClassB와 ClassB가 상속받은 ClassA 클래스 모두를 가리킵니다.
　결과 `0`

예상문제은행　**3** 장　Java　　　　　　　　　　　　　　　　　정답

[문제 1]

HRDK4023

```
public class Test {
    public static void main(String[ ] args) {
        String str = "HRDK" + 40 + 23;      문자열 변수 str을 선언하고 "HRDK", 40, 23을 덧셈(+)한 값으로 초기화한다.
                                            ※ 덧셈(+) 연산에 문자열이 포함된 경우 문자열과 숫자, 또는 숫자와 문자가 연속으로 이어진다.
                                            예 "HRDK" + 40 + 23 = "HRDK4023"
        System.out.println(str);            str에 저장된 문자열을 출력한다.
    }                                       결과 HRDK4023
}
```

[문제 2]

0018

```
public class Test {
    public static void main(String[ ] args) {
        char num = 0x06;

        System.out.printf("%04x", num << 2);



    }
}
```

문자형 변수 num을 선언하고 16진수 6을 저장한다.
※ Java에서 숫자 앞의 '0b'는 2진수를, '0'은 8진수를, '0x'는 16진수를 의미한다.

num의 값 6을 왼쪽으로 2비트 이동시킨 값을 num에 저장한 후 16진수로 출력하되, 4자리를 확보하여 오른쪽을 기준으로 출력하고, 빈 자리에는 0을 넣는다.

• Java에서 문자형은 1Byte이므로 6을 1Byte에 2진수로 표현하면 다음과 같다.

부호 비트		8	7	6	5	4	3	2	1
6		0	0	0	0	0	1	1	0
		2^7	2^6	2^5	2^4	2^3	2^2	2^1	2^0
		128	64	32	16	8	4	2	1

• 부호를 제외한 전체 비트를 왼쪽으로 2비트 이동시킨다. 양수이므로 패딩 비트(빈 자리)에는 0이 채워진다.

부호 비트		8	7	6	5	4	3	2	1	
24		0	0	0	1	1	0	0	0	← 패딩 비트
		2^7	2^6	2^5	2^4	2^3	2^2	2^1	2^0	
		128	64	32	16	8	4	2	1	

이것을 10진수로 변환하면 24이고, 16진수로 변환하면 18이다.

결과   **0018**

[문제 3]

2

```
public class Test {
    public static void main(String[ ] args) {
        int a = 9;
        int b = 11;
        int c = a^b;



        System.out.println(c);

    }
}
```

정수형 변수 a를 선언하고 9로 초기화한다.
정수형 변수 b를 선언하고 11로 초기화한다.
정수형 변수 c를 선언하고 a와 b를 ^(비트 xor) 연산한 값으로 초기화한다. ^(비트 xor)는 두 비트가 모두 같으면 0, 서로 다르면 1이 되는 비트 연산자이다.

   a(9)   = 1001
   b(11) = 1011
   ^   = 0010 = 2

c의 값 2를 출력하고 커서를 다음 줄의 처음으로 옮긴다.

결과   **2**

[문제 4]

sum = sum + i;

```
public class Test {
    public static void main(String[ ] args) {
❶        int sum = 0;                              정수형 변수 sum을 선언하고 0으로 초기화한다.
❷        for (int i = 0; i < 10; i++) {            반복 변수 i가 0부터 1씩 증가하면서 10보다 작은 동안 ❸~❹번을 반복 수행한다.
❸            if (i % 2 == 0)                        i를 2로 나눈 나머지가 0이면 ❹번을 수행하고, 아니면 반복문의 처음인 ❷번으로 이동한다.
❹                sum = sum + i;                    sum에 i의 값을 누적시킨다.
        }
❺        System.out.println("짝수의 합 = " + sum);   문자열 짝수의 합 = 을 출력하고, 이어서 sum의 값을 출력한다.
                                                   결과  짝수의 합 = 20
    }
}
```

디버깅

i	i % 2	sum
		0
0	0	0
1	1	
2	0	2
3	1	
4	0	6
5	1	
6	0	12
7	1	
8	0	20
9	1	
10		

[문제 5]

7

```
public class Test {
    public static void main(String[ ] args) {
❶❺      int a = sum(3, 4);                정수형 변수 a를 선언하고, 3과 4를 인수로 하여 sum( ) 메소드를 호출한 결과를 a에 저장한다. ❷번
                                         으로 이동한다.
❻       System.out.println(a);           a의 값 7을 출력한다.
                                         결과  7
    }
❷   public static int sum(int a, int b) {    sum( ) 메소드의 시작점이다. ❶번에서 보낸 3과 4를 각각 정수형 변수 a와 b가 받는다.
❸       int sum;                         정수형 변수 sum을 선언한다.
❹       return sum = a + b;              a와 b를 더한 값 7을 sum에 저장하고, sum의 값을 가지고 sum( ) 메소드를 호출했던 ❻번으로 이동
                                         한다.
    }
}
```

[문제 6]

20 21 30

```
public class Problem {
    public static void main(String[] args) {
        int j, k, L, result;
        j = 10;
        k = 20;
        L = 30;
        result = j < k ? k++ : --L;    j가 k보다 작으면 k++의 값을 result에 저장하고 그렇지 않으면 --L의 값을 result에 저장한다.
        System.out.printf("%d %d %d\n", result, k, L);    결과  20 21 30
    }                                                      k++은 후치 연산이므로 20을 result에 저장한 후 1 증가한다.
}
```

[문제 7]

KORHRDEA

```
public class Test {
    public static void main(String[] args) {
        StringBuffer sb = new StringBuffer();        StringBuffer 자료형의 객체 변수 sb를 선언한다.
                                                     • StringBuffer 자료형 : 문자열을 추가하거나 변경할 수 있는 자료형
                                                       – append(문자열) : 문자열을 추가하는 메소드
                                                       – insert(위치, 문자열) : 지정한 위치에 문자열을 삽입하는 메소드
        sb.append("KOREA");                          sb에 "KOREA" 문자열을 추가한다.
                                                          [0]   [1]   [2]   [3]   [4]
                                                     sb    K     O     R     E     A
        sb.insert(3, "HRD");                         sb의 3 위치, 즉 sb[3]에 "HRD" 문자열을 삽입한다.
                                                          [0]   [1]   [2]   [3]   [4]   [5]   [6]   [7]
                                                     sb    K     O     R     H     R     D     E     A
        System.out.print(sb.toString());            sb를 String 자료형으로 변환한 후 변환된 값을 출력한다.
                                                     • toString : String 자료형으로 변환하는 메소드
                                                     결과  KORHRDEA
    }
}
```

[문제 8]

525

```
public class hrdkorea {
    public static void main(String[] args) {
❶       int[] arr1 = {3, 5, 9, 2, 1, 5};
❷       atest at = new atest();
❸       at.pa(arr1, 2);
    } ⑪
}

class atest {
```

```
❹      void pa(int[ ] arr, int c) {
❺          int i;
❻          if (c > 1) {
❼              for (i = 0; i < arr.length; i++) {
❽                  if ( ( i + 1 ) % c == 0 ) {
❾                      System.out.printf("%d", arr[i]);
                    }
                }
            }
            else {
                for (i = 0; i < arr.length; i++) {
                    System.out.printf("%d", arr[i]);
                }
            } ❿
        }
    }
```

모든 Java 프로그램은 반드시 main( ) 메소드에서 시작한다.

❶ 6개의 요소를 갖는 정수형 배열 arr1을 선언하고 초기화한다. 개수를 지정하지 않으면, 초기값으로 지정된 수만큼 배열의 요소가 만들어진다.

	[0]	[1]	[2]	[3]	[4]	[5]
arr1	3	5	9	2	1	5

❷ 클래스 atest의 객체 변수 at를 선언한다.

❸ 배열 arr1의 시작 주소와 2를 인수로 하여 atest의 pa( ) 메소드를 호출한다.

❹ 반환 값이 없는 pa 메소드의 시작점이다. ❸번에서 전달받은 배열 arr1의 주소는 배열 arr이 받고 2는 c가 받는다.

※ 배열의 이름은 배열의 시작 주소를 가리키므로, 인수로 전달하는 경우 메소드에서 변경된 값이 main( )의 배열에도 적용된다는 점을 염두에 두세요.

	[0]	[1]	[2]	[3]	[4]	[5]			
arr	3	5	9	2	1	5		c	2

❺ 정수형 변수 i를 선언한다.

❻ c의 값이 1보다 크면 ❼번으로 이동하고, 그렇지 않으면 else의 다음 문장으로 이동한다. c의 값 2는 1보다 크므로 ❼번으로 이동한다.

❼ 반복 변수 i가 0부터 1씩 증가하면서 배열 arr의 길이인 6보다 작은 동안 ❽~❾번을 반복 수행한다.

❽ i+1을 c로 나눈 나머지가 0이면, 즉 i+1이 짝수이면 arr1 배열의 i번째에 해당하는 값을 출력하기 위해 ❾번으로 이동하고, 그렇지 않으면 반복문의 처음인 ❼번으로 이동한다.

❾ arr[i]의 값을 정수로 출력한다. 반복문이 종료되면 제어가 ❿번으로 이동하고, 메소드가 종료되었으므로 메소드를 호출했던 ❸번의 다음 줄인 ⓫번으로 이동하여 프로그램이 종료된다.

※ 반복문 실행에 따른 변수들의 변화는 다음과 같다.

arr						c	i	출력
[0]	[1]	[2]	[3]	[4]	[5]	2	0	
3	5	9	2	1	5		1	5
							2	
							3	52
							4	
							5	525
							6	

[문제 9]

10

```
public class JavaEX {
    public static void main(String[ ] args) {
❶        int n;
❷        n = 10;
❸        increase(n);
❼        System.out.printf("%d", n);
    }

❹    static void increase(int n) {
❺        n = n + 1;
    } ❻
}
```

모든 Java 프로그램은 반드시 main( ) 메소드에서 시작한다.
❶ 정수형 변수 n을 선언한다.
❷ n에 10을 저장한다.
❸ n의 값 10을 인수로 하여 increase( ) 메소드를 호출한다.
❹ 반환 값이 없는 increase( ) 메소드의 시작점이다. ❸번에서 전달받은 10을 n이 받는다.
❺ n의 값을 1 증가시킨다.
❻ increase( ) 메소드가 종료된 후 메소드를 호출했던 ❸번의 다음 줄인 ❼번으로 이동한다.
❼ n의 값을 정수로 출력한다.

결과 | **10**

※ 메소드 안에서 선언한 변수를 지역 변수라고 합니다. 지역 변수는 선언한 메소드 또는 블록 내에서만 사용할 수 있습니다. 즉 main( ) 메소드에서 선언된 변수 n과 increase( ) 메소드에서 선언된 변수 n은 서로 다른 변수입니다. 즉 ❺번에서의 증가 연산은 main( ) 메소드의 변수 n에 영향을 주지 못하므로 ❼번에서는 main( ) 메소드의 변수 n이 원래 갖고 있는 값 10을 출력합니다.

[문제 10]

naslu

※ **답안 작성 시 주의 사항** : 프로그램의 실행 결과는 부분 점수가 없으므로 정확하게 작성해야 합니다. 예를 들어 출력값 사이에 콤마를 넣어 *, n, a, s, l, u, *로 썼을 경우 부분 점수 없이 완전히 틀린 것으로 간주됩니다.

```
public class Test {
    public static void main(String[ ] args) {
❶        String str = "*ulsan*";
❷        int n = str.length( );

❸        char[ ] st = new char[n];



❹        n--;
❺        for (int k = n; k )= 0; k--)

❻            st[n - k] = str.charAt(k);

❼        for (char k:st)
❽            System.out.printf("%c", k);
```

문자열 변수 str을 선언하고 "*ulsan*"으로 초기화한다.
n에 str에 저장된 문자열의 길이 7을 저장한다.
 • length( ) : 변수에 저장된 문자열의 길이를 반환하는 메소드
n개의 요소를 갖는 문자 배열 st를 선언한다.

배열 st	st[0]	st[1]	st[2]	st[3]	st[4]	st[5]	st[6]

n의 값을 1 감소시킨다.
반복 변수 k가 n의 값 7부터 1씩 감소하면서 0보다 크거나 같은 동안 ❻번을 반복 수행한다.
st[n-k]에 str 배열의 k 위치에 있는 문자를 저장한다.
 • charAt( ) : 문자열에서 인수에 해당하는 위치의 문자를 반환하는 메소드
배열 st의 각 요소를 문자 변수 k에 옮기면서 요소의 개수만큼 ❽번을 반복 수행한다.
k의 값을 문자로 출력한다.

디버깅

n	(int)k	str	str.charAt(k)	배열 [0]	[1]	[2]	[3]	[4]	[5]	[6]	(char)k	출력
7		*ulsan*										
6	6		*	*								
	5		n	*	n							
	4		a	*	n	a						
	3		s	*	n	a	s					
	2		l	*	n	a	s	l				
	1		u	*	n	a	s	l	u			
	0		*	*	n	a	s	l	u	*		
	−1										*	*
											n	*n
											a	*na
											s	*nas
											l	*nasl
											u	*naslu
											*	*naslu*

[문제 11]

11, 65

```
public class Problem {
    public static void main(String[ ] args) {
        int i, hap = 0;
        for(i = 1; i <= 10; ++i, hap += i);



        System.out.printf("%d, %d\n", i, hap);



    }
}
```

반복문 for는 for(식1; 식2; 식3)와 같이 초기값, 최종값, 증가값으로 사용할 식을 '식1', '식2', '식3'에 적는데, 여기서는 증가값을 지정하는 '식3' 자리에 수식 두 개가 콤마(,) 연산자로 나열되어 있다. 이건 나열된 두 식을 차례대로 수행하라는 의미이므로 '++i'와 'hap += i'를 순서대로 수행한 후 '식2'를 확인한다.

결과 11, 65

주의할 점은 반복문을 벗어날 때 반복 변수는 'i <= 10'의 결과가 거짓이 되도록 증가한 후 빠져 나간다는 것이다. 여기서는 i가 10보다 작거나 같은 동안에는 반복문을 수행하고, i가 1 증가하여 11이 되었을 때 'hap += i'를 수행한 후 반복문을 탈출한다.

반복 횟수	i	hap
		0
1	1	0
2	2	2
3	3	5
4	4	9
5	5	14
6	6	20
7	7	27
8	8	35
9	9	44
10	10	54
	11	65

[문제 12]

inNum % 2

```
import java.util.Scanner;          Scanner() 메소드가 정의되어 있는 헤더 파일이다.

public class Problem {
    public static void main(String[] args) {
        int inNum;
❶      Scanner scan01 = new Scanner(System.in);          Scanner 클래스의 객체 변수 scan01을 키보드로 입력받을 수 있도록 생성한
                                                          다. System.in은 표준 입력장치, 즉 키보드를 의미한다.

❷      inNum = scan01.nextInt();          키보드로부터 정수형 값을 입력받아 inNum에 저장한다.
                                          ❶, ❷번은 Java에서 키보드로 자료를 입력받을 때는 이렇게 하는구나! 정도로만 알아두세요.

❸      if(inNum % 2 == 0)          inNum을 2로 나눈 나머지가 0이면 ❹번을 실행하고, 아니면 ❺번의 다음 문장인 ❻번을 실행한다.
❹          System.out.printf("%d= 짝수입니다.\n", inNum);     결과(입력한 값이 2이라면)  2= 짝수입니다.

❺      else                        ❸번의 조건이 거짓일 경우 실행할 문장의 시작점이다.
❻          System.out.printf("%d= 홀수입니다.\n", inNum);     결과(입력한 값이 3이라면)  3= 홀수입니다.

        scan01.close( );          Scanner 클래스의 객체 변수는 임의의 메모리 영역을 확보하여 사용하는 것이므로 프로그램 종
                                  료 전에 사용하던 메모리 영역을 해제해야 다른 프로그램이 해당 영역을 사용할 수 있다.
    }
}
```

[문제 13]

합은1   0입니다.
합은2   2입니다.
합은3   5입니다.
합은4   9입니다.
합은5   14입니다.

```
public class Problem {
    public static void main(String[] args) {
        int i = 0, hap = 0;
        for(i = 1; i <= 5; ++i, hap += i)

            System.out.printf("합은%d  %4d입니다.\n", i, hap);

    }
}
```

반복문 for는 for(식1; 식2; 식3)와 같이 초기값, 최종값, 증가값으로 사용할 식을 '식1', '식2', '식3'에 적는데, 여기서는 증가값을 지정하는 '식3' 자리에 수식 두 개가 콤마(,) 연산자로 나열되어 있다. 이건 나열된 두 식을 차례대로 수행하라는 의미이므로 '++i'와 'hap += i'를 순서대로 수행한 후 '식2'를 확인한다.

주의할 점은 반복문을 벗어날 때 반복 변수는 'i <= 5'의 결과가 거짓이 되도록 증가한 후 빠져 나간다는 것이다. 여기서는 i가 5보다 작거나 같은 동안에는 반복문을 수행하고, i가 1 증가하여 6이 되었을 때 'hap += i'를 수행한 다음 반복문을 탈출한다.

디버깅

반복 횟수	i	hap	출력
	0	0	
1	1	0	합은1 0입니다.
2	2	2	합은2 2입니다.
3	3	5	합은3 5입니다.
4	4	9	합은4 9입니다.
5	5	14	합은5 14입니다.
	6	20	

[문제 14]

a=10, b=20, c=−10

```
public class Problem {
    public static void main(String[ ] args) {
❶      int a, b, c;
❷      a = 10;
❸      b = 20;
❹⓾     c = prnt(a, b);                    정수형 변수 a, b를 인수로 하여 prnt( ) 메소드를 호출한 결과를 c에 저장한다. ❺번으로 이동한다.
⓫      System.out.printf("a=%d, b=%d, c=%d\n", a, b, c);   결과  a=10, b=20, c=−10
                                           a와 b는 원래의 값 10과 20을 그대로 출력하고 c는 리턴값 −10을 받았으
                                           므로 −10을 출력한다.

    }

❺  static int prnt(int x, int y)   실행 클래스 안에 메소드를 정의할 때는 static을 붙여야 한다.
                                     • int : 메소드의 리턴값이 정수형 변수라는 의미이다.
                                     • prnt : 메소드의 이름이다. 사용자가 임의로 적으면 된다.
                                     • (int x, int y) : 메소드의 인수로 정수형 x는 a의 값 10을 받고, 정수형 y는 b의 값 20을 받는다.
    {
❻      int z;
❼      if (x == y) z = x + y;        x와 y의 값이 같으면 x+y의 값을 z에 저장하고, 아니면 ❽번으로 이동한다.
❽      else z = x − y;               x−y의 값을 z에 저장한다. x와 y가 같지 않으므로 x−y의 값 −10을 z에 저장한다.
❾      return(z);                    z의 값을 가지고 prnt( ) 메소드를 호출했던 ⓾번으로 이동한다.
    }
}
```

[문제 15]

ⓜ

```
Ⓐ interface Cals {
Ⓑ      public void get(int v);
}

Ⓒ class Test implements Cals {
Ⓓ ❸    public void get(int v) {
   ❹        System.out.print(v*v);
        }
}

public class Main {
    public static void main(String[ ] args) {
❶          Cals a = new Test( );
❷          a.get(10);
        } ❺
}
```

Ⓐ 인터페이스 Cals를 선언한다.

Ⓑ 반환값이 없는 get( )을 선언한다. 인터페이스에 선언된 메소드는 선언만 있고 내부에 실행 코드가 없는 추상 메소드이므로, 이후 상속 관계가 설정된 자식 클래스에서 재정의한 후 사용한다.

Ⓒ Cals 인터페이스를 상속받는 클래스 Test를 정의한다.

Ⓓ 반환값이 없는 get( )을 정의한다. get( ) 메소드는 Ⓑ에서 선언된 추상 메소드(Ⓑ)를 재정의하는 것이다.

※ 추상 메소드는 부모 클래스가 자식 클래스에게 주는 의무와 같습니다. 부모 클래스와 상속 관계에 있다면 반드시 부모 클래스의 추상 메소드를 재정의해야 합니다. 그렇지 않으면 프로그램에 오류가 발생합니다.

모든 Java 프로그램은 반드시 main( ) 메소드에서 시작한다.

❶ Test 클래스의 생성자를 이용하여 Cals의 객체 변수 a를 선언한다. 부모 클래스의 객체 변수를 선언하면서 자식 클래스의 생성자를 사용하면 형 변환이 발생한다. 이렇게 형 변환이 발생했을 때 부모 클래스와 자식 클래스에 동일한 속성이나 메소드가 있으면 부모 클래스의 속성이나 메소드가 자식 클래스의 속성이나 메소드로 재정의된다.

❷ 10을 인수로 하여 a의 get( ) 메소드를 호출한다. ❸번으로 이동한다.

※ get( ) 메소드는 a 객체의 자료형이 Cals이므로 Cals 클래스의 get( )이라고 생각할 수 있지만 ❶번에서 클래스 형 변환이 발생하였고, get( ) 메소드가 자식 클래스에서 재정의되었으므로 Test 클래스의 get( ) 메소드가 수행됩니다.

❸ 반환값이 없는 get( ) 메소드의 시작점이다. ❷번에서 전달받은 10을 v가 받는다.

❹ v*v의 결과값인 100을 출력한 후 메소드가 종료되면, 호출했던 ❷번의 다음 줄인 ❺번으로 이동하여 프로그램을 종료한다.

| 결과 | 100 |

4 장

Python

Python의 기초

1 Python의 기본 문법

1602801

• 변수의 자료형에 대한 선언이 없다.
• 문장의 끝을 의미하는 세미콜론(;)을 사용할 필요가 없다.
• 변수에 연속하여 값을 저장하는 것이 가능하다.
  예 x, y, z = 10, 20, 30

• if나 for와 같이 코드 블록을 포함하는 명령문을 작성할 때 코드 블록은 콜론(:)과 여백으로 구분한다. ※
• 여백은 일반적으로 4칸 또는 한 개의 탭만큼 띄워야 하며, 같은 수준의 코드들은 반드시 동일한 여백을 가져야 한다.

2 Python의 데이터 입·출력 함수

1602802

input( ) 함수

• input( ) 함수는 Python의 표준 입력 함수로, 키보드로 입력받아 변수에 저장하는 함수이다.
• 입력되는 값은 문자열로 취급되어 저장된다.
• **형식1**

변수 = input(출력문자)	• '출력문자'는 생략이 가능하며, '변수'는 사용자가 임의로 지정할 수 있다. • 값을 입력하고 Enter를 누르면, 입력한 값이 '변수'에 저장된다.

예 a = input('입력하세요.') → 화면에 **입력하세요.**가 출력되고 그 뒤에서 커서가 깜빡거리며 입력을 기다린다. 키보드로 값을 입력하면 변수 a에 저장된다.

• **형식2**

변수1, 변수2, … = input(출력문자).split(분리문자)	• 화면에 '출력문자'가 표시되고 입력받은 값을 '분리문자'로 구분하여 각각 변수1, 변수2, …에 저장한다. • '분리문자'를 생략하면 공백으로 값들을 구분한다.

예 x, y = input( ).split('-') → "gilbut-sinagong"을 입력할 경우, 분리문자 '-'를 기준으로 "gilbut"은 변수 x에 저장되고, "sinagong"은 변수 y에 저장된다.

잠깐만요 **입력 데이터가 여러 개인 경우**

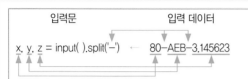

※ 입력하는 값에 분리문자가 반드시 포함되어야 합니다.

전문가의 조언

변수 하나에 input( ).split( )을 사용하는 경우 리스트 형태로 저장됩니다. 리스트에 대한 설명은 섹션 후반부에 있습니다.

잠깐만요 **입력 값의 형변환(Casting)**

input( ) 함수는 입력되는 값을 무조건 문자열로 저장하므로 숫자로 사용하기 위해서는 형을 변환해야 합니다.

- **변환할 데이터가 1개일 때**

$$변수 = int(input(\ ))\quad 정수로\ 변환\ 시$$
$$변수 = float(input(\ ))\quad 실수로\ 변환\ 시$$

예 a = int(input( )) → input( )으로 입력받은 값을 정수로 변환하여 변수 a에 저장한다.

- **변환할 데이터가 2개 이상일 때**

$$변수1,\ 변수2,\ \cdots = map^*(int,\ input(\ ).split(\ ))\quad 정수로\ 변환\ 시$$
$$변수1,\ 변수2,\ \cdots = map(float,\ input(\ ).split(\ ))\quad 실수로\ 변환\ 시$$

예 a, b = map(int, input( ).split( )) → input( ).split( )으로 입력받은 2개의 값을 정수로 변환하여 변수 a, b에 저장한다.

map( ) 함수

map( ) 함수는 input( ).split( )을 통해 입력받은 2개 이상의 값을 원하는 자료형으로 변환할 때 사용하는 함수입니다.

- map(자료형, input( ).split( ))
  - 자료형 : 변환할 자료형 입력
  - input( ).split( ) : 2개 이상의 값을 분리하여 입력받기 위해 split( )와 input( ) 함수 사용

예제 1 input( ) 함수를 이용하여 다음과 같이 데이터를 입력할 경우 변수에 기억되는 값을 쓰시오.

번호	코드	입력 데이터	결과
①	a, b = input( ).split( )	12 34	
②	a = int(input('입력하세요.'))	123	
③	a, b = input( ).split('34')	123456	
④	a, b, c = map(int, input('전화번호는?').split('-'))	010-234-5678	
⑤	a, b = input( ).split('&')	Black&White	
⑥	a, b = map(float, input( ).split('*'))	3.45*2.62E-6	

① 공백으로 입력 데이터를 구분하여 a, b에 문자열로 저장됩니다.
② 화면에 **입력하세요.**가 출력되고, a에 정수로 저장됩니다.
③ '34'로 입력 데이터를 구분하여 a, b에 문자열로 저장됩니다.
④ 화면에 **전화번호는?**이 출력되고, '-'로 입력 데이터를 구분하여 a, b, c에 정수로 저장됩니다.
   ※ 정수에서 맨 앞자리 0은 의미가 없으므로 제거됩니다.
⑤ '&'로 입력 데이터를 구분하여 a, b에 문자열로 저장됩니다.
⑥ '*'로 입력 데이터를 구분하여 a, b에 실수로 저장됩니다.

결과 ① a : 12, b : 34　　② a : 123　　③ a : 12, b : 56
　　④ a : 10, b : 234, c : 5678　　⑤ a : Black, b : White　　⑥ a : 3.45, b : 2.62e-06

전문가의 조언

한글 입·출력이 원활히 되지 않는다면 코드 상단에 "# -*- Encoding:UTF-8 -*- #"를 입력하여 인코딩 방식을 UTF-8로 바꿔주세요.

print( ) 함수

1602834

• 형식1

> **print(출력값1, 출력값2, …, sep = 분리문자, end = 종료문자)**
>
> - '출력값'에는 숫자, 문자, 문자열, 변수 등 다양한 값이나 식이 올 수 있다.
> - 'sep'는 여러 값을 출력할 때 값과 값 사이를 구분하기 위해 출력하는 문자로, 생략할 경우 기본값은 공백 한 칸(' ')이다.
> - 'end'는 맨 마지막에 표시할 문자로, 생략할 경우 기본값은 줄 나눔이다.

예 print(82, 24, sep = '-', end = ',') → 82와 24 사이에 분리문자 '-'가 출력되고, 마지막에 종료문자 ','가 출력된다.

결과 `82-24,`

• 형식2

서식 문자열
출력값의 서식을 지정하는 문자열로, 서식 문자열에 대한 자세한 설명은 159쪽을 참조하세요.

> **print(서식 문자열* % (출력값1, 출력값2, …))**
>
> - C와 Java에서 사용했던 서식 문자열이 동일하게 적용된다.
> - 출력값이 한 개일 경우 출력값에 대한 괄호를 생략할 수 있다.

예 print('%-8.2f' % 200.20) → | 2 | 0 | 0 | . | 2 | 0 | | |

▶ % : 서식 문자임을 지정

▶ – : 왼쪽부터 출력

▶ 8 : 출력 자릿수를 8자리로 지정

▶ 2 : 소수점 이하를 2자리로 지정

▶ f : 실수로 출력

1602835

예제 2 print( ) 함수를 이용하여 다음과 같이 데이터를 출력할 경우 결과를 쓰시오.

번호	코드	결과
①	print(12, 34, 56)	
②	print('gilbut', 'sinagong', sep = '-')	
③	print('help') print('me')	
④	print('help', end = ' ') print('me')	
⑤	print('%3d' % 15)	
⑥	print('%.3s%8.2f' % ('help me', 245.2555))	

① 분리문자를 지정하지 않았으므로 출력값들을 공백 한 칸으로 구분하여 출력한 후 다음 줄로 이동합니다.

② 출력값들을 '-'으로 구분하여 출력한 후 다음 줄로 이동합니다.

③ help를 출력한 후 다음 줄로 이동하고, me를 출력한 후 다음 줄로 이동합니다.

④ help를 출력한 후 종료문자인 공백을 한 칸 출력합니다. 이어서 me를 출력한 후 다음 줄로 이동합니다.

⑤ 전체 3자리를 확보한 후 오른쪽부터 출력한 후 다음 줄로 이동합니다.

⑥ "help me"는 왼쪽을 기준으로 3자리만 출력하고, 245.2555는 전체 8자리를 확보한 후 소수점과 소수점 이하 2자리를 출력하고 남은 5자리에 정수 부분을 출력합니다. 이어서 다음 줄로 이동합니다.

결과 ① 12 34 56 ② gilbut-sinagong

③ help
　me

④ help me ⑤ | | 1 | 5 | ⑥ | h | e | l | | | 2 | 4 | 5 | . | 2 | 6 |

3 Python의 문자열

1602803

- Python에서 문자열은 작은따옴표(' '), 큰따옴표(" "), 3개의 작은따옴표(''' '''),
3개의 큰따옴표(""" """)로 묶어서 표현할 수 있다.
- 하나의 문자를 표현하기 위해 작은따옴표를 사용하는 C, Java와 달리, 하나
의 문자를 지정하는 char 자료형이 없는 Python에서는 작은따옴표와 큰따
옴표를 자유롭게 사용할 수 있다.
- 문자열 내에서 작은따옴표가 문자로 사용될 경우 큰따옴표로 전체 문자열을
묶고, 큰따옴표가 문자로 사용될 경우 작은따옴표로 전체 문자열을 묶는다.

  예1 x = 'gilbut's new book' → 문자열이 정상적으로 묶여지지 않아 오류가 발생한다.

  예2 x = "gilbut's new book" → 작은따옴표가 포함된 문자열이 정상적으로 저장된다.

- 3개의 따옴표를 사용하는 경우 문자열 내에서 작은따옴표와 큰따옴표를 자
유롭게 문자로 사용할 수 있다.

  예 x = '''gilbut's "SINAGONG" ''' → 작은따옴표와 큰따옴표가 모두 포함된 문자열이 저장된다.

- 제어문자※를 사용할 수 있다.

- **문자열의 주요 메소드**

제어문자
커서의 이동이나 탭(Tab), 줄 나눔
등을 표현하는 문자로, 제어문자에
대한 자세한 설명은 160쪽을 참조
하세요.

형식	내용
upper( )	대문자로 변경한다. 예 'abc'.upper( ) → ABC
lower( )	소문자로 변경한다. 예 'ABC'.lower( ) → abc
capitalize( )	문자열 첫 글자는 대문자, 나머지는 모두 소문자로 변경한다. 예 'abc EFG'.capitalize( ) → Abc efg
title( )	각 단어의 첫 글자만 대문자로 변경한다. 예 'abc efg'.title( ) → Abc Efg
replace(값1, 값2)	문자열에서 '값1'을 찾아 '값2'로 교체한다. 예 'abcde'.replace('c', 'o') → abode
split(값)	• '값'을 기준으로 문자열을 분리하여 리스트로 반환한다. • '값'을 생략하면 공백으로 문자열을 분리한다. 예 'ab-cd'.split('-') → ['ab', 'cd']
count(값)	문자열에서 '값'을 검색하여 '값'의 개수를 반환한다. 예 'aababc'.count('b') → 2
find(값)	• 문자열에서 처음 검색되는 '값'의 위치를 반환한다. • 찾지 못한 경우 -1을 반환한다. 예 'abcd'.find('b') → 1
index(값)	• 문자열에서 처음 검색되는 '값'의 위치를 반환한다. • 찾지 못한 경우 오류가 발생한다. 예 'abcd'.index('b') → 1

전문가의 조언

Python에서 위치는 0부터 시작합
니다. 그러므로 문자열 'abcd'에서
a의 위치는 0, b는 1, c는 2, d는 3
입니다.

잠깐만요 문자열 formatting

문자열 formatting은 변수에 저장된 값을 기존의 문자열에 삽입하여 문자열을 조작하는 것입니다. 다양한 방법이 있지만 간단하게 사용할 수 있는 방법을 예제를 통해 알아보겠습니다.

예제 변수 name, num에 저장된 값에 따라 변수 x에 저장되는 문자열이 달라지는 프로그램이다. 다음 프로그램의 결과를 확인하시오.

```
❶  name = 'mike'
❷  num = 10
❸  x = f"hello {name}, you're {num}th user"
❹  print(x)
```

코드 해설

❶, ❷는 이름과 순번이 저장되는 변수 name과 num이며, 이 변수들을 이용해 문자열을 저장하는 변수는 ❸의 변수 x입니다. formatting은 문자열을 묶는 따옴표 앞에 'f'를 적어주고, 변수의 값이 들어갈 위치에 '{변수명}'을 적어주면 됩니다. 문자열 내에 작은따옴표가 있으므로 큰따옴표를 사용하여 문자열을 묶어야 합니다. ❹의 결과로 **hello mike, you're 10th user**가 출력됩니다.

예제 변수 a에 문자열 "gilBUT sinaGONG"이 저장되어 있다 가정하고 다음 코드의 실행 결과를 쓰시오.

번호	코드	결과
①	print(a.upper( ))	
②	print(a.lower( ))	
③	print(a.capitalize( ))	
④	print(a.title( ))	
⑤	print(a.replace('i', 'o'))	
⑥	print(a.split('i'))	
⑦	print(a.count('g'))	
⑧	print(a.find('z'))	
⑨	print(a.index('B'))	

① 전체 문자를 대문자로 변경하여 출력합니다.
② 전체 문자를 소문자로 변경하여 출력합니다.
③ 문자열 첫 글자는 대문자, 나머지는 모두 소문자로 변경하여 출력합니다.
④ 각 단어의 첫 글자만 대문자로 변경하여 출력합니다.
⑤ 문자열에서 'i'를 찾아 'o'로 교체하여 출력합니다.
⑥ 'i'를 기준으로 문자열을 분리하여 리스트로 출력합니다.
⑦ 문자열에서 'g'를 검색하여 'g'의 개수를 출력합니다.
⑧ 문자열에서 처음 검색되는 'z'의 위치를 출력합니다. 'z'가 없으면 −1을 출력합니다.
⑨ 문자열에서 처음 검색되는 'B'의 위치를 출력합니다. 'B'가 없으면 오류가 발생하여 프로그램이 종료됩니다.

전문가의 조언

문자열 메소드는 모두 대·소문자를 구분합니다. 때문에 예제 ⑦번은 대문자 G를 제외한 소문자 g의 개수만을 출력합니다.

결과
① GILBUT SINAGONG
② gilbut sinagong
③ Gilbut sinagong
④ Gilbut Sinagong
⑤ golBUT sonaGONG
⑥ ['g', 'lBUT s', 'naGONG']
⑦ 1
⑧ −1
⑨ 3

4 리스트(List)

1602804

전문가의 조언

Python은 기본적인 자료형으로 배열(Array)을 제공하지 않습니다.

- C와 Java에서는 여러 요소들을 한 개의 이름으로 처리할 때 배열을 사용했는데 Python에서는 리스트를 사용한다.
- 리스트는 필요에 따라 개수를 늘이거나 줄일 수 있기 때문에 리스트를 선언할 때 크기를 적지 않는다.
- 배열과 달리 하나의 리스트에 정수, 실수, 문자열 등 다양한 자료형을 섞어서 저장할 수 있다.
- Python에서 리스트의 위치는 0부터 시작한다.

1차원 리스트

- **형식**

> 리스트명 = [값1, 값2, …]
> 리스트명 = list([값1, 값2, …])
>
> 리스트명은 사용자가 임의로 지정하며, 리스트를 의미하는 대괄호 사이에 저장할 값들을 쉼표(,)로 구분하여 입력한다.

전문가의 조언

예1 부터 결과가 계속 이어지는 예제입니다.

예1 방법1 : a = [10, 'mike', 23.45]

방법2 : a = list([10, 'mike', 23.45])

		a[0]	a[1]	a[2]
결과	리스트 a	10	mike	23.45

※ 두 방법에 대한 결과는 같습니다.

예2 a[0] = 1 → a[0]에 1을 저장한다.

		a[0]	a[1]	a[2]
결과	리스트 a	1	mike	23.45

- **추가** : 리스트의 마지막에 값을 추가할 때는 append 메소드를 이용한다.

예3 a.append('B Class') → a 리스트의 마지막에 'B Class'를 추가한다.

		a[0]	a[1]	a[2]	a[3]
결과	리스트 a	1	mike	23.45	B Class

- **삽입** : 리스트의 중간에 값을 삽입할 때는 insert 메소드를 사용한다.

예4 a.insert(1, 'Brown') → a 리스트의 두 번째(a[1]) 자리에 요소를 하나 삽입하여 "Brown"을 저장하고 그 이후의 요소들을 하나씩 뒤로 이동시킨다.

		a[0]	a[1]	a[2]	a[3]	a[4]
결과	리스트 a	1	Brown	mike	23.45	B Class

- **삭제** : 리스트의 위치를 기준으로 요소를 삭제할 때는 del 명령어를, 값을 기준으로 요소를 삭제할 때는 remove 메소드를 사용한다.

예5 del a[3] → a 리스트의 네 번째 요소(23.45)를 삭제하고, 그 이후의 요소들을 하나씩 앞으로 이동시킨다.

		a[0]	a[1]	a[2]	a[3]
결과	리스트 a	1	Brown	mike	B Class

전문가의 조언

del 명령어는 변수나 객체를 삭제하는 명령어로, 리스트 자체를 삭제할 수도 있습니다.

예 del a

예6 a.remove('mike') → a 리스트에서 "mike"를 찾아 해당 요소를 삭제하고, 이후의 요소들을 하나씩 앞으로 이동시킨다.

		a[0]	a[1]	a[2]
결과	리스트 a	1	Brown	B Class

2차원 리스트

2차원 리스트는 리스트에 리스트를 저장하는 방식으로 구현한다.

- **형식1**

> 리스트명 = [[값1, 값2, 값3],
>   [값4, 값5, 값6]]

- **형식2**

> 리스트A = [값1, 값2, 값3]
> 리스트B = [값4, 값5, 값6]
> 리스트명 = [리스트A, 리스트B]

예1 b = [[1,2,3], ['a','b','c']]

	b[0][0]	b[0][1]	b[0][2]
결과 리스트 b	1	2	3
	a	b	c
	b[1][0]	b[1][1]	b[1][2]

예2 b[1][1] = 'f' → b[1][1]의 위치에 'f'를 저장한다.

	b[0][0]	b[0][1]	b[0][2]
결과 리스트 b	1	2	3
	a	f	c
	b[1][0]	b[1][1]	b[1][2]

리스트 관련 주요 메소드

형식	내용
pop(위치)	리스트의 '위치'에 있는 값을 출력하고 해당 요소를 삭제한다. **예** [10, 11, 12].pop(1) → 11 출력 → [10, 12]
index(값)	리스트에서 '값'이 저장된 요소의 위치를 반환한다. **예** [10, 11, 12].index(12) → 2
count(값)	리스트에서 '값'이 저장되어 있는 요소들의 개수를 반환한다. **예** [1, 0, 1, 0, 0].count(0) → 3
extend(리스트)	리스트의 끝에 새로운 '리스트'를 추가하여 확장한다. **예** ['a', 'b'].extend(['c', 'd']) → ['a', 'b', 'c', 'd']
reverse( )	리스트의 순서를 역순으로 뒤집는다. **예** [1, 2, 3].reverse( ) → [3, 2, 1]

sort( )	• 리스트를 정렬하며, 기본값은 오름차순이다.
	• reverse 속성을 이용하여 정렬 방식을 지정할 수 있다.
	   – True : 내림차순, False : 오름차순
	예 [2, 1, 3].sort( ) → [1, 2, 3]
	   [2, 1, 3].sort(reverse = True) → [3, 2, 1]

copy( )	리스트를 복사한다. **예** a = [1, 2, 3] b = a.copy( ) a [1 2 3] , b [1 2 3]

리스트의 복사

copy 메소드를 사용하지 않고 '새로운 리스트 = 기존의 리스트' 형식으로 리스트를 복사하면 두 개의 리스트가 같은 메모리를 공유하기 때문에 어느 한 쪽의 리스트에 작업을 수행하면 다른 리스트에도 작업 내용이 그대로 반영됩니다. 리스트를 복사한 후 서로 별개의 자료 공간으로 사용하려면 반드시 copy( ) 메소드를 이용해야 합니다.

5 Range

1602805

Range는 연속된 숫자를 생성하는 것으로, 리스트, 반복문 등에서 많이 사용된다.

전문가의 조언

Range를 반복문에서 사용하는 예제는 다음 섹션에서 자세하게 설명합니다.

• **형식**

range(최종값)	0에서 '최종값'-1까지 연속된 숫자를 생성한다.
range(초기값, 최종값)	'초기값'에서 '최종값'-1까지 연속된 숫자를 생성한다.
range(초기값, 최종값, 증가값)	• '초기값'에서 '최종값'-1까지 '증가값'만큼 증가하면서 숫자를 생성한다. • '증가값'이 음수인 경우 '초기값'에서 '최종값'+1까지 '증가값'만큼 감소하면서 숫자를 생성한다.

예1 a = list(range(5)) → 0에서 4까지 연속된 숫자를 리스트 a로 저장한다.

리스트 a	0	1	2	3	4

예2 a = list(range(4, 9)) → 4에서 8까지 연속된 숫자를 리스트 a로 저장한다.

리스트 a	4	5	6	7	8

예3 a = list(range(1, 15, 3)) → 1에서 14까지 3씩 증가하는 숫자들을 리스트 a로 저장한다.

리스트 a	1	4	7	10	13

예4 a = list(range(9, 4, -1)) → 9에서 5까지 -1씩 감소하는 숫자들을 리스트 a로 저장한다.

리스트 a	9	8	7	6	5

6 슬라이스(Slice)

1602806

슬라이스는 문자열이나 리스트와 같은 순차형 객체*에서 일부를 잘라(slicing) 반환하는 기능이다.

순차형 객체(Sequential Object) 문자열이나 리스트와 같이 메모리에 순차적으로 데이터가 저장되는 자료 구조의 객체를 의미합니다.

• **형식**

객체명[초기위치:최종위치]	'초기위치'에서 '최종위치'-1까지의 요소들을 가져온다.
객체명[초기위치:최종위치:증가값]	• '초기위치'에서 '최종위치'-1까지 '증가값'만큼 증가하면서 해당 위치의 요소들을 가져온다. • '증가값'이 음수인 경우 '초기위치'에서 '최종위치'+1까지 '증가값'만큼 감소하면서 해당 위치의 요소들을 가져온다.

• 슬라이스는 일부 인수를 생략하여 사용할 수 있다.

객체명[:] 또는 객체명[::]	객체의 모든 요소를 반환한다.
객체명[초기위치:]	객체의 '초기위치'에서 마지막 위치까지의 요소들을 반환한다.
객체명[:최종위치]	객체의 0번째 위치에서 '최종위치'-1까지의 요소들을 반환한다.
객체명[::증가값]	객체의 0번째 위치에서 마지막 위치까지 '증가값'만큼 증가하면서 해당 위치의 요소들을 반환한다.

전문가의 조언

인수를 생략하는 방식은 더 다양한 방식으로 사용할 수 있습니다. 초기위치와 증가값만을 사용하거나, 최종위치와 증가값만을 사용하는 방식도 그 중 하나입니다. **예제**를 통해 슬라이스의 다양한 사용 방법을 확실히 알아 두세요.

예 a = ['a', 'b', 'c', 'd', 'e']일 때

a[1:3] → ['b', 'c']

a[0:5:2] → ['a', 'c', 'e']

a[3:] → ['d', 'e']

a[:3] → ['a', 'b', 'c']

a[::3] → ['a', 'd']

예제 객체에 저장된 값을 코드와 같이 수행했을 때의 결과를 쓰시오.

번호	객체	코드	결과
①	a = 'sinagong'	print(a[3:7])	
②	a = list(range(10))	print(a[:7:2])	
③	a = 'hello, world'	print(a[7:])	
④	a = list(range(5, 22, 2))	print(a[::3])	
⑤	a = list(range(8))	print(a[2::2])	
⑥	a = list(range(8, 3, −1))	print(a[:3])	

① 3번째 위치에서 6번째 위치까지의 요소들을 출력합니다.

② 0부터 9까지의 숫자가 저장된 리스트 a가 생성되며, 0부터 6번째 위치까지 2씩 증가하면서 해당 위치의 요소들을 출력합니다(a `0  1  2  3  4  5  6  7  8  9`).

③ 7번째 위치에서 마지막 위치까지의 요소들을 출력합니다.

④ 5에서 21까지 2씩 증가하는 숫자가 저장된 리스트 a가 생성되며, 0번째 위치에서 마지막 위치까지 3씩 증가하면서 해당 위치의 요소들을 출력합니다(a `5  7  9  11  13  15  17  19  21`).

⑤ 0에서 7까지의 숫자를 저장한 리스트 a가 생성되며, 2번째 위치에서 마지막 위치까지 2씩 증가하면서 해당 위치의 요소들을 출력합니다(a `0  1  2  3  4  5  6  7`).

⑥ 8에서 4까지 −1씩 감소하는 숫자를 저장한 리스트 a가 생성되며, 0번째 위치에서 2번째 위치까지의 요소들을 출력합니다(a `8  7  6  5  4`).

결과 ① agon　　　② [0, 2, 4, 6]　　　③ world　　　④ [5, 11, 17]
　　　⑤ [2, 4, 6]　　　⑥ [8, 7, 6]

전문가의 조언

각 객체의 첫 번째 요소는 위치가 0이고, range와 slice의 최종값이나 최종위치는 증가값에 따라 1 감소하거나 1 증가한 후 계산해야 한다는 것을 잊지마세요.

※ 정답 및 해설은 335쪽에 있습니다.

기출 따라잡기   Section 029

문제 1 출제예상 다음 Python으로 구현된 〈코드〉와 〈입력〉을 보고 프로그램을 분석하여 그 실행 결과를 쓰시오.

〈코드〉

```python
x = input()
x = x.capitalize()
y = x.split()
print(y[0][::2], end = '*')
print(y[1][3:6])
```

〈입력〉

```
python programming
```

답 :

문제 2 출제예상 다음 Python으로 구현된 〈코드〉와 〈입력〉을 보고 프로그램을 분석하여 그 실행 결과를 쓰시오.

〈코드〉

```python
arr_Str = input('Input String : ').split('-')
arr_Len = int(input('Input Number : '))
arr_Val = list(range(0, arr_Len, 2))
arr_Val.remove(4)
print(arr_Str[1].find('i') + arr_Val[2])
```

〈입력〉

```
Input String : information-technology
Input Number : 12
```

답 :

문제 3 다음 Python으로 구현된 프로그램을 분석하여 그 실행 결과를 쓰시오.

출제예상

```
i = 20
f = 123456.789E-3
print('%d\n%d' % (i, i), end = '/')
print('%.3f' % f)
```

답 :

Python의 활용

1 if문

1602901

• **형식1** : 조건이 참일 때만 실행한다.

if 조건: 　　실행할 문장	예약어 if와 참 또는 거짓이 결과로 나올 수 있는 조건을 입력한 후 끝에 콜론(:)을 붙여준다. 조건이 참일 경우 실행할 문장을 적는다.

예제 1 a가 10보다 크면 a에서 10을 빼기

```
a = 15
if a > 10:  ❶

    a = a - 10  ❷

print(a)  ❸
```

❶ a가 10보다 크면 ❷번 문장을 실행하고, 아니면 ❸번 문장으로 이동해서 실행을 계속한다.

❷ ❶번의 조건식이 참일 경우 실행할 문장이다. a는 5가 된다.

❸ 여기서는 ❶번의 조건식이 거짓일 경우 실행할 문장이 없다. if문을 벗어나면 무조건 ❸번으로 온다.

결과　5

• **형식2** : 조건이 참일 때와 거짓일 때 실행할 문장이 다르다.

if 조건:
　　실행할 문장1
else:
　　실행할 문장2
	조건이 참일 경우 실행할 문장을 적는다.
	
	조건이 거짓일 경우 실행할 문장을 적는다.

예제 2 a가 b보다 크면 a − b, 아니면 b − a를 수행하기

```
a, b = 10, 20
if a > b:  ❶

    cha = a - b  ❷

    print(cha)  ❸

else:  ❹
    cha = b - a  ❺
    print(cha)  ❻
```

❶ a가 b보다 크면 ❷, ❸번 문장을 실행하고, 아니면 ❹번의 다음 문장인 ❺, ❻번 문장을 실행한다.

❷ ❶번의 조건식이 참일 경우 실행할 문장이다. 참이 아니기 때문에 초기화 시키지 않은 cha에는 알 수 없는 값이 그대로 있게 된다.

❸ ❷번과 동일하게 ❶번의 조건식이 참이 아니기 때문에 cha는 출력되지 않는다.

❹ ❶번의 조건식이 거짓일 경우 실행할 문장의 시작점이다.

❺ ❶번의 조건식이 거짓일 경우 실행할 실제 처리문이다. cha는 10이 된다.

결과　10

전문가의 조언

앞에서 배운 C, Java와 비교하여 Python은 어떤 점이 다른지 확실히 파악하고 넘어가세요. 본문에 수록된 내용들은 C와 Java를 충분히 학습하였다는 전제하에 진행되는 것이므로 학습에 어려움을 느끼는 수험생들은 앞의 C와 Java 섹션들을 먼저 공부한 후 본 섹션의 학습을 진행하는 것이 좋습니다.

전문가의 조언

Python의 if문은 블록을 구분할 때 중괄호 대신 여백과 콜론(:)을 사용한다는 점, else if 대신 elif를 사용한다는 점을 제외하고는 C나 Java와 형식이 동일합니다.

예제 1 의 C언어 코드
```
int a = 15;
if (a > 10)
    a = a - 10;
printf("%d", a);
```

예제 2 의 C언어 코드
```
int a = 10, b = 20, cha;
if (a > b) {
    cha = a - b;
    printf("%d", cha);
}
else {
    cha = b - a;
    printf("%d", cha);
}
```

- **형식3** : 조건이 여러 개이고, 조건마다 실행할 문장이 다르다.

```
if 조건1:
    실행할 문장1        조건1이 참일 경우 실행할 문장을 적는다.
elif 조건2:
    실행할 문장2        조건2가 참일 경우 실행할 문장을 적는다.
elif 조건3:
    실행할 문장3        조건3이 참일 경우 실행할 문장을 적는다.
        ⋮
else:
    실행할 문장4        앞의 조건이 모두 거짓일 경우 실행할 문장을 적는다.
```

예제 3 점수에 따라 등급 표시하기

```
jum = 85
if jum >= 90: ❶            jum이 90 이상이면 ❷번을 실행하고, 아니면 ❸번으로
                           이동한다.

    print('학점은 A입니다.') ❷    학점은 A입니다.를 출력하고, if문을 빠져나간다.
elif jum >= 80: ❸          jum이 80 이상이면 ❹번을 실행하고, 아니면 ❺번으로
                           이동한다.
    print('학점은 B입니다.') ❹    학점은 B입니다.를 출력하고, if문을 빠져나간다.
elif jum >= 70: ❺          jum이 70 이상이면 ❻번을 실행하고, 아니면 ❼번으로
                           이동한다.
    print('학점은 C입니다.') ❻    학점은 C입니다.를 출력하고, if문을 빠져나간다.
else: ❼                    ❺번의 조건식이 거짓일 경우 실행할 문장의 시작점이
                           다. ❽번을 실행한다.
    print('학점은 F입니다.') ❽    학점은 F입니다.를 출력하고, if문을 빠져나간다.
```

결과 **학점은 B입니다.**

- **형식4** : if문 안에 if문이 포함된다.

```
if 조건1:
    if 조건2:
        실행할 문장1        조건1과 조건2가 참일 경우 실행할 문장을 적는다.
    else:
        실행할 문장2        조건1이 참이고, 조건2가 거짓일 경우 실행할 문장을 적는다.
else:
    실행할 문장3            조건1이 거짓일 경우 실행할 문장을 적는다.
```

예제 4 홀수, 짝수 판별하기

```
a, b = 21, 10
if a % 2 == 0: ❶          a를 2로 나눈 나머지가 0이면 ❷번을 실행하고, 아니면 ❻번으로 이동
                          한다.
    if b % 2 == 0: ❷      b를 2로 나눈 나머지가 0이면 ❸번을 실행하고, 아니면 ❹번으로 이동
                          한다.
        print('모두 짝수') ❸    모두 짝수를 출력하고, if문을 빠져나간다.
```

```
    else: ❹                      ❷번의 조건식이 거짓일 경우 ❺번을 실행한다.
        print('a : 짝수, b : 홀수')  ❺   a : 짝수, b : 홀수를 출력하고, if문을 빠져나간다.
else: ❻                          ❶번의 조건식이 거짓일 경우 실행할 문장의 시작점이다.
    if b % 2 == 0: ❼            b를 2로 나눈 나머지 0이면 ❽번을 실행하고, 아니면 ❾번으로 이동
                                 한다.
        print('a : 홀수, b : 짝수')  ❽   a : 홀수, b : 짝수를 출력하고, if문을 빠져나간다.
    else: ❾                      ❼번의 조건식이 거짓일 경우 실행할 문장의 시작점이다.
        print('모두 홀수')  ❿      모두 홀수를 출력하고, if문을 빠져나간다.
                                 결과  a : 홀수, b : 짝수
```

예제 4의 C언어 코드
```c
int a = 21, b = 10;
if (a % 2 == 0)
    if (b % 2 == 0)
        printf("모두 짝수");
    else
        printf("a : 짝수, b : 홀수");
else
    if (b % 2 == 0)
        printf("a : 홀수, b : 짝수");
    else
        printf("모두 홀수");
```

2 for문

1602902

• **형식1** : range를 이용하는 방식이다.

for 변수 in range(최종값):	0에서 '최종값'−1까지 연속된 숫자를 순서대로 변수에 저장 하며 '실행할 문장'을 반복 수행한다.
실행할 문장	반복 수행할 문장을 적는다.

예1 for i in range(10): → • i에 0에서 9까지 순서대로 저장하며 실행할 문장을 반복 수행한다.
　　　 sum += i 　　　　　　 • i의 값을 sum에 누적한다. sum에는 0부터 9까지의 합 45가 저장된다.

예2 for i in range(11, 20): → • i에 11에서 19까지 순서대로 저장하며 실행할 문장을 반복 수행한다.
　　　 sum += i 　　　　　　 • i의 값을 sum에 누적한다. sum에는 11부터 19까지의 합 135가 저장된다.

예3 for i in range(−10, 20, 2): → • i에 −10에서 19까지 2씩 증가하는 숫자를 순서대로 저장하며 실행
　　　 sum += i 　　　　　　　 할 문장을 반복 수행한다.
　　　　　　　　　　　　　　 • i의 값을 sum에 누적한다. sum에는 −10, −8, −6, …, 16, 18의 합
　　　　　　　　　　　　　　 60이 저장된다.

• **형식2** : 리스트(List)를 이용하는 방식이다.

for 변수 in 리스트	리스트의 0번째 요소에서 마지막 요소까지 순서대로 변수에 저장하 며 실행할 문장을 반복 수행한다.
실행할 문장	반복 수행할 문장을 적는다.

예제 다음은 리스트 a에 저장된 요소들의 합과 평균을 구하는 프로그램을 Python으로 구현한 것이다.

```python
❶ a = [ 35, 55, 65, 84, 45 ]
❷ hap = 0
❸ for i in a:
❹     hap += i
❺ avg = hap / len(a)
❻ print(hap, avg)
```

전문가의 조언

형식1은 range로 생성된 연속된 숫자를 차례대로 변수에 저장하면서 반복 수행하는 형태입니다. range의 다양한 사용법을 그대로 활용할 수 있습니다. range에 대한 자세한 설명은 Section 029를 참조하세요.

전문가의 조언

예1 ~ **예3**은 'sum = 0'과 같이 sum 변수를 먼저 초기화 하고 실행해야 정상적인 결과가 산출됩니다.

전문가의 조언

for문의 형식2는 Java의 향상된 for문과 동작 방식이 동일합니다. 향상된 for문에 대한 자세한 설명은 Section 027을 참조하세요.

❶ 리스트 a를 선언하면서 초기값을 지정한다.

	a[0]	a[1]	a[2]	a[3]	a[4]
리스트 a	35	55	65	84	45

❷ 총점을 저장할 변수 hap을 0으로 초기화한다.

❸ for문의 시작이다. 리스트 a의 요소 수만큼 ❹번을 반복 수행한다.

❹ i의 값을 hap에 누적한다. i는 리스트 a의 각 요소의 값을 차례대로 받는다. 변수의 변화는 다음과 같다.

첫 번째 수행 : 리스트 a의 첫 번째 값이 i를 거쳐 hap에 누적된다.

hap	i	리스트 a			
35	35	35	55	65	84	45

두 번째 수행 : 리스트 a의 두 번째 값이 i를 거쳐 hap에 누적된다.

hap	i	리스트 a			
90	55	35	55	65	84	45

⋮

이런 방식으로 리스트 a의 요소 수만큼 반복한다.

❺ hap을 리스트 a의 요소 수로 나눈 후 결과를 avg에 저장한다.
- len(리스트) : 리스트의 요소 수를 구한다. len(a)는 5다.

❻ 결과 `284 56.8`

3 While문

1602903

• 형식

while 조건: 실행할 문장	• while은 예약어로, 그대로 입력한다. • 참이나 거짓을 결과로 갖는 수식을 조건에 입력한다. 참(1 또는 True)을 직접 입력할 수도 있다. 조건이 참인 동안 반복 수행할 문장을 적는다.

예제 다음은 1~5까지의 합을 구하는 프로그램을 Python으로 구현한 것이다.

```
i, hap = 0, 0   ❶      i와 hap을 0으로 초기화한다.
while i < 5:    ❷      i가 5보다 작은 동안 ❸, ❹번 문장을 반복하여 수행한다.
    i += 1      ❸      i의 값을 1씩 증가시킨다.
    hap += i    ❹      i의 값을 hap에 누적시킨다.
print(hap)      ❺      결과 15
```

---

while문 무한 반복

while 1 또는 while True와 같이 무조건 참이 되도록 조건을 지정하면 while문은 무한 반복합니다.

디버깅

i	hap
0	0
1	1
2	3
3	6
4	10
5	15

전문가의 조언

Python에서도 반복문의 실행을 제어하는 break와 continue를 C, Java와 동일하게 사용할 수 있습니다. break와 continue에 대한 자세한 설명은 Section 024를 참조하세요.

4 클래스

1602904

전문가의 조언

Python에서의 클래스는 Java의 클래스와 동일한 개념입니다. 클래스에 대한 자세한 내용은 Section 028을 참조하세요.

• 정의 형식

class 클래스명:	class는 예약어로, 그대로 입력하고 클래스명은 사용자가 임의로 지정한다.
실행할 문장	
def 메소드명(self, 인수):	• def는 메소드를 정의하는 예약어로, 그대로 입력하고, 메소드명은 사용자가 임의로 지정한다. • self는 클래스에 속한 메소드에 반드시 포함되어야 하는 예약어로, 그대로 적는다. • '인수'는 메소드를 호출하는 곳에서 보낸 값을 저장할 변수로, 사용자가 임의로 지정한다.
실행할 문장	
return 값	• return은 메소드를 호출한 위치로 값을 돌려주기 위해 사용하는 예약어로, 그대로 입력한다. return 값이 없는 경우에는 생략할 수 있다. • '값'에는 변수, 객체, 계산식 등이 올 수 있다.

• 객체의 선언 형식

변수명 = 클래스명( )	변수명은 사용자가 임의로 지정하고, 사전에 정의한 클래스명과 괄호( )를 적는다.

예제 1 다음은 두 수를 교환하는 프로그램을 Python으로 구현한 것이다.

```
class Cls:          Cls 클래스 정의부의 시작점이다. 여기서부터 ❼번까지가 클래스 정의부에 해당한다.
    x, y = 10, 20   Cls 클래스의 변수(속성) x와 y를 선언하고, 각각 10과 20으로 초기화한다.
❹   def chg(self):
❺       temp = self.x
❻       self.x = self.y
❼       self.y = temp
❶ a = Cls( )
❷ print(a.x, a.y)
❸ a.chg( )
❽ print(a.x, a.y)
```

코드 해설

❶ Cls 클래스의 객체 a를 생성한다. 객체 a는 Cls의 속성 x, y와 메소드 chg( )를 갖는다.
 • a : 사용자 정의 변수. 사용자가 임의로 지정한다.
 • Cls( ) : 클래스의 이름이다. 괄호( )를 붙여 그대로 적는다.

	a.x	a.y
a	10	20

❷ a 객체의 속성 x와 y를 출력한다.
 • 객체와 속성은 .(마침표)로 연결한다.

결과   10 20

❸ a 객체의 메소드 chg를 호출한다. ❹번으로 이동한다.
  - 객체와 메소드는 .(마침표)로 연결한 후 괄호( )를 붙여 적는다.
❹ a 객체의 메소드 chg의 시작점이다. 별도로 사용되는 인수가 없으므로 괄호( )에는 self만 적는다.
❺ a 객체의 속성 x의 값을 temp에 저장한다.
  - self : 메소드 안에서 사용되는 self는 자신이 속한 클래스를 의미한다.
  - self.x : a.x와 동일하다.

❻ a 객체의 속성 y의 값을 a 객체의 속성 x에 저장한다.

❼ temp의 값을 a 객체의 속성 y에 저장한다. 메소드 chg가 종료되었으므로 메소드를 호출한 다음 문장인 ❽번으로
제어를 옮긴다.

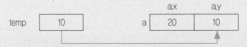

❽ a 객체의 속성 x와 y를 출력한다.

| 결과 | 10 20 |
| | 20 10 |

예제 2 다음은 0부터 10까지 더하는 프로그램을 Python으로 구현한 것이다.

디버깅

i	hap
0	0
1	1
2	3
3	6
⋮	⋮
8	36
9	45
10	55

```
class Cls:                          Cls 클래스의 시작점이다.
    def rep(self, r):  ❸           rep 메소드의 시작점이다. ❷번에서 a.rep(10)이라고 했으므로,
                                    r은 10을 받는다.
        hap = 0  ❹                 hap을 0으로 초기화한다.
        for i in range(r + 1):  ❺  i에 0부터 r까지의 숫자를 순서대로 저장하며 ❻번 문
                                    장을 반복 수행한다.
            hap += i  ❻            i의 값을 hap에 누적한다.
        return hap  ❼              hap의 값을 반환한다. hap의 값 55를 ❷번의 b에 저장한 후
                                    제어를 ❽번으로 옮긴다.

a = Cls( )  ❶                      Cls 클래스의 객체 a를 생성한다.
b = a.rep(10)  ❷                   10을 인수로 객체 a의 메소드 rep를 수행한 결과를 b에 저장
                                    한다. 메소드의 수행을 위해 ❸번으로 이동한다.

print(b)  ❽                        결과  55
```

잠깐만요 클래스 없는 메소드의 사용

C언어의 사용자 정의 함수와 같이 클래스 없이 메소드만 단독으로 사용할 수 있습니다.

예제 다음 프로그램의 실행 결과를 확인하시오.

```
def calc(x, y):  ❸
    x *= 3  ❹
    y /= 3  ❺
    print(x, y)  ❻
    return x  ❼

a, b = 3, 12  ❶
a = calc(a, b)  ❷

print(a, b)  ❽
```

❸ 메소드 calc의 시작점이다. ❷번에서 calc(a, b)라고 했으므로 x는 a의 값 3을 받고, y는 b의 값 12를 받는다.

❹ x = x * 3이므로 x는 9가 된다.

❺ y = y / 3이므로 y는 4가 된다.

❻ 결과 `9 4.0`

❼ x의 값을 반환한다. x의 값 9를 ❷번의 a에 저장한 후 제어를 ❽번으로 옮긴다.

❶ 변수 a와 b에 3과 12를 저장한다.

❷ a, b 즉 3과 12를 인수로 하여 calc 메소드를 호출한 결과를 a에 저장한다. ❸번으로 이동한다.

❽ 결과
```
9 4.0
9 12
```

Python에서는 나눗셈을 할 때 자동으로 자료형이 float로 변환되기 때문에 y /= 3의 결과로 4가 아닌 4.0이 출력됩니다.

※ 정답 및 해설은 336쪽에 있습니다.

기출 따라잡기   Section 030

문제 1 출제예상 다음 Python으로 구현된 프로그램을 분석하여 그 실행 결과를 쓰시오.

```
class CharClass:
    a = ["Seoul","Incheon","Kyonggi","Daejun","Daegu","Pusan"]
myVar = CharClass()
str01 = ''
for i in myVar.a:
    str01 = str01 + i[0]
print(str01)
```

답:

문제 2 다음은 배열에 저장된 5개의 자료 중 최대값과 최소값을 찾아 출력하는 프로그램을 Python으로 구현한 것이다. 프로그램을 분석하여 괄호에 공통으로 들어갈 코드를 쓰시오.

〈알고리즘의 이해〉

최대값은 자료 중에서 가장 큰 값을 찾는 것이고, 최소값은 자료 중에서 가장 작은 값을 찾는 것이다. 최대값을 찾는 방법 중 한 가지는 첫 번째 자료를 가장 작은 값으로 정하고 두 번째 자료부터 차례대로 비교하여 더 큰 값이 나오면 그 값을 최대값으로 하고 다음 자료와 비교하는 과정을 모든 자료에 대해 반복하는 것이다. 최소값을 찾는 방법 중 한 가지는 첫 번째 자료를 가장 큰 값으로 정하고 두 번째 자료부터 차례대로 비교하여 더 작은 값이 나오면 그 값을 최소값으로 하고 다음 자료와 비교하는 과정을 모든 자료에 대해 반복하는 것이다.

〈코드〉

```
a = [50,30,70,10,90]
max = a[0]
min = a[0]
for i in range(1,5):
    if (      ) > max:
        max = a[i]
    if (      ) < min:
        min = a[i]
print(max, min, sep = '\n')
```

답:

문제 3 다음 Python으로 구현된 프로그램을 분석하여 그 실행 결과를 쓰시오.

```
def prnt():
    global a, b, c
    while a < b:
        a += 1
        c += a
        prnt()

a, b, c = 0, 5, 0
prnt()
print('a =', a, end = ', ')
print('b =', b, end = ', ')
print('c =', c)
```

답:

문제 1 다음은 Python으로 구현된 프로그램이다. 괄호에 들어갈 예약어를 쓰시오.

```
(     ) Employee:
    name = '홍길동'
    idNum = 17001
    salary = 4500000
    sex = True
a = Employee()
print(a.name)
print(a.idNum)
print(a.salary)
print(a.sex)
```

답 :

문제 2 다음 Python으로 구현된 프로그램을 분석하여 그 실행 결과를 쓰시오.

```
a = sum = 0
while a < 10:
    a += 1
    if a%2 == 1:
        continue
    sum += a
print(sum)
```

답 :

문제 3 다음 Python으로 구현된 프로그램을 분석하여 그 실행 결과를 쓰시오.

```
a, b = 2, 3
c = a & b
print(c)
```

답 :

문제 **4** 다음 Python으로 구현된 프로그램을 분석하여 그 실행 결과를 쓰시오.

1620404

```python
hap = 0
for i in range(1, 11):
    hap += i
print(i, hap)
```

답 :

문제 **5** 다음 Python으로 구현된 프로그램을 분석하여 그 실행 결과를 쓰시오.

1620405

```python
a = "What's this?"
print("%-10.4s" % a)
print("%10.4s" % a)
```

답 :

문제 **6** 다음 Python으로 구현된 프로그램을 분석하여 그 실행 결과를 쓰시오.

1620406

```python
hap1 = 10 + 10 % 4 - 10 % 9
hap2 = 10 * 10 % 4 - 10 % 9 + 5
print("%d, %d" % (hap1, hap2))
```

답 :

문제 7 다음 Python으로 구현된 프로그램을 분석하여 그 실행 결과를 쓰시오.

```
a, c = 32, -3
b = a << 2
a >>= 3
c = c << 2
print(a, b, c)
```

답 :

문제 8 다음 〈순서도〉와 〈코드〉는 1부터 100까지의 합을 구하는 프로그램이다. 괄호에 들어갈 알맞은 답을 적어 프로그램을 완성하시오.

〈순서도〉

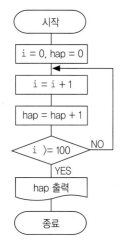

〈코드〉

```
i, hap = 0, 0
while (    ):
    i += 1
    hap += i
    if i >= 100:
        break
print(hap)
```

답 :

문제 9 다음 Python으로 구현된 프로그램을 분석하여 그 실행 결과를 쓰시오.

```python
def change():
    global i, j
    temp = i
    i = j
    j = temp
i, j = 10, 20
change()
print(f"i={i}, j={j}")
```

답 :

문제 10 다음 Python으로 구현된 프로그램을 분석하여 그 실행 결과를 쓰시오.

```python
str = 'Sinagong'
n = len(str)
st = list()
for k in range(n):
    st.append(str[k])
for k in range(n-1, -1, -1):
    print(st[k], end = '')
```

답 :

문제 11 다음 Python으로 구현된 프로그램을 분석하여 그 실행 결과를 쓰시오.

```python
i, hap = 1, 0
while i <= 6:
    hap += i
    i += 2
print(f"i={i}, hap={hap}")
```

답 :

문제 12 다음 Python으로 구현된 프로그램을 분석하여 그 실행 결과를 쓰시오.

```python
a = [[1, 1, 0, 1, 0],
     [1, 0, 1, 0]]
tot, totsu = 0, 0
for i in a:
    for j in i:
        tot += j
    totsu = totsu + len(i)
print(totsu, tot)
```

답 :

정답 및 해설은 346쪽에 있습니다.

정답 해설

문제 **13** 다음은 1+1+2+3+5+8+13+⋯의 순서로 나열되는 피보나치 수열을 Python으로 구현한 것이다. 〈처리 조건〉과 〈코드〉를 보고 괄호(①, ②)에 들어갈 알맞은 답을 쓰시오.

1620413

〈처리 조건〉

- 피보나치 수열은 첫 번째 항과 두 번째 항을 더해서 세 번째 항을 만들고, 두 번째 항과 세 번째 항을 더해서 네 번째 항을 만드는 방법으로, 계속해서 다음 항을 만들어 가는 수열이다. 합계는 새로운 항이 만들어질 때마다 누적하면 된다. 이러한 작업을 알고리즘으로 구현하려면 3개의 변수를 사용해야 한다. 3개의 변수로 먼저 첫 번째 항(A), 두 번째 항(B), 세 번째 항(C)을 만든 후, 두 번째 항(B)을 첫 번째 항(A)에 치환하고 세 번째 항(C)을 두 번째 항(B)에 치환한 후 첫 번째 항(A)과 두 번째 항(B)을 더하여 다시 세 번째 항(C)을 만든다. 이 과정을 원하는 항의 수만큼 만들어질 때까지 반복한다.

- 변수 설명
  - a : 첫 번째 항의 값이 저장될 변수
  - b : 두 번째 항의 값이 저장될 변수
  - c : 첫 번째 항과 두 번째 항의 합, 즉 세 번째 항이 저장될 변수
  - y : 각 항의 값이 누적되어 저장될 변수
  - k : 항의 값이 누적될 때마다 항의 개수가 저장될 변수
  - n : 입력받은 수열의 항의 개수가 저장될 변수

〈코드〉

```
a, b = 1, 1
y = a + b
n = int(input())
for k in range(3, n + 1):
    c = a + b
    y = (  ①  )
    a = b
    (  ②  )
print(y)
```

답

- ①

- ②

Section 029

[문제 1]

Pto*gra

`x = input( )`	입력받은 데이터를 변수 x에 저장한다.
`x = x.capitalize( )`	x에 저장된 문자열의 각 단어 첫 글자를 대문자로 변경하여 x에 저장한다.
`y = x.split( )`	공백 한 개를 기준으로 x에 저장된 문자열을 분리하여 변수 y에 리스트로 저장한다.

	y[0]	y[1]
y	Python	programming

`print(y[0][::2], end = '*')`	y[0]에 저장된 문자열의 0번째 위치에서 마지막 위치까지 2씩 증가하면서 각 위치의 요소들을 출력한다.

	y[0][0]	y[0][1]	y[0][2]	y[0][3]	y[0][4]	y[0][5]
y[0]	P	y	t	h	o	n

Pto를 출력한 후 종료문자인 *을 출력한다.

결과 `Pto*`

`print(y[1][3:6])`	y[1]에 저장된 문자열의 3번째 위치에서 5번째 위치까지의 요소들을 출력한다.

	y[1][0]	y[1][1]	y[1][2]	y[1][3]	y[1][4]	y[1][5]	y[1][6]	y[1][7]	y[1][8]	y[1][9]	y[1][10]
y[1]	p	r	o	g	r	a	m	m	i	n	g

Pto*에 이어서 gra를 출력한다.

결과 `Pto*gra`

[문제 2]

5

`arr_Str = input('Input String : ').split('-')`	화면에 **Input String :** 이 출력되고, 입력받은 데이터를 '-'로 구분하여 변수 arr_Str에 리스트로 저장한다. '-'는 저장하지 않는다.

	arr_Str[0]	arr_Str[1]
arr_Str	information	technology

`arr_Len = int(input('Input Number : '))`	화면에 **Input Number :** 가 출력되고, 입력받은 데이터를 arr_Len에 정수로 저장한다.
`arr_Val = list(range(0, arr_Len, 2))`	0에서 arr_Len−1까지 2씩 증가하는 숫자를 arr_Val에 리스트로 저장한다.

	arr_Val[0]	arr_Val[1]	arr_Val[2]	arr_Val[3]	arr_Val[4]	arr_Val[5]
arr_Val	0	2	4	6	8	10

`arr_Val.remove(4)`	리스트 arr_Val에서 4가 저장된 요소를 삭제하고, 뒤의 요소들을 한 칸씩 앞으로 당긴다.

	arr_Val[0]	arr_Val[1]	arr_Val[2]	arr_Val[3]	arr_Val[4]
arr_Val	0	2	6	8	10

`print(arr_Str[1].find('i') + arr_Val[2])`	리스트 arr_Str[1]에서 처음 검색되는 'i'의 위치값과 arr_Val[2]의 값을 더하여 출력한다. arr_Str[1]의 "technology"에는 'i'가 없으므로 −1이 반환되고, arr_Val[2]의 값은 6이므로 **5** (−1+6)가 출력된다.

결과 `5`

[문제 3]
20
20/123.457

```
i = 20
f = 123456.789E-3
print('%d\n%d' % (i, i), end = '/')
```
결과
```
20
20/
```
'%d'에 대응하는 i의 값 **20**을 출력하고, '\n'에 의해 다음 줄로 커서를 이동한 뒤 다시 한 번 '%d'에 대응하는 i
의 값 **20**을 출력한다. Python의 print문은 종료 시 커서가 다음 줄의 처음으로 이동하지만, end 속성이 있
으므로 /를 출력하고 커서가 그대로 현재 행에 위치한다.

```
print('%.3f' % f)
```
결과
```
20
20/123.457
```
커서의 위치에서 '%.3f'에 대응하여 f의 값을 출력한다. 정수 부분은 모두 출력하고 소수점 이하는 4자리에서
반올림하여 3자리까지만 출력한다.

Section 030

[문제 1]

SIKDDP

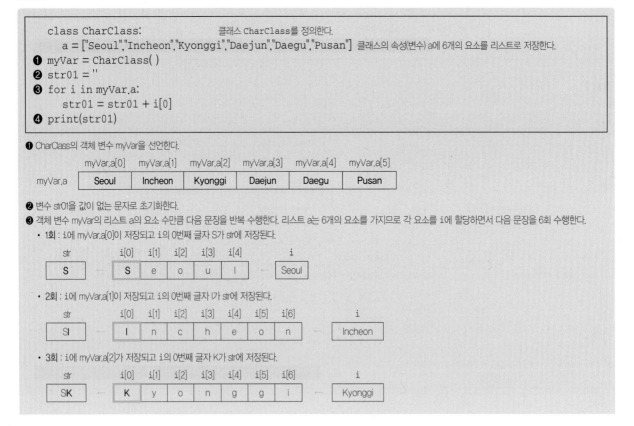

❶ CharClass의 객체 변수 myVar을 선언한다.

	myVar.a[0]	myVar.a[1]	myVar.a[2]	myVar.a[3]	myVar.a[4]	myVar.a[5]
myVar.a	Seoul	Incheon	Kyonggi	Daejun	Daegu	Pusan

❷ 변수 str01을 값이 없는 문자로 초기화한다.
❸ 객체 변수 myVar의 리스트 a의 요소 수만큼 다음 문장을 반복 수행한다. 리스트 a는 6개의 요소를 가지므로 각 요소를 i에 할당하면서 다음 문장을 6회 수행한다.
   • 1회 : i에 myVar.a[0]이 저장되고 i의 0번째 글자 S가 str에 저장된다.

str		i[0]	i[1]	i[2]	i[3]	i[4]		i
S	—	S	e	o	u	l		Seoul

   • 2회 : i에 myVar.a[1]이 저장되고 i의 0번째 글자 I가 str에 저장된다.

str		i[0]	i[1]	i[2]	i[3]	i[4]	i[5]	i[6]		i
SI	—	I	n	c	h	e	o	n		Incheon

   • 3회 : i에 myVar.a[2]가 저장되고 i의 0번째 글자 K가 str에 저장된다.

str		i[0]	i[1]	i[2]	i[3]	i[4]	i[5]	i[6]		i
SIK	—	K	y	o	n	g	g	i		Kyonggi

- 4회 : i에 myVar.a[3]이 저장되고 i의 0번째 글자 D가 str에 저장된다.

str		i[0]	i[1]	i[2]	i[3]	i[4]	i[5]		i
SIKD	←	D	a	e	j	u	n	←	Daejun

- 5회 : i에 myVar.a[4]가 저장되고 i의 0번째 글자 D가 str에 저장된다.

str		i[0]	i[1]	i[2]	i[3]	i[4]		i
SIKDD	←	D	a	e	g	u	←	Daegu

- 6회 : i에 myVar.a[5]가 저장되고 i의 0번째 글자 P가 str에 저장된다.

str		i[0]	i[1]	i[2]	i[3]	i[4]		i
SIKDDP	←	P	u	s	a	n	←	Pusan

❹ 결과 SIKDDP

[문제 2]

a[i]

※ **답안 작성 시 주의 사항** : 배열의 요소를 지정할 때는 반드시 a[i]와 같이 대괄호를 사용해야 합니다. a(i)와 같이 소괄호를 사용하지 않도록 주의하세요.

```
❶ a = [50,30,70,10,90]
❷ max = a[0]
❸ min = a[0]
❹ for i in range(1,5):
❺     if a[i] > max:
❻         max = a[i]
❼     if a[i] < min:
❽         min = a[i]
❾ print(max, min, sep = '\n')
```

❶ 리스트 a를 선언하면서 초기값을 지정한다.

	a[0]	a[1]	a[2]	a[3]	a[4]
리스트 a	50	30	70	10	90

❷ 변수 max에 a[0], 즉 50을 저장한다.

max

50

❸ 변수 min에 a[0], 즉 50을 저장한다.

min

50

❹ 반복 변수 i에 1부터 4까지 순서대로 저장하며 ❺~❽번 문장을 반복 수행한다.
❺ a[i]가 max보다 크면 ❻번을 수행한다.
❻ max에 a[i] 값을 저장한다.
❼ a[i]가 min보다 작으면 ❽번을 수행한다.
❽ min에 a[i] 값을 저장한다.

- 1회 : a[1]이 max보다 크지 않고 min보다 작으므로 min에 a[1]의 값을 저장한다.

max	min		a[0]	a[1]	a[2]	a[3]	a[4]
50	30	리스트 a	50	30	70	10	90

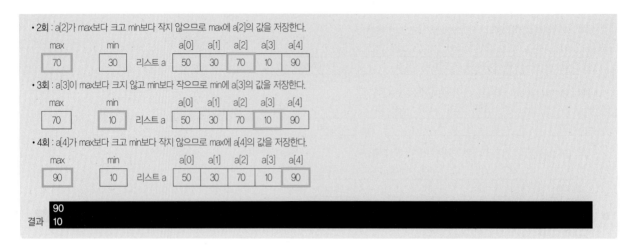

- 2회 : a[2]가 max보다 크고 min보다 작지 않으므로 max에 a[2]의 값을 저장한다.

max	min		a[0]	a[1]	a[2]	a[3]	a[4]
70	30	리스트 a	50	30	70	10	90

- 3회 : a[3]이 max보다 크지 않고 min보다 작으므로 min에 a[3]의 값을 저장한다.

max	min		a[0]	a[1]	a[2]	a[3]	a[4]
70	10	리스트 a	50	30	70	10	90

- 4회 : a[4]가 max보다 크고 min보다 작지 않으므로 max에 a[4]의 값을 저장한다.

max	min		a[0]	a[1]	a[2]	a[3]	a[4]
90	10	리스트 a	50	30	70	10	90

결과	90
	10

[문제 3]

a = 5, b = 5, c = 15

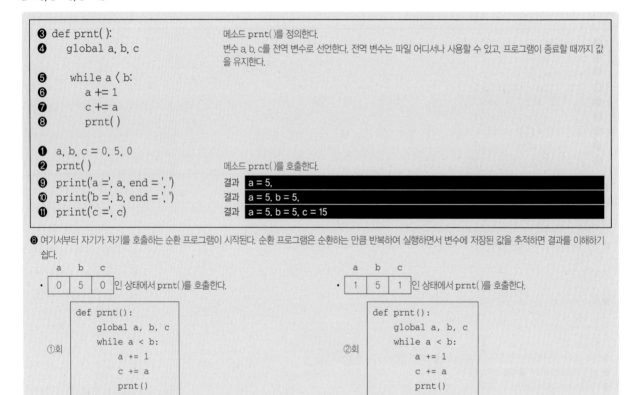

```
❸ def prnt( ):                      메소드 prnt( )를 정의한다.
❹     global a, b, c                변수 a, b, c를 전역 변수로 선언한다. 전역 변수는 파일 어디서나 사용할 수 있고, 프로그램이 종료할 때까지 값
                                      을 유지한다.
❺     while a < b:
❻         a += 1
❼         c += a
❽         prnt( )

❶ a, b, c = 0, 5, 0
❷ prnt( )                           메소드 prnt( )를 호출한다.
❾ print('a =', a, end = ', ')      결과  a = 5,
❿ print('b =', b, end = ', ')      결과  a = 5, b = 5,
⓫ print('c =', c)                  결과  a = 5, b = 5, c = 15
```

❽ 여기서부터 자기가 자기를 호출하는 순환 프로그램이 시작된다. 순환 프로그램은 순환하는 만큼 반복하여 실행하면서 변수에 저장된 값을 추적하면 결과를 이해하기 쉽다.

a	b	c
0	5	0	인 상태에서 prnt( )를 호출한다.

①회
```
def prnt():
    global a, b, c
    while a < b:
        a += 1
        c += a
        prnt()
```

a	b	c
1	5	1	인 상태에서 prnt( )를 호출한다.

②회
```
def prnt():
    global a, b, c
    while a < b:
        a += 1
        c += a
        prnt()
```

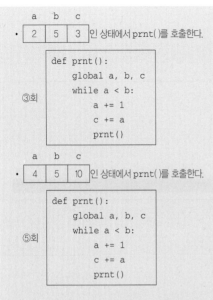

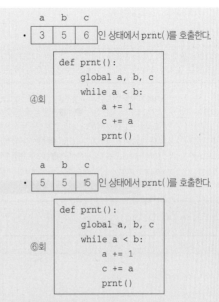

・ a, b, c | 2 | 5 | 3 | 인 상태에서 prnt( )를 호출한다.

③회
```
def prnt():
    global a, b, c
    while a < b:
        a += 1
        c += a
        prnt()
```

・ a, b, c | 3 | 5 | 6 | 인 상태에서 prnt( )를 호출한다.

④회
```
def prnt():
    global a, b, c
    while a < b:
        a += 1
        c += a
        prnt()
```

・ a, b, c | 4 | 5 | 10 | 인 상태에서 prnt( )를 호출한다.

⑤회
```
def prnt():
    global a, b, c
    while a < b:
        a += 1
        c += a
        prnt()
```

・ a, b, c | 5 | 5 | 15 | 인 상태에서 prnt( )를 호출한다.

⑥회
```
def prnt():
    global a, b, c
    while a < b:
        a += 1
        c += a
        prnt()
```

a의 값이 5가 되었다는 것은 ①~⑤회에서 비교하는 조건도 모두 a가 5인 상태로 while문의 조건을 비교한다는 것이다.

・ 일단 a의 값이 5이므로 ⑥회 prnt( ) 함수의 while 조건에 어긋나 while문을 빠져나와 함수의 실행을 종료하고, 제어를 ⑤회 prnt( ) 함수로 옮긴다.
・ a의 값은 여전히 5로 유지되므로 ⑤회 prnt( ) 함수에서도 while 조건에 어긋나므로 함수의 실행을 종료하고, 제어를 ④회 prnt( ) 함수로 옮긴다.
・ a의 값이 5이므로 ④회 prnt( ) 함수에서도 while 조건에 어긋나므로 함수의 실행을 종료하고, 제어를 ③회 prnt( ) 함수로 옮긴다.
・ a의 값이 5이므로 ③회 prnt( ) 함수에서도 while 조건에 어긋나므로 함수의 실행을 종료하고, 제어를 ②회 prnt( ) 함수로 옮긴다.
・ a의 값이 5이므로 ②회 prnt( ) 함수에서도 while 조건에 어긋나므로 함수의 실행을 종료하고, 제어를 ①회 prnt( ) 함수로 옮긴다.
・ a의 값이 5이므로 ①회 prnt( ) 함수에서도 while 조건에 어긋나므로 함수의 실행을 종료하고, 처음 prnt( ) 함수를 호출한 ❷번으로 돌아가 이어서 ❾번을 수행한다.

[문제 1]

class

```
  class Employee:
❶      name = '홍길동'
❷      idNum = 17001
❸      salary = 4500000
❹      sex = True
❺ a = Employee()
❻ print(a.name)



❼ print(a.idNum)
❽ print(a.salary)
❾ print(a.sex)
```

클래스를 정의하는 예약어는 class이다.
❶~❹ Employee 클래스의 속성(변수)을 정의한다.

sex 속성(변수)은 boolean 자료형으로 참(True) 또는 거짓(False)을 저장한다.
Employee 클래스의 객체 변수 a를 선언한다.
❻~❾ 객체 변수 a의 각 속성값을 출력한다.

결과	홍길동
결과	17001
결과	4500000
결과	True

[문제 2]

30

문제의 코드는 변수 a가 10이 될 때까지 0부터 1씩 증가하면서 2로 나눈 나머지가 1이 아닌 경우에만 a의 값을 sum에 누적하는 프로그램입니다. 즉 0부터 10까지의 짝수만 sum에 누적하게 되므로, 2, 4, 6, 8, 10이 차례로 sum에 누적되어 마지막에는 30이 출력됩니다.

```
❶ a = sum = 0          sum에 0을 저장하고, a에 sum의 값을 저장한다. 결국 a와 sum은 모두 0을 저장한다.
❷ while a < 10:        a가 10보다 작은 동안 ❸~❻번 문장을 반복 수행한다.
❸     a += 1          'a = a + 1'과 동일하다. a의 값을 1씩 누적시킨다.
❹     if a%2 == 1:    a를 2로 나눈 나머지가 1이면 ❺번을 수행한다.
❺         continue    제어가 while문의 시작점인 ❷번으로 이동한다.
❻     sum += a        'sum = sum + a'와 동일하다. sum에 a를 누적한다.
❼ print(sum)          결과  30
```

디버깅

a	a%2	sum	출력
0		0	30
1	1		
2	0	2	
3	1		
4	0	6	
5	1		
6	0	12	
7	1		
8	0	20	
9	1		
10	0	30	

[문제 3]

2

```
a, b = 2, 3    a와 b에 각각 2와 3을 저장한다.
c = a & b      &(비트 and)는 두 비트가 모두 1일 때만 1이 되는 비트 연산자이다.
               Python에서 정수형 변수는 자료형의 크기가 무제한이지만, 계산을 위해 C, Java와 같이 4바이트라고 가정한다. 각 변수의 값을 4바이트 2진
               수로 변환한 다음 각 비트를 연산한다.
               2 = 0000 0000 0000 0000 0000 0000 0000 0010
               3 = 0000 0000 0000 0000 0000 0000 0000 0011
               &   0000 0000 0000 0000 0000 0000 0000 0010
               0000 0000 0000 0000 0000 0000 0000 0010은 10진수로 2이다.
print(c)       결과  2
```

[문제 4]

10 55

```
hap = 0
for i in range(1, 11):
    hap += i
print(i, hap)
```

반복 변수 i에 1부터 10까지 순서대로 저장하며 다음 문장을 반복 수행한다.
hap에 i를 누적한다.

결과 `10 55`

디버깅

반복 횟수	i	hap
		0
1	1	1
2	2	3
3	3	6
4	4	10
5	5	15
6	6	21
7	7	28
8	8	36
9	9	45
10	10	55

[문제 5]

What

      What

```
a = "What's this?"
print("%-10.4s" % a)
```

변수 a에 "What's this?"를 저장한다. 문자열에 작은따옴표가 포함되어 있으므로, 큰따옴표로 문자열을 감싼다.

결과 `What`

%s는 문자열을 출력하는 서식 문자열이고, -10.4s에서 -는 왼쪽부터 출력하라는 의미이며, 10은 10자리를 확보하고, .4는 a에 저장된 문자열 "What's this?" 중 앞의 4글자만을 출력하라는 의미이므로 결과는 뒤에 6칸의 공백이 있는 "**What**   "이 된다.

```
print("%10.4s" % a)
```

결과 `        What`

%10.4s이므로 오른쪽부터 출력하며, 10자리를 확보하고, a에 저장된 문자열 "What's this?" 중 앞의 4글자만을 출력하라는 의미이므로 결과는 앞에 6칸의 공백이 있는 "   **What**"이 된다.

[문제 6]

11, 4

```
hap1 = 10 + 10 % 4 - 10 % 9
hap2 = 10 * 10 % 4 - 10 % 9 + 5
print("%d, %d" % (hap1, hap2))
```

hap1에 '10 + (10 % 4) - (10 % 9)'의 결과인 11(10 + 2 - 1)이 저장된다.
hap2에 '((10 * 10) % 4) - (10 % 9) + 5'의 결과인 4(0 - 1 + 5)가 저장된다.

결과 `11, 4`

[문제 7]

4 128 -12

```
❶ a, c = 32, -3
❷ b = a 《 2
❸ a 》= 3
❹ c = c 《 2
❺ print(a, b, c)
```

❷ 《는 왼쪽 시프트 연산자이므로, a에 저장된 값을 왼쪽으로 2비트 이동시킨 다음 그 값을 b에 저장시킨다. 32, 즉 정수는 4바이트이므로 4바이트 2진수로 변환하여 계산하면 된다.

※ Python의 정수형(int)은 용량에 제한이 없지만, 해설의 편의를 위해 다른 언어의 정수형 자료형의 크기인 4바이트라고 가정한다.

• 4바이트에 32를 2진수로 표현하면 다음과 같다.

	32	31	30		25		16	15	14	13	12	11	10	9	8	7	6	5	4	3	2	1
32	0	0	0	…	0	…	0	0	0	0	0	0	0	0	0	0	1	0	0	0	0	0

부호 비트 / 2^8 256, 2^7 128, 2^6 64, 2^5 32, 2^4 16, 2^3 8, 2^2 4, 2^1 2, 2^0 1

• 부호를 제외한 전체 비트를 왼쪽으로 2비트 이동시킨다. 부호는 맨 왼쪽의 비트인데, 0이면 양수, 1이면 음수이므로 빈 자리(패딩 비트)에는 0이 들어오면 된다.

	32	31	30		25		16	15	14	13	12	11	10	9	8	7	6	5	4	3	2	1
128	0	0	0	…	0	…	0	0	0	0	0	0	0	0	1	0	0	0	0	0	0	0

부호 비트 / 2^8 256, 2^7 128, 2^6 64, 2^5 32, 2^4 16, 2^3 8, 2^2 4, 2^1 2, 2^0 1 / 패딩 비트

이것을 10진수로 변환하면 128이다. b에는 128이 기억된다.

❸ 'a = a 》 3'과 동일하며 》는 오른쪽 시프트 연산자이므로, a에 저장된 값을 오른쪽으로 3비트 이동시킨 다음 그 값을 다시 a에 저장시킨다. 정수는 4바이트이므로 4바이트 2진수로 변환하여 계산하면 된다.

• 4바이트에 32를 2진수로 표현하면 다음과 같다.

	32	31	30		25		16	15	14	13	12	11	10	9	8	7	6	5	4	3	2	1
32	0	0	0	…	0	…	0	0	0	0	0	0	0	0	0	0	1	0	0	0	0	0

부호 비트 / 2^8 256, 2^7 128, 2^6 64, 2^5 32, 2^4 16, 2^3 8, 2^2 4, 2^1 2, 2^0 1

• 부호를 제외한 전체 비트를 오른쪽으로 3비트 이동시킨다. 부호는 맨 왼쪽이 0, 즉 양수이므로 빈 자리(패딩 비트)에는 0이 들어오면 된다.

	32	31	30		25		16	15	14	13	12	11	10	9	8	7	6	5	4	3	2	1
4	0	0	0	0	0	…	0	0	0	0	0	0	0	0	0	0	0	0	0	1	0	0

부호 비트 / 패딩 비트 / 2^8 256, 2^7 128, 2^6 64, 2^5 32, 2^4 16, 2^3 8, 2^2 4, 2^1 2, 2^0 1

이것을 10진수로 변환하면 4이다. a에는 4가 기억된다.

❹ 《는 왼쪽 시프트 연산자이므로, c에 저장된 값 -3을 왼쪽으로 2비트 이동시킨 다음 그 값을 c에 저장시킨다.

• C언어, Java, Python은 2의 보수법을 사용하므로 4바이트에 음수 -3을 2진수로 표현하면 다음과 같다.

	32	31	30		25		16	15	14	13	12	11	10	9	8	7	6	5	4	3	2	1
-3	1	1	1	…	1	…	1	1	1	1	1	1	1	1	1	1	1	1	1	1	0	1

부호 비트 / 2^8 256, 2^7 128, 2^6 64, 2^5 32, 2^4 16, 2^3 8, 2^2 4, 2^1 2, 2^0 1

• 부호를 제외한 전체 비트를 왼쪽으로 2비트 이동시킨다. 음수는 빈 자리(패딩 비트)에 왼쪽 시프트일 때는 0이, 오른쪽 시프트일 때는 1이 들어온다.

	32	31	30		20		16	15	14	13	12	11	10	9	8	7	6	5	4	3	2	1
-12	1	1	1		1	…	1	1	1	1	1	1	1	1	1	1	1	1	0	1	0	0

부호 비트 / 2^8 256, 2^7 128, 2^6 64, 2^5 32, 2^4 16, 2^3 8, 2^2 4, 2^1 2, 2^0 1 / 패딩 비트

원래의 값을 알기 위해서는 …1111 0100에 대한 2의 보수를 구한다. …0000 1100은 10진수로 12이고 원래 음수였으므로 -를 붙이면 -12이다. c에는 -12가 기억된다.

❺ 결과 4 128 -12

[문제 8]

1 또는 True

※ **답안 작성 시 주의 사항** : Python에서 참을 의미하는 True는 대소문자를 구분하므로 정확히 작성해야 합니다. 예를 들어 소문자로 true나 대문자로 TRUE로 작성하지 않도록 주의하세요.

문제에서 코드가 어떤 언어로 작성되었다고 제시되지 않은 경우 코드의 스타일을 분석하여 수험자 스스로 어떤 언어로 작성되었는지 판단해야 합니다. 문제의 코드는 세미콜론(;)을 사용하지 않고, while문과 if문에서 콜론(:)을 통해 하위 코드를 구분하고 있으므로 Python으로 작성된 코드임을 알 수 있습니다.

```
  i, hap = 0, 0
  while True:

❶     i += 1
❷     hap += i
❸     if i )= 100:
❹        break
❺ print(hap)
```

while은 조건을 만족하는 동안 반복하는데, 조건이 True, 즉 참이므로 무한 반복한다. 결국 ❸번의 조건을 만족하여 break를 만나기 전까지 ❶~❸번 사이의 문장을 반복하여 수행한다.

'i = i + 1'과 동일하다. i에 1씩 누적시킨다.

'hap = hap + i'와 동일하다. i의 값을 hap에 누적시킨다.

i가 100보다 크거나 같으면 제어가 ❹번으로 이동하여 반복문(while)을 빠져나온다.

결과 `5050`

디버깅

i	hap
0	0
1	1
2	3
3	6
4	10
5	15
⋮	⋮
96	4656
97	4753
98	4851
99	4950
100	5050

[문제 9]

i=20, j=10

```
❸ def change( ):
❹    global i, j
❺    temp = i
❻    i = j
❼    j = temp
❶ i, j = 10, 20
❷ change( )
❽ print(f"i={i}, j={j}")
```

메소드 change( )를 정의한다.

변수 i, j를 전역 변수로 선언한다. 전역 변수는 파일 어디서나 사용할 수 있고, 프로그램이 종료할 때까지 값을 유지한다.

❺~❼ i의 값과 j의 값을 교환한다.

change( )가 종료하면 제어가 ❽번으로 이동한다.

변수 i, j에 각각 10과 20을 저장한다.

메소드 change( )를 호출한다. ❸번으로 이동한다.

결과 `i=20, j=10`

※ 문자열을 묶는 따옴표 앞에 'f'를 적어주고, 변수의 값이 들어갈 위치에 '{변수명}'을 적어주면, 변수에 저장된 값을 기존의 문자열에 삽입하여 문자열을 조작할 수 있는데, 이를 문자열 formatting이라고 합니다.

[문제 10]

gnoganiS

```
    str = 'Sinagong'
❶ n = len(str)
❷ st = list()
❸ for k in range(n):
❹     st.append(str[k])
❺ for k in range(n-1, -1, -1):
❻     print(st[k], end = '')
```

❶ 문자열 변수 str의 길이인 8을 변수 n의 초기값으로 할당한다.

※ len( )은 문자열이나 배열의 길이를 반환한다.

❷ 변수 st를 비어있는 리스트로 선언한다.

❸ 반복 변수 k에 0부터 n-1까지 순차적으로 저장하며 다음 문장을 반복 수행한다.

※ range( )는 연속된 숫자를 생성한다.

❹ str에서 k번째에 있는 문자를 리스트 st에 추가한다. 결과적으로, 문자열 변수 str의 값을 st[0]~st[7] 순으로 앞에서부터 차례로 한 글자씩 저장한다.

- 1회 : 리스트 st [S] ← 문자열 str [S | i | n | a | g | o | n | g]
  (s[0]) (str[0]~str[7])

- 2회 : 리스트 st [i] ← 문자열 str [S | i | n | a | g | o | n | g]
  (s[1]) (str[0]~str[7])

⋮

- 8회 : 리스트 st [g] ← 문자열 str [S | i | n | a | g | o | n | g]
  (s[7]) (str[0]~str[7])

❺ 반복 변수 k는 n-1부터 0까지 -1씩 순차적으로 저장하며 다음 문장을 반복 수행한다.

- 1회 : 출력 [g] ← 리스트 st [S | i | n | a | g | o | n | g]
  (st[0]~st[7])

- 2회 : 출력 [gn] ← 리스트 st [S | i | n | a | g | o | n | g]
  (st[0]~st[7])

⋮

- 8회 : 출력 [gnoganiS] ← 리스트 st [S | i | n | a | g | o | n | g]
  (st[0]~st[7])

결과   gnoganiS

[문제 11]

i=7, hap=9

```
    i, hap = 1, 0
    while i <= 6:          i가 6보다 작거나 같은 동안 ❶, ❷번을 반복 수행한다. i가 6보다 커지면 반복문을 벗어나 제어가 ❸번으로 이동한다.
❶      hap += i
❷      i += 2
❸ print(f"i={i}, hap={hap}")   결과  i=7, hap=9
```

디버깅

반복 횟수	i	hap
	1	0
1	3	1
2	5	4
3	7	9

[문제 12]

9 5

```
❶ a = [[1, 1, 0, 1, 0],      다음과 같은 행과 열을 갖는 2차원 리스트 a가 선언되고 다음과 같이 초기화된다.
      [1, 0, 1, 0]],
```

	a[0][0]	a[0][1]	a[0][2]	a[0][3]	a[0][4]
리스트 a	1	1	0	1	0
	1	0	1	0	
	a[1][0]	a[1][1]	a[1][2]	a[1][3]	

```
    tot, totsu = 0, 0
❷ for i in a:              리스트 a의 행 수만큼 ❸~❺번을 반복 수행한다.
                           • i : 리스트 a의 한 개의 행이 할당될 변수를 입력한다. i는 1차원 리스트로 선언된다.
                           • a : 리스트 a가 2행이므로 각 행을 1차원 리스트 i에 할당하면서 ❸~❺번을 2회 수행한다.

❸     for j in i:          리스트 i의 요소 수만큼 ❹번을 반복 수행한다.
                           • j : 리스트 i의 각 요소가 할당될 변수를 입력한다.
                           • i : i는 5개 혹은 4개의 요소를 가지므로 각 요소를 j에 할당하면서 ❹번을 반복 수행한다.

❹         tot += j          'tot = tot + j'와 동일하다. j를 tot에 누적한다.
❺     totsu = totsu + len(i)  리스트 i의 크기, 즉 각 행의 요소 수가 totsu에 누적된다.
❻ print(totsu, tot)        결과  9 5
```

디버깅

tot	totsu	j	리스트 i	리스트 a
0	0			
1	5	1		
2		1		
2		0	1 1 0 1 0	
3		1		1 1 0 1 0
3		0		1 0 1 0
4	9	1		
4		0		
5		1	1 0 1 0	
5		0		

[문제 13]

① y + c   ② b = c

---

❶ a, b = 1, 1   첫 번째와 두 번째 항의 값이 1이므로 a와 b를 1로 초기화한다.
❷ y = a + b   첫 번째 항(1)과 두 번째 항(1)의 합이 2이므로 y를 2로 초기화한다.
❸ n = int(input( ))   수열의 항 수를 입력 받는다.
❹ for k in range(3, n + 1):   반복 변수 k가 3에서 n이 될 때까지 1씩 증가하면서 ❺∼❽번을 반복하여 수행한다.
❺   c = a + b   a와 b를 더하여 세 번째 항에 저장한다.
❻   y = **y + c**   세 번째 항의 값을 y에 누적한다.
❼   a = b   두 번째 항의 값을 첫 번째 항의 값으로 사용하기 위해 a에 치환한다.
❽   **b = c**   세 번째 항의 값을 두 번째 항의 값으로 사용하기 위해 b에 치환한다.
❾ print(y)   y의 값을 출력하고 끝낸다.

디버깅

n에 10이 입력되었다고 가정하고 디버깅한 결과이다.

a	b	c	y	k	n	출력
1	1	2	2	3	10	143
1	2	3	4	4		
2	3	5	7	5		
3	5	8	12	6		
5	8	13	20	7		
8	13	21	33	8		
13	21	34	54	9		
21	34	55	88	10		
34	55		143			

3 과목

애플리케이션 테스트 수행

1장

애플리케이션 테스트 수행

애플리케이션 테스트

1 애플리케이션 테스트의 개념

애플리케이션 테스트는 애플리케이션에 잠재되어 있는 결함을 찾아내는 일련의 행위 또는 절차이다.

- 애플리케이션 테스트는 개발된 소프트웨어가 고객의 요구사항을 만족시키는지 확인(Validation*)하고 소프트웨어가 기능을 정확히 수행하는지 검증(Verification*)한다.
- 애플리케이션 테스트를 실행하기 전에 개발한 소프트웨어의 유형을 분류하고 특성을 정리해서 중점적으로 테스트할 사항을 정리해야 한다.

예 소프트웨어 유형별 특성

소프트웨어명	제공 유형	기능 유형	사용 환경	개발 유형	중점 사항
A. xx오픈DB 구축	서비스 제공 소프트웨어	산업 특화	Web	신규 개발	기능 구현 시 사용자 요구사항의 누락 여부
B. xx통합서비스 구현	서비스 제공 소프트웨어	산업 특화	Web	시스템 통합	기존 시스템과 신규 시스템의 데이터 손실 및 정합성 여부
C. xx오피스	상용 소프트웨어	산업 범용	C/S	신규 개발	다양한 OS환경 지원 여부

2 애플리케이션 테스트의 필요성

- 애플리케이션 테스트를 통해 프로그램 실행 전에 오류를 발견하여 예방할 수 있다.
- 애플리케이션 테스트는 프로그램이 사용자의 요구사항이나 기대 수준 등을 만족시키는지 반복적으로 테스트하므로 제품의 신뢰도를 향상시킨다.
- 애플리케이션의 개발 초기부터 애플리케이션 테스트를 계획하고 시작하면 단순한 오류 발견뿐만 아니라 새로운 오류의 유입도 예방할 수 있다.
- 애플리케이션 테스트를 효과적으로 수행하면 최소한의 시간과 노력으로 많은 결함을 찾을 수 있다.

3 애플리케이션 테스트의 기본 원리

- **완벽한 테스트 불가능**

  애플리케이션 테스트는 소프트웨어의 잠재적인 결함을 줄일 수 있지만 소프트웨어에 결함이 없다고 증명할 수는 없다. 즉 완벽한 소프트웨어 테스팅은 불가능하다.

- **결함 집중(Defect Clustering)**

  애플리케이션의 결함은 대부분 개발자의 특성이나 애플리케이션의 기능적 특징 때문에 특정 모듈에 집중*되어 있다. 애플리케이션의 20%에 해당하는 코드에서 전체 결함의 80%가 발견된다고 하여 파레토 법칙*을 적용하기도 한다.

- **살충제 패러독스(Pesticide Paradox)**

  애플리케이션 테스트에서는 동일한 테스트 케이스*로 동일한 테스트를 반복하면 더 이상 결함이 발견되지 않는 '살충제 패러독스(Pesticide Paradox)' 현상이 발생한다. 살충제 패러독스를 방지하기 위해서 테스트 케이스를 지속적으로 보완 및 개선해야 한다.

- **테스팅은 정황(Context) 의존**

  애플리케이션 테스트는 소프트웨어 특징, 테스트 환경, 테스터 역량 등 정황(Context)에 따라 테스트 결과가 달라질 수 있으므로, 정황에 따라 테스트를 다르게 수행해야 한다.

- **오류−부재의 궤변(Absence of Errors Fallacy)**

  소프트웨어의 결함을 모두 제거해도 사용자의 요구사항을 만족시키지 못하면 해당 소프트웨어는 품질이 높다고 말할 수 없다. 이것을 오류−부재의 궤변(Absence of Errors Fallacy)이라고 한다.

- **테스트와 위험은 반비례**

  테스트를 많이 하면 할수록 미래에 발생할 위험을 줄일 수 있다.

- **테스트의 점진적 확대**

  테스트는 작은 부분에서 시작하여 점점 확대하며 진행해야 한다.

- **테스트의 별도 팀 수행**

  테스트는 개발자와 관계없는 별도의 팀에서 수행해야 한다.

특정 모듈 집중
대부분의 결함이 소수의 특정 모듈에 집중해서 발생하는 것을 결함 집중(Defect Clustering)이라고 합니다.

파레토 법칙(Pareto Principle)
파레토의 법칙은 상위 20% 사람들이 전체 부의 80%를 가지고 있다거나, 상위 20% 고객이 매출의 80%를 창출한다는 의미로, 이 법칙이 애플리케이션 테스트에도 적용된다는 것입니다. 즉 테스트로 발견된 80%의 오류는 20%의 모듈에서 발견되므로 20%의 모듈을 집중적으로 테스트하여 효율적으로 오류를 찾자는 것입니다.

살충제 패러독스(Presticide Paradox)
살충제 패러독스는 살충제를 지속적으로 뿌리면 벌레가 내성이 생겨서 죽지 않는 현상을 의미합니다.

테스트 케이스(Test Case)
테스트 케이스는 구현된 소프트웨어가 사용자의 요구사항을 정확하게 준수했는지를 확인하기 위해 설계된 입력 값, 실행 조건, 기대 결과 등으로 구성된 테스트 항목에 대한 명세서입니다.

※ 정답 및 해설은 388쪽에 있습니다.

문제 1　출제예상
애플리케이션 테스트의 기본 원칙 중 다음 괄호에 들어갈 원칙을 쓰시오.

소프트웨어의 결함을 모두 제거해도 사용자의 요구사항을 만족시키지 못하면 해당 소프트웨어는 품질이 높다고 말할 수 없다. 이것을 (　　　)이라고 한다.

답 :

문제 2　출제예상
애플리케이션의 20%에 해당하는 코드에서 전체 80%의 결함이 발견된다고 하여 적용하는 법칙을 무엇이라고 하는지 쓰시오.

답 :

문제 3　출제예상
다음 괄호에 공통적으로 들어갈 가장 적합한 용어를 쓰시오.

애플리케이션 테스트는 소프트웨어 특징, 테스트 환경, 테스터 역량 등 (　　　)에 따라 테스트 결과가 달라질 수 있으므로, (　　　)에 따라 테스트를 다르게 수행해야 한다.

답 :

문제 4　출제예상
다음 괄호에 공통적으로 들어갈 가장 적합한 용어를 쓰시오.

애플리케이션 테스트에서는 동일한 테스트 케이스로 동일한 테스트를 반복하면 더 이상 결함이 발견되지 않는 (　　　) 현상이 발생한다. (　　　)를 방지하기 위해서는 테스트 케이스를 지속적으로 보완 및 개선해야 한다.

답 :

애플리케이션 테스트의 분류

1 프로그램 실행 여부에 따른 테스트

애플리케이션을 테스트 할 때 프로그램의 실행 여부에 따라 정적 테스트와 동적 테스트로 나뉜다.

정적 테스트	• 프로그램을 실행하지 않고 명세서나 소스 코드를 대상으로 분석하는 테스트이다. • 소프트웨어 개발 초기에 결함을 발견할 수 있어 소프트웨어의 개발 비용을 낮추는데 도움이 된다. • 종류 : 워크스루※, 인스펙션※, 코드 검사 등
동적 테스트	• 프로그램을 실행하여 오류를 찾는 테스트로, 소프트웨어 개발의 모든 단계에서 테스트를 수행할 수 있다. • 종류 : 블랙박스 테스트, 화이트박스 테스트

2 테스트 기반(Test Bases)에 따른 테스트

애플리케이션을 테스트 할 때 무엇을 기반으로 수행하느냐에 따라 명세 기반, 구조 기반, 경험 기반 테스트로 나뉜다.

명세 기반 테스트	• 사용자의 요구사항에 대한 명세를 빠짐없이 테스트 케이스※로 만들어 구현하고 있는지 확인하는 테스트이다. • 종류 : 동등 분할, 경계 값 분석 등
구조 기반 테스트	• 소프트웨어 내부의 논리 흐름에 따라 테스트 케이스를 작성하고 확인하는 테스트이다. • 종류 : 구문 기반, 결정 기반, 조건 기반 등
경험 기반 테스트	• 유사 소프트웨어나 기술 등에 대한 테스터의 경험을 기반으로 수행하는 테스트이다. • 경험 기반 테스트는 사용자의 요구사항에 대한 명세가 불충분하거나 테스트 시간에 제약이 있는 경우 수행하면 효과적이다. • 종류 : 에러 추정, 체크 리스트, 탐색적 테스팅

3 시각에 따른 테스트

애플리케이션을 테스트 할 때 누구를 기준으로 하느냐에 따라 검증(Verification) 테스트와 확인(Validation) 테스트로 나뉜다.

검증(Verification) 테스트	개발자의 시각에서 제품의 생산 과정을 테스트하는 것으로, 제품이 명세서대로 완성됐는지를 테스트한다.
확인(Validation) 테스트	사용자의 시각에서 생산된 제품의 결과를 테스트하는 것으로, 사용자가 요구한대로 제품이 완성됐는지, 제품이 정상적으로 동작하는지를 테스트한다.

4 목적에 따른 테스트

애플리케이션을 테스트 할 때 무엇을 목적으로 테스트를 진행하느냐에 따라 회복(Recovery), 안전(Security), 강도(Stress), 성능(Performance), 구조(Structure), 회귀(Regression), 병행(Parallel) 테스트로 나뉜다.

회복(Recovery) 테스트	시스템에 여러 가지 결함을 주어 실패하도록 한 후 올바르게 복구되는지를 확인하는 테스트이다.
안전(Security) 테스트	시스템에 설치된 시스템 보호 도구가 불법적인 침입으로부터 시스템을 보호할 수 있는지를 확인하는 테스트이다.
강도(Stress) 테스트	시스템에 과도한 정보량이나 빈도 등을 부과하여 과부하 시에도 소프트웨어가 정상적으로 실행되는지를 확인하는 테스트이다.
성능(Performance) 테스트	소프트웨어의 실시간 성능이나 전체적인 효율성을 진단하는 테스트로, 소프트웨어의 응답 시간, 처리량 등을 테스트한다.
구조(Structure) 테스트	소프트웨어 내부의 논리적인 경로, 소스 코드의 복잡도 등을 평가하는 테스트이다.
회귀(Regression) 테스트	소프트웨어의 변경 또는 수정된 코드에 새로운 결함이 없음을 확인하는 테스트이다.
병행(Parallel) 테스트	변경된 소프트웨어와 기존 소프트웨어에 동일한 데이터를 입력하여 결과를 비교하는 테스트이다.

※ 정답 및 해설은 388쪽에 있습니다.

기출 따라잡기

문제 1 ^{21년 11월} 소프트웨어 내부의 논리적인 경로, 소스 코드의 복잡도 등을 평가하는 것에 목적을 두는 테스트를 〈보기〉에서 찾아 기호로 쓰시오.

〈보기〉

㉠ 회복 테스트	㉡ 안전 테스트	㉢ 강도 테스트	㉣ 성능 테스트
㉤ 구조 테스트	㉥ 회귀 테스트	㉦ 병행 테스트	

답 :

문제 2 ^{제예상} 다음 괄호(①, ②)에 들어갈 가장 적합한 애플리케이션 테스트가 무엇인지 쓰시오.

애플리케이션을 테스트 할 때 프로그램의 실행 여부에 따라 (①)와 (②)로 나뉜다. (①)는 프로그램을 실행하지 않고 명세서나 소스 코드를 대상으로 분석하는 테스트로 종류에는 워크스루, 인스펙션, 코드 검사 등이 있다. (②)는 프로그램을 실행하여 오류를 찾는 테스트로, 소프트웨어 개발의 모든 단계에서 테스트를 수행할 수 있다. 종류에는 블랙박스 테스트, 화이트박스 테스트 등이 있다.

답
• ①
• ②

문제 3 다음은 애플리케이션 테스트의 종류를 설명한 것이다. 서로 관련 있는 것끼리 연결하시오.

① 명세 기반 테스트 •

② 구조 기반 테스트 •

③ 경험 기반 테스트 •

• ⓐ 소프트웨어 내부의 논리 흐름에 따라 테스트 케이스를 작성하고 확인하는 테스트

• ⓑ 유사 소프트웨어나 기술 등에 대한 테스터의 경험을 기반으로 수행하는 테스트

• ⓒ 사용자의 요구사항에 대한 명세를 빠짐없이 테스트 케이스로 만들어 구현하고 있는지 확인하는 테스트

문제 4 애플리케이션 테스트 중 사용자의 시각에서 생산된 제품의 결과를 테스트 하는 것으로, 사용자가 요구한대로 제품이 완성됐는지, 제품이 정상적으로 동작하는지에 중점을 두는 테스트가 무엇인지 쓰시오.

답 :

문제 5 애플리케이션 테스트 중 시스템에 여러 가지 결함을 주어 실패하도록 한 후 올바르게 복구되는지를 확인하는 테스트가 무엇인지 쓰시오.

답 :

문제 6 애플리케이션 테스트 중 소프트웨어의 실시간 성능이나 전체적인 효율성을 테스트하며, 모든 단계에서 수행되는 테스트가 무엇인지 쓰시오.

답 :

문제 7 소프트웨어 테스트의 목적은 오류를 찾아내는 데 있다. 테스트 종류 중 개발자의 입장에서 소프트웨어가 요구사항에 맞는지를 추적하는데 중점을 두는 테스트가 무엇인지 쓰시오.

답 :

테스트 기법에 따른 애플리케이션 테스트

1 화이트박스 테스트(White Box Test)

화이트박스 테스트는 모듈의 원시 코드를 오픈시킨 상태에서 원시 코드의 논리적인 모든 경로를 테스트하여 테스트 케이스를 설계하는 방법이다.

- 화이트박스 테스트는 설계된 절차에 초점을 둔 구조적 테스트로 프로시저 설계의 제어 구조를 사용하여 테스트 케이스를 설계하며, 테스트 과정의 초기에 적용된다.
- 모듈 안의 작동을 직접 관찰한다.
- 원시 코드(모듈)의 모든 문장을 한 번 이상 실행함으로써 수행된다.
- 프로그램의 제어 구조에 따라 선택, 반복 등의 분기점 부분들을 수행함으로써 논리적 경로를 제어한다.

전문가의 조언

- 애플리케이션 테스트는 소프트웨어 내부 구조의 참조 여부에 따라 블랙박스 테스트와 화이트박스 테스트로 나닙니다. 블랙박스 테스트와 화이트박스 테스트는 중요합니다. 두 테스트의 개념, 차이점, 종류 등을 모두 숙지해 두세요.
- 화이트박스 테스트의 의미는 '논리'라는 단어를 중심으로 알아두세요. 화이트박스 테스트는 투명한 박스라는 의미로 모듈 안의 내용을 볼 수 있어서 내부의 논리적인 경로를 테스트한다고 생각하면 됩니다.

2 화이트박스 테스트의 종류
22.8, 20.4

화이트 박스 테스트의 종류에는 기초 경로 검사, 제어 구조 검사 등이 있다.

기초 경로 검사 22.8, 20.4	• 대표적인 화이트박스 테스트 기법이다. • 테스트 케이스 설계자가 절차적 설계의 논리적 복잡성을 측정할 수 있게 해주는 테스트 기법으로, 테스트 측정 결과는 실행 경로의 기초를 정의하는 데 지침으로 사용된다.
제어 구조 검사 22.8, 20.4	• **조건 검사(Condition Testing)** : 프로그램 모듈 내에 있는 논리적 조건을 테스트하는 테스트 케이스 설계 기법 • **루프 검사(Loop Testing)** : 프로그램의 반복(Loop) 구조에 초점을 맞춰 실시하는 테스트 케이스 설계 기법 • **데이터 흐름 검사(Data Flow Testing)** : 프로그램에서 변수의 정의와 변수 사용의 위치에 초점을 맞춰 실시하는 테스트 케이스 설계 기법

3 화이트박스 테스트의 검증 기준
23.6, 20.4

화이트박스 테스트의 검증 기준은 테스트 케이스들이 테스트에 얼마나 적정한지를 판단하는 기준으로, 문장 검증 기준, 분기 검증 기준, 조건 검증 기준, 분기/조건 기준이 있다.

문장 검증 기준 (Statement Coverage) 23.6	소스 코드의 모든 구문이 한 번 이상 수행되도록 테스트 케이스 설계
분기 검증 기준 (Branch Coverage) 20.4	결정 검증 기준(Decision Coverage)이라고도 불리며, 소스 코드의 모든 조건문에 대해 조건식이 True인 경우와 False인 경우가 한 번 이상 수행되도록 테스트 케이스 설계

조건 검증 기준 (Condition Coverage)	소스 코드의 조건문에 포함된 개별 조건식의 결과가 True인 경우와 False인 경우가 한 번 이상 수행되도록 테스트 케이스 설계
분기/조건 기준 (Branch/Condition Coverage)	분기 검증 기준과 조건 검증 기준을 모두 만족하는 설계로, 조건문이 True인 경우와 False인 경우에 따라 조건 검증 기준의 입력 데이터를 구분하는 테스트 케이스 설계

> **잠깐만요** **검증 기준(Coverage)의 종류**
>
> 검증 기준의 종류에는 크게 기능 기반 커버리지, 라인 커버리지, 코드 커버리지가 있으며, 화이트박스 테스트에서 사용되는 문장 검증 기준, 분기 검증 기준 등은 모두 코드 커버리지에 해당합니다.
> - 기능 기반 커버리지 : 실제 테스트가 수행된 기능의 수 / 전체 기능의 수
> - 라인 커버리지(Line Coverage) : 테스트 시나리오가 수행한 소스 코드의 라인 수 / 전체 소스 코드의 라인 수
> - 코드 커버리지(Code Coverage) : 소스 코드의 구문, 분기, 조건 등의 구조 코드 자체가 얼마나 테스트되었는지를 측정하는 방법

전문가의 조언
- 블랙박스는 박스 안을 들여다 볼 수 없는 검은 상자입니다. 즉 블랙박스 안에서 어떤 일이 일어나는지 알 수는 없지만 입력된 데이터가 블랙박스를 통과하여 출력될 때 그 결과물이 정확한지를 검사하는 것입니다. 이런 블랙박스 테스트의 개념을 염두에 두고 개별적인 검사 기법을 잘 이해해 두세요. 블랙박스 테스트의 종류도 기억해야 합니다.
- Section 032에서 학습한 명세 기반 테스트, 경험 기반 테스트는 블랙박스 테스트, 구조 기반 테스트는 화이트박스 테스트에 해당합니다.

4 블랙박스 테스트(Black Box Test)
24.8, 23.8, 20.6

블랙박스 테스트는 소프트웨어가 수행할 특정 기능을 알기 위해서 각 기능이 완전히 작동되는 것을 입증하는 테스트로, 기능 테스트라고도 한다.
- 사용자의 요구사항 명세를 보면서 테스트하는 것으로, 주로 구현된 기능을 테스트한다.
- 소프트웨어 인터페이스에서 실시되는 테스트이다.
- 부정확하거나 누락된 기능, 인터페이스 오류, 자료 구조나 외부 데이터베이스 접근에 따른 오류, 행위나 성능 오류, 초기화와 종료 오류 등을 발견하기 위해 사용되며, 테스트 과정의 후반부에 적용된다.
- 블랙박스 테스트의 종류에는 동치 분할 검사, 경계값(한계값) 분석, 원인-효과 그래프 검사, 오류 예측 검사, 비교 검사 등이 있다.

5 블랙박스 테스트의 종류
21.4

동치 분할 검사 (Equivalence Partitioning Testing)	• 입력 자료에 초점을 맞춰 테스트 케이스를 만들고 검사하는 방법으로 동등 분할 기법이라고도 한다. • 프로그램의 입력 조건에 타당한 입력 자료와 타당하지 않은 입력 자료의 개수를 균등하게 하여 테스트 케이스를 정하고, 해당 입력 자료에 맞는 결과가 출력되는지 확인하는 기법이다.
21.4 경계값(한계값) 분석 (Boundary Value Analysis)	• 입력 자료에만 치중한 동치 분할 기법을 보완하기 위한 기법이다. • 입력 조건의 중간값보다 경계값에서 오류가 발생될 확률이 높다는 점을 이용하여 입력 조건의 경계값을 테스트 케이스로 선정하여 검사하는 기법이다.

원인-효과 그래프 검사 (Cause-Effect Graphing Testing)	입력 데이터 간의 관계와 출력에 영향을 미치는 상황을 체계적으로 분석한 다음 효용성이 높은 테스트 케이스를 선정하여 검사하는 기법이다.
오류 예측 검사 (Error Guessing)	• 과거의 경험이나 확인자의 감각으로 테스트하는 기법이다. • 다른 블랙 박스 테스트 기법으로는 찾아낼 수 없는 오류를 찾아내는 일련의 보충적 검사 기법이며, 데이터 확인 검사라고도 한다.
비교 검사 (Comparison Testing)	여러 버전의 프로그램에 동일한 테스트 자료를 제공하여 동일한 결과가 출력되는지 테스트하는 기법이다.

※ 정답 및 해설은 388쪽에 있습니다.

기출 따라잡기 Section 033

문제 1 22년 8월, 20년 4월
다음 〈보기〉에서 내부 소스 코드를 테스트하는 화이트박스 테스트에 속하지 않는 테스트 기법을 모두 쓰시오.

〈보기〉

• 제어 흐름 테스트	• 분기(Branch) 테스트	• 한계값 분석
• 경로 테스트	• 데이터 흐름 테스트	• 비교 테스트

답 :

문제 2 24년 8월, 23년 8월, 20년 6월
소프트웨어가 수행할 특정 기능을 알기 위해서 각 기능이 완전히 작동되는 것을 입증하는 테스트로, 동치 분할 검사, 경계값 분석, 원인-효과 그래프 검사, 오류 예측 검사, 비교 검사 등의 테스트가 여기에 속하며, 테스트 과정의 후반부에 사용자의 요구사항 명세를 보며 구현된 기능들을 검사하는 테스트를 가리키는 용어를 쓰시오.

답 :

문제 3   21년 4월 블랙박스 테스트의 한 종류로, 동치 분할하여 입력되는 데이터의 경계에서 오류가 발생하는 확률이 높다는 특성을 이용한 소프트웨어 테스트 기법이 무엇인지 〈보기〉에서 찾아 쓰시오.

〈보기〉

- 경계값 분석(Boundary Value Analysis)
- 동치 분할 검사(Equivalence Partitioning Test)
- 원인-효과 그래프 검사(Cause-effect Graphing Testing)
- 오류 예측 검사(Error Guessing)

 :

문제 4 23년 6월 다음 설명에 해당하는 검증 기준을 쓰시오.

- 화이트박스 테스트의 검증 기준 중 소스 코드의 모든 구문이 한 번 이상 수행되도록 테스트 케이스를 설계하는 방법이다.
- 다른 커버리지에 비해 가장 약하다.

 :

문제 5 출제예상 화이트박스 테스트 중 프로그램 내의 변수 정의의 위치와 변수들의 사용에 따라 프로그램 검사 경로를 선택하는 제어 구조 검사 방법을 쓰시오.

답 :

개발 단계에 따른 애플리케이션 테스트

1 개발 단계에 따른 애플리케이션 테스트

23.11, 22.11

애플리케이션 테스트는 소프트웨어의 개발 단계에 따라 단위 테스트, 통합 테스트, 시스템 테스트, 인수 테스트로 분류된다. 이렇게 분류된 것을 테스트 레벨이라고 한다.

- 애플리케이션 테스트는 소프트웨어의 개발 단계에서부터 테스트를 수행하므로 단순히 소프트웨어에 포함된 코드 상의 오류뿐만 아니라 요구 분석의 오류, 설계 인터페이스 오류 등도 발견할 수 있다.
- 애플리케이션 테스트와 소프트웨어 개발 단계를 연결하여 표현한 것을 V-모델이라 한다.

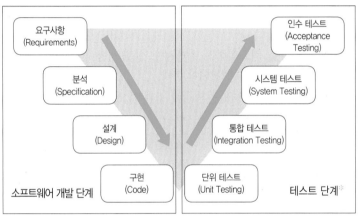

소프트웨어 생명 주기의 V-모델

2 단위 테스트(Unit Test)

단위 테스트는 코딩 직후 소프트웨어 설계의 최소 단위인 모듈이나 컴포넌트에 초점을 맞춰 테스트하는 것이다.

- 단위 테스트에서는 인터페이스, 외부적 I/O, 자료 구조, 독립적 기초 경로, 오류 처리 경로, 경계 조건 등을 검사한다.
- 단위 테스트는 사용자의 요구사항을 기반으로 한 기능성 테스트를 최우선으로 수행한다.
- 단위 테스트는 구조 기반 테스트와 명세 기반 테스트로 나뉘지만 주로 구조 기반 테스트를 시행한다.

테스트 방법	테스트 내용	테스트 목적
구조 기반 테스트	프로그램 내부 구조 및 복잡도를 검증하는 화이트박스(White Box) 테스트 시행	제어 흐름, 조건 결정
명세 기반 테스트	목적 및 실행 코드 기반의 블랙박스(Black Box) 테스트 시행	동등 분할, 경계 값 분석

 전문가의 조언

통합 테스트는 다음 섹션에서 자세히 공부하니 여기에서는 통합 테스트가 무엇인지 정도만 알아두세요.

3 통합 테스트(Integration Test)

통합 테스트는 단위 테스트가 완료된 모듈들을 결합하여 하나의 시스템으로 완성시키는 과정에서의 테스트를 의미한다.

• 통합 테스트는 모듈 간 또는 통합된 컴포넌트 간의 상호 작용 오류를 검사한다.

4 시스템 테스트(System Test)

시스템 테스트는 개발된 소프트웨어가 해당 컴퓨터 시스템에서 완벽하게 수행되는가를 점검하는 테스트이다.

환경적인 장애 리스크
환경적인 장애 리스크는 OS, DBMS, 시스템 운영 장비 등 테스트 시 사용할 물리적, 논리적 테스트 환경과 실제 소프트웨어를 사용할 환경이 달라서 발생할 수 있는 바람직하지 못한 결과를 의미합니다.

• 환경적인 장애 리스크*를 최소화하기 위해서는 실제 사용 환경과 유사하게 만든 테스트 환경에서 테스트를 수행해야 한다.

• 시스템 테스트는 기능적 요구사항과 비기능적 요구사항으로 구분하여 각각을 만족하는지 테스트한다.

테스트 방법	테스트 내용
기능적 요구사항	요구사항 명세서, 비즈니스 절차, 유스케이스 등 명세서 기반의 블랙박스(Black Box) 테스트 시행
비기능적 요구사항	성능 테스트, 회복 테스트, 보안 테스트, 내부 시스템의 메뉴 구조, 웹 페이지의 네비게이션 등 구조적 요소에 대한 화이트박스(White Box) 테스트 시행

전문가의 조언
인수 테스트의 개념을 기억하고 인수 테스트의 종류를 알아두세요.

5 인수 테스트(Acceptance Test)

24.3, 21.8, 20.8

인수 테스트는 개발한 소프트웨어가 사용자의 요구사항을 충족하는지에 중점을 두고 테스트하는 방법이다.

• 인수 테스트는 개발한 소프트웨어를 사용자가 직접 테스트한다.

• 인수 테스트에 문제가 없으면 사용자는 소프트웨어를 인수하게 되고, 프로젝트는 종료된다.

• 인수 테스트는 다음과 같이 6가지의 종류로 구분해서 테스트한다.

테스트 종류	테스트 내용
사용자 인수 테스트	사용자가 시스템 사용의 적절성 여부를 확인한다.
운영상 인수 테스트	시스템 관리자가 시스템 인수 시 수행하는 테스트 기법으로, 백업/복원 시스템, 재난 복구, 사용자 관리, 정기 점검 등을 확인한다.

계약 인수 테스트	계약상의 인수/검수 조건을 준수하는지 여부를 확인한다.
규정 인수 테스트	소프트웨어가 정부 지침, 법규, 규정 등 규정에 맞게 개발되었는지 확인한다.
알파 테스트	• 개발자의 장소에서 사용자가 개발자 앞에서 행하는 테스트 기법이다. • 테스트는 통제된 환경에서 행해지며, 오류와 사용상의 문제점을 사용자와 개발자가 함께 확인하면서 기록한다.
베타 테스트	• 선정된 최종 사용자가 여러 명의 사용자 앞에서 행하는 테스트 기법이다. • 실업무를 가지고 사용자가 직접 테스트하는 것으로, 개발자에 의해 제어되지 않은 상태에서 테스트가 행해지며, 발견된 오류와 사용상의 문제점을 기록하고 개발자에게 주기적으로 보고한다.

※ 정답 및 해설은 389쪽에 있습니다.

기출 따라잡기   Section 034

24년 3월, 20년 8월

문제 1 다음에서 설명하는 내용에 해당하는 테스트 기법을 쓰시오.

> • 개발한 소프트웨어가 사용자의 요구사항을 충족하는지에 중점을 두고 테스트하는 방법이다.
> • 개발한 소프트웨어를 사용자가 직접 테스트한다.
> • 사용자에게 전달되기 전에 마지막으로 수행하는 테스트로, 알파 테스트, 베타 테스트 등이 있다.

답 :

21년 8월

문제 2 다음 〈보기〉에서 인수 테스트에 속하는 테스트를 모두 골라 기호(㉠∼㉣)로 쓰시오.

〈보기〉

㉠ 알파 테스트	㉡ 베타 테스트
㉢ 구조 기반 테스트	㉣ 명세 기반 테스트

답 :

문제 3 다음에 제시된 〈보기〉는 소프트웨어 개발 과정에서 진행되는 소프트웨어 테스트들을 나열한 것이다. 〈보기〉에 제시된 테스트 진행 과정을 순서대로 나열하시오.

〈보기〉

• 통합 검사	• 인수 검사
• 시스템 검사	• 단위 검사

답 : (   ) → (   ) → (   ) → (   )

문제 4 출제예상
애플리케이션 테스트 중 코딩 직후 소프트웨어 설계의 최소 단위인 모듈이나 컴포넌트에 초점을 맞춰 테스트하는 기법을 쓰시오.

답 :

문제 5 출제예상
인수 테스트 중 개발자의 장소에서 사용자가 개발자 앞에서 행하며, 오류와 사용상의 문제점을 사용자와 개발자가 함께 확인하면서 테스트하는 기법을 쓰시오.

답 :

문제 6 출제예상
다음에 제시된 테스트 중 인수 테스트의 종류를 모두 골라 기호(㉠~㉽)로 쓰시오.

㉠ 알파 테스트	㉡ 구조 기반 테스트
㉢ 단위 테스트	㉣ 베타 테스트
㉤ 명세 기반 테스트	㉥ 규정 인수 테스트

답 :

통합 테스트

1 통합 테스트(Integration Test)

통합 테스트는 단위 테스트가 끝난 모듈을 통합하는 과정에서 발생하는 오류 및 결함을 찾는 테스트 기법이다.

• 통합 테스트 방법에는 비점진적 통합 방식과 점진적 통합 방식이 있다.

비점진적 통합 방식	• 단계적으로 통합하는 절차 없이 모든 모듈이 미리 결합되어 있는 프로그램 전체를 테스트하는 방법으로, 빅뱅 통합 테스트* 방식이 있다. • 규모가 작은 소프트웨어에 유리하며 단시간 내에 테스트가 가능하다. • 전체 프로그램을 대상으로 하기 때문에 오류 발견 및 장애 위치 파악 및 수정이 어렵다.
점진적 통합 방식	• 모듈 단위로 단계적으로 통합하면서 테스트하는 방법으로, 하향식, 상향식, 혼합식 통합 방식이 있다. • 오류 수정이 용이하고, 인터페이스와 연관된 오류를 완전히 테스트할 가능성이 높다.

2 하향식 통합 테스트(Top Down Integration Test)

20.11

하향식 통합 테스트는 프로그램의 상위 모듈에서 하위 모듈 방향으로 통합하면서 테스트하는 기법이다.

• 주요 제어 모듈을 기준으로 하여 아래 단계로 이동하면서 통합하는데, 이때 깊이 우선 통합법*이나 넓이 우선 통합법*을 사용한다.
• 테스트 초기부터 사용자에게 시스템 구조를 보여줄 수 있다.
• 상위 모듈에서는 테스트 케이스를 사용하기 어렵다.
• 하향식 통합 방법은 다음과 같은 절차로 수행된다.
  ❶ 주요 제어 모듈은 작성된 프로그램을 사용하고, 주요 제어 모듈의 종속 모듈들은 스텁(Stub)*으로 대체한다.
  ❷ 깊이 우선 또는 넓이 우선 등의 통합 방식에 따라 하위 모듈인 스텁들이 한 번에 하나씩 실제 모듈로 교체된다.
  ❸ 모듈이 통합될 때마다 테스트를 실시한다.
  ❹ 새로운 오류가 발생하지 않음을 보증하기 위해 회귀 테스트*를 실시한다.

전문가의 조언

통합 테스트에서는 상향식 테스트와 하향식 테스트가 중요합니다. 어떤 테스트를 말하는지 구분할 수 있도록 각각의 특징을 잘 알아 두세요.

빅뱅 통합 테스트
모듈 간의 상호 인터페이스를 고려하지 않고 단위 테스트가 끝난 모듈을 한꺼번에 결합시켜 테스트하는 방법입니다. 주로 소규모 프로그램이나 프로그램의 일부만을 대상으로 테스트 할 때 사용됩니다.

• 깊이 우선 통합법 : 주요 제어 모듈을 중심으로 해당 모듈에 종속된 모든 모듈을 통합하는 것으로, 다음 그림에 대한 통합 순서는 A1, A2, A3, A4, A5, A6, A7, A8, A9 순입니다.

• 넓이 우선 통합법 : 구조의 수평을 중심으로 해당하는 모듈을 통합하는 것으로, 다음 그림에 대한 통합 순서는 A1, A2, A3, A4, A5, A6, A7, A8, A9 순입니다.

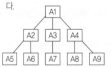

20.11
테스트 스텁(Test Stub)
제어 모듈이 호출하는 타 모듈의 기능을 단순히 수행하는 도구로, 일시적으로 필요한 조건만을 가지고 있는 시험용 모듈입니다.

회귀 테스트
이미 테스트된 프로그램의 테스팅을 반복하는 것으로, 통합 테스트로 인해 변경된 모듈이나 컴포넌트에 새로운 오류가 있는지 확인하는 테스트입니다.

3 상향식 통합 테스트(Bottom Up Integration Test)

상향식 통합 테스트는 프로그램의 하위 모듈에서 상위 모듈 방향으로 통합하면서 테스트하는 기법이다.

- 가장 하위 단계의 모듈부터 통합 및 테스트가 수행되므로 스텁(Stub)은 필요하지 않지만, 하나의 주요 제어 모듈과 관련된 종속 모듈의 그룹인 클러스터(Cluster)가 필요하다.
- 상향식 통합 방법은 다음과 같은 절차로 수행된다.

  ❶ 하위 모듈들을 클러스터(Cluster)로 결합한다.

  ❷ 상위 모듈에서 데이터의 입·출력을 확인하기 위해 더미 모듈인 드라이버(Driver)*를 작성한다.

  ❸ 통합된 클러스터 단위로 테스트한다.

  ❹ 테스트가 완료되면 클러스터는 프로그램 구조의 상위로 이동하여 결합하고 드라이버는 실제 모듈로 대체된다.

21.6
테스트 드라이버(Test Driver)
테스트 드라이버는 테스트 대상의 하위 모듈을 호출하고, 파라미터를 전달하고, 모듈 테스트 수행 후의 결과를 도출하는 도구입니다.

잠깐만요 **테스트 드라이버와 테스트 스텁의 차이점**

구분	드라이버	스텁
필요 시기	상위 모듈 없이 하위 모듈이 있는 경우 하위 모듈 구동	상위 모듈은 있지만 하위 모듈이 없는 경우 하위 모듈 대체
테스트 방식	상향식(Bottom Up) 테스트	하향식(Top-Down) 테스트
개념도		
공통점	소프트웨어 개발과 테스트를 병행할 경우 이용	
차이점	• 이미 존재하는 하위 모듈과 존재하지 않는 상위 모듈 간의 인터페이스 역할을 합니다. • 소프트웨어 개발이 완료되면 드라이버는 본래의 모듈로 교체됩니다.	• 일시적으로 필요한 조건만을 가지고 임시로 제공되는 가짜 모듈의 역할을 합니다. • 시험용 모듈이기 때문에 일반적으로 드라이버보다 작성하기 쉽습니다.

---

4 혼합식 통합 테스트

혼합식 통합 테스트는 하위 수준에서는 상향식 통합, 상위 수준에서는 하향식 통합을 사용하여 최적의 테스트를 지원하는 방식으로, 샌드위치(Sandwich)식 통합 테스트 방법이라고도 한다.

5 회귀 테스트(Regression Test)

회귀 테스트는 이미 테스트된 프로그램의 테스팅을 반복하는 것으로, 통합 테스트로 인해 변경된 모듈이나 컴포넌트에 새로운 오류가 있는지 확인하는 테스트이다.

- 회귀 테스트는 수정한 모듈이나 컴포넌트가 다른 부분에 영향을 미치는지, 오류가 생기지 않았는지 테스트하여 새로운 오류가 발생하지 않음을 보증하기 위해 반복 테스트한다.
- 회귀 테스트는 모든 테스트 케이스를 이용해 테스팅하는 것이 가장 좋지만 시간과 비용이 많이 필요하므로 기존 테스트 케이스 중 변경된 부분을 테스트할 수 있는 테스트 케이스만을 선정하여 수행한다.
- 회귀 테스트의 테스트 케이스 선정 방법
  - 모든 애플리케이션의 기능을 수행할 수 있는 대표적인 테스트 케이스를 선정한다.
  - 애플리케이션 기능 변경에 의한 파급 효과를 분석하여 파급 효과가 높은 부분이 포함된 테스트 케이스를 선정한다.
  - 실제 수정이 발생한 모듈 또는 컴포넌트에서 시행하는 테스트 케이스를 선정한다.

※ 정답 및 해설은 389쪽에 있습니다.

기출 따라잡기 Section 035

문제 1 21년 6월
상향식 테스트에서 사용하는 모듈의 하나로, 테스트 대상의 하위 모듈을 호출하고, 파라미터를 전달하며, 모듈 테스트 수행 후의 결과를 도출하는 등의 작업을 수행하는 도구를 〈보기〉에서 찾아 쓰시오.

〈보기〉

Driver	Stub	Suites
Case	Script	Mock Object

답 :

문제 2 20년 11월
하향식 통합에 있어서 모듈 간의 통합 테스트를 위해 일시적으로 필요한 조건만을 가지고 있으며, 임시로 제공되는 시험용 모듈을 무엇이라고 하는지 쓰시오.

답 :

문제 3 ^{출제예상} 다음 〈보기〉에 제시된 상향식 통합 테스트(Bottom Up Integration Test)의 단계들을 순서대로 나열하시오.

〈보기〉

> ㉠ 드라이버라는 제어 프로그램의 작성
> ㉡ 낮은 수준의 모듈들을 클러스터로 결합
> ㉢ 클러스터의 검사
> ㉣ 드라이버를 제거하고 클러스터를 상위로 결합

답 :

문제 4 ^{출제예상} 통합 테스트 방법은 비점진적 통합 방식과 점진적 통합 방식으로 나뉜다. 다음에서 비점진적 통합 방식의 종류를 골라 기호(㉠~㉣)로 쓰시오.

> ㉠ 상향식 통합 테스트　　　　　㉡ 빅뱅 통합 테스트
> ㉢ 하향식 통합 테스트　　　　　㉣ 혼합식 통합 테스트

답 :

문제 5 ^{출제예상} 다음이 설명하는 테스트 기법이 무엇인지 쓰시오.

> • 하나의 주요 제어 모듈과 관련된 종속 모듈의 그룹인 클러스터(Cluster)가 필요하다.
> • 데이터의 입·출력을 확인하기 위해 더미 모듈인 드라이버를 생성한다.
> • 테스트가 완료되면 클러스터는 프로그램 구조의 상위로 이동하여 결합하고 드라이버는 실제 모듈로 대체된다.

답 :

애플리케이션 테스트 프로세스

1 애플리케이션 테스트 프로세스

애플리케이션 테스트 프로세스는 개발된 소프트웨어가 사용자의 요구대로 만들어졌는지, 결함은 없는지 등을 테스트하는 절차로, 다음과 같은 순서로 진행된다.

테스트 계획 → 테스트 분석 및 디자인 → 테스트 케이스 및 시나리오 작성 → 테스트 수행 → 테스트 결과 평가 및 리포팅 → 결함 추적 및 관리

전문가의 조언

애플리케이션 테스트는 개발된 소프트웨어가 제대로 작동하는지 확인하는 것이고, 애플리케이션 테스트 프로세스는 테스트를 효과적으로 수행하기 위해 일정한 절차를 따르는 것을 말합니다. 애플리케이션 테스트 절차를 기억하고 각 단계에서 수행하는 기능에 대해 알아두세요.

- 애플리케이션 테스트를 마치면 테스트 계획서, 테스트 케이스, 테스트 시나리오, 테스트 결과서가 산출된다.
  - **테스트 계획서** : 테스트 목적, 범위, 일정, 수행 절차, 대상 시스템 구조, 조직의 역할 및 책임 등 테스트 수행을 계획한 문서
  - **테스트 케이스** : 사용자의 요구사항을 얼마나 준수하는지 확인하기 위한 입력 값, 실행 조건, 기대 결과 등으로 만들어진 테스트 항목의 명세서
  - **테스트 시나리오** : 테스트를 수행할 여러 개의 테스트 케이스의 동작 순서를 기술한 문서
  - **테스트 결과서** : 테스트 결과를 비교·분석한 내용을 정리한 문서

2 테스트 계획

테스트 계획 단계에서는 프로젝트 계획서, 요구 명세서 등을 기반으로 테스트 목표를 정의하고 테스트 대상 및 범위를 결정한다.

- 테스트 대상 시스템의 구조를 파악한다.
- 테스트에 투입되는 조직 및 비용을 산정한다.
- 테스트 시작 및 종료 조건을 정의한다.
  - **테스트 시작 조건** : 테스트 계획, 일정, 환경 구축, 사용자 요구사항에 대한 테스트 명세서, 투입 조직 및 참여 인력의 역할과 책임 등이 완료되면 테스트가 시작되도록 조건을 정의할 수 있으며, 모든 조건을 만족하지 않아도 테스트를 시작하도록 지정할 수 있다.
  - **테스트 종료 조건** : 정상적으로 테스트를 완료한 경우, 테스트 일정이 만료된 경우, 테스트 비용이 모두 소진된 경우 등 업무 기능의 중요도에 따라 테스트 종료 조건을 다르게 지정할 수 있다.
- 테스트 계획서를 작성한다.

3 테스트 분석 및 디자인

테스트 분석 및 디자인 단계에서는 테스트의 목적과 원칙을 검토하고 사용자의 요구 사항을 분석한다.
- 테스트에 대한 리스크 분석 및 우선순위를 결정한다.
- 테스트 데이터, 테스트 환경, 테스트 도구 등을 준비한다.

> **잠깐만요** **테스트 데이터**
>
> 테스트 데이터는 시스템의 기능이나 적합성 등을 테스트하기 위해 만든 데이터 집합으로, 소프트웨어의 기능을 차례대로 테스트할 수 있도록 만든 데이터입니다.
> - 잘못된 데이터는 잘못된 결과를 도출하기 때문에 효율적인 테스트를 위해서는 올바른 테스트 데이터를 준비해야 합니다.
> - **테스트 데이터 종류**
>   - 실제 데이터 : 선행된 연산에 의해 만들거나 실제 운영되는 데이터를 복제한 데이터
>   - 가상 데이터 : 스크립트를 통해서 인위적으로 만든 데이터

4 테스트 케이스 및 시나리오 작성

테스트 케이스 및 시나리오 작성 단계에서는 테스트 케이스의 설계 기법에 따라 테스트 케이스를 작성하고 검토 및 확인한 후 테스트 시나리오를 작성한다.
- 테스트용 스크립트※를 작성한다.

5 테스트 수행

테스트 수행 단계에서는 테스트 환경을 구축한 후 테스트를 수행한다.
- 테스트의 실행 결과를 측정하여 기록한다.

> **잠깐만요** **테스트 환경 구축**
>
> 테스트 환경 구축은 개발된 소프트웨어가 실제 시스템에서 정상적으로 작동하는지 테스트하기 위해 실제 시스템과 동일하거나 유사한 사양의 하드웨어, 소프트웨어, 네트워크 등의 시설을 구축하는 것입니다.
> - **하드웨어** : 서버, 클라이언트, 네트워크 등의 관련 장비 설치
> - **소프트웨어** : 구축된 하드웨어 환경에 테스트할 소프트웨어 설치
> - **가상 시스템** : 독립된 테스트 환경을 구축하기 힘든 경우, 가상 머신(Virtual Machine)※ 기반의 서버 또는 클라우드 환경※을 구축하고 네트워크는 VLAN※과 같은 기법을 이용하여 논리적인 분할 환경을 구축합니다.

전문가의 조언

테스트 케이스는 테스트에 필요한 입력 값, 실행 조건, 기대 결과 등으로 만들어진 테스트 항목 명세서이고, 테스트 시나리오는 테스트 케이스의 동작 순서를 기술한 문서입니다. 테스트 케이스와 테스트 시나리오는 다음 섹션에서 자세히 공부하니 여기서는 개념 정도만 알아두세요.

테스트 스크립트(Test Script)
테스트 스크립트는 테스트 실행 절차나 수행 방법 등을 스크립트 언어로 작성한 파일입니다.
※ **스크립트 언어** : 소스 코드를 컴파일하지 않고도 내장된 번역기에 의해 번역되어 바로 실행할 수 있는 언어

가상 머신(Virtual Machine)
가상 머신은 하드웨어 환경을 소프트웨어로 구현한 것으로, 시스템에 설치된 운영체제와 다른 운영체제를 사용해야 하거나 독립된 작업 공간이 필요한 경우에 사용됩니다.

클라우드 환경
클라우드 환경은 서로 다른 물리적인 위치에 존재하는 컴퓨팅 자원을 가상화 기술로 통합하고 인터넷상의 서버를 통하여 네트워크, 데이터 저장, 콘텐츠 사용 등의 서비스를 한 번에 사용할 수 있는 환경을 의미합니다.

VLAN(Virtual Local Area Network)
VLAN은 LAN을 물리적인 배치와는 상관없이 논리적으로 분리하는 기술입니다.

6 테스트 결과 평가 및 리포팅

테스트 결과 평가 및 리포팅 단계에서는 테스트 결과를 비교 분석하여 테스트 결과서를 작성한다.

- 테스트 결과서는 결함 내용 및 결함 재현 순서 등 결함을 중점적으로 기록한다.
- 테스트가 종료되면 테스트 실행 절차의 리뷰 및 결과에 대한 평가를 수행하고, 그 결과에 따라 실행 절차를 최적화하여 다음 테스트에 적용한다.

7 결함 추적 및 관리

결함 추적 및 관리 단계에서는 테스트를 수행한 후 결함이 어디에서 발생했는지, 어떤 종류의 결함인지 등 결함을 추적하고 관리한다.

- 결함 추적 및 관리를 통해 동일한 결함 발견 시 처리 시간 단축 및 결함의 재발 등을 방지할 수 있다.
- **결함 관리 프로세스**
  ❶ 에러 발견 : 에러가 발견되면 테스트 전문가와 프로젝트팀이 논의한다.
  ❷ 에러 등록 : 발견된 에러를 결함 관리 대장에 등록한다.

⬛ 결함 관리 대장 작성

단계	대상 산출물명	결함 ID	결함 내용	결함 유형	심각도	우선 순위	결함 발생일	결함 조치 대상	조치 내용	조치자	확인자	처리 완료일	상태
테스트 검토	통합 테스트 결과 -xxx	DID_x_1	excel과 불일치	DB	Normal	Low	2023. 05.05	프로그램 수정	목록과 excel 처리로직, SQL 확인	박선호	전숙희	2023. 05.07	완료
테스트 검토	통합 테스트 결과 -xxx	DID_x_2	삭제 요청 승인시 오류 발생	기능	Minor	Medium	2023. 05.09	프로그램 수정	쿼리 조건절 수정	이정민	박희경	2023. 05.12	완료
테스트 검토	통합 테스트 결과 -xxx	DID_x_3	반복 처리 DB 트랜잭션 요청	GUI	Normal	Low	2023. 05.15	프로그램 수정	Excute Batch로 변경	박선호	전숙희	2023. 05.20	완료

  ❸ 에러 분석 : 등록된 에러가 실제 결함인지 아닌지를 분석한다.
  ❹ 결함 확정 : 등록된 에러가 실제 결함이면 결함 확정 상태로 설정한다.
  ❺ 결함 할당 : 결함을 해결할 담당자에게 결함을 할당하고 결함 할당 상태로 설정한다.
  ❻ 결함 조치 : 결함을 수정하고, 수정이 완료되면 결함 조치 상태로 설정한다.
  ❼ 결함 조치 검토 및 승인 : 수정이 완료된 결함에 대해 확인 테스트를 수행하고, 이상이 없으면 결함 조치 완료 상태로 설정한다.

※ 정답 및 해설은 390쪽에 있습니다.

기출 따라잡기　　　　　　　　　　　　　　　　　　　　　Section 036

문제 1 출제예상
다음 〈보기〉에 제시된 애플리케이션 테스트 프로세스의 단계들을 순서대로 나열 하시오.

〈보기〉

㉠ 테스트 분석	㉡ 테스트 계획
㉢ 테스트 실행	㉣ 테스트 케이스 작성
㉤ 테스트 결과 분석	

답 :

문제 2 출제예상
애플리케이션 테스트를 마치면 산출되는 문서 중 테스트 목적, 범위, 일정, 수 행 절차, 대상 시스템 구조, 조직의 역할 및 책임 등의 내용이 포함된 문서가 무엇인지 쓰 시오.

답 :

문제 3 출제예상
다음 〈보기〉에 제시된 결함 관리 단계들을 순서대로 나열하시오.

〈보기〉

㉠ 에러 발견	㉡ 에러 등록
㉢ 에러 분석	㉣ 결함 확정
㉤ 결함 할당	㉥ 결함 조치

답 :

테스트 케이스 / 테스트 시나리오 / 테스트 오라클

1 테스트 케이스(Test Case)

테스트 케이스는 구현된 소프트웨어가 사용자의 요구사항을 정확하게 준수했는지를 확인하기 위해 설계된 입력 값, 실행 조건, 기대 결과 등으로 구성된 테스트 항목에 대한 명세서로, 명세 기반 테스트*의 설계 산출물에 해당된다.

- 테스트 케이스를 미리 설계하면 테스트 오류를 방지할 수 있고 테스트 수행에 필요한 인력, 시간 등의 낭비를 줄일 수 있다.
- 가장 이상적인 테스트 케이스를 설계하려면 시스템 설계 시 작성해야 한다.

2 테스트 케이스 작성 순서

테스트 케이스는 테스트 전략이나 테스트 계획서 등을 기반으로 하여 다음과 같은 순서로 작성된다.

1. 테스트 계획 검토 및 자료 확보	• 테스트 계획서를 재검토하여 테스트 대상 범위 및 접근 방법 등을 이해한다. • 시스템 요구사항과 기능 명세서를 검토하고 테스트 대상 시스템의 정보를 확보한다.
2. 위험 평가 및 우선순위 결정	결함의 위험 정도에 따른 우선순위를 결정하고, 어느 부분에 초점을 맞춰 테스트할지를 결정한다.
3. 테스트 요구사항 정의	시스템에 대한 사용자 요구사항이나 테스트 대상을 재검토하고, 테스트 특성, 조건, 기능 등을 분석한다.
4. 테스트 구조 설계 및 테스트 방법 결정	• 테스트 케이스의 형식과 분류 방법을 결정한다. • 테스트 절차, 장비, 도구, 테스트 문서화 방법을 결정한다.
5. 테스트 케이스 정의	요구사항에 따라 테스트 케이스를 작성하고, 입력 값, 실행 조건, 예상 결과 등을 기술한다.
6. 테스트 케이스 타당성 확인 및 유지 보수	• 소프트웨어의 기능 또는 환경 변화에 따라 테스트 케이스를 갱신한다. • 테스트 케이스의 유용성을 검토한다.

전문가의 조언

테스트 케이스는 개발한 소프트웨어가 제대로 작동하는지를 확인하기 위한 데이터나 실행 조건 등의 집합이고, 테스트 시나리오는 여러 개의 테스트 케이스가 있을 때 이를 적용하는 순서입니다. 그리고 테스트 오라클은 테스트한 결과가 옳은지를 확인하는 도구입니다. 이 세 가지의 개념과 특징을 명확히 구분하여 알아두세요.

명세 기반 테스트
명세 기반 테스트란 사용자의 요구사항에 대한 명세를 빠짐없이 테스트 케이스로 구현하고 있는지를 확인하는 것입니다.

예 단위 테스트 케이스 작성

테스트 케이스	프로젝트명 : 웹사이트 구축		
	대상 시스템명 : web시스템		

단계명 : 단위 테스트　작성자 : 이숙경　작성일 : 2023-09-20　버전 : 1.0

테스트 ID	TC-xxx		테스트 일자	2023-10-15
테스트 목적	회원 가입 테스트			
테스트 기능	사용자의 ID 입력 검증			
입력 데이터	사용자 ID			

공통 작성 항목

	케이스 설명	예상 출력	중요도	확인	비고
	사용자가 ID를 4글자 이하로 입력하고 〈가입하기〉 클릭	오류 메시지			
테스트 단계	사용자가 ID를 숫자로만 입력하고 〈가입하기〉 클릭	오류 메시지			
	사용자가 이미 존재하는 ID를 입력하고 〈가입하기〉 클릭	오류 메시지			
	사용자가 올바른 ID를 입력하고 〈가입하기〉 클릭	사용 가능 메시지			

테스트 환경	개발 환경의 테스트 서버, 형상 관리 서버
전제 조건	
성공/실패 기준	기대 결과가 정상적으로 출력되면 성공
기타 테스트 의견 사항	

개별 작성 항목

---

3 테스트 시나리오(Test Scenario)

테스트 시나리오는 테스트 케이스를 적용하는 순서에 따라 여러 개의 테스트 케이스들을 묶은 집합으로, 테스트 케이스들을 적용하는 구체적인 절차를 명세한 문서이다.

- 테스트 시나리오에는 테스트 순서에 대한 구체적인 절차, 사전 조건, 입력 데이터 등이 설정되어 있다.
- 테스트 시나리오를 통해 테스트 순서를 미리 정함으로써 테스트 항목을 빠짐없이 수행할 수 있다.

예 통합 테스트 시나리오 작성

통합 테스트 시나리오						
프로젝트명 : 로그인 다양화						
대상 시스템명 : xx시스템						
문서번호 : LOGxxx-TO95	작성자 : 이숙경		작성일 : 2023-09-20		버전 : 1.0	
테스트 목적 로그인 방법						

테스트 ID	테스트명	번호	메뉴 경로	테스트 케이스	예상 결과	확인
WEB_LT34	로그인	1	로그인	– ID/PW 입력 후 〈로그인〉 클릭 – 로그인 상태 유지 선택	– 정상적으로 로그인 된다. – 로그인 후 로그인 상태가 유지된다.	
		2	로그인 → 공인인증서	– 공인인증서 로그인 여부 확인 – 공인인증서 선택하고 PW 입력 후 〈확인〉 클릭	– 정상적으로 로그인 된다. – 로그인 후 로그인 상태가 유지된다.	
		3	로그인 → 네이버	– 네이버 ID/PW 입력 후 〈로그인〉 클릭 – 로그인 상태 유지 선택 – 일회용 로그인 클릭	– 정상적으로 로그인 된다. – 로그인 후 로그인 상태가 유지된다. – 일회용 로그인 번호 입력 창이 실행된다.	
		4	로그인 → 카카오	– 카카오 ID/PW 입력 후 〈로그인〉 클릭 – 로그인 상태 유지 선택	– 정상적으로 로그인 된다. – 로그인 후 로그인 상태가 유지된다.	

4 테스트 시나리오 작성 시 유의 사항

• 테스트 시나리오는 시스템별, 모듈별, 항목별 등과 같이 여러 개의 시나리오로 분리하여 작성해야 한다.
• 테스트 시나리오는 사용자의 요구사항과 설계 문서 등을 토대로 작성해야 한다.
• 각각의 테스트 항목은 식별자 번호, 순서 번호, 테스트 데이터, 테스트 케이스, 예상 결과, 확인 등을 포함해서 작성해야 한다.
• 테스트 시나리오는 유스케이스(Use Case)※ 간 업무 흐름이 정상적인지를 테스트할 수 있도록 작성해야 한다.
• 테스트 시나리오는 개발된 모듈 또는 프로그램 간의 연계가 정상적으로 동작하는지 테스트할 수 있도록 작성해야 한다.

유스케이스(Use Case)
유스케이스는 사용자 측면에서의 요구사항으로, 사용자가 원하는 목표를 달성하기 위해 수행할 내용을 기술합니다.

5 테스트 오라클(Test Oracle)

테스트 오라클은 테스트 결과가 올바른지 판단하기 위해 사전에 정의된 참 값을 대입하여 비교하는 기법 및 활동을 말한다.

• 테스트 오라클은 결과를 판단하기 위해 테스트 케이스에 대한 예상 결과를 계산하거나 확인한다.
• **테스트 오라클의 특징**
  - 제한된 검증 : 테스트 오라클을 모든 테스트 케이스에 적용할 수 없다.
  - 수학적 기법 : 테스트 오라클의 값을 수학적 기법을 이용하여 구할 수 있다.
  - 자동화 가능 : 테스트 대상 프로그램의 실행, 결과 비교, 커버리지 측정 등을 자동화 할 수 있다.
• 오라클의 종류에는 참(True) 오라클, 샘플링(Sampling) 오라클, 추정(Heuristic) 오라클, 일관성 검사(Consistent) 오라클 등이 있다.

6 테스트 오라클의 종류

참 오라클은 주로 항공기, 은행, 발전소 소프트웨어 등 미션 크리티컬*한 업무에 사용되고, 샘플링 오라클과 추정 오라클은 일반적인 업무, 게임, 오락 등에 사용된다.

참(True) 오라클	모든 테스트 케이스의 입력 값에 대해 기대하는 결과*를 제공하는 오라클로, 발생된 모든 오류를 검출할 수 있다.
샘플링(Sampling) 오라클	특정한 몇몇 테스트 케이스의 입력 값들에 대해서만 기대하는 결과를 제공하는 오라클이다.
추정(Heuristic) 오라클	샘플링 오라클을 개선한 오라클로, 특정 테스트 케이스의 입력 값에 대해 기대하는 결과를 제공하고, 나머지 입력 값들에 대해서는 추정으로 처리하는 오라클이다.
일관성 검사(Consistent) 오라클	애플리케이션의 변경이 있을 때, 테스트 케이스의 수행 전과 후의 결과 값이 동일한지를 확인하는 오라클이다.

※ 정답 및 해설은 390쪽에 있습니다.

기출 따라잡기   Section 037

문제 1 테스트 케이스의 예상 결과로, 테스트 결과가 올바른지 판단하기 위한 근거가 되는 것은 무엇인지 쓰시오.

답 :

문제 2 구현된 소프트웨어가 사용자의 요구사항을 정확하게 준수했는지를 확인하기 위해 설계된 입력 값, 실행 조건, 기대 결과 등으로 구성된 테스트 항목에 대한 명세서의 명칭을 쓰시오.

답 :

문제 3 다음은 테스트 오라클의 종류를 설명한 것이다. 서로 관련 있는 것끼리 연결하시오.

① 참(True) 오라클 •

• ㉠ 특정한 몇몇 테스트 케이스의 입력 값들에 대해서만 기대하는 결과를 제공하는 오라클

② 샘플링(Sampling) 오라클 •

• ㉡ 특정 테스트 케이스의 입력 값에 대해 기대하는 결과를 제공하고, 나머지 입력 값들에 대해서는 추정으로 처리하는 오라클

③ 추정(Heuristic) 오라클 •

• ㉢ 애플리케이션의 변경이 있을 때, 테스트 케이스의 수행 전과 후의 결과 값이 동일한지를 확인하는 오라클

④ 일관성 검사 (Consistent) 오라클 •

• ㉣ 모든 테스트 케이스의 입력 값에 대해 기대하는 결과를 제공하는 오라클로, 발생된 모든 오류를 검출할 수 있다.

문제 4 ^{출제예상} 다음에 제시된 내용은 무엇에 대한 설명인지 쓰시오.

- 테스트 케이스를 적용하는 순서에 따라 여러 개의 테스트 케이스들을 묶은 집합으로, 테스트 케이스들을 적용하는 구체적인 절차를 명세한 문서이다.
- 테스트 순서에 대한 구체적인 절차, 사전 조건, 입력 데이터 등이 설정되어 있다.

 :

문제 5 ^{출제예상} 다음에 제시된 테스트 케이스의 작성 순서를 순서대로 나열하시오.

ⓐ 시스템에 대한 사용자 요구사항이나 테스트 대상을 재검토하고, 테스트 특성, 조건, 기능 등을 분석한다.
ⓑ 시스템 요구사항과 기능 명세서를 검토하고 테스트 대상 시스템의 정보를 확보한다.
ⓒ 요구사항에 따라 테스트 케이스를 작성하고, 입력 값, 실행 조건, 예상 결과 등을 기술한다.
ⓓ 테스트 케이스의 형식, 분류 방법, 테스트 절차, 장비, 도구 등을 결정한다.
ⓔ 테스트 케이스의 유용성을 검토한다.
ⓕ 결함의 위험 정도에 따른 우선순위를 결정하고, 어느 부분에 초점을 맞춰 테스트할지를 결정한다.

탑 :

테스트 자동화 도구

1 테스트 자동화의 개념

20.11, 20.4

테스트 자동화는 사람이 반복적으로 수행하던 테스트 절차를 스크립트* 형태로 구현하는 자동화 도구를 적용함으로써 쉽고 효율적으로 테스트를 수행할 수 있도록 한 것이다.

• 테스트 자동화 도구를 사용함으로써 휴먼 에러(Human Error)*를 줄이고 테스트의 정확성을 유지하면서 테스트의 품질을 향상시킬 수 있다.

2 테스트 자동화 도구의 장점 / 단점

장점	• 테스트 데이터의 재입력, 재구성 같은 반복적인 작업을 자동화함으로써 인력 및 시간을 줄일 수 있다. • 다중 플랫폼 호환성, 소프트웨어 구성, 기본 테스트 등 향상된 테스트 품질을 보장한다. • 사용자의 요구사항 등을 일관성 있게 검증할 수 있다. • 테스트 결과에 대한 객관적인 평가 기준을 제공한다. • 테스트 결과를 그래프 등 다양한 표시 형태로 제공한다. • UI가 없는 서비스도 정밀 테스트가 가능하다.
단점	• 테스트 자동화 도구의 사용 방법에 대한 교육 및 학습이 필요하다. • 자동화 도구를 프로세스 단계별로 적용하기 위한 시간, 비용, 노력이 필요하다. • 비공개 상용 도구*의 경우 고가의 추가 비용이 필요하다.

3 테스트 자동화 수행 시 고려사항

• 테스트 절차를 고려하여 재사용 및 측정이 불가능한 테스트 프로그램은 제외한다.

• 모든 테스트 과정을 자동화 할 수 있는 도구는 없으므로 용도에 맞는 적절한 도구를 선택해서 사용한다.

• 자동화 도구의 환경 설정 및 습득 기간을 고려해서 프로젝트 일정을 계획해야 한다.

• 테스트 엔지니어의 투입 시기가 늦어지면 프로젝트의 이해 부족으로 인해 불완전한 테스트를 초래할 수 있으므로 반드시 프로젝트 초기에 테스트 엔지니어의 투입 시기를 계획해야 한다.

전문가의 조언

테스트 자동화 도구는 말 그대로 테스트를 자동화 할 수 있도록 도와주는 도구입니다. 왜 테스트를 자동화하는지를 생각하며 테스트 자동화 도구의 장/단점, 자동화 수행 시 고려사항 등을 정리해 두세요.

테스트 스크립트(Test Script)
테스트 스크립트는 테스트 실행 절차나 수행 방법 등을 스크립트 언어로 작성한 파일입니다.
※ 스크립트 언어 : 소스 코드를 컴파일하지 않고도 내장된 번역기에 의해 번역되어 바로 실행할 수 있는 언어

20.11, 20.4
휴먼 에러(Human Error)
휴먼 에러는 사람의 판단 실수나 조작 실수 등으로 인해 발생하는 에러입니다.

비공개 상용 도구
비공개 상용 도구는 특정 기업체 전용으로 개발되어 독점 공급되는 소프트웨어를 의미합니다.

4 테스트 자동화 도구의 유형

테스트 자동화 도구는 테스트를 수행하는 유형에 따라 다음과 같이 분류된다.

정적 분석 도구 (Static Analysis Tools)	• 프로그램을 실행하지 않고 분석하는 도구로, 소스 코드에 대한 코딩 표준, 코딩 스타일, 코드 복잡도 및 남은 결함 등을 발견하기 위해 사용된다. • 테스트를 수행하는 사람이 작성된 소스 코드를 이해하고 있어야만 분석이 가능하다.

테스트 실행 도구
(Test Execution Tools)
	• 스크립트 언어를 사용하여 테스트를 실행하는 방법으로, 테스트 데이터와 테스트 수행 방법 등이 포함된 스크립트를 작성한 후 실행한다.
	• 데이터 주도 접근 방식
	  – 스프레드시트에 테스트 데이터를 저장하고, 이를 읽어 실행하는 방식이다.
	  – 다양한 테스트 데이터를 동일한 테스트 케이스로 반복하여 실행할 수 있다.
	  – 스크립트에 익숙하지 않은 사용자도 미리 작성된 스크립트에 테스트 데이터만 추가하여 테스트할 수 있다.
	• 키워드 주도 접근 방식
	  – 스프레드시트에 테스트를 수행할 동작을 나타내는 키워드와 테스트 데이터를 저장하여 실행하는 방식이다.
	  – 키워드를 이용하여 테스트를 정의할 수 있다.

성능 테스트 도구 (Performance Test Tools)	애플리케이션의 처리량, 응답 시간, 경과 시간, 자원 사용률 등을 인위적으로 적용한 가상의 사용자를 만들어 테스트를 수행함으로써 성능의 목표 달성 여부를 확인한다.
테스트 통제 도구 (Test Control Tools)	테스트 계획 및 관리, 테스트 수행, 결함 관리 등을 수행하는 도구로, 종류에는 형상 관리 도구*, 결함 추적/관리 도구 등이 있다.
테스트 하네스 도구 (Test Harness Tools)	• 테스트 하네스는 애플리케이션의 컴포넌트 및 모듈을 테스트하는 환경의 일부분으로, 테스트를 지원하기 위해 생성된 코드와 데이터를 의미한다. • 테스트 하네스 도구는 테스트가 실행될 환경을 시뮬레이션 하여 컴포넌트 및 모듈이 정상적으로 테스트되도록 한다.

잠깐만요 **테스트 하네스(Test Harness)의 구성 요소**

• **테스트 드라이버(Test Driver)** : 테스트 대상의 하위 모듈을 호출하고, 파라미터를 전달하고, 모듈 테스트 수행 후의 결과를 도출하는 도구
• **테스트 스텁(Test Stub)** : 제어 모듈이 호출하는 타 모듈의 기능을 단순히 수행하는 도구로, 일시적으로 필요한 조건만을 가지고 있는 테스트용 모듈
• **테스트 슈트(Test Suites)** : 테스트 대상 컴포넌트나 모듈, 시스템에 사용되는 테스트 케이스의 집합
• **테스트 케이스(Test Case)** : 사용자의 요구사항을 정확하게 준수했는지 확인하기 위한 입력 값, 실행 조건, 기대 결과 등으로 만들어진 테스트 항목의 명세서
• **테스트 스크립트(Test Script)** : 자동화된 테스트 실행 절차에 대한 명세서
• **목 오브젝트(Mock Object)** : 사전에 사용자의 행위를 조건부로 입력해 두면, 그 상황에 맞는 예정된 행위를 수행하는 객체

5 테스트 수행 단계별 테스트 자동화 도구

테스트 수행 단계를 테스트 계획, 테스트 분석/설계, 테스트 수행, 테스트 관리로 분류하였을 경우 각 단계에 해당하는 테스트 자동화 도구는 다음과 같다.

테스트 단계	자동화 도구	설명
테스트 계획	요구사항 관리	사용자의 요구사항 정의 및 변경 사항 등을 관리하는 도구
테스트 분석/설계	테스트 케이스 생성	테스트 기법에 따른 테스트 데이터 및 테스트 케이스 작성을 지원하는 도구
테스트 수행	테스트 자동화	테스트의 자동화를 도와주는 도구로 테스트의 효율성을 높임
	정적 분석	코딩 표준, 런타임 오류 등을 검증하는 도구
	동적 분석	대상 시스템의 시뮬레이션을 통해 오류를 검출하는 도구
	성능 테스트	가상의 사용자를 생성하여 시스템의 처리 능력을 측정하는 도구
	모니터링	CPU, Memory 등과 같은 시스템 자원의 상태 확인 및 분석을 지원하는 도구
테스트 관리	커버리지 분석	테스트 완료 후 테스트의 충분성 여부 검증을 지원하는 도구
	형상 관리	테스트 수행에 필요한 다양한 도구 및 데이터를 관리하는 도구
	결함 추적/관리	테스트 시 발생한 결함 추적 및 관리 활동을 지원하는 도구

※ 정답 및 해설은 390쪽에 있습니다.

기출 따라잡기
Section 038

문제 1 20년 11월, 4월
인간의 실수 등으로 인해 원래의 의도와 다르게 소프트웨어가 예정된 설계를 벗어나 발생하는 오류를 가리키는 용어를 쓰시오.

답 :

문제 2 출제예상
다음에 제시된 내용은 테스트 자동화 도구 중 무엇에 대한 설명인지 쓰시오.

• 프로그램을 실행하지 않고 분석하는 도구로, 소스 코드에 대한 코딩 표준, 코딩 스타일, 코드 복잡도 및 남은 결함 등을 발견하기 위해 사용된다.
• 테스트를 수행하는 사람이 작성된 소스 코드를 이해하고 있어야만 분석이 가능하다.

답 :

문제 3 테스트 하네스는 애플리케이션의 컴포넌트 및 모듈을 테스트하는 환경의 일부분으로, 테스트를 지원하기 위해 생성된 코드와 데이터를 의미한다. 테스트 하네스의 구성 요소 중 다음 괄호(①~④)에 들어갈 가장 적합한 요소를 쓰시오.

- (①) : 테스트 대상의 하위 모듈을 호출하고, 파라미터를 전달하고, 모듈 테스트 수행 후의 결과를 도출하는 도구
- (②) : 제어 모듈이 호출하는 타 모듈의 기능을 단순히 수행하는 도구로, 일시적으로 필요한 조건만을 가지고 있는 테스트용 모듈
- (③) : 자동화된 테스트 실행 절차에 대한 명세서
- (④) : 사전에 사용자의 행위를 조건부로 입력해 두면, 그 상황에 맞는 예정된 행위를 수행하는 객체

답

- ①
- ②
- ③
- ④

문제 4 다음 괄호에 공통적으로 들어갈 가장 적합한 용어를 쓰시오.

( ) 테스트 도구는 애플리케이션의 처리량, 응답 시간, 경과 시간, 자원 사용률 등을 인위적으로 적용한 가상의 사용자를 만들어 테스트를 수행함으로써 ( )의 목표 달성 여부를 확인한다.

답 :

예상문제 은행

문제 1 다음 괄호(①, ②)에 들어갈 가장 적합한 용어를 쓰시오.

애플리케이션 테스트는 애플리케이션에 잠재되어 있는 결함을 찾아내는 일련의 행위 또는 절차로, 개발된 소프트웨어가 고객의 요구사항을 만족시키는지 (①)하고 소프트웨어가 기능을 정확히 수행하는지 (②)해야 한다. (①)은 개발된 소프트웨어가 사용자의 입장에서 고객의 요구사항에 맞게 구현되었는지, (②)은 개발된 소프트웨어가 개발자의 입장에서 명세서에 맞게 만들어졌는지를 보는 것이다.

답

• ①

• ②

문제 2 다음은 애플리케이션 테스트의 기본 원리를 설명한 것이다. 서로 관련 있는 것끼리 연결하시오.

① 살충제 패러독스 •

② 파레토 법칙 •

③ 오류-부재의 궤변 •

• ⓐ 소프트웨어의 결함을 모두 제거해도 사용자의 요구사항을 만족시키지 못하면 해당 소프트웨어는 품질이 높다고 말할 수 없다.

• ⓑ 동일한 테스트 케이스로 동일한 테스트를 반복하면 더 이상 결함이 발견되지 않으므로 테스트 케이스를 지속적으로 개선해야 한다.

• ⓒ 애플리케이션의 20%에 해당하는 코드에서 전체 80%의 결함이 발견된다.

문제 3 다음 각각의 설명에 해당하는 애플리케이션 테스트의 종류를 쓰시오.

① 시스템에 여러 가지 결함을 주어 실패하도록 한 후 올바르게 복구되는지를 확인하는 테스트

답 :

② 시스템에 과도한 정보량이나 빈도 등을 부과하여 과부하 시에도 소프트웨어가 정상적으로 실행되는지를 확인하는 테스트

답 :

③ 소프트웨어의 변경 또는 수정된 코드에 새로운 결함이 없음을 확인하는 테스트

답 :

④ 변경된 소프트웨어와 기존 소프트웨어에 동일한 데이터를 입력하여 결과를 비교하는 테스트

답 :

문제 **4** 소프트웨어 테스트에 사용되는 방식으로, 모듈의 논리적 구조를 체계적으로 점검하는 구조 테스트이며, 유형에는 기초 경로 검사, 조건 검사, 데이터 흐름 검사, 루프 검사 등이 있는 테스트 방식을 쓰시오.

답 :

문제 **5** 다음은 진행 중인 프로젝트의 개발 수명 주기에 따른 테스트 방식을 표시한 V-모델이다. 괄호(①~③)에 들어갈 가장 적합한 테스트 종류를 쓰시오.

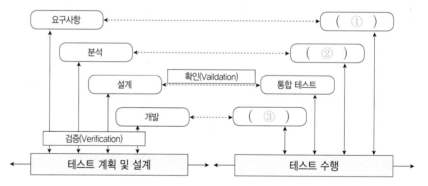

답

- ①
- ②
- ③

문제 6 다음은 인수 테스트에 대한 설명이다. 괄호(①, ②)에 들어갈 적합한 테스트 이름을 쓰시오.

인수 테스트는 개발한 소프트웨어가 사용자의 요구사항을 충족하는지에 중점을 두고 테스트하는 방법이다. 인수 테스트 중 (①) 테스트는 개발자의 장소에서 사용자가 개발자 앞에서 행하는 테스트 기법으로 통제된 환경에서 행해지며, 오류와 사용상의 문제점을 사용자와 개발자가 함께 확인하면서 기록한다. (②) 테스트는 선정된 최종 사용자가 여러 명의 사용자 앞에서 행하는 테스트 기법으로 개발자에 의해 제어되지 않은 상태에서 사용자가 직접 테스트를 수행하며, 발견된 오류와 사용상의 문제점을 기록하고 개발자에게 주기적으로 보고한다.

답

• ①

• ②

문제 7 다음은 상향식 통합 방식의 수행 단계이다. 괄호(①, ②)에 들어갈 가장 적합한 용어를 쓰시오.

㉠ 최하위 레벨의 모듈 또는 컴포넌트들이 하위 모듈의 기능을 수행하는 (①)로 결합된다.

㉡ 상위 모듈에서 데이터의 입력과 출력을 확인하기 위한 더미 모듈인 (②)를 작성한다.

㉢ 각 통합된 (①) 단위로 테스트한다.

㉣ 테스트가 완료되면 각 (①)는 프로그램의 위쪽으로 결합되고, (②)는 실제 모듈 또는 컴포넌트로 대체된다.

답

• ①

• ②

문제 8 다음 괄호에 공통으로 들어갈 가장 적합한 테스트 기법을 쓰시오.

( )는 이미 테스트된 프로그램의 테스팅을 반복하는 것으로, 통합 테스트로 인해 변경된 모듈이나 컴포넌트에 새로운 오류가 있는지 확인하는 테스트이다. ( )는 수정한 모듈이나 컴포넌트가 다른 부분에 영향을 미치는지, 오류가 생기지 않았는지 테스트하여 새로운 오류가 발생하지 않음을 보증하기위해 반복 테스트한다.

답 :

문제 9 다음에 제시된 결함 관리의 각 단계를 순서대로 나열하시오.

ⓐ 에러가 발견되면 테스트 전문가와 프로젝트팀이 논의한다.
ⓑ 수정이 완료된 결함에 대해 확인 테스트를 수행하고, 이상이 없으면 결함 조치 완료 상태로 설정한다.
ⓒ 등록된 에러가 실제 결함이면 결함 확정 상태로 설정한다.
ⓓ 결함을 수정하고, 수정이 완료되면 결함 조치 상태로 설정한다.
ⓔ 발견된 에러를 결함 관리 대장에 등록한다.
ⓕ 등록된 에러가 실제 결함인지 아닌지를 분석한다.
ⓖ 결함을 해결할 담당자에게 결함을 할당하고 결함 할당 상태로 설정한다.

답 :

문제 10 다음은 애플리케이션 테스트를 마치면 산출되는 문서에 대한 설명이다. 괄호 (①~④)에 들어갈 가장 적합한 문서를 쓰시오.

애플리케이션 테스트를 마치면 (①), (②), (③), (④)가 산출된다. (①)는 테스트 목적, 범위, 일정, 수행 절차, 대상 시스템 구조, 조직의 역할 및 책임 등 테스트 수행을 계획한 문서이다. (②)는 사용자의 요구사항을 얼마나 준수하는지 확인하기 위한 입력 값, 실행 조건, 기대 결과 등으로 만들어진 테스트 항목의 명세서이다. (③)는 테스트를 수행할 여러 개 테스트 케이스의 동작 순서를 기술한 문서이다. (④)는 테스트 결과를 비교·분석한 내용을 정리한 문서이다.

정답 및 해설은 391쪽에 있습니다.

답

- ①
- ②
- ③
- ④

문제 11 다음은 테스트 케이스의 작성 순서이다. 순서대로 나열하시오.

ⓐ 테스트 계획 검토 및 자료 확보
ⓑ 테스트 요구사항 정의
ⓒ 위험 평가 및 우선순위 결정
ⓓ 테스트 케이스 정의
ⓔ 테스트 구조 설계 및 테스트 방법 결정
ⓕ 테스트 케이스 타당성 확인 및 유지 보수

답 :

문제 12 테스트 자동화 도구 중 다음 괄호에 공통으로 들어갈 도구를 쓰시오.

( )는 애플리케이션의 컴포넌트 및 모듈을 테스트하는 환경의 일부분으로, 테스트를 지원하기 위해 생성된 코드와 데이터를 의미하고, ( ) 도구는 테스트가 실행될 환경을 시뮬레이션 하여 컴포넌트 및 모듈이 정상적으로 테스트되도록 한다.

답 :

[답안 작성 방법 안내]
'운영체제(OS; Operation System)'처럼 한글과 영문으로 제시되어 있는 경우 '운영체제', 'OS', 'Operation System' 중 1가지만 쓰면 됩니다.

Section 031

[문제 1]
오류-부재의 궤변(Absence of Errors Fallacy)

[문제 2]
파레토 법칙(Pareto Principle)

[문제 3]
정황(Context)

[문제 4]
살충제 패러독스(Pesticide Paradox)

Section 032

[문제 1]
ⓜ

[문제 2]
① 정적 테스트   ② 동적 테스트

[문제 3]
① – ⓒ   ② – ⓐ   ③ – ⓑ

[문제 4]
확인 테스트(Validation Test)

[문제 5]
회복 테스트(Recovery Test)

[문제 6]
성능 테스트(Performance Test)

[문제 7]
검증 테스트(Verification Test)

Section 033

[문제 1]
한계값 분석, 비교 테스트

[문제 2]
블랙박스 테스트(Black Box Test)

[문제 3]

경계값 분석(Boundary Value Analysis)

[문제 4]

문장 검증 기준(Statement Coverage)

[문제 5]

데이터 흐름 검사(Data Flow Testing)

Section 034

[문제 1]

인수 테스트(Acceptance Test)

[문제 2]

㉠, ㉡

[문제 3]

단위 검사, 통합 검사, 시스템 검사, 인수 검사

[문제 4]

단위 테스트(Unit Test)

[문제 5]

알파 테스트

[문제 6]

㉠, ㉣, ㉽

구조 기반 테스트, 명세 기반 테스트는 단위 테스트입니다.

Section 035

[문제 1]

Driver

[문제 2]

스텁(Stub)

[문제 3]

㉡ → ㉠ → ㉢ → ㉣

[문제 4]

㉡

상향식 통합 테스트, 하향식 통합 테스트, 혼합식 통합 테스트는 모두 점진적 통합 방식입니다.

[문제 5]

상향식 통합 테스트(Bottom Up Integration Test)

Section 036

[문제 1]

ⓛ → ㄱ → ㄹ → ㄷ → ㅁ

[문제 2]

테스트 계획서

[문제 3]

ㄱ → ㄴ → ㄷ → ㄹ → ㅁ → ㅂ

Section 037

[문제 1]

테스트 오라클(Test Oracle)

[문제 2]

테스트 케이스(Test Case)

[문제 3]

① – ㄹ   ② – ㄱ   ③ – ㄴ   ④ – ㄷ

[문제 4]

테스트 시나리오(Test Scenario)

[문제 5]

ⓑ → ⓕ → ⓐ → ⓓ → ⓒ → ⓔ

Section 038

[문제 1]

휴먼 에러(Human Error)

[문제 2]

정적 분석 도구(Static Analysis Tools)

[문제 3]

① 테스트 드라이버(Test Driver)   ② 테스트 스텁(Test Stub)   ③ 테스트 스크립트(Test Script)   ④ 목 오브젝트(Mock Object)

[문제 4]

성능(Performance)

[문제 1]
① 확인(Validation)　　② 검증(Verification)

[문제 2]
① – ⓑ　　② – ⓒ　　③ – ⓐ

[문제 3]
① 회복 테스트(Recovery Test)　　② 강도 테스트(Stress Test)　　③ 회귀 테스트(Regression Test)　　④ 병행 테스트(Parallel Test)

[문제 4]
화이트박스 테스트(White Box Test)

[문제 5]
① 인수 테스트(Acceptance Test)　　② 시스템 테스트(System Test)　　③ 단위 테스트(Unit Test)

[문제 6]
① 알파　　② 베타

[문제 7]
① 클러스터(Cluster)　　② 드라이버(Driver)

[문제 8]
회귀 테스트(Regression Test)

[문제 9]
ⓐ → ⓔ → ⓕ → ⓒ → ⓖ → ⓓ → ⓑ

[문제 10]
① 테스트 계획서　　② 테스트 케이스　　③ 테스트 시나리오　　④ 테스트 결과서

[문제 11]
ⓐ → ⓒ → ⓑ → ⓔ → ⓓ → ⓕ

[문제 12]
테스트 하네스(Test Harness)

2 장

애플리케이션 결함 조치

1 결함(Fault)의 정의

결함은 오류 발생, 작동 실패 등과 같이 소프트웨어가 개발자가 설계한 것과 다르게 동작하거나 다른 결과가 발생되는 것을 의미한다.
· 일반적인 결함의 판단 기준은 다음과 같다.
 – 기능 명세서에 가능하다고 명시된 기능이 수행되지 않는 경우
 – 기능 명세서에 명시되어 있지는 않지만 수행해야만 하는 기능이 수행되지 않는 경우
 – 테스트 시각에서 보았을 때 문제가 있다고 판단되는 경우

2 결함 관리 프로세스*

결함 관리 프로세스는 애플리케이션 테스트에서 발견된 결함을 처리하는 것으로, 처리 순서는 다음과 같다.
❶ **결함 관리 계획** : 전체 프로세스에 대한 결함 관리 일정, 인력, 업무 프로세스 등을 확보하여 계획을 수립하는 단계이다.
❷ **결함 기록** : 테스터는 발견된 결함을 결함 관리 DB에 등록한다.
❸ **결함 검토** : 테스터, 프로그램 리더*, 품질 관리(QA) 담당자* 등은 등록된 결함을 검토하고 결함을 수정할 개발자에게 전달한다.
❹ **결함 수정** : 개발자는 전달받은 결함을 수정한다.
❺ **결함 재확인** : 테스터는 개발자가 수정한 내용을 확인하고 다시 테스트를 수행한다.
❻ **결함 상태 추적 및 모니터링 활동** : 결함 관리 DB를 이용하여 프로젝트별 결함 유형, 발생률 등을 한눈에 볼 수 있는 대시보드* 또는 게시판 형태의 서비스를 제공한다.
❼ **최종 결함 분석 및 보고서 작성** : 발견된 결함에 대한 정보와 이해관계자들의 의견이 반영된 보고서를 작성하고 결함 관리를 종료한다.

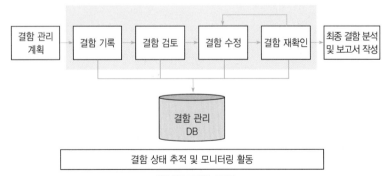

결함 관리 프로세스 흐름도

3 결함 상태 추적 ^{20.6}

테스트에서 발견된 결함은 지속적으로 상태 변화를 추적하고 관리해야 한다.

• 발견된 결함에 대해 결함 관리 측정 지표의 속성 값들을 분석하여 향후 결함
이 발견될 모듈 또는 컴포넌트를 추정할 수 있다.

• 결함 관리 측정 지표

결함 분포	모듈 또는 컴포넌트의 특정 속성에 해당하는 결함 수 측정
결함 추세	테스트 진행 시간에 따른 결함 수의 추이 분석
결함 에이징	특정 결함 상태로 지속되는 시간 측정

• 결함 상태

결함 상태	내용
Open	결함이 보고만 되고 분석되지 않은 상태
Assigned	결함의 영향 분석 및 수정을 위해 개발자에게 결함이 전달된 상태
Fixed ^{20.6}	개발자에 의해 결함 수정이 완료된 상태
Closed	수정된 결함에 대해 테스트를 다시 했을 때 결함이 발견되지 않은 상태
Deferred	결함 수정이 연기된 상태
Classified	보고된 결함을 관련자들이 확인했을 때 결함이 아니라고 확인된 상태

4 결함 추적 순서 ^{22.3}

결함 추적은 결함이 발견된 때부터 결함이 해결될 때까지 전 과정을 추적하는
것으로 순서는 다음과 같다.

❶ **결함 등록(Open)** : 테스터와 품질 관리(QA) 담당자에 의해 발견된 결함이
등록된 상태

❷ **결함 검토(Reviewed)** : 등록된 결함을 테스터, 품질 관리(QA) 담당자, 프로
그램 리더, 담당 모듈 개발자에 의해 검토된 상태

❸ **결함 할당(Assigned)** : 결함을 수정하기 위해 개발자와 문제 해결 담당자에
게 결함이 할당된 상태

❹ **결함 수정(Resolved)** : 개발자가 결함 수정을 완료한 상태

❺ **결함 조치 보류(Deferred)** : 결함의 수정이 불가능해 연기된 상태로, 우선순
위, 일정 등에 따라 재오픈을 준비중인 상태

❻ **결함 종료(Closed)** : 결함이 해결되어 테스터와 품질 관리(QA) 담당자가 종
료를 승인한 상태

❼ **결함 해제(Clarified)** : 테스터, 프로그램 리더, 품질 관리(QA) 담당자가 종
료 승인한 결함을 검토하여 결함이 아니라고 판명한 상태

5 결함 분류

테스트에서 발견되는 결함을 유형별로 분류하면 다음과 같다.

시스템 결함	시스템 다운, 애플리케이션의 작동 정지, 종료, 응답 시간 지연, 데이터베이스 에러 등 주로 애플리케이션 환경이나 데이터베이스 처리에서 발생된 결함
기능 결함	사용자의 요구사항 미반영/불일치, 부정확한 비즈니스 프로세스, 스크립트 오류, 타 시스템 연동 시 오류 등 애플리케이션의 기획, 설계, 업무 시나리오 등의 단계에서 유입된 결함
GUI 결함	UI 비일관성, 데이터 타입의 표시 오류, 부정확한 커서/메시지 오류 등 사용자 화면 설계에서 발생된 결함
문서 결함	사용자의 요구사항과 기능 요구사항의 불일치로 인한 불완전한 상태의 문서, 사용자의 온라인/오프라인 매뉴얼의 불일치 등 기획자, 사용자, 개발자 간의 의사소통 및 기록이 원활하지 않아 발생된 결함

> **잠깐만요** **테스트 단계별 유입 결함**
>
> - **기획 시 유입되는 결함** : 사용자 요구사항의 표준 미준수로 인한 테스트 불가능, 요구사항 불명확/불완전/불일치 결함 등
> - **설계 시 유입되는 결함** : 설계 표준 미준수로 인한 테스트 불가능, 기능 설계 불명확/불완전/불일치 결함 등
> - **코딩 시 유입되는 결함** : 코딩 표준 미준수로 인한 기능의 불일치/불완전, 데이터 결함, 인터페이스 결함 등
> - **테스트 부족으로 유입되는 결함** : 테스트 수행 시 테스트 완료 기준의 미준수, 테스트팀과 개발팀의 의사소통 부족, 개발자의 코딩 실수로 인한 결함 등

6 결함 관리 도구

결함 관리 도구는 소프트웨어에 발생한 결함을 체계적으로 관리할 수 있도록 도와주는 도구로, 다음과 같은 것들이 있다.

Mantis	결함 및 이슈 관리 도구로, 소프트웨어 설계 시 단위별 작업 내용을 기록할 수 있어 결함 추적도 가능한 도구
Trac	결함 추적은 물론 결함을 통합하여 관리할 수 있는 도구
Redmine	프로젝트 관리 및 결함 추적이 가능한 도구
Bugzilla	결함 신고, 확인, 처리 등 결함을 지속적으로 관리할 수 있는 도구로, 결함의 심각도와 우선순위를 지정할 수도 있다.

기출 따라잡기 Section 039

문제 1 ²⁰년 ⁶월 다음 기능 명세서를 보고 결함의 판단 기준에 해당하는 것을 모두 찾아 기호 (ⓐ~ⓔ)로 쓰시오.

ⓐ 기능 명세서에 가능하다고 명시된 기능이 수행되지 않는 경우

ⓑ 기능 명세서에 불가능하다고 명시된 기능이 수행되지 않는 경우

ⓒ 기능 명세서에 명시되어 있지 않지만, 기능이 수행되지 않는 경우

ⓓ 기능 명세서에 명시되어 있지 않지만, 수행해야만 하는 기능이 수행되지 않는 경우

ⓔ 테스트 시각에서 보았을 때, 문제가 있다고 판단되는 경우

답:

문제 2 ²⁰년 ⁶월 다음 결함 내용 중 Fixed의 의미를 쓰시오.

No	내용	상태
1	로그인 시 비밀번호에 특수문자가 섞인 경우 인증이 거부되는 현상	Fixed
2	회원가입 시 중복인증 여부가 체크되지 않는 현상	Assigned
3	페이지 이동 시 순간적으로 BLANK 페이지가 노출되는 현상	Open
4	모바일에서 팝업 창 로드 시 이미지가 깨지는 현상	Assigned
5	링크에 마우스 오버 시 마우스 포인터가 바뀌지 않는 현상	Open

답:

문제 3 ²²년 ³월 여러 상태를 갖는 결함을 지속적으로 추적 관리하는 것이 결함 관리의 주요 목적이다. 다음의 결함 추적 과정에서 각 괄호에 들어갈 알맞은 단계를 〈보기〉에서 찾아 순서대로 나열하시오.

〈보기〉

• 결함 할당	• 결함 분석/검토	• 결함 수정

〈결함 추적 과정〉

결함 등록 → (　　　) → (　　　) → (　　　) → 결함 종료

답:

결함 조치 우선순위

1 결함 조치 우선순위의 개요

결함 조치의 우선순위는 발견된 결함 처리에 대한 신속성을 나타내는 척도로, 단위 업무의 가중치와 결함 심각도 등에 따라 우선순위가 결정되고 우선순위에 따라 결함 조치가 취해진다.

- 우선순위는 긴급, 높음, 보통, 낮음으로 나타내며, 우선순위에 따라 인력 배치와 결함 조치 일정을 결정한다.
- 일반적으로 가중치와 결함 심각도가 높으면 우선순위도 높지만 애플리케이션이나 업무의 특성에 따라 우선순위가 결정될 수도 있기 때문에 가중치와 결함 심각도가 높다고 반드시 우선순위가 높은 것은 아니다.

2 가중치

가중치는 애플리케이션의 평가 항목이나 각 단위 업무가 차지하는 중요도를 의미한다.

- 평가 항목의 가중치는 단위 업무에 대한 애플리케이션의 영향을 평가할 수 있는 항목을 정한 후 각 항목별 중요도에 따라 설정한 비율이다.

  예 업무/서비스(30%), 시스템 의존도(20%), 사용자 범위(30%), 월 이용자 수(20%)

- 단위 업무의 가중치는 단위 업무별로 각 평가 항목에 대해 1~5점의 등급을 산정한 후, 등급에 평가 항목의 가중치 비율을 적용한 값을 더하여 산출한다.

  예 단위 업무별 평가 등급 산정 예시

단위 업무	평가 등급(1~5)				가중치
	업무/서비스 (30%)	시스템 의존도 (20%)	사용자 범위 (30%)	월 이용자 수 (20%)	
도서관리	5	3	5	4	4.4
회원관리	2	3	5	2	3.1

※ 도서관리 업무의 가중치 : (5 × 0.3) + (3 × 0.2) + (5 × 0.3) + (4 × 0.2) = 4.4

3 결함 심각도

결함 심각도는 각 단위 업무 프로세스에 발생한 결함이 전체 시스템에 미치는 영향의 수준을 의미한다.

- 결함 심각도는 단위 업무의 가중치를 기반으로 환산하며 우선순위에 따라 분류*하면 다음과 같다.

심각도	설명	표시	가중치 측정 구간
High	단위 업무 프로세스가 비정상적으로 수행되고, 해당 프로세스로 인해 다른 단위 기능 및 시스템 전체에 영향을 주는 경우의 결함	H	4 이상
Medium	단위 업무 프로세스가 일반 사용자 환경에서 정상적으로 수행되지 않는 경우의 결함	M	3 이상 ~ 4 미만
Low	단위 업무 프로세스가 일반 사용자 환경에서는 정상적으로 수행되지만, 특정 사용자에게서만 정상적으로 수행되지 않는 경우의 결함	L	3 미만

결함 심각도 분류
결함 심각도는 High, Medium, Low 외에 다른 기준으로도 분류할 수 있습니다.
예 치명적(Critical), 주요(Major), 보통(Normal), 경미(Minor), 단순(Simple)

4 결함 조치 우선순위의 결정 순서

❶ 테스트 결함 목록과 개선 방안을 확인한다.

❷ 테스트별로 결함에 대한 원인을 분류한다.

❸ 결함의 개선 범위, 개선 효과 등을 정의한다.

❹ 업무의 중요도를 파악하기 위해 업무별 가중치를 부여한다.

❺ 업무별로 부여된 가중치와 결함이 발생한 업무를 연결하여 업무별 결함 심각도를 계산한다.

❻ 정량적*으로 나타난 결함 심각도를 바탕으로 업무별 담당자와 팀별 회의를 통해 정성적*으로 평가한 후 결함 조치의 우선순위를 결정한다.

정량적 / 정성적 평가
정량적 평가는 수치나 그래프 등의 통계적 방법을 이용한 평가를 의미하며, 정성적 평가는 회의나 면담, 경험 등을 통한 평가를 의미합니다.

※ 정답 및 해설은 408쪽에 있습니다.

기출 따라잡기　　　　　　　　　　　　　　　　　　　　　　　　Section 040

문제 1　_{출제예상} 애플리케이션의 평가 항목 또는 각 단위 업무가 차지하는 중요도를 의미하는 것으로, 결함 조치의 우선순위를 결정하는 척도의 하나로 사용되며, 결함 심각도를 환산하는데 기반이 되는 값을 가리키는 용어가 무엇인지 쓰시오.

답 :

문제 2　_{출제예상} 다음은 단위 업무별 평가 등급을 산정한 표의 일부이다. 괄호에 들어갈 알맞은 가중치를 쓰시오.

단위 업무	평가 등급(1~5)			가중치
	서비스 (50%)	시스템 의존도 (30%)	일일 이용자 수 (20%)	
원재료 구매	4	4	1	( )
공장 관리	3	5	5	4

답 :

결함 조치 관리

1 결함 조치 관리의 개요

결함 조치 관리는 결함이 발생한 코드에서 결함을 제거하고 결함 조치로 변경된 코드의 버전과 이력을 관리하는 것을 의미한다.

• 결함 제거는 코드 인스펙션을 통해 수행되며, 이를 통해 수정된 코드의 버전과 이력을 관리하는 것을 형상 관리라고 한다.

전문가의 조언

결함 조치 관리에 사용되는 코드 인스펙션과 형상 관리가 무엇인지 확실히 파악하고 넘어가세요.

2 ^{20.4} 코드 인스펙션(Code Inspection)

코드 인스펙션은 코드의 결함을 파악하고 제거하기 위해 개발 가이드의 준수 여부를 확인하는 것이다.

• 코드 인스펙션은 기능적으로 이상이 없는 코드를 대상으로 한다.

• 코드 인스펙션을 적절히 수행할 경우 코드에 포함된 에러의 90%까지 찾아낼 수 있다.

• 코드 인스펙션으로 인해 프로젝트 수행 단계 전체에 걸친 리소스의 절감과 그에 따른 비용 감소, 품질 향상을 기대할 수 있다.

• 코드 인스펙션은 다른 개발자가 기술 습득 및 차후 코딩 시 유념할 점 등을 학습할 수 있어 재공학(Re-Engineering)※이 가능한 영역을 식별하는데 도움을 준다.

• 코드 인스펙션 시작 단계에서는 대상 코드에 대한 사전 검토(Inspection) 작업을 수행한다.

• 코드의 사전 검토 방법에는 자동 인스펙션과 수동 인스펙션이 있다.

전문가의 조언

• 코드 인스펙션은 설계 인스펙션과 함께 소프트웨어 인스펙션이라고 불립니다.
• 개발 가이드에는 개발 중 결함의 발생 가능성을 최소화하기 위해 정해 놓은 표준 가이드라인이 존재합니다. 표준 가이드라인에는 개발 환경, 네이밍, 주석, 프로그램 일관성, 데이터 처리 등의 다양한 제약 사항이 있습니다.

재공학(Re-Engineering)
재공학은 제품이 완성된 후 결함을 수정하거나, 개선을 위해 시스템을 수정하는 프로세스를 의미합니다.

자동 인스펙션	애플리케이션에 적합한 코드 인스펙션 도구를 활용하여 검토하는 기법이다.
수동 인스펙션	• 코드를 추출하여 직접 검토하는 기법이다. • 다음과 같은 경우 수동 인스펙션을 수행한다. – 자동 인스펙션의 결과로 에러가 많이 검출된 경우 – 자동 인스펙션으로 검토가 어려운 복잡한 처리 로직이 있는 경우 – 처음 투입되는 개발자의 코드가 코드 인스펙션의 대상이 된 경우

전문가의 조언

코드 인스펙션은 단순히 코드를 검토하는 것뿐만 아니라 여러 사람이 모여 회의를 수행하고 결함을 수정하고 보고서를 작성하는 과정 모두를 포함합니다. 코드 인스펙션의 시작 단계에서 수행하는 자동 인스펙션 또는 수동 인스펙션과 혼동하지 않도록 주의하세요.

3 코드 인스펙션의 수행 절차

코드 인스펙션의 수행 절차는 다음과 같다.

❶ **범위 계획(Capacity Plan)** : 인스펙션할 코드의 선정 기준과 범위를 결정

❷ **시작(Overview)** : 자동 인스펙션 또는 수동 인스펙션 수행

❸ **준비(Preparation)** : 계획서 및 체크리스트를 작성, 관련자에게 일정 공지 후 산출물 준비

❹ **인스펙션 회의(Inspection Meeting)** : 사전 검토 및 회의를 실시한 후 결과서 작성

❺ **재작업(Rework)** : 코드 작성자가 직접 시정 조치 후 인스펙션 진행자가 결과 확인

❻ **후속 처리(Follow-up)** : 결과 분석서 작성 및 보고

> **잠깐만요** **워크스루(Walkthrough, 검토 회의)**
>
> 워크스루는 코드의 품질을 평가하고 개선하기 위한 목적으로 수행되는 검토 기법으로, 코드 인스펙션과는 다음과 같은 차이가 있습니다.
>
> | 구분 | 코드 인스펙션(Code Inspection) | 워크스루(Workthrough) |
> | --- | --- | --- |
> | 수행 목적 | 결함 파악 및 제거 | 산출물 평가 및 개선 |
> | 수행 조건 | 완성도가 기준 이상일 때 | 팀이나 관리자의 필요 시 |
> | 결함 수정 여부 | 모든 결함을 제거 | 결함 수정 여부를 코드 작성자가 결정 |
> | 참여자 | 동료 | 기술 전문가 및 동료 |
> | 발표자 | 검토 대상에 대한 의존도가 높은 사람 예 주사용자 | 코드 작성자 |
> | 체크리스트 | 사용 | 사용하지 않음 |

전문가의 조언

• 고객으로부터 소프트웨어에 대한 오류가 접수되면, 개발자는 해당 오류가 어느 단계에서 어떻게 적용되었는지를 확인해야 문제의 실마리를 찾을 수 있습니다. 이와 같이 오류 수정이나 제품의 지속적인 기능 향상을 위해서는 소프트웨어의 변경 내역이 개발 단계에서부터 지속적으로 관리되어야 하는데, 이를 형상 관리 또는 버전 관리라고 합니다.
• 먼저 형상 관리의 개념을 명확히 잡고 형상 관리의 기능을 정리하세요.

형상

형상이란 소프트웨어 개발 단계의 각 과정에서 만들어지는 프로그램, 프로그램을 설명하는 문서, 데이터 등을 통칭하는 말입니다.

4 형상 관리(SCM; Software Configuration Management)
22.5, 20.4

형상* 관리는 소프트웨어의 개발 과정에서 소프트웨어의 변경 사항을 관리하기 위해 개발된 일련의 활동이다.

• 소프트웨어 변경의 원인을 알아내고 제어하며, 적절히 변경되고 있는지 확인하여 해당 담당자에게 통보한다.

• 형상 관리는 소프트웨어 개발의 전 단계에 적용되는 활동이며, 유지보수 단계에서도 수행된다.

• 형상 관리는 소프트웨어 개발의 전체 비용을 줄이고, 개발 과정의 여러 방해 요인이 최소화되도록 보증하는 것을 목적으로 한다.

- 형상 관리의 대상이 되는 소프트웨어 형상 항목(SCI; Software Configuration Item)에는 개발 단계별로 다음과 같은 항목들이 있다.
  - 계획 단계 : 시스템 명세서, 개발 계획서, 품질평가 계획서, 개발 표준 및 절차 매뉴얼 등
  - 요구 분석 단계 : 자료 흐름도, 자료 사전 등
  - 설계 단계 : 입·출력 명세서, 화면 설계서, 초기 사용자 매뉴얼, 시스템 구조도 등
  - 구현 단계 : 원시 코드, 목적 코드, 실행 코드, 단위 시험 보고서 등
  - 시스템 통합 및 시험 단계 : 통합 시험 보고서, 기능·성능·과부하 시험 보고서 등
  - 설치 및 운영 단계 : 목적·실행 코드, 운영자 매뉴얼, 사용자 매뉴얼 등

5 형상 관리의 기능

형상 관리는 품질 보증을 위한 중요한 요소로서 다음과 같은 기능을 수행한다.
- **형상 식별** : 형상 관리 대상에 이름과 관리 번호를 부여하고, 계층(Tree) 구조로 구분하여 수정 및 추적이 용이하도록 하는 작업
- **버전 제어(버전 관리)** : 소프트웨어 업그레이드나 유지 보수 과정에서 생성된 다른 버전의 형상 항목을 관리하고, 이를 위해 특정 절차와 도구(Tool)를 결합시키는 작업
- **형상 통제(변경 관리)** : 식별된 형상 항목에 대한 변경 요구를 검토하여 현재의 기준선(Base Line)*이 잘 반영될 수 있도록 조정하는 작업
- **형상 감사** : 기준선의 무결성*을 평가하기 위해 확인, 검증, 검열 과정을 통해 공식적으로 승인하는 작업
- **형상 기록(상태 보고)** : 형상의 식별, 통제, 감사 작업의 결과를 기록·관리하고 보고서를 작성하는 작업

기준선(Base Line, 변경 통제 시점)
기준선은 정식으로 검토되고 합의된 명세서나 제품으로, 소프트웨어 개발 시 소프트웨어 변경을 적절히 제어할 수 있도록 도와줍니다.

무결성(無缺性)
무결성은 결점이 없다는 것으로, 정해진 기준에 어긋나지 않고 조건을 충실히 만족하는 정도라고 이해할 수 있습니다.

※ 정답 및 해설은 408쪽에 있습니다.

문제 1 _{20년 4월} 다음은 결함 조치 관리에 대한 설명이다. 괄호에 공통적으로 들어갈 적합한 용어를 쓰시오.

> 결함 조치 관리는 (   )을 통해 결함을 제거하고 형상 관리를 통해 변경 이력을 체계적으로 관리하는 것을 의미한다. (   )은 기능적으로 이상이 없는 코드를 대상으로 하며, 적절히 수행할 경우 코드에 포함된 에러의 90%까지 발견할 수 있어, 프로젝트 수행 단계 전체에 걸친 리소스의 절감과 그에 따른 비용 감소, 품질 향상을 기대할 수 있다는 장점이 있다.

답 :

문제 2 _{20년 4월} 다음에 제시된 특징에 가장 부합하는 용어를 쓰시오.

> • 소프트웨어의 개발 과정에서 소프트웨어의 변경 사항을 관리하기 위해 개발된 일련의 활동이다.
> • 소프트웨어 변경의 원인을 알아내고 제어하며, 적절히 변경되고 있는지 확인하여 해당 담당자에게 통보한다.
> • 소프트웨어 개발의 전 단계에 적용되는 활동이며, 유지보수 단계에서도 수행된다.

답 :

예상문제 은행

문제 1 단위 업무에 대한 애플리케이션의 평가 항목에 대한 가중치가 각각 20%, 15%, 40%, 25%이고, '상품 판매' 업무의 평가 등급이 각각 2, 4, 3, 2일 때, '상품 판매' 업무의 가중치를 산출하시오.

답 :

문제 2 다음은 결함 관리 측정 지표들에 대한 설명이다. 괄호(①~③)에 들어갈 적합한 지표를 쓰시오.

(①)	모듈 또는 컴포넌트의 특정 속성에 해당하는 결함 수 측정
(②)	테스트 진행 시간에 따른 결함 수의 추이 분석
(③)	특정 결함 상태로 지속되는 시간 측정

답
- ①
- ②
- ③

문제 3 결함 조치의 우선순위를 결정하기 위한 중요 요인 중 하나로, 각 단위 업무 프로세스에 발생한 결함이 전체 시스템에 미치는 영향의 수준을 의미하며, 단위 업무의 가중치를 기반으로 환산되어 H, M, L 등으로 표시되는 것을 가리키는 용어가 무엇인지 쓰시오.

답 :

문제 4 다음의 설명에 가장 부합하는 용어를 쓰시오.

- 코드의 결함을 파악하고 제거하기 위해 개발 가이드의 준수 여부를 확인하는 검토 기법이다.
- 적절히 수행할 경우 코드에 포함된 에러의 90%까지 찾아낼 수 있다.
- 재공학이 가능한 영역을 식별하는데 도움을 준다.
- 계획, 시작, 준비, 회의 등의 과정을 거쳐 수행된다.

답 :

문제 5 코드 인스펙션의 시작 단계에서 자동 인스펙션의 결과로 에러가 많이 검출되거나, 검토가 어려운 복잡한 처리 로직이 있는 경우, 또는 처음 투입되는 개발자의 코드가 코드 인스펙션의 대상이 된 경우 수행하는 검토 방법이 무엇인지 쓰시오.

답 :

문제 6 소프트웨어 개발 과정에서 만들어지는 프로그램, 프로그램을 설명하는 문서, 데이터 등의 변경 사항을 관리하기 위해 개발된 일련의 활동을 무엇이라고 하는지 쓰시오.

답 :

문제 7 다음은 애플리케이션 테스트에서 발견된 결함을 처리하는 결함 관리 프로세스의 단계들이다. 순서대로 나열하시오.

㉠ 결함 관리 계획	㉡ 결함 검토
㉢ 결함 재확인	㉣ 결함 수정
㉤ 결함 기록	㉥ 결함 상태 추적 및 모니터링 활동
㉦ 최종 결함 분석 및 보고서 작성	

답 :

문제 8 다음 괄호(①~③)에 들어갈 가장 적합한 용어를 쓰시오.

테스트를 완료한 후에는 발견된 결함에 대한 결함 관리 측정 지표의 속성 값들을 분석하고 향후 어떤 결함이 발생할지를 추정해야 한다. 결함 관리 측정 지표에는 (①), (②), (③)이 있다.
• (①) : 모듈 또는 컴포넌트의 특정 속성에 해당하는 결함 수 측정
• (②) : 테스트 진행 시간에 따른 결함 수의 추이 분석
• (③) : 특정 결함 상태로 지속되는 시간 측정

답
• ①   • ②
• ③

문제 9 다음은 코드 인스펙션(Code Inspection)의 수행 순서에 대한 설명이다. 순서 대로 나열하시오.

ㄱ 인스펙션 회의 : 사전 검토 및 회의를 실시한 후 결과서 작성

ㄴ 시작 : 자동 인스펙션을 수행

ㄷ 준비 : 계획서 및 체크리스트를 작성, 관련자에게 일정 공지 후 산출물 준비

ㄹ 범위 계획 : 인스펙션할 코드의 선정 기준과 범위를 결정

ㅁ 후속 처리 : 결과 분석서 작성 및 보고

ㅂ 재작업 : 코드 작성자가 직접 시정 조치 후 인스펙션 진행자가 결과 확인

답 :

Section 039

[문제 1]

ⓐ, ⓓ, ⓔ

[문제 2]

개발자에 의해 결함 수정이 완료된 상태

[문제 3]

결함 분석/검토, 결함 할당, 결함 수정

Section 040

[문제 1]

가중치

[문제 2]

3.4

> • 가중치는 평가 등급에 각 항목의 가중치 비율을 곱한 값을 더하여 산출합니다.
> • **계산식** : (4 × 0.5) + (4 × 0.3) + (1 × 0.2) = 3.4

Section 041

[문제 1]

코드 인스펙션(Code Inspection)

[문제 2]

형상 관리(SCM; Software Configuration Management)

[문제 1]

2.7

- 가중치는 평가 등급에 각 항목의 가중치 비율을 곱한 값을 더하여 산출합니다.
- **계산식** : $(2 \times 0.2) + (4 \times 0.15) + (3 \times 0.4) + (2 \times 0.25) = 2.7$

[문제 2]

① 결함 분포 ② 결함 추세 ③ 결함 에이징

[문제 3]

결함 심각도

[문제 4]

코드 인스펙션(Code Inspection)

[문제 5]

수동 인스펙션

[문제 6]

형상 관리(SCM; Software Configuration Management)

[문제 7]

ⓐ → ⓜ → ⓒ → ⓔ → ⓓ → ⓑ → ⓢ

[문제 8]

① 결함 분포 ② 결함 추세 ③ 결함 에이징

[문제 9]

ⓔ → ⓒ → ⓓ → ⓐ → ⓑ → ⓜ

4 과목　　SQL 활용

1장

기본 SQL 작성하기

SQL의 개념

1 SQL(Structured Query Language)의 개요

• 1974년 IBM 연구소에서 개발한 SEQUEL에서 유래한다.
• IBM 외에도 많은 회사에서 관계형 데이터베이스(RDB)를 지원하는 언어로 채택하고 있다.
• 관계대수※와 관계해석※을 기초로 한 혼합 데이터 언어이다.
• 질의어※지만, 질의 기능만 있는 것이 아니라 데이터 구조의 정의, 데이터 조작, 데이터 제어 기능을 모두 갖추고 있다.

2 SQL의 분류
24.3, 20.8, 20.4

SQL은 사용 용도에 따라 다음과 같이 DDL(데이터 정의어), DML(데이터 조작어), DCL(데이터 제어어)로 구분된다.

DDL(Data Define Language, 데이터 정의어)

• DDL은 SCHEMA, DOMAIN, TABLE, VIEW, INDEX를 정의하거나 변경 또는 삭제할 때 사용하는 언어이다.
• 데이터베이스 관리자나 데이터베이스 설계자가 사용한다.
• **데이터 정의어(DDL)의 3가지 유형**

명령어	기능
CREATE	SCHEMA, DOMAIN, TABLE, VIEW, INDEX를 정의한다.
ALTER	TABLE에 대한 정의를 변경하는 데 사용한다.
DROP	SCHEMA, DOMAIN, TABLE, VIEW, INDEX를 삭제한다.

DML(Data Manipulation Language, 데이터 조작어)

• DML은 데이터베이스 사용자가 응용 프로그램이나 질의어를 통하여 저장된 데이터를 실질적으로 처리하는 데 사용되는 언어이다.
• 데이터베이스 사용자와 데이터베이스 관리 시스템 간의 인터페이스를 제공한다.

- 데이터 조작어(DML)의 4가지 유형

명령어	기능
20.8 SELECT	테이블에서 조건에 맞는 튜플을 검색한다.
20.8 INSERT	테이블에 새로운 튜플을 삽입한다.
DELETE	테이블에서 조건에 맞는 튜플을 삭제한다.
UPDATE	테이블에서 조건에 맞는 튜플의 내용을 변경한다.

DCL(Data Control Language, 데이터 제어어)

- DCL은 데이터의 보안, 무결성, 회복, 병행 수행 제어 등을 정의하는 데 사용되는 언어이다.
- 데이터베이스 관리자가 데이터 관리를 목적으로 사용한다.
- 데이터 제어어(DCL)의 종류

명령어	기능
COMMIT	명령에 의해 수행된 결과를 실제 물리적 디스크로 저장하고, 데이터베이스 조작 작업이 정상적으로 완료되었음을 관리자에게 알려준다.
ROLLBACK	데이터베이스 조작 작업이 비정상적으로 종료되었을 때 원래의 상태로 복구한다.
GRANT	데이터베이스 사용자에게 사용 권한을 부여한다.
REVOKE	데이터베이스 사용자의 사용 권한을 취소한다.

※ 정답 및 해설은 453쪽에 있습니다.

기출 따라잡기   Section 042

1604151

문제 1 20년 8월 다음 중 DML 명령어를 모두 쓰시오.

> GRANT, COMMIT, SAVEPOINT, SELECT, INSERT, CREATE, ALTER, DROP

답 :

문제 2 20년 4월 SQL(Structured Query Language)의 종류 중 관리자가 사용자에게 데이터베이스에 대한 권한을 부여 또는 회수하는데 사용하는 언어를 쓰시오.

1604152

답 :

문제 3 24년 3월 다음 설명에서 괄호(①, ②)에 들어갈 알맞은 DDL(Data Define Language) 명령어를 〈보기〉에서 찾아 쓰시오.

- (①) : TABLE에 대한 정의를 변경하는 데 사용함
- (②) : SCHEMA, DOMAIN, TABLE, VIEW, INDEX를 정의함

〈보기〉

| • CREATE | • DROP | • UPDATE | • DELETE |
| • ALTER | • SELECT | | |

답

- ①
- ②

문제 4 이전기출 다음 설명에 해당하는 SQL의 종류를 쓰시오.

SELECT, INSERT, DELETE, UPDATE 명령문과 같이 데이터베이스 사용자가 응용 프로그램이나 질의어를 통하여 저장된 데이터를 실질적으로 처리하는 데 사용되는 언어이다.

답 :

문제 5 이전기출 다음 설명에 해당하는 SQL 명령어를 쓰시오.

데이터베이스 작업이 비정상적으로 종료되었을 때 원래 상태로 복구하며, 변경된 모든 내용을 취소하고 데이터베이스를 이전 상태로 되돌릴 때 사용된다.

답 :

문제 6 이전기출 다음 설명에 해당하는 SQL 명령어를 쓰시오.

데이터베이스 관리자가 데이터베이스 사용자에게 권한을 부여한다.

답 :

DDL

1 DDL(Data Define Language, 데이터 정의어)의 개념

23.3, 21.8

DDL는 DB 구조, 데이터 형식, 접근 방식 등 DB를 구축하거나 수정할 목적으로 사용하는 언어이다.

- DDL은 번역한 결과가 데이터 사전(Data Dictionary)이라는 특별한 파일에 여러 개의 테이블로서 저장된다.
- DDL에는 CREATE SCHEMA, CREATE DOMAIN, CREATE TABLE, CREATE VIEW, CREATE INDEX, ALTER TABLE, DROP 등이 있다.

2 CREATE SCHEMA

CREATE SCHEMA는 스키마*를 정의하는 명령문이다.

- 스키마의 식별을 위해 스키마 이름과 소유권자나 허가권자를 정의한다.
- **표기 형식**

```
CREATE SCHEMA 스키마명 AUTHORIZATION 사용자_id;
```

예제   소유권자의 사용자 ID가 '홍길동'인 스키마 '대학교'를 정의하는 SQL문은 다음과 같다.

```
CREATE SCHEMA 대학교 AUTHORIZATION 홍길동;
```

3 CREATE DOMAIN

CREATE DOMAIN은 도메인*을 정의하는 명령문이다.

- 임의의 속성에서 취할 수 있는 값의 범위가 SQL에서 지원하는 전체 데이터 타입의 값이 아니고 일부분일 때, 사용자는 그 값의 범위를 도메인으로 정의할 수 있다.
- 정의된 도메인명은 일반적인 데이터 타입처럼 사용한다.
- **표기 형식**

```
CREATE  DOMAIN 도메인명 [AS]* 데이터_타입
        [DEFAULT 기본값]
        [CONSTRAINT 제약조건명 CHECK (범위값)];
```

- **데이터 타입** : SQL에서 지원하는 데이터 타입
- **기본값** : 데이터를 입력하지 않았을 때 자동으로 입력되는 값

전문가의 조언

구문을 모두 외울 필요는 없습니다. 각 명령어의 역할을 숙지하고, 구문을 보면 무엇을 의미하는지 이해할 수 있을 정도로 학습하세요.

스키마(Schema)
스키마는 데이터베이스의 구조와 제약 조건에 관한 전반적인 명세(Specification)를 기술(Description)한 것으로 데이터 개체(Entity), 속성(Attribute), 관계(Relationship) 및 데이터 조작 시 데이터 값들이 갖는 제약 조건 등에 관해 전반적으로 정의합니다.

도메인(Domain)
도메인이란 하나의 속성이 취할 수 있는 동일한 유형의 원자값들의 집합을 의미합니다.
예를 들어 학년 속성의 데이터 타입이 정수형이고 해당 속성에서 취할 수 있는 값의 범위가 1~4까지라면, 1~4라는 범위는 해당 속성에 지정된 정수형의 모든 범위가 아니라 일부분이므로 사용자는 1~4까지의 범위를 해당 속성의 도메인으로 정의해서 사용할 수 있다는 의미입니다. 쉽게 말하면 도메인은 특정 속성에서 사용할 데이터의 범위를 사용자가 정의하는 사용자 정의 데이터 타입입니다.

구문에서 대괄호([ ])의 의미
SQL문에서 [AS] 처럼 대괄호로 묶은 명령어들은 생략이 가능하다는 의미입니다.

예제 '성별'을 '남' 또는 '여'와 같이 정해진 1개의 문자로 표현되는 도메인 SEX를 정의하는 SQL문은 다음과 같다.

CREATE DOMAIN SEX CHAR(1)	정의된 도메인은 이름이 'SEX'이며, 문자형이고 크기는 1자이다.
DEFAULT '남'	도메인 SEX를 지정한 속성의 기본값은 '남'이다.
CONSTRAINT VALID-SEX CHECK(VALUE IN ('남', '여'));	SEX를 지정한 속성에는 '남', '여' 중 하나의 값만을 저장할 수 있다.

잠깐만요 **SQL에서 지원하는 기본 데이터 타입**

1604231

- 정수(Integer) : INTEGER(4Byte 정수), SMALLINT(2Byte 정수)
- 실수(Float) : FLOAT, REAL, DOUBLE PRECISION
- 형식화된 숫자 : DEC(i, j), 단 i : 전체 자릿수, j : 소수부 자릿수
- 고정길이 문자 : CHAR(n), CHARACTER(n), 단 n : 문자수
- 가변길이 문자 : VARCHAR(n), CHARACTER VARYING(n), 단 n : 최대 문자수
- 고정길이 비트열(Bit String) : BIT(n)
- 가변길이 비트열 : VARBIT(n)
- 날짜 : DATE
- 시간 : TIME

24.6, 23.11, 21.11, 21.4

4 CREATE TABLE

1604204

CREATE TABLE은 테이블*을 정의하는 명령문이다.

- **표기 형식**

```
CREATE TABLE 테이블명
        (속성명 데이터_타입 [DEFAULT 기본값] [NOT NULL], …
        [, PRIMARY KEY(기본키_속성명, …)]
        [, UNIQUE(대체키_속성명, …)]
        [, FOREIGN KEY(외래키_속성명, …)]
                REFERENCES 참조테이블(기본키_속성명, …)]
        [, CONSTRAINT 제약조건명] [CHECK (조건식)]);
```

- 기본 테이블에 포함될 모든 속성에 대하여 속성명과 그 속성의 데이터 타입, 기본값, NOT NULL* 여부를 지정한다.
- **PRIMARY KEY** : 기본키로 사용할 속성 또는 속성의 집합을 지정한다.
- **UNIQUE** : 대체키로 사용할 속성 또는 속성의 집합을 지정하는 것으로 UNIQUE로 지정한 속성은 중복된 값을 가질 수 없다.
- **FOREIGN KEY ~ REFERENCES ~**
  - 참조할 다른 테이블과 그 테이블을 참조할 때 사용할 외래키 속성을 지정한다.
  - 외래키가 지정되면 참조 무결성의 CASCADE 법칙*이 적용된다.

전문가의 조언

각 절의 의미는 물론 표기법을 꼭 암기하세요.

테이블(Table)
테이블은 데이터베이스의 설계 단계에서는 테이블을 주로 릴레이션(Relation)이라 부르고, 조작이나 검색 시에는 테이블이라고 부릅니다. 그러나 대부분은 테이블과 릴레이션을 구분 없이 사용하니 두 의미가 같다는 것만 알아두세요.

NOT NULL
NULL이란 모르는 값 또는 적용할 수 없는 값을 의미하는 것으로, NOT NULL은 특정 속성이 데이터 없이 비어 있어서는 안 된다는 것을 지정할 때 사용합니다.

참조 무결성의 CASCADE 법칙
참조 무결성 제약이 설정된 기본 테이블의 어떤 데이터를 삭제할 경우, 그 데이터와 밀접하게 연관되어 있는 다른 테이블의 데이터들도 도미노처럼 자동으로 삭제됩니다. 이러한 법칙을 '계단식', '연속성'이라는 사전적 의미를 가진 CASCADE 법칙이라고 합니다.

- **CONSTRAINT** : 제약 조건의 이름을 지정한다. 이름을 지정할 필요가 없으면 CHECK절만 사용하여 속성 값에 대한 제약 조건을 명시한다.
- **CHECK** : 속성 값에 대한 제약 조건을 정의한다.

[예제] '이름', '학번', '전공', '성별', '생년월일'로 구성된 〈학생〉 테이블을 정의하시오.

CREATE TABLE 학생	〈학생〉 테이블을 생성한다.
(이름 VARCHAR(15) NOT NULL,	'이름' 속성은 최대 문자 15자로 NULL 값을 갖지 않는다.
학번 CHAR(8),	'학번' 속성은 문자 8자이다.
전공 CHAR(5),	'전공' 속성은 문자 5자이다.
성별 SEX,	'성별' 속성은 'SEX' 도메인을 자료형으로 사용한다.
생년월일 DATE,	'생년월일' 속성은 DATE 자료형을 갖는다.
PRIMARY KEY(학번),	'학번'을 기본키로 정의한다.
FOREIGN KEY(전공)	'전공' 속성은 〈학과〉 테이블의 '학과코드' 속성을 참조하는 외래키이다.
REFERENCES 학과(학과코드)	
CHECK(성별 = '남'));	'성별' 속성의 값으로는 '남'만 저장할 수 있다.

5 CREATE VIEW

24.8, 23.11, 23.6, 22.5, 21.6, 21.4, 20.11, 20.4

1604205

CREATE VIEW는 뷰(View)*를 정의하는 명령문이다.

- **표기 형식**

> CREATE VIEW 뷰명[(속성명[, 속성명, …])]
> AS SELECT문;

- SELECT*문을 서브 쿼리*로 사용하여 SELECT문의 결과로서 뷰를 생성한다.
- 서브 쿼리인 SELECT문에는 UNION*이나 ORDER BY*절을 사용할 수 없다.
- 속성명을 기술하지 않으면 SELECT문의 속성명이 자동으로 사용된다.

[예제] 〈고객〉 테이블에서 '주소'가 '안산시'인 고객들의 '성명'과 '전화번호'를 '안산고객'이라는 뷰로 정의하시오.

> CREATE VIEW 안산고객(성명, 전화번호)
> AS SELECT 성명, 전화번호
> FROM 고객
> WHERE 주소 = '안산시';

6 CREATE INDEX

24.3, 23.8, 23.3, 22.8, 22.5, 20.11

1604206

CREATE INDEX는 인덱스*를 정의하는 명령문이다.

- **표기 형식**

> CREATE [UNIQUE] INDEX 인덱스명
> ON 테이블명(속성명 [ASC | DESC]* [,속성명 [ASC | DESC]])
> [CLUSTER];

CHAR과 VARCHAR

CHAR은 항상 지정된 크기만큼 기억 장소가 확보되고, VARCHAR은 기억 장소의 크기가 지정되어도 필드에 저장된 데이터만큼만 기억 장소가 확보됩니다. 예를 들어 '이름' 속성의 자료형을 CHAR(15)로 지정하면 '이름'에 한 글자가 저장되어도 항상 15바이트가 기억 장소로 확보되지만, VARCHAR(15)로 지정하면 저장된 한 글자 크기만큼만 기억 장소가 확보됩니다.

전문가의 조언

PRIMARY KEY절을 생략하고 기본키로 지정할 속성 옆에 예약어 'PRIMARY KEY'를 추가하여 기본키를 설정할 수도 있습니다.
예 학번 CHAR(8) PRIMARY KEY

전문가의 조언

테이블은 물리적으로 구현되어 실제로 데이터가 저장되지만, 뷰는 물리적으로 구현되지 않습니다. 즉 뷰를 생성하면 뷰 정의가 시스템 내에 저장되었다가 SQL 내에서 뷰 이름을 사용하면 실행 시간에 뷰 정의가 대체되어 수행됩니다.

SELECT/ORDER BY

SELECT와 ORDER BY는 Section 0466에서 자세하게 배웁니다.

서브 쿼리(Sub Query)

서브 쿼리는 조건절에 주어진 질의로서, 상위 질의에 앞서 실행되며 그 검색 결과는 상위 질의의 조건절의 피연산자로 사용됩니다.

UNION

UNION은 성격이 유사한 두 개의 테이블 데이터를 하나로 만드는 합집합 연산자입니다.

인덱스(Index)

인덱스는 검색 시간을 단축시키기 위해 만든 보조적인 데이터 구조입니다.

[ASC | DESC]

대괄호([ ])는 생략할 수 있다는 것을 표시하고, 대괄호 안의 'ㅣ'는 선택을 의미합니다. 즉 [ASC | DESC]는 생략이 가능하지만, 생략하지 않을 경우에는 'ASC'와 'DESC' 중에서 하나만 선택할 수 있다는 의미입니다.

- UNIQUE
  - 사용된 경우 : 중복 값이 없는 고유한 특성을 갖는 인덱스를 생성한다.
  - 생략된 경우 : 중복 값을 허용하는 인덱스를 생성한다.
- 정렬 여부 지정
  - ASC : 오름차순 정렬
  - DESC : 내림차순 정렬
  - 생략된 경우 : 오름차순으로 정렬됨
- CLUSTER : 사용하면 인덱스가 클러스터드 인덱스로 설정됨※

예제　〈고객〉 테이블에서 UNIQUE한 특성을 갖는 '고객번호' 속성에 대해 내림차순으로 정렬하여 '고객번호_idx'라는 이름으로 인덱스를 정의하시오.

```
CREATE UNIQUE INDEX 고객번호_idx
ON 고객(고객번호 DESC);
```

7 ALTER TABLE

1604207

ALTER TABLE은 테이블에 대한 정의를 변경하는 명령문이다.

- 표기 형식

```
ALTER TABLE 테이블명 ADD 속성명 데이터_타입;
ALTER TABLE 테이블명 ALTER 속성명 데이터_타입;
ALTER TABLE 테이블명 DROP COLUMN 속성명 [CASCADE];
```

- ADD : 새로운 속성(열)을 추가할 때 사용한다.
- ALTER : 특정 속성의 데이터 타입이나 크기를 변경할 때 사용한다.
- DROP COLUMN : 특정 속성을 삭제할 때 사용한다.

예제 1　〈학생〉 테이블에 최대 3문자로 구성되는 '학년' 속성 추가하시오.

```
ALTER TABLE 학생 ADD 학년 VARCHAR(3);
```

예제 2　〈학생〉 테이블의 '학번' 필드의 데이터 타입과 크기를 VARCHAR(10)으로 하고 NULL 값이 입력되지 않도록 변경하시오.

```
ALTER TABLE 학생 ALTER 학번 VARCHAR(10) NOT NULL;
```

8 DROP

1604208

DROP은 스키마, 도메인, 기본 테이블, 뷰 테이블, 인덱스, 제약 조건 등을 제거하는 명령문이다.

- 표기 형식

```
DROP SCHEMA 스키마명 [CASCADE | RESTRICT];
DROP DOMAIN 도메인명 [CASCADE | RESTRICT];
DROP TABLE 테이블명 [CASCADE | RESTRICT];
DROP VIEW 뷰명 [CASCADE | RESTRICT];
DROP INDEX 인덱스명 [CASCADE | RESTRICT];
DROP CONSTRAINT 제약조건명;
```

- DROP SCHEMA : 스키마를 제거한다.
- DROP DOMAIN : 도메인을 제거한다.
- DROP TABLE : 테이블을 제거한다.
- DROP VIEW : 뷰를 제거한다.
- DROP INDEX : 인덱스를 제거한다.
- DROP CONSTRAINT : 제약 조건을 제거한다.
- CASCADE : 제거할 요소를 참조하는 다른 모든 개체를 함께 제거한다. 즉 주 테이블의 데이터 제거 시 각 외래키와 관계를 맺고 있는 모든 데이터를 제거하는 참조 무결성 제약 조건을 설정하기 위해 사용된다.
- RESTRICT : 다른 개체가 제거할 요소를 참조중일 때는 제거를 취소한다.

[예제] 〈학생〉 테이블을 제거하되, 〈학생〉 테이블을 참조하는 모든 데이터를 함께 제거하시오.

DROP TABLE 학생 CASCADE;

※ 정답 및 해설은 453쪽에 있습니다.

기출 따라잡기　　　　　　　　　　　　　　　　　　Section 043

문제 1　23년 3월, 22년 8월, 5월, 20년 11월　　　　3904251
다음은 〈emp〉 테이블을 사용하여 고유한 특성을 갖는 'empidx'라는 이름의 인덱스를 정의하되, 'empid' 속성에 대해 오름차순으로 정렬하는 SQL문이다. 괄호에 들어갈 알맞은 명령어를 쓰시오.

〈SQL〉

```
CREATE (        ) INDEX empidx ON emp(empid ASC);
```

답 :

문제 3 다음은 뷰(View)를 생성하는 SQL문이다. 〈보기〉 중 이를 옳게 설명한 것을 고르시오.

〈SQL〉

CREATE VIEW vi_salary
AS
SELECT * FROM EMPLOYEE WHERE POSITION LIKE "%부장%";

〈보기〉

가. EMPLOYEE 테이블에서 POSITION이 "부장"을 포함하는 레코드를 대상으로 vi_salary 뷰를 생성한다.
나. EMPLOYEE 테이블에서 POSITION이 "감찰부 부부장"인 레코드는 vi_salary 뷰에 포함되지 않는다.
다. vi_salary 뷰에서 POSITION 외의 다른 속성은 조회할 수 없다.
라. vi_salary 뷰와 EMPLOYEE 테이블의 카디널리티(Cardinality)와 차수(Degree)는 항상 같다.

답 :

문제 3 DBA는 〈회원〉 테이블을 생성한 이후 테이블에 '주소' 속성이 누락된 것을 발견하고, 이를 해결하기 위해 다음의 SQL문을 작성하였다. 괄호에 들어갈 알맞은 명령어를 쓰시오.

ALTER TABLE 회원 (   ) 주소 CHAR(30);

답 :

문제 4 테이블의 구조를 변경하는 DDL(Data Define Language) 명령어를 쓰시오.

답 :

문제 5 21년 11월

다음은 〈학생〉 테이블을 생성하는 〈SQL문〉이다. '아이디'를 기본키, '비밀번호'를 외래키로 처리하고자 할 때 괄호에 알맞은 예약어를 넣어 〈SQL문〉을 완성하시오.

〈SQL문〉

```
CREATE (   ①   ) 학생 (
학년 INT NOT NULL,
반 INT NOT NULL,
이름 CHAR(8),
아이디 CHAR(16) UNIQUE,
비밀번호 CHAR(16),
(   ②   ) KEY(아이디),
(   ③   ) KEY(비밀번호)
    REFERENCES 로그인(pw));
```

답

- ①   • ②
- ③

문제 6 22년 5월, 21년 6월, 20년 4월

다음은 〈학생〉 테이블로부터 2학년 학생들의 성명, 사진, 학년을 가져와 〈출석부〉 뷰를 생성하는 SQL문이다. 괄호에 적합한 예약어를 넣어 SQL문을 완성하시오.

〈SQL문〉

```
CREATE VIEW 출석부
(        ) 성명, 사진, 학년
FROM 학생
WHERE 학년 = 2;
```

답 :

문제 7 22년 5월, 21년 8월, 20년 4월

SQL(Structured Query Language)은 사용 용도에 따라 데이터 정의어(DDL), 데이터 조작어(DML), 데이터 제어어(DCL)로 구분된다. 이 중 데이터 정의어(DDL)에서 테이블 구조를 제거하는 명령어를 쓰시오.

답 :

DCL

1 DCL(Data Control Language, 데이터 제어어)의 개념

DCL(데이터 제어어)는 데이터의 보안, 무결성, 회복, 병행 제어 등을 정의하는
데 사용하는 언어이다.

- DCL은 데이터베이스 관리자(DBA)가 데이터 관리를 목적으로 사용한다.
- DCL에는 GRANT, REVOKE, COMMIT, ROLLBACK, SAVEPOINT 등이
  있다.

2 GRANT / REVOKE

데이터베이스 관리자가 데이터베이스 사용자에게 권한을 부여하거나 취소하기
위한 명령어이다.

- **GRANT** : 권한 부여를 위한 명령어
- **REVOKE** : 권한 취소를 위한 명령어
- **사용자등급**※ 지정 및 해제

> ─ GRANT 사용자등급 TO 사용자_ID_리스트 [IDENTIFIED BY 암호];
> ─ REVOKE 사용자등급 FROM 사용자_ID_리스트;

사용자등급
- **DBA** : 데이터베이스 관리자
- **RESOURCE** : 데이터베이스 및
  테이블 생성 가능자
- **CONNECT** : 단순 사용자

예제 1 사용자 ID가 "NABI"인 사람에게 데이터베이스 및 테이블을 생성할 수 있는 권한을 부여하는
SQL문을 작성하시오.

GRANT RESOURCE TO NABI;

예제 2 사용자 ID가 "STAR"인 사람에게 단순히 데이터베이스에 있는 정보를 검색할 수 있는 권한을
부여하는 SQL문을 작성하시오.

GRANT CONNECT TO STAR;

- **테이블 및 속성에 대한 권한 부여 및 취소**

> ─ GRANT 권한_리스트 ON 개체 TO 사용자 [WITH GRANT OPTION];
> ─ REVOKE [GRANT OPTION FOR] 권한_리스트 ON 개체 FROM 사용자 [CASCADE];

- 권한 종류 : ALL, SELECT, INSERT, DELETE, UPDATE, ALTER 등
- WITH GRANT OPTION : 부여받은 권한을 다른 사용자에게 다시 부여할
  수 있는 권한을 부여함
- GRANT OPTION FOR : 다른 사용자에게 권한을 부여할 수 있는 권한을
  취소함

    – CASCADE : 권한 취소 시 권한을 부여받았던 사용자가 다른 사용자에게 부여한 권한도 연쇄적으로 취소함

예제 3 사용자 ID가 "NABI"인 사람에게 〈고객〉 테이블에 대한 모든 권한과 다른 사람에게 권한을 부여할 수 있는 권한까지 부여하는 SQL문을 작성하시오.

GRANT ALL ON 고객 TO NABI WITH GRANT OPTION;

예제 4 사용자 ID가 "STAR"인 사람에게 부여한 〈고객〉 테이블에 대한 권한 중 UPDATE 권한을 다른 사람에게 부여할 수 있는 권한만 취소하는 SQL문을 작성하시오.

REVOKE GRANT OPTION FOR UPDATE ON 고객 FROM STAR;

3 COMMIT

1604303

트랜잭션*이 성공적으로 끝나면 데이터베이스가 새로운 일관성(Consistency) 상태를 가지기 위해 변경된 모든 내용을 데이터베이스에 반영하여야 하는데, 이때 사용하는 명령이 COMMIT이다.
- COMMIT 명령을 실행하지 않아도* DML문이 성공적으로 완료되면 자동으로 COMMIT되고, DML이 실패하면 자동으로 ROLLBACK이 되도록 Auto Commit* 기능을 설정할 수 있다.

4 ROLLBACK

24.8, 21.4

1604304

ROLLBACK은 아직 COMMIT되지 않은 변경된 모든 내용들을 취소하고 데이터베이스를 이전 상태로 되돌리는 명령어이다.
- 트랜잭션 전체가 성공적으로 끝나지 못하면 일부 변경된 내용만 데이터베이스에 반영되는 비일관성(Inconsistency)인 상태를 가질 수 있기 때문에 일부분만 완료된 트랜잭션은 롤백(Rollback)되어야 한다.

5 SAVEPOINT

1604305

SAVEPOINT는 트랜잭션 내에 ROLLBACK 할 위치인 저장점을 지정하는 명령어이다.
- 저장점을 지정할 때는 이름을 부여하며, ROLLBACK 시 지정된 저장점까지의 트랜잭션 처리 내용이 취소된다.

〈사원〉

사원번호	이름	부서
10	김기획	기획부
20	박인사	인사부
30	최재무	재무부
40	오영업	영업부

전문가의 조언

COMMIT, ROLLBACK, SAVEPOINT는 트랜잭션을 제어하는 용도로 사용되므로 TCL(Transaction Control Language)로 분류하기도 합니다. 하지만 기능을 제어하는 명령이라는 공통점으로 DCL의 일부로 분류하기도 합니다.

트랜잭션(Transaction)
- 트랜잭션은 데이터베이스에서 하나의 논리적 기능을 수행하기 위한 일련의 연산 집합으로서 작업의 단위가 됩니다.
- 트랜잭션은 데이터베이스 관리 시스템에서 회복 및 병행 제어 시에 처리되는 작업의 논리적 단위입니다.
- 하나의 트랜잭션은 COMMIT 되거나 ROLLBACK 되어야 합니다.

COMMIT 명령 사용 여부
트랜잭션이 시작되면 데이터베이스의 데이터를 주기억장치에 올려 처리하다가 COMMIT 명령이 내려지면 그때서야 처리된 내용을 보조기억장치에 저장합니다. 그러니까 COMMIT 명령을 사용하지 않고 DBMS를 종료하면 그때까지 작업했던 모든 내용이 보조기억장치의 데이터베이스에 하나도 반영되지 않고 종료되는 것이지요. 이처럼 실수로 COMMIT 명령 없이 DBMS를 종료하는 것에 대비하여 대부분의 DBMS들은 Auto Commit 기능을 제공하고 있습니다.

Auto Commit 설정 명령
- Oracle
  – 설정 : set autocommit on;
  – 해제 : set autocommit off;
  – 확인 : show autocommit;
- MySQL
  – 설정 : set autocommit = true;
  – 해제 : set autocommit = false;
  – 확인 : select @@autocommit;

전문가의 조언

COMMIT과 SAVEPOINT 명령의 수행 시점에 따라 ROLLBACK 명령이 적용되는 범위가 달라집니다. 이와 같이 COMMIT, ROLLBACK, SAVEPOINT 명령은 서로 연관되어 사용되므로 한꺼번에 실습하여 결과를 확인할 수 있도록 하였습니다.

DELETE문
DELETE문은 다음 섹션에서 자세히 공부합니다. 여기서는 DELETE문은 레코드를 삭제할 때 사용하는 명령어라는 것만 알아두세요.

예제 1 〈사원〉 테이블에서 '사원번호'가 40인 사원의 정보를 삭제한 후 COMMIT을 수행하시오.

```
DELETE FROM 사원 WHERE 사원번호 = 40;
COMMIT;
```

해설

DELETE 명령을 수행한 후 COMMIT 명령을 수행했으므로 DELETE 명령으로 삭제된 레코드는 이후 ROLLBACK 명령으로 되돌릴 수 없다.

〈사원〉 테이블 상태

사원번호	이름	부서
10	김기획	기획부
20	박인사	인사부
30	최재무	재무부

예제 2 '사원번호'가 30인 사원의 정보를 삭제하시오.

```
DELETE FROM 사원 WHERE 사원번호 = 30;
```

해설

DELETE 명령을 수행한 후 COMMIT 명령을 수행하지 않았으므로 DELETE 명령으로 삭제된 레코드는 이후 ROLLBACK 명령으로 되돌릴 수 있다.

〈사원〉 테이블 상태

사원번호	이름	부서
10	김기획	기획부
20	박인사	인사부

예제 3 SAVEPOINT 'S1'을 설정하고 '사원번호'가 20인 사원의 정보를 삭제하시오.

```
SAVEPOINT S1;
DELETE FROM 사원 WHERE 사원번호 = 20;
```

해설

〈사원〉 테이블 상태

사원번호	이름	부서
10	김기획	기획부

예제 4 SAVEPOINT 'S2'를 설정하고 '사원번호'가 10인 사원의 정보를 삭제하시오.

```
SAVEPOINT S2;
DELETE FROM 사원 WHERE 사원번호 = 10;
```

해설

〈사원〉 테이블 상태

사원번호	이름	부서

예제 5 SAVEPOINT 'S2'까지 ROLLBACK을 수행하시오.

ROLLBACK TO S2;

해설

ROLLBACK이 적용되는 시점을 'S2'로 지정했기 때문에 예제 5 의 ROLLBACK에 의해 〈사원〉 테이블의 상태는 예제 4 의 작업을 수행하기 전으로 되돌려진다.

〈사원〉 테이블 상태

사원번호	이름	부서
10	김기획	기획부

예제 6 SAVEPOINT 'S1'까지 ROLLBACK을 수행하시오.

ROLLBACK TO S1;

해설

ROLLBACK이 적용되는 시점을 'S1'로 지정했기 때문에 예제 6 의 ROLLBACK에 의해 〈사원〉 테이블의 상태는 예제 3 의 작업을 수행하기 전으로 되돌려진다.

〈사원〉 테이블 상태

사원번호	이름	부서
10	김기획	기획부
20	박인사	인사부

예제 7 SAVEPOINT 없이 ROLLBACK을 수행하시오.

ROLLBACK;

해설

'사원번호'가 40인 사원의 정보를 삭제한 후 COMMIT을 수행했으므로 예제 7 의 ROLLBACK이 적용되는 시점은 예제 1 의 COMMIT 이후 새롭게 작업이 수행되는 예제 2 의 작업부터이다.

〈사원〉 테이블 상태

사원번호	이름	부서
10	김기획	기획부
20	박인사	인사부
30	최재무	재무부

※ 정답 및 해설은 454쪽에 있습니다.

기출 따라잡기　　　　　　　　　　　　　　Section 044

문제 1 21년 11월
다음은 사용자 "HDR"에게 〈Table01〉의 검색 권한을 부여하기 위한 SQL문이다. 〈보기〉를 참조하여 괄호에 들어갈 알맞은 명령어를 찾아 기호(㉠~㉽)로 쓰시오.

```
(          ) SELECT ON Table01 TO HDR;
```

〈보기〉

| ㉠ CREATE | ㉡ ALTER | ㉢ DROP | ㉣ INSERT | ㉤ DELETE |
| ㉥ UPDATE | ㉦ GRANT | ㉧ REVOKE | ㉨ COMMIT | ㉩ ROLLBACK |

답:

문제 2 24년 8월, 21년 4월
데이터베이스의 조작 시 이상이 발생하여 원래의 상태로 되돌리려고 할 때 사용하는 DCL(Data Control Language, 데이터 제어어) 명령어를 쓰시오.

답:

문제 3 22년 8월
계정 ID가 "김공단"인 사용자에게 〈emp〉 테이블에 대한 삭제 권한을 부여하고, 부여한 삭제 권한을 다른 계정에 부여할 수 있는 권한까지 부여하고자 한다. 괄호에 들어갈 알맞은 명령어를 쓰시오.

```
GRANT DELETE ON emp TO 김공단 WITH (       ) OPTION;
```

답:

문제 4 23년 11월
임꺽정에게 부여된 〈교수〉 테이블에 대한 UPDATE와 DELETE 권한을 취소하는 SQL문을 작성하려고 한다. 괄호에 적합한 예약어를 넣어 SQL문을 완성하시오.

```
(          ) UPDATE, DELETE ON 교수 FROM 임꺽정;
```

답:

DML

1 DML(Data Manipulation Language, 데이터 조작어)의 개념

DML(데이터 조작어)는 데이터베이스 사용자가 응용 프로그램이나 질의어를 통해 저장된 데이터를 실질적으로 관리하는데 사용되는 언어이다.

• DML은 데이터베이스 사용자와 데이터베이스 관리 시스템 간의 인터페이스를 제공한다.
• DML의 유형

명령문	기능
SELECT	테이블에서 튜플을 검색한다.
INSERT	테이블에 새로운 튜플을 삽입한다.
DELETE	테이블에서 튜플을 삭제한다.
UPDATE	테이블에서 튜플의 내용을 갱신한다.

전문가의 조언

DML의 네 가지 유형 중에서 INSERT, DELETE, UPDATE 명령문을 학습합니다. 세 가지 유형의 구문은 예제를 통해 사용법까지 꼭 암기하세요. SELECT 명령은 다음 섹션에서 학습합니다.

2 삽입문(INSERT INTO~)

삽입문은 기본 테이블에 새로운 튜플을 삽입할 때 사용한다.
• 일반 형식

```
INSERT INTO 테이블명([속성명1, 속성명2,…])
VALUES (데이터1, 데이터2,… );
```

– 대응하는 속성과 데이터는 개수와 데이터 유형이 일치해야 한다.
– 기본 테이블의 모든 속성을 사용할 때는 속성명을 생략할 수 있다.
– SELECT문을 사용하여 다른 테이블의 검색 결과를 삽입할 수 있다.

〈사원〉

이름	부서	생일	주소	기본급
홍길동	기획	04/05/61	망원동	120
임꺽정	인터넷	01/09/69	성산동	80
황진이	편집	07/21/75	연희동	100
김선달	편집	10/22/73	망원동	90
성춘향	기획	02/20/64	망원동	100
장길산	편집	03/11/67	상암동	120
일지매	기획	04/29/78	합정동	110
강호동	인터넷	12/11/80		90

예제 1 〈사원〉 테이블에 (이름 – 홍승현, 부서 – 인터넷)을 삽입하시오.

INSERT INTO 사원(이름, 부서) VALUES ('홍승현', '인터넷');

예제 2 〈사원〉 테이블에 (장보고, 기획, 05/03/73, 홍제동, 90)을 삽입하시오.

INSERT INTO 사원 VALUES ('장보고', '기획', #05/03/73#, '홍제동', 90);

예제 3 〈사원〉 테이블에 있는 편집부의 모든 튜플을 편집부원(이름, 생일, 주소, 기본급) 테이블에 삽입하시오.

INSERT INTO 편집부원(이름, 생일, 주소, 기본급)
SELECT 이름, 생일, 주소, 기본급
FROM 사원
WHERE 부서 = '편집';

3 삭제문(DELETE FROM~)

21.4, 20.11

1604403

삭제문은 기본 테이블에 있는 튜플들 중에서 특정 튜플(행)을 삭제할 때 사용한다.

• **일반 형식**

```
DELETE
FROM 테이블명
[WHERE 조건];
```

– 모든 레코드를 삭제할 때는 WHERE절을 생략한다.
– 모든 레코드를 삭제하더라도 테이블 구조는 남아 있기 때문에 디스크에서 테이블을 완전히 제거하는 DROP과는 다르다.

전문가의 조언

DELETE문은 테이블 구조나 테이블 자체는 그대로 남겨 두고, 테이블 내의 튜플들만 삭제합니다. 테이블을 완전히 제거하기 위해서는 DROP문을 사용해야 합니다.

예제 1 〈사원〉 테이블에서 "임꺽정"에 대한 튜플을 삭제하시오.

DELETE
FROM 사원
WHERE 이름 = '임꺽정';

예제 2 〈사원〉 테이블에서 "인터넷" 부서에 대한 모든 튜플을 삭제하시오.

DELETE
FROM 사원
WHERE 부서 = '인터넷';

예제 3 〈사원〉 테이블의 모든 레코드를 삭제하시오.

DELETE
FROM 사원;

4 갱신문(UPDATE~ SET~)

24.8, 23.11, 22.3, 21.11, 21.8

1604404

갱신문은 기본 테이블에 있는 튜플들 중에서 특정 튜플의 내용을 변경할 때 사용한다.

• **일반 형식**

```
UPDATE 테이블명
SET 속성명 = 데이터[, 속성명=데이터, …]
[WHERE 조건];
```

예제 1 〈사원〉 테이블에서 "홍길동"의 '주소'를 "수색동"으로 수정하시오.

```
UPDATE 사원
SET 주소 = '수색동'
WHERE 이름 = '홍길동';
```

예제 2 〈사원〉 테이블에서 "황진이"의 '부서'를 "기획부"로 변경하고 '기본급'을 5만 원 인상시키시오.

```
UPDATE 사원
SET 부서 = '기획', 기본급 = 기본급 + 5
WHERE 이름 = '황진이';
```

1604431

> 잠깐만요 **데이터 조작문의 네 가지 유형**
>
> • **SELECT(검색)** : SELECT~ FROM~ WHERE~
> • **INSERT(삽입)** : INSERT INTO~ VALUES~
> • **DELETE(삭제)** : DELETE~ FROM~ WHERE~
> • **UPDATE(변경)** : UPDATE~ SET~ WHERE~

※ 정답 및 해설은 455쪽에 있습니다.

기출 따라잡기   Section 045

문제 1 〈Student〉 테이블에서 'S_NO'가 '201900B1'인 학생의 레코드를
삭제하기 위한 SQL문에서 괄호에 들어갈 알맞은 명령을 쓰시오.
21년 4월, 20년 11월

〈Stduent〉

S_ID	S_NO	S_NAME	M_ID
1	201900A1	박가지	1
2	202000A2	최호박	2
3	201900B1	이감자	3
4	202000C1	조송이	1

SQL〉 DELETE FROM Student (   ) S_NO = '201900B1';

目 :

문제 2 〈Table01〉에서 'num' 속성의 값을 1.3배로 증가시키고자 할 때
사용해야 할 SQL문으로 알맞을 것을 〈보기〉에서 찾아 기호(㉠~㉣)로 쓰시오.
21년 11월

〈보기〉

㉠ ALTER Table01 COLUMN num = num * 1.3;

㉡ ALTER Table01 ADD num = num * 1.3;

㉢ UPDATE Table01 SET = num = num * 1.3;

㉣ UPDATE Table01 SET num = num * 1.3;

目 :

문제 3 다음은 STUDENT(SNO, SNAME, SYEAR) 테이블에 학번이 600,
이름이 "홍길동", 학년이 2학년인 자료를 삽입하려고 한다. 괄호에 들어갈 가
장 적합한 명령어를 쓰시오. (단, SNO는 학번, SNAME은 이름, SYEAR는 학
년이고 데이터 타입은 SNO(INTEGER), SNAME(CHAR), SYEAR(INTEGER)이다.)
21년 8월

(   ) INTO STUDENT(SNO, SNAME, SYEAR) VALUES (600, '홍길동', 2);

目 :

문제 4 24년 8월, 22년 3월, 21년 8월 다음은 〈학과〉 테이블에 '학번'이 "20201234"인 학생들의 수강과목을 "데이터베이스"로 변경하는 SQL문이다. 괄호에 들어갈 가장 적합한 명령어를 쓰시오.

1604459

UPDATE 학과 (　　　) 수강과목 = '데이터베이스'
WHERE 학번 = '20201234';

답 :

문제 5 22년 11월 DML 중 데이터베이스의 데이터를 변경할 때 사용하는 명령어의 명칭을 한 단어로 쓰시오.

3904455

답 :

DML – SELECT

SELECT문은 테이블을 구성하는 튜플(행)들 중에서 전체 또는 조건을 만족하는 튜플(행)을 검색하여 주기억장치 상에 임시 테이블로 구성하는 명령문이다.

1 일반 형식

```
SELECT PREDICATE [테이블명.]속성명1, [테이블명.]속성명2, …
FROM 테이블명1, 테이블명2, …
[WHERE 조건]
[GROUP BY 속성명1, 속성명2, …]
[HAVING 조건]
[ORDER BY 속성명 [ASC | DESC]];
```

• **SELECT절**
  – 속성명 : 검색하여 불러올 속성(열) 또는 속성을 이용한 수식을 지정한다.
    ▶ 기본 테이블을 구성하는 모든 속성을 지정할 때는 '*'를 기술한다.
    ▶ 두 개 이상의 테이블을 대상으로 검색할 때는 '테이블명.속성명'으로 표현한다.
  – PREDICATE : 불러올 튜플 수를 제한할 명령어를 기술한다.

> 잠깐만요 **PREDICATE 옵션**
>
> • ALL : 모든 튜플을 검색할 때 지정하는 것으로, 주로 생략합니다.
> • DISTINCT : 중복된 튜플이 있으면 그 중 첫 번째 한 개만 검색합니다.
> • DISTINCTROW : 중복된 튜플을 제거하고 한 개만 검색하지만 선택된 속성의 값이 아닌, 튜플 전체를 대상으로 합니다.

• **FROM절** : 질의에 의해 검색될 데이터들을 포함하는 테이블명을 기술한다.
• **WHERE절** : 검색할 조건을 기술한다.
• **GROUP BY절** : 특정 속성을 기준으로 그룹화하여 검색할 때 그룹화할 속성을 지정한다.
• 일반적으로 GROUP BY절은 그룹 함수*와 함께 사용된다.
• **HAVING절** : GROUP BY와 함께 사용되며, 그룹에 대한 조건을 지정한다.
• **ORDER BY절** : 특정 속성을 기준으로 정렬하여 검색할 때 사용한다.
  – 속성명 : 정렬의 기준이 되는 속성명을 기술한다.
  – [ASC|DESC] : 정렬 방식으로서 'ASC'는 오름차순, 'DESC'는 내림차순이다. 생략하면 오름차순으로 지정된다.

잠깐만요 조건 연산자 / 연산자 우선순위 / 주요 함수

1604532

조건 연산자

· 비교 연산자

연산자	=	〈〉	〉	〈	〉=	〈=
의미	같다	같지 않다	크다	작다	크거나 같다	작거나 같다

· 논리 연산자 : NOT, AND, OR

NOT	조건을 만족하지 않을 경우에만 데이터를 추출한다.
AND	두 조건을 모두 만족할 경우에만 데이터를 추출한다.
OR	두 조건 중 하나라도 만족할 경우에 데이터를 추출한다.

· LIKE 연산자 : 가장 일반적으로 사용되는 문자열에 대한 연산으로, 대표 문자를 이용해 지정된 속성의 값이 문자 패턴과 일치하는 튜플을 검색하기 위해 사용됩니다.

대표 문자	%	_	#
의미	모든 문자를 대표한다.	문자 하나를 대표한다.	숫자 하나를 대표한다.

연산자 우선순위

종류	연산자	우선순위
산술 연산자	×, /, +, −	왼쪽에서 오른쪽으로 갈수록 낮아진다.
관계 연산자	=, 〈 〉, 〉, 〉=, 〈, 〈=	모두 같다.
논리 연산자	NOT, AND, OR	왼쪽에서 오른쪽으로 갈수록 낮아진다.

※ 산술, 관계, 논리 연산자가 함께 사용되었을 때는 산술 〉 관계 〉 논리 연산자 순서로 연산자 우선순위가 정해집니다.

주요 함수

NOW( )	현재 날짜와 시간을 표시한다.
DATE( )	현재 날짜를 표시한다.
LEFT(문자열, 자릿수)	문자열의 왼쪽에서 주어진 자릿수만큼 추출한다.
MID(문자열, 시작값, 자릿수)	문자열의 시작 위치에서 주어진 자릿수만큼 추출한다.
RIGHT(문자열, 자릿수)	문자열의 오른쪽에서 주어진 자릿수만큼 추출한다.
TRIM(문자열)	문자열의 좌우 공백을 제거한다.
LEN(문자열)	문자열의 길이를 반환한다.
UPPER(문자열)	문자열을 모두 대문자로 변환한다.
LOWER(문자열)	문자열을 모두 소문자로 변환한다.
AVG(필드명)	필드의 평균을 구한다.
SUM(필드명)	필드의 합계를 구한다.
COUNT(필드명)	필드의 레코드 수를 구한다.
MIN(필드명)	필드에서 최소값을 구한다.
MAX(필드명)	필드에서 최대값을 구한다.

2 기본 검색

24.6, 20.11

1604502

SELECT절에 원하는 속성을 지정하여 검색한다.

〈사원〉

이름	부서	생일	주소	기본급
홍길동	기획	04/05/61	망원동	120
임꺽정	인터넷	01/09/69	서교동	80
황진이	편집	07/21/75	합정동	100
김선달	편집	10/22/73	망원동	90
성춘향	기획	02/20/64	대흥동	100
장길산	편집	03/11/67	상암동	120
일지매	기획	04/29/78	연남동	110
강건달	인터넷	12/11/80		90

〈여가활동〉

이름	취미	경력
김선달	당구	10
성춘향	나이트댄스	5
일지매	택견	15
임꺽정	씨름	8

예제 1 〈사원〉 테이블의 모든 튜플을 검색하시오.

- SELECT * FROM 사원;
- SELECT 사원.* FROM 사원;
- SELECT 이름, 부서, 생일, 주소, 기본급 FROM 사원;
- SELECT 사원.이름, 사원.부서, 사원.생일, 사원.주소, 사원.기본급 FROM 사원;

※ 위의 SQL은 모두 보기에 주어진 〈사원〉 테이블 전체를 그대로 출력합니다.

예제 2 〈사원〉 테이블에서 주소만 검색하되 같은 주소는 한 번만 출력하시오.

SELECT DISTINCT 주소
FROM 사원;

〈결과〉

주소
대흥동
망원동
상암동
서교동
연남동
합정동

예제 3 〈사원〉 테이블에서 '기본급'에 특별수당 10을 더한 월급을 "XX부서의 XXX의 월급 XXX" 형태로 출력하시오.

SELECT 부서 + '부서의' AS 부서2, 이름 + '의 월급' AS 이름2, 기본급 + 10 AS 기본급2
FROM 사원;

〈결과〉

부서2	이름2	기본급2
기획부서의	홍길동의 월급	130
인터넷부서의	임꺽정의 월급	90
편집부서의	황진이의 월급	110
편집부서의	김선달의 월급	100
기획부서의	성춘향의 월급	110
편집부서의	장길산의 월급	130
기획부서의	일지매의 월급	120
인터넷부서의	강건달의 월급	100

3 조건 지정 검색

24.6, 23.8, 23.3, 22.11, 22.3, 21.11, 21.6

WHERE절에 조건을 지정하여 조건에 만족하는 튜플을 검색한다.

전문가의 조언

기본적인 내용입니다. WHERE절에서 사용하는 AND, OR, LIKE, BETWEEN의 기능을 확실하게 숙지하세요.

예제 1 〈사원〉 테이블에서 '기획' 부의 모든 튜플을 검색하시오.

```
SELECT *
FROM 사원
WHERE 부서 = '기획';
```

〈결과〉

이름	부서	생일	주소	기본급
홍길동	기획	04/05/61	망원동	120
성춘향	기획	02/20/64	대흥동	100
일지매	기획	04/29/78	연남동	110

예제 2 〈사원〉 테이블에서 부서는 '기획'이고, 기본급이 110보다 큰 튜플을 검색하는 SQL문을 작성하시오.

```
SELECT *
FROM 사원
WHERE 부서 = '기획' AND 기본급 > 110;
```

연산자 우선순위
산술(×, /, +, −), 관계(=, >, <, >= 등), 논리(NOT, AND, OR) 연산자가 같이 있을 때는 산술>관계>논리 연산자 순으로 연산자 우선순위가 정해집니다.

〈결과〉

이름	부서	생일	주소	기본급
홍길동	기획	04/05/61	망원동	120

예제 3 〈사원〉 테이블에서 '부서'가 "기획" 이거나 "인터넷"인 튜플을 검색하시오.

```
SELECT *
FROM 사원
WHERE 부서 = '기획' OR 부서 = '인터넷';
```

예제 3은 다음과 같이 검색해도 됩니다.

```
SELECT *
FROM 사원
WHERE 부서 IN ('기획', '인터넷');
```

〈결과〉

이름	부서	생일	주소	기본급
홍길동	기획	04/05/61	망원동	120
임꺽정	인터넷	01/09/69	서교동	80
성춘향	기획	02/20/64	대흥동	100
일지매	기획	04/29/78	연남동	110
강건달	인터넷	12/11/80		90

예제 4 〈사원〉테이블에서 성이 '김'인 사람의 튜플을 검색하시오.

```
SELECT *
FROM 사원
WHERE 이름 LIKE '김%';
```

Like 연산자

만능문자(%, _ 등)를 이용해 필드의 값 중 일부만 일치하는 자료를 검색할 수 있습니다.

예 Like '김%' → '김'으로 시작하는 문자

　　Like '김_ _' → '김'으로 시작하는 3개의 문자

〈결과〉

이름	부서	생일	주소	기본급
김선달	편집	10/22/73	망원동	90

예제 5 〈사원〉테이블에서 '생일'이 '01/01/69'에서 '12/31/73' 사이인 튜플을 검색하시오.

```
SELECT *
FROM 사원
WHERE 생일 BETWEEN #01/01/69# AND #12/31/73#;
```

Between 연산자

지정한 값 사이의 값

예 Between 1 And 100 → 1에서 100까지의 숫자만 검색

날짜 데이터

날짜 데이터는 숫자로 취급하지만 ' ' 또는 # #으로 묶어줍니다.

〈결과〉

이름	부서	생일	주소	기본급
임꺽정	인터넷	01/09/69	서교동	80
김선달	편집	10/22/73	망원동	90

예제 6 〈사원〉테이블에서 '주소'가 NULL인 튜플을 검색하시오.

```
SELECT *
FROM 사원
WHERE 주소 IS NULL;
```

NULL 값의 사용

NULL은 이론적으로 아무것도 없는 값으로서 SQL에서는 다음과 같이 사용합니다.

WHERE절

· 주소가 NULL이 아닌, 즉 주소가 입력된 자료만 검색합니다.

　　예 WHERE 주소 IS NOT NULL

· 주소가 NULL이면, 즉 주소가 입력되지 않은 자료만 검색합니다.

　　예 WHERE 주소 IS NULL

CREATE TABLE 명령

테이블을 생성할 때 속성명에 NOT NULL을 지정하여 해당 속성에 NULL 값이 저장되지 않게 합니다.

　　예 CREATE TABLE 사원

　　　　(이름 CHAR(20) NOT NULL

　　　　⋮

〈결과〉

이름	부서	생일	주소	기본급
강건달	인터넷	12/11/80		90

4 정렬 검색

전문가의 조언

ORDER BY절이 정렬에 사용된다는 것과 정렬 방식인 'ASC', 'DESC'의 의미를 꼭 이해하세요.

ORDER BY절에 특정 속성을 지정하여 지정된 속성으로 자료를 정렬하여 검색한다.

예제 1   〈사원〉 테이블에서 '주소'를 기준으로 내림차순 정렬시켜 상위 2개 튜플만 검색하시오.

```
SELECT TOP 2 *
FROM 사원
ORDER BY 주소 DESC;
```

〈결과〉

이름	부서	생일	주소	기본급
황진이	편집	07/21/75	합정동	100
일지매	기획	04/29/78	연남동	110

예제 2   〈사원〉 테이블에서 '부서'를 기준으로 오름차순 정렬하고, 같은 부서에 대해서는 '이름'을 기준으로 내림차순 정렬시켜서 검색하시오.

```
SELECT *
FROM 사원
ORDER BY 부서 ASC, 이름 DESC;
```

〈결과〉

이름	부서	생일	주소	기본급
홍길동	기획	04/05/61	망원동	120
일지매	기획	04/29/78	연남동	110
성춘향	기획	02/20/64	대흥동	100
임꺽정	인터넷	01/09/69	서교동	80
강건달	인터넷	12/11/80		90
황진이	편집	07/21/75	합정동	100
장길산	편집	03/11/67	상암동	120
김선달	편집	10/22/73	망원동	90

5 그룹 지정 검색

23.8, 23.3, 20.6

GROUP BY절에 지정한 속성을 기준으로 자료를 그룹화하여 검색한다.

예제 1   〈사원〉 테이블에서 '부서'별 '기본급'의 평균을 구하시오.

```
SELECT 부서, AVG(기본급) AS 평균
FROM 사원
GROUP BY 부서;
```

〈결과〉

부서	평균
기획	110
인터넷	85
편집	103.3

전문가의 조언

• SELECT절에 그룹 속성(GROUP BY절에 명시된 속성)이나 그룹 함수가 나온 경우에는 일반 속성을 함께 사용할 수 없습니다. 즉 'SELECT 부서, 이름, 생일, AVG(기본급) AS 평균'과 같이 '이름'이나 '생일'처럼 그룹과 관계없는 속성은 SELECT절에 사용할 수 없습니다.
• Avg(기본급) As 평균 : '기본급' 속성에 있는 값들의 평균을 구하되 '평균'이라는 속성명으로 표시함

예제 2 〈사원〉 테이블에서 '부서'별 튜플 수를 검색하시오.

```
SELECT 부서, COUNT(∗) AS 사원수
FROM 사원
GROUP BY 부서;
```

〈결과〉

부서	사원수
기획	3
인터넷	2
편집	3

예제 3 〈사원〉 테이블에서 '기본급'이 100 이상인 사원이 2명 이상인 '부서'의 튜플 수를 구하시오.

```
SELECT 부서, COUNT(∗) AS 사원수
FROM 사원
WHERE 기본급〉=100
GROUP BY 부서
HAVING COUNT(∗) 〉=2;
```

〈결과〉

부서	사원수
기획	3
편집	2

6 하위 질의 20.6

하위 질의가 있는 질의문은 조건절에 주어진 하위 질의를 먼저 수행하여 그 검색 결과를 조건절의 피연산자로 사용한다.

예제 1 '취미'가 "나이트댄스"인 사원의 '이름'과 '주소'를 검색하시오.

```
SELECT 이름, 주소
FROM 사원
WHERE 이름=(SELECT 이름 FROM 여가활동 WHERE 취미='나이트댄스');
```

〈결과〉

이름	주소
성춘향	대흥동

예제 2 취미활동을 하지 않는 사원들을 검색하시오.

```
SELECT ∗
FROM 사원
WHERE 이름 NOT IN (SELECT 이름 FROM 여가활동);
```

〈결과〉

이름	부서	생일	주소	기본급
홍길동	기획	04/05/61	망원동	120
황진이	편집	07/21/75	합정동	100
장길산	편집	03/11/67	상암동	120
강건달	인터넷	12/11/80		90

7 통합(UNION) 질의 ^{22.8}

1604507

두 SELECT문의 조회 결과를 통합하여 검색한다.

예제 사원들의 명단이 〈사원〉 테이블과 〈직원〉 테이블에 저장되어 있다. 두 테이블을 통합하는 질의문을 작성하시오. 단, 같은 레코드가 두 번 나오지 않게 하시오.

두 테이블을 합치는 통합(UNION) 질의는 두 테이블에 모두 속해 있는 자료는 한 개만 표시한다는 것을 알아두세요.

〈사원〉

사원	직급
김형석	대리
홍영선	과장
류기선	부장
김현천	이사

〈직원〉

사원	직급
신원섭	이사
이성호	대리
홍영선	과장
류기선	부장

```
SELECT *
FROM 사원
UNION
SELECT *
FROM 직원;
```

〈결과〉

사원	직급
김현천	이사
김형석	대리
류기선	부장
신원섭	이사
이성호	대리
홍영선	과장

잠깐만요 집합 연산자의 종류(통합 질의의 종류) ^{22.11, 20.4}

1604533

집합 연산자	설명	집합 종류
^{20.4} UNION	• 두 SELECT문의 조회 결과를 통합하여 모두 출력한다. • 중복된 행은 한 번만 출력한다.	합집합
^{22.11} UNION ALL	• 두 SELECT문의 조회 결과를 통합하여 모두 출력한다. • 중복된 행도 그대로 출력한다.	합집합
INTERSECT	두 SELECT문의 조회 결과 중 공통된 행만 출력한다.	교집합
EXCEPT	첫 번째 SELECT문의 조회 결과에서 두 번째 SELECT문의 조회 결과를 제외한 행을 출력한다.	차집합

기출 따라잡기　　　　　　　　　　　　　　　Section 046

24년 6월, 20년 11월

문제 1　〈학생〉 테이블에서 학년이 2학년 이상인 레코드만 검색하되 동일한 학과코드는 한 번만 검색되도록 하는 SQL문을 완성하시오.

〈학생〉

학번	이름	학년	학과코드
20201	이순신	1	TM
20202	강감찬	2	MC
20203	유관순	3	ST
20204	김유신	1	IP
20205	홍길동	2	TM
20206	임꺽정	4	MC
20207	이춘향	1	ST

〈SQL〉

SELECT (　　　　) 학과코드 FROM 학생 WHERE 학년 >= 2;

답 :

21년 11월

문제 2　다음은 〈사원〉 테이블에서 'INCENTIVE'가 500 이상인 데이터를 조회하는 SQL문이다. 괄호에 알맞은 명령어를 넣어 SQL문을 완성하시오.

〈사원〉

NUM	NAME	INCENTIVE
1601	최진호	150
1602	김하영	320
1801	이철곽	510
1802	박진수	760
1901	최선호	480
2001	김인해	600

〈SQL〉

SELECT * FROM 사원 WHERE (　　　　)

답 :

문제 3 22년 3월, 21년 6월 다음 〈학생〉 테이블에서 2학년이거나 학과가 "컴퓨터"인 학생을 조회하는 SQL문이다. 괄호에 알맞은 명령어를 넣어 SQL문을 완성하시오.

〈학생〉

학번	성명	학과	학년	점수
1	최민수	컴퓨터	1	78
2	김찬영	토목	1	85
3	이영환	전자	2	62
4	이예은	컴퓨터	2	95
5	최성길	전자	3	90

〈SQL〉

SELECT 성명 FROM 학생 WHERE 학년 = 2 (   ) 학과 = '컴퓨터';

답 :

문제 4 21년 6월 〈사원〉 테이블에서 '직급'이 "대리"인 튜플의 '사원번호'와 '이름'을 검색하려고 한다. 괄호(①~③)에 알맞은 명령어를 넣어 SQL문을 완성하시오.

SELECT (①), (②) FROM 사원 (③) 직급 = '대리';

답
- ①   • ②
- ③

문제 5 23년 3월, 20년 6월 다음은 SELECT문의 실행 작동 순서를 나열한 것이다. 괄호(①~③)에 들어갈 알맞은 명령을 〈보기〉에서 찾아 쓰시오.

FROM → (①) → (②) → (③) → SELECT → ORDER BY

〈보기〉

HAVING, GROUP BY, WHERE

답
- ①   • ②
- ③

문제 6 〈도서〉, 〈도서가격〉 테이블을 참고하여 다음에 제시된 SQL문의 실행 결과를 쓰시오.

20년 6월

```
SELECT 가격 FROM 도서가격
WHERE 책번호 = (SELECT 책번호 FROM 도서 WHERE 책명 = '데이터베
이스');
```

〈도서〉

책번호	책명
1111	데이터베이스
2222	운영체제
3333	자료구조

〈도서가격〉

책번호	가격
1111	18000
2222	20000
3333	10000
4444	15000

답:

문제 7 SET Operation(집합 연산자) 중 여러 개의 SQL문의 결과에 대한 합집합으로, 결과에서 모든 중복된 행은 하나의 행으로 만드는 연산자를 쓰시오.

22년 8월, 20년 4월

답:

문제 8 다음은 〈회원〉 테이블에서 '전화번호' 필드가 비어있는 회원의 '이름'을 검색하는 SQL문이다. 괄호에 들어갈 알맞은 명령어를 쓰시오.

22년 11월

〈회원〉

회원번호	이름	전화번호
S1	김종일	11-1234
S2	김선길	22-2345
S3	김용갑	33-3456
S4	김원중	
S5	김예중	55-5678

〈SQL〉

```
Select 이름 From 회원 Where 전화번호 (        )
```

답:

문제 9 22년 11월 다음은 〈cus〉 테이블의 'name' 필드와 〈emp〉 테이블의 'name' 필드를 하나의 테이블로 통합하여 검색하되, 같은 레코드도 중복하여 출력하는 SQL문이다. 괄호에 들어갈 알맞은 명령어를 쓰시오.

Select name From cus UNION (   ) Select name From emp;

답 :

문제 10 23년 3월 다음 〈회원〉, 〈테이프〉, 〈대여〉 테이블을 참고하여 〈SQL문〉의 실행 결과를 쓰시오..

〈보기〉

```
SELECT 회원.성명, 회원.전화번호
FROM 회원, 대여
WHERE 회원.회원번호 = 대여.회원번호 AND 대여.테이프번호 = 'T3';
```

〈회원〉

회원번호	성명	전화번호
S1	이동국	111–1111
S2	홍길동	222–2222
S3	이동국	333–3333
S4	박찬성	444–4444
S5	성춘향	555–5555

〈테이프〉

테이프번호	제목
T1	금강산도 식후경
T2	니사랑 내사랑
T3	오늘도 저 끝까지
T4	파라노말 디렉티브
T5	앱솔루트 커맨드

〈대여〉

회원번호	성명	테이프번호
S1	이동국	T2
S1	이동국	T3
S2	홍길동	T4
S2	홍길동	T5
S3	이동국	T1
S3	이동국	T3
S4	박찬성	T3
S4	박찬성	T4
S5	성춘향	T5
S5	성춘향	T6

답 :

문제 1 다음은 SELECT 권한을 취소하는 SQL문이다. 괄호에 들어갈 가장 적합한 SQL 명령어를 쓰시오.

1620501

( ) SELECT ON student FROM SIN;

답 :

문제 2 다음 설명에 해당하는 SQL의 종류를 쓰시오.

1620502

스키마, 도메인, 테이블, 뷰, 인덱스를 정의하거나 변경 또는 삭제할 때 사용하는 언어로, CREATE, ALTER, DROP 등으로 구성된다.

답 :

문제 3 다음 설명에 해당하는 SQL 명령어를 쓰시오.

1620503

SQL 명령어로 수행된 결과를 실제 물리적 디스크로 저장하고, 데이터베이스 조작 작업이 정상적으로 완료되었음을 관리자에게 알려준다.

답 :

문제 4 다음은 〈학생〉 테이블에 가변적인 5자리 문자가 저장되는 속성을 추가하는 명령문이다. 괄호에 들어갈 알맞은 명령어를 쓰시오.

3934104

ALTER TABLE 학생 ADD 주소 ( );

답 :

문제 5 DROP은 스키마, 도메인, 기본 테이블, 뷰 테이블, 인덱스, 제약 조건 등을 제거하는 명령문이다. DROP 명령문 사용 시 다른 개체가 제거할 요소를 참조중일 때 제거를 취소하는 명령어를 쓰시오.

3934105

답 :

문제 6 다음 〈보기〉에서 DDL(Data Define Language)에 속하는 명령어를 모두 골라 쓰시오.

1620521

CREATE, SELECT, INSERT, DROP
GRANT, REVOKE, COMMIT, ROLLBACK

답 :

문제 7 다음 설명에서 괄호에 공통적으로 들어갈 가장 적합한 SQL 명령어를 쓰시오.

1620507

( )는 스키마를 정의하는 명령문이다.
예 소유권자의 사용자 ID가 홍길동인 스키마 '대학교'의 정의문
( ) 대학교 AUTHORIZATION 홍길동;

답 :

문제 8 인덱스 생성 후 운영하는 과정에서 데이터의 Insert, Update, Delete 등의 반복적인 작업으로 인해 단편화가 발생하는 경우 데이터가 비연속적으로 위치하게 되어 인덱스의 성능이 저하될 수 있다. 이런 경우 다시 순차적인 데이터 저장 형태로 인덱스를 재구성할 필요가 있다. 다음은 Idx_T 인덱스의 재구성을 위한 SQL문이다. 괄호에 들어갈 알맞은 명령어를 쓰시오.

3934108

ALTER INDEX Idx_T ( )

답 :

문제 **9** 〈학생〉 테이블에서 '학과' 별로 '용돈'의 평균을 구한 후 '평균'이라는 이름으로 표시하되, 학과를 기준으로 오름차순 정렬하려고 한다. 다음 〈SQL문〉의 괄호에 들어갈 알맞은 예약어를 쓰시오.

〈SQL문〉

Select 학과, (　　　)(용돈) As 평균 From 학생 Group By 학과 Order By 학과 asc;

답 :

문제 **10** 다음은 동일한 구조의 테이블을 추가로 생성하기 위한 SQL문이다. 괄호에 알맞은 명령어를 넣어 SQL문을 완성하시오.

(　　) TABLE dept2 SELECT * FROM dept1;

답 :

문제 **11** 다음은 홍길동에게 〈학생〉 테이블에 대한 접근 및 조작에 관한 모든 권한을 부여하고, 해당 권한을 다른 사람에게 부여할 수 있는 권한을 부여하는 SQL문이다. 괄호에 들어갈 가장 적합한 명령어를 쓰시오.

GRANT ALL ON 학생 TO 홍길동 (　　);

답 :

문제 **12** 다음은 〈player〉 테이블의 age 속성을 제거하면서 연계된 모든 제약 조건도 함께 제거하는 SQL문이다. 괄호에 적합한 예약어를 넣어 SQL문을 완성하시오.

〈SQL문〉

ALTER TABLE player DROP COLUMN age (　　);

답 :

문제 13 다음은 〈Product〉 테이블로부터 price가 100000 미만인 제품들의 ID, NAME, price를 가져와 〈sale〉 뷰를 생성하는 SQL문이다. 괄호(①, ②)에 적합한 예약어를 넣어 SQL문을 완성하시오.

〈SQL문〉

```
create view sale (   ①   )
select ID, NAME, price
from Product
(   ②   ) price 〈 100000;
```

답

- ①

- ②

문제 14 다음은 〈판매현황〉 테이블에서 '이름'을 기준으로 내림차순 정렬시켜서 검색하는 SQL문이다. 괄호에 들어갈 가장 적합한 SQL 명령어를 쓰시오.

```
SELECT *
FROM 판매현황
(        );
```

답 :

문제 15 다음 〈처리 조건〉을 준수하여 색인을 생성하는 〈SQL문〉의 각 괄호(①, ②)에 들어갈 알맞은 명령어를 쓰시오.

〈처리 조건〉

- 기본 테이블 T의 열(P, Q, R)에 관한 조합으로 X 색인을 생성한다.
- 색인 내용은 P(오름차순), Q(내림차순), R(오름차순)이다.
- SQL 작성 시 UNIQUE와 CLUSTER는 생략 가능하다.

〈SQL〉

CREATE (①) X (②) T(P, Q DESC, R);

답
- ①
- ②

문제 16 다음은 〈학생〉 테이블에서 수학이 60 이하인 학생이 3명 이상인 반의 튜플 수를 구하는 SQL문이다. 괄호에 들어갈 가장 적합한 SQL 명령어를 쓰시오.

SELECT 반, COUNT(*) AS 학생수
FROM 학생
WHERE 수학<=60
GROUP BY 반
( ) COUNT(*)>=3;

답 :

문제 17 다음 설명에 해당하는 SQL 명령어를 쓰시오.

SELECT 문장을 이용하여 데이터를 질의할 때 검출되는 중복 값을 제거하기 위해 사용된다.

답 :

문제 18 다음의 요구사항을 만족하도록 괄호에 적합한 예약어를 넣어 SQL문을 완성하시오.

〈요구사항〉

- 〈stu1〉 테이블은 '학번', '이름', '학년', '반' 속성으로 구성된다.
- 〈stu2〉 테이블은 '학번', '국어성적', '수학성적', '영어성적', '학점', '순위' 속성으로 구성된다.
- 학년별로 '국어성적'의 평균을 계산하여 '국어평균'이라는 속성명으로 표시한다.

〈SQL〉

```
SELECT 학년, AVG(국어성적) (     ) 국어평균
FROM stu1 a INNER JOIN stu2 b ON a.학번 = b.학번
GROUP BY 학년;
```

답 :

문제 19 〈stu〉 테이블을 대상으로 다음의 요구사항을 만족하도록 괄호에 적합한 명령어를 넣어 SQL문을 완성하시오.

〈요구사항〉

- 〈stu〉 테이블의 '생년월일' 필드는 yyyy-mm-dd 형식이다.
- '생년월일' 필드의 값이 2004로 시작하는 레코드만 추출한다.

〈SQL〉

```
SELECT * FROM stu WHERE 생년월일 (     ) "2004%";
```

답 :

1620520

문제 20 다음의 〈지원자〉 테이블에 대해 SQL문을 수행하려고 한다. 제시된 〈조건〉에 부합하도록 괄호(①, ②)에 가장 적합한 명령을 넣어 SQL문을 완성하시오.

〈지원자〉

지원ID	이름	성별	나이	지원학과	점수	연락처	주소
2023−01	김나연	여자	20	IT융합	95	111−1111	서울
2023−02	유원선	남자	21	모바일	91	222−2222	부산
⋮	⋮	⋮	⋮	⋮	⋮	⋮	⋮

〈조건〉

• '지원ID', '이름', '지원학과', '연락처' 속성을 표시한다.
• 〈지원자〉 테이블을 대상으로 한다.
• 점수가 60점 이상인 지원자만을 검색한다.
• '지원학과'를 기준으로 오름차순 정렬하고 '지원학과'가 같은 경우 '점수'를 기준으로 내림차순 정렬한다.

〈SQL〉

```
SELECT 지원ID, 이름, 지원학과, 연락처
FROM 지원자
WHERE 점수 〉(   ①   )
ORDER BY (   ②   );
```

답

• ①

• ②

4640102

문제 21 DDL(Data Define Language)에 속하는 명령어를 〈보기〉에서 골라 기호(㉠~㉣)로 쓰시오.

〈보기〉

㉠ SELECT	㉡ INSERT	㉢ CREATE	㉣ UPDATE

답 :

문제 22 〈사원〉 테이블을 정의하는 SQL문이다. 아래의 〈요구사항〉을 만족
하도록 괄호에 적합한 예약어를 넣어 SQL문을 완성하시오.

〈요구사항〉

- 'id(문자 5)', 'name(문자 10)', 'sex(문자 1)', 'phone(문자 20)' 속성을 가진다.
- 'id' 속성은 기본키이다.
- 'sex' 속성은 'f' 또는 'm' 값만 갖도록 한다(제약조건명 : sex_ck).
- 'id'는 〈doctor〉 테이블에 있는 'doc_id'를 참조한다(제약조건명 : id_fk).

〈SQL〉

```
CREATE TABLE patient (
    id CHAR(5) (          ),
    name CHAR(10),
    sex CHAR(1),
    phone CHAR(20),
    CONSTRAINT sex_ck CHECK (sex='f' or sex='m'),
    CONSTRAINT id_fk FOREIGN KEY(id) REFERENCES doctor(doc_id)
);
```

답 :

문제 23 데이터베이스 언어 중 데이터의 보안, 무결성, 회복, 병행 제어 등
을 정의하는 데 사용되는 것으로, 데이터베이스 사용자에게 권한을 부여하거나
취소하기 위해 사용하는 언어를 영문 약어로 쓰시오.

답 :

문제 24 〈학생〉 테이블에는 '학번', '이름', '성적', '학과코드' 필드가 있고 〈학과〉 테이블에는 '학과코드', '학과명' 필드가 있으며, 〈학과등급〉 테이블에는 '최저'와 '최고' 필드가 있을 때 '성적' 필드의 값이 〈학과등급〉 테이블의 '최저' 필드의 값 이상이고 '최고' 필드의 값 이하인 자료만을 추출하려고 한다. 다음 〈SQL문〉의 괄호에 들어갈 알맞은 연산자를 쓰시오.

〈SQL문〉

```
Select 학번, 이름, 학과명
From 학생, 학과, 학과등급
Where 학생.학과코드 = 학과.학과코드 AND 학생.성적 (        ) 학과등
급.최저 AND 학과등급.최고;
```

답 :

문제 25 〈학생〉 테이블을 대상으로 '학과코드'의 값이 "ELE"인 경우 "전자공학과"라는 별칭으로 개수를 1씩 증가시키고, '학과코드'의 값이 "COM"인 경우 "컴퓨터공학과"라는 별칭으로 개수를 1씩 증가시킨 후 〈출력형태〉와 같이 출력하려고 한다. 다음 〈SQL문〉의 괄호에 공통으로 들어갈 알맞은 명령을 쓰시오.

〈출력형태〉

전자공학과	컴퓨터공학과
2	3

〈SQL문〉

```
select count((      ) when 학과코드 = "ELE" then 1 end) As "전자공학과",
       count((      ) when 학과코드 = "COM" then 1 end) As "컴퓨터공학
       과" from 학생;
```

답 :

Section 042

[문제 1]

SELECT, INSERT

[문제 2]

DCL(Data Control Language, 데이터 제어어)

[문제 3]

① ALTER   ② CREATE

[문제 4]

DML(Data Manipulation Language, 데이터 조작어)

[문제 5]

ROLLBACK

[문제 6]

GRANT

Section 043

[문제 1]

UNIQUE

CREATE **UNIQUE** INDEX empidx	중복 값이 없는 고유한 특성을 갖는 'empidx'라는 이름의 인덱스를 생성한다.
ON emp(empid ASC);	〈emp〉 테이블을 사용하되, 'empid' 속성을 기준으로 오름차순 정렬한다.

[문제 2]

가

나 : "감찰부 부부장"에는 "부장"이라는 단어가 포함되어 있으므로 해당 레코드는 〈vi_salary〉 뷰에 포함됩니다.
다 : 〈EMPLOYEE〉 테이블의 모든 속성을 대상으로 〈vi_salary〉 뷰를 생성하였으므로 다른 속성들도 조회할 수 있습니다.
라 : 〈EMPLOYEE〉 테이블의 모든 속성을 대상으로 〈vi_salary〉 뷰를 생성하였으므로 차수는 같지만, 'POSITION' 속성에 "부장"이 포함되어 있지 않은 레코
드는 제외되기 때문에 카디널리티는 다를 수 있습니다.

CREATE VIEW vi_salary	〈vi_salary〉 뷰를 생성한다
AS SELECT *	검색된 모든 속성을 대상으로 뷰를 생성한다.
FROM EMPLOYEE	〈EMPLOYEE〉 테이블을 검색한다.
WHERE POSITION LIKE "%부장%";	'POSITION'에 "부장"이 포함된 레코드만을 대상으로 한다.

[문제 3]

ADD

ALTER TABLE 회원	수정할 테이블의 이름은 〈회원〉이다.
ADD 주소 CHAR(30);	문자 30자리인 '주소' 속성을 추가한다.

[문제 4]

ALTER

[문제 5]

① TABLE   ② PRIMARY   ③ FOREIGN

CREATE TABLE 학생 (	〈학생〉 테이블을 생성한다.
학년 INT NOT NULL,	'학년' 속성은 정수로, NULL 값을 갖지 않는다.
반 INT NOT NULL,	'반' 속성은 정수로, NULL 값을 갖지 않는다.
이름 CHAR(8),	'이름' 속성은 문자 8자이다.
아이디 CHAR(16) UNIQUE,	'아이디' 속성은 문자 16자로, 중복 값을 갖지 않는다.
비밀번호 CHAR(16),	'비밀번호' 속성은 문자 16자이다.
PRIMARY KEY(아이디),	'아이디' 속성을 기본키로 정의한다.
FOREIGN KEY(비밀번호)	'비밀번호' 속성은 〈로그인〉 테이블의 'pw' 속성을 참조하는 외래키이다.
REFERENCES 로그인(pw));	

[문제 6]

AS SELECT

CREATE VIEW 출석부	〈출석부〉 뷰를 생성한다.
AS SELECT 성명, 사진, 학년	'성명', '사진', '학년' 속성을 가져온다.
FROM 학생	〈학생〉 테이블에서 속성을 가져와 뷰를 생성한다.
WHERE 학년 = 2;	'학년'이 2인 튜플만을 대상으로한다.

[문제 7]

DROP

Section 044

[문제 1]

㉭

GRANT SELECT	검색(SELECT) 권한을 부여한다.
ON Table01	〈Table01〉 테이블에 대한
TO HDR	사용자 ID가 'HDR'인 사람에게

[문제 2]

ROLLBACK

[문제 3]

GRANT

GRANT DELETE ON emp	〈emp〉 테이블에 대한 삭제(DELETE) 권한을 부여한다.
TO 김공단	계정 ID가 "김공단"인 사용자에게
WITH **GRANT** OPTION;	부여받은 권한을 다른 사용자에게 다시 부여할 수 있는 권한을 부여한다.

[문제 4]

REVOKE

Section 045

[문제 1]

WHERE

DELETE	삭제한다.
FROM Student	〈Student〉 테이블을 대상으로 한다.
WHERE S_NO = '201900B1';	'S_NO'가 "201900B1"인 학생만을 대상으로 한다.

[문제 2]

ⓔ

- ⊙, ⓛ : ALTER TABLE은 테이블에 대한 정의를 변경하는 명령문으로 'ALTER TABLE 테이블명 ADD 속성명 데이터_타입;'과 같은 형식으로 사용해야 합니다.
- ⓒ은 UPDATE 형식이 잘못되었습니다.

UPDATE Table01	〈Table01〉 테이블을 갱신한다.
SET num = num * 1.3;	'num'을 'num'에 1.3을 곱한 값으로 갱신한다.

[문제 3]

INSERT

INSERT INTO STUDENT(SNO, SNAME, SYEAR)	〈STUDENT〉 테이블의 'SNO', 'SNAME', 'SYEAR' 속성에 삽입한다.
VALUES (600, '홍길동', 2);	첫 번째 속성부터 순서대로 600, "홍길동", 2를 삽입한다.

[문제 4]

SET

UPDATE 학과	〈학과〉 테이블을 갱신한다.
SET 수강과목 = '데이터베이스'	'수강과목'을 "데이터베이스"로 갱신한다.
WHERE 학번 = '20201234';	'학번'이 "20201234"인 튜플만을 대상으로 한다.

[문제 5]

UPDATE

[문제 1]

DISTINCT

SELECT **DISTINCT** 학과코드	'학과코드'를 표시하되, 같은 '학과코드' 속성의 값은 한 번만 표시한다.
FROM 학생	〈학생〉 테이블을 검색한다.
WHERE 학년 >= 2;	'학년'이 2 이상인 학생을 대상으로 한다.

[문제 2]

INCENTIVE >= 500;

SELECT *	모든 속성을 표시한다.
FROM 사원	〈사원〉 테이블을 검색한다.
WHERE **INCENTIVE** >= 500;	'INCENTIVE'가 500 이상인 사원을 대상으로 한다.

〈결과〉

NUM	NAME	INCENTIVE
1801	이철곽	510
1802	박진수	760
2001	김인해	600

[문제 3]

OR

SELECT 성명	'성명' 속성을 표시한다.
FROM 학생	〈학생〉 테이블을 검색한다.
WHERE 학년 = 2;	'학년'이 2이거나.
OR 학과 = '컴퓨터';	'학과'가 "컴퓨터"인 학생만을 대상으로 한다.

〈결과〉

성명
최민수
이영환
이예은

[문제 4]

① 사원번호　② 이름　③ WHERE

SELECT **사원번호, 이름**	'사원번호', '이름' 속성을 표시한다.
FROM 사원	〈사원〉 테이블을 검색한다.
WHERE 직급 = '대리';	'직급'이 "대리"인 사원만을 대상으로 한다.

[문제 5]

① WHERE　② GROUP BY　③ HAVING

[문제 6]

18000

조건절에 주어진 하위 질의(❶)를 먼저 수행하여 그 검색 결과를 조건절의 피연산자로 사용합니다.

> ❷ SELECT 가격 FROM 도서가격 WHERE 책번호 =
> ❶ (SELECT 책번호 FROM 도서 WHERE 책명 = '데이터베이스');

❶
- SELECT 책번호 : '책번호'를 표시한다.
- FROM 도서 : 〈도서〉 테이블을 대상으로 검색한다.
- WHERE 책명 = '데이터베이스' : '책명'이 "데이터베이스"인 자료만을 대상으로 검색한다.
※ '책명'이 "데이터베이스"인 도서의 책번호 "1111"이 검색되므로 ❷의 질의문은 SELECT 가격 FROM 도서가격 WHERE 책번호 = '1111'이 됩니다.

❷
- SELECT 가격 : '가격'을 표시한다.
- FROM 도서가격 : 〈도서가격〉 테이블을 대상으로 검색한다.
- WHERE 책번호 = '1111' : '책번호'가 "1111"인 자료만을 대상으로 검색한다.
※ '책번호'가 "1111"인 도서의 가격은 18000입니다.

[문제 7]

UNION

[문제 8]

is NULL

Select 이름	'이름' 속성을 표시한다.
From 회원	〈회원〉 테이블을 검색한다.
Where 전화번호 is Null;	'전화번호'가 비어 있는 자료만을 대상으로 검색한다.

〈결과〉

이름
김원중

[문제 9]

ALL

Select name From cus	〈cus〉 테이블의 'name' 속성을 표시한다.
UNION ALL	두 Select문의 조회 결과를 통합하여 출력하되 중복된 행도 그대로 출력한다.
Select name From emp;	〈emp〉 테이블의 'name' 속성을 표시한다.

[문제 10]

이동국 111-1111
이동국 333-3333
박찬성 444-4444

SELECT 회원.성명, 회원.전화번호	〈회원〉 테이블의 '성명', '전화번호'를 표시한다.
FROM 회원, 대여	〈회원〉, 〈대여〉 테이블을 대상으로 검색한다.
WHERE 회원.회원번호 = 대여.회원번호	〈회원〉 테이블의 '회원번호'와 〈대여〉 테이블의 '회원번호'가 같고,
AND 대여.테이프번호 = 'T3';	〈대여〉 테이블의 '테이프번호'가 "T3"인 튜플만을 대상으로 한다.

예상문제은행 **1장 기본 SQL 작성하기** 　　　　　　정답

[문제 1]

REVOKE

REVOKE SELECT	검색(SELECT) 권한을 취소한다.
ON student	〈student〉 테이블에 대한
FROM SIN;	사용자 ID가 'SIN'인 사람으로부터

[문제 2]

DDL(Data Define Language, 데이터 정의어)

[문제 3]

COMMIT

[문제 4]

VARCHAR(5)

ALTER TABLE 학생	수정할 테이블의 이름은 〈학생〉이다.
ADD 주소 **VARCHAR(5)**;	가변길이 문자 5자리인 '주소' 속성을 추가한다.

[문제 5]

RESTRICT

[문제 6]

CREATE, DROP

[문제 7]

CREATE SCHEMA

458 4과목 SQL 활용

[문제 8]

REBUILD

ALTER INDEX Idx_T	수정할 인덱스의 이름은 'Idx_T'이다.
REBUILD	인덱스를 재구성한다.

[문제 9]

avg

Select 학과, **avg(용돈)** As 평균	'학과', '용돈'의 평균을 표시하되, '용돈'의 평균은 '평균'으로 표시한다.
From 학생	〈학생〉 테이블에서 검색한다.
Group By 학과	'학과'를 기준으로 그룹을 지정한다.
Order By 학과 asc;	'학과'를 기준으로 오름차순 정렬한다.

[문제 10]

CREATE

CREATE TABLE dept2	테이블 〈dept2〉를 생성한다.
SELECT * FROM dept1;	〈dept1〉 테이블의 모든 필드, 즉 〈dept1〉 테이블과 동일한 구조를 적용한다.

[문제 11]

WITH GRANT OPTION

GRANT ALL	모든 권한을 부여한다.
ON 학생	〈학생〉 테이블에 대한
TO 홍길동	사용자 ID가 '홍길동'인 사람에게
WITH GRANT OPTION;	부여받은 권한을 다른 사용자에게 다시 부여할 수 있는 권한을 부여한다.

[문제 12]

CASCADE

ALTER TABLE player	〈player〉 테이블에 대한 정의를 변경한다.
DROP COLUMN age **CASCADE**;	age를 삭제하되, age 속성에 포함된 제약 조건도 함께 삭제한다.

[문제 13]

① as   ② where

create view sale	생성한 뷰의 이름은 〈sale〉이다.
as select ID, NAME, price	'ID', 'NAME', 'price' 속성을 가져온다.
from Product	〈Product〉 테이블에서 속성을 가져온다.
where price 〈 100000;	'price'의 값이 100000 미만인 자료만을 대상으로 한다.

[문제 14]
ORDER BY 이름 DESC

SELECT *	모든 속성을 표시한다.
FROM 판매현황	〈판매현황〉 테이블을 대상으로 검색한다.
ORDER BY 이름 DESC;	'이름' 속성의 값을 기준으로 내림차순 정렬한다.

[문제 15]
① INDEX   ② ON

CREATE **INDEX** X	인덱스(색인) 〈X〉를 생성한다.
ON T(P, Q DESC, R);	〈T〉 테이블의 'P', 'Q', 'R' 속성을 이용하여 생성한다. 'P'와 'R'은 오름차순, 'Q'는 내림차순으로 정렬한다.

[문제 16]
HAVING

SELECT 반, COUNT(*) AS 학생수	'반'과 개수를 표시하되, 개수는 '학생수'로 표시한다.
FROM 학생	〈학생〉 테이블을 대상으로 검색한다.
WHERE 수학<=60	'수학' 속성의 값이 60 이하인 자료만을 대상으로 한다.
GROUP BY 반	'반'을 기준으로 그룹으로 지정한다.
HAVING COUNT(*)>=3;	그룹의 수, 즉 반의 학생 수가 3명 이상인 반만을 표시한다.

[문제 17]
DISTINCT

[문제 18]
AS

SELECT 학년, AVG(국어성적) **AS** 국어평균	'학년'과 '국어성적'의 평균을 표시하되, '국어성적'의 평균은 '국어평균'으로 표시한다.
FROM stu1 a INNER JOIN stu2 b	〈a〉라는 별칭의 〈stu1〉 테이블과 〈b〉라는 별칭의 〈stu2〉 테이블을 대상으로 검색한다.
ON a.학번 = b.학번	〈stu1〉 테이블의 '학번'과 〈stu2〉 테이블의 '학번'을 기준으로 서로 JOIN한다.
GROUP BY 학년;	'학년'을 기준으로 그룹을 지정한다.

[문제 19]
LIKE

SELECT *	모든 필드를 표시한다.
FROM stu	〈stu〉 테이블을 대상으로 검색한다.
WHERE 생년월일 **LIKE** "2004%";	'생년월일' 필드의 값이 2004로 시작하는 자료만을 대상으로 한다.

[문제 20]

① 59   ② 지원학과, 점수 DESC 또는 지원학과 ASC, 점수 DESC

SELECT 지원ID, 이름, 지원학과, 연락처	'지원ID', '이름', '지원학과', '연락처'를 표시한다.
FROM 지원자	〈지원자〉 테이블을 대상으로 검색한다.
WHERE 점수 〉 59	'점수'가 59를 초과하는, 즉 60점 이상인 자료만을 대상으로 한다.
ORDER BY 지원학과, 점수 DESC;	'지원학과'를 기준으로 오름차순 정렬하고 '지원학과'가 같은 경우 '점수'를 기준으로 내림차순 정렬한다.

[문제 21]

ⓒ

[문제 22]

PRIMARY KEY

CREATE TABLE patient (	생성한 테이블 이름은 〈patient〉이다.
id CHAR(5) **PRIMARY KEY**,	'id' 속성은 문자 5자리이며, 기본키이다.
name CHAR(10),	'name' 속성은 문자 10자리이다.
sex CHAR(1),	'sex' 속성은 문자 1자리이다.
phone CHAR(20),	'phone' 속성은 문자 20자리이다.
CONSTRAINT sex_ck	'sex' 속성은 'f' 또는 'm'만 입력되어야 하며,
CHECK (sex='f' or sex='m'),	이 제약 조건의 이름은 'sex_ck'이다.
CONSTRAINT id_fk FOREIGN KEY(id)	'id' 속성은 〈doctor〉 테이블의 기본키인 'doc_id' 속성을
REFERENCES doctor(doc_id)	참조하는 외래키이며, 이 제약 조건의 이름은 'id_fk'이다.
);	

[문제 23]

DCL

[문제 24]

between

Select 학번, 이름, 학과명	'학번', '이름', '학과명'을 표시한다.
From 학생, 학과, 학과등급	〈학생〉, 〈학과〉, 〈학과등급〉 테이블을 대상으로 검색한다.
Where 학생.학과코드 = 학과.학과코드	〈학생〉 테이블의 '학과코드'와 〈학과〉 테이블의 '학과코드'가 같고
AND 학생.성적 **Between** 학과등급.최저 AND 학과등급.최고;	〈학생〉 테이블의 '성적'이 〈학과등급〉 테이블의 '최저'와 '최고' 사이인 학생만을 대상으로 한다.

[문제 25]

case

```
❶ select count( case when 학과코드 = "ELE" then 1 end) As "전자공학과",
❷      count( case when 학과코드 = "COM" then 1 end) As "컴퓨터공학과"
❸ from 학생;
```

❶ '학과코드'의 값이 "ELE"일 때 반환된 1의 개수를 계산하여 표시하되, "전자공학과"라는 이름으로 표시한다.

- case when 조건 then 반환값 end : 조건이 맞으면 반환값을 반환한다.
- '학과코드' 필드의 값이 다음과 같은 경우 count 함수 적용 예

학과코드	반환값
ELE	1
ELE	1
COM	
COM	
COM	
count( ) 적용	2

❷ '학과코드'의 값이 "COM"일 때 반환된 1의 개수를 계산하여 표시하되, "컴퓨터공학과"라는 이름으로 표시한다.

- '학과코드' 필드의 값이 다음과 같은 경우 count 함수 적용 예

학과코드	반환값
ELE	
ELE	
COM	1
COM	1
COM	1
count( ) 적용	3

❸ 〈학생〉 테이블을 대상으로 한다.

고급 SQL 작성하기

Section 047   SQL - JOIN

SQL - JOIN

1 JOIN의 개념

JOIN(조인)은 2개의 테이블에 대해 연관된 튜플들을 결합하여, 하나의 새로운 릴레이션을 반환한다.

- JOIN은 크게 INNER JOIN과 OUTER JOIN으로 구분된다.
- JOIN은 일반적으로 FROM절에 기술하지만, 릴레이션이 사용되는 어느 곳에서나 사용할 수 있다.
- JOIN에는 INNER JOIN과 OUTER JOIN이 있다.

2 INNER JOIN

24.8, 23.11, 21.11, 20.8

INNER JOIN은 가장 일반적인 JOIN의 형태로, 관계가 설정된 두 테이블에서 조인된 필드가 일치하는 행만을 표시한다.

- WHERE절을 이용한 표기 형식

```
SELECT [테이블명1.]속성명, [테이블명2.]속성명, …
FROM 테이블명1, 테이블명2, …
WHERE 테이블명1.속성명 = 테이블명2.속성명;
```

- ON절을 이용한 표기 형식

```
SELECT [테이블명1.]속성명, [테이블명2.]속성명, …
FROM 테이블명1 INNER JOIN 테이블명2, …
ON 테이블명1.속성명 = 테이블명2.속성명;
```

- NATURAL JOIN을 이용한 표기 형식

```
SELECT [테이블명1.]속성명, [테이블명2.]속성명, …
FROM 테이블명1 NATURAL JOIN 테이블명2;
```

- JOIN ~ USING절을 이용한 표기 형식

```
SELECT [테이블명1.]속성명, [테이블명2.]속성명, …
FROM 테이블명1 JOIN 테이블명2 USING(속성명);
```

〈학생〉

학번	이름	학과코드	선배	성적
15	고길동	com		83
16	이순신	han		96
17	김선달	com	15	95
19	아무개	han	16	75
37	박치민		17	55

〈학과〉

학과코드	학과명
com	컴퓨터
han	국어
eng	영어

〈성적등급〉

등급	최저	최고
A	90	100
B	80	89
C	60	79
D	0	59

예제 1 〈학생〉 테이블과 〈학과〉 테이블에서 학과코드 값이 같은 튜플을 JOIN하여 학번, 이름, 학과코드, 학과명을 출력하는 SQL문을 작성하시오.

- SELECT 학번, 이름, 학생.학과코드, 학과명
  FROM 학생, 학과
  WHERE 학생.학과코드 = 학과.학과코드;

- SELECT 학번, 이름, 학생.학과코드, 학과명
  FROM 학생 INNER JOIN 학과
  ON 학생.학과코드 = 학과.학과코드;

- SELECT 학번, 이름, 학생.학과코드, 학과명
  FROM 학생 NATURAL JOIN 학과;

- SELECT 학번, 이름, 학생.학과코드, 학과명
  FROM 학생 JOIN 학과 USING(학과코드);

〈결과〉

학번	이름	학과코드	학과명
15	고길동	com	컴퓨터
16	이순신	han	국어
17	김선달	com	컴퓨터
19	아무개	han	국어

3 OUTER JOIN

20.6

1604603

OUTER JOIN은 릴레이션에서 JOIN 조건에 만족하지 않는 튜플도 결과로 출력하기 위한 JOIN 방법으로, LEFT OUTER JOIN, RIGHT OUTER JOIN 등이 있다.

- **LEFT OUTER JOIN** : INNER JOIN의 결과를 구한 후, 우측 항 릴레이션의 어떤 튜플과도 맞지 않는 좌측 항의 릴레이션에 있는 튜플들에 NULL 값을 붙여서 INNER JOIN의 결과에 추가한다.
  - 표기 형식

    SELECT [테이블명1.]속성명, [테이블명2.]속성명, …
    FROM 테이블명1 LEFT OUTER JOIN 테이블명2
    ON 테이블명1.속성명 = 테이블명2.속성명;

• **RIGHT OUTER JOIN** : INNER JOIN의 결과를 구한 후, 좌측 항 릴레이션의 어떤 튜플과도 맞지 않는 우측 항의 릴레이션에 있는 튜플들에 NULL 값을 붙여서 INNER JOIN의 결과에 추가한다.
  – 표기 형식

> SELECT [테이블명1.]속성명, [테이블명2.]속성명, …
> FROM 테이블명1 RIGHT OUTER JOIN 테이블명2
> ON 테이블명1.속성명 = 테이블명2.속성명;

예제 는 465쪽에 있는 테이블을 참조하여 풀어보세요.

예제 〈학생〉 테이블과 〈학과〉 테이블에서 학과코드 값이 같은 튜플을 JOIN하여 학번, 이름, 학과코드, 학과명을 출력하는 SQL문을 작성하시오. 이때, 학과코드가 입력되지 않은 학생도 출력하시오.

> SELECT 학번, 이름, 학생.학과코드, 학과명
> FROM 학생 LEFT OUTER JOIN 학과
> ON 학생.학과코드 = 학과.학과코드;

해설 INNER JOIN을 하면 학과코드가 입력되지 않은 박치민은 출력되지 않는다. 그러므로 JOIN 구문을 기준으로 왼쪽 테이블, 즉 〈학생〉의 자료는 모두 출력되는 LEFT JOIN을 사용한 것이다. 다음과 같이 JOIN 구문을 기준으로 테이블의 위치를 교환하여 RIGHT JOIN을 사용해도 결과는 같다.

> SELECT 학번, 이름, 학생.학과코드, 학과명
> FROM 학과 RIGHT OUTER JOIN 학생
> ON 학과.학과코드 = 학생.학과코드;

〈결과〉

학번	이름	학과코드	학과명
15	고길동	com	컴퓨터
16	이순신	han	국어
17	김선달	com	컴퓨터
19	아무개	han	국어
37	박치민		

전문가의 조언

LEFT OUTER JOIN은 좌측 릴레이션을 기준으로 좌측 릴레이션에 있는 튜플은 모두 표시하고, 우측 릴레이션에서는 관련 있는 튜플만 표시했으므로 박치민의 학과명이 빈 자리로 표시됩니다.
RIGHT OUTER JOIN은 테이블의 위치를 변경했으므로 LEFT OUTER JOIN의 결과와 같은 결과가 표시됩니다.

※ 정답 및 해설은 476쪽에 있습니다.

기출 따라잡기 Section 047

문제 1 20년 8월 다음 〈회원〉, 〈테이프〉, 〈대여〉 테이블을 참고하여 〈SQL〉의 실행 결과를 쓰시오.

〈SQL〉

> SELECT 회원.성명, 회원.전화번호
> FROM 회원, 대여
> WHERE 회원.회원번호 = 대여.회원번호 AND 대여.테이프번호 = 'T3';

〈회원〉

회원번호	성명	전화번호
S1	이동국	111-1111
S2	홍길동	222-2222
S3	이동국	333-3333
S4	박찬성	444-4444
S5	성춘향	555-5555

〈테이프〉

테이프번호	제목
T1	금강산도 식후경
T2	니사랑 내사랑
T3	오늘도 저 끝까지
T4	파라노말 디렉티브
T5	앱솔루트 커맨드

〈대여〉

회원번호	성명	테이프번호
S1	이동국	T2
S1	이동국	T3
S2	홍길동	T4
S2	홍길동	T5
S3	이동국	T1
S3	이동국	T3
S4	박찬성	T3
S4	박찬성	T4
S5	성춘향	T5
S5	성춘향	T6

답 :

문제 2 21년 11월 다음 두 테이블과 〈결과〉를 참고하여 〈SQL문〉의 괄호에 들어갈 알맞은 예약어를 쓰시오.

〈Students〉

Code_a	Name	Subject
1001	권규창	English
1001	신지호	Math
1003	임유찬	English
1004	곽현진	Data
1005	윤세윤	Physics
1006	황종훈	Math
1007	한원영	Data

〈Records〉

Code_b	Grade
1001	B+
1002	D
1004	A
1006	A-
1008	C

〈결과〉

Code_a	Name
1004	곽현진

〈SQL〉

SELECT Code_a, Name FROM Students, Records
WHERE Code_a = Code_b (　　　　) Subject = 'Data';

답 :

문제 3 다음의 〈student〉, 〈score〉 테이블과 〈결과〉를 분석하여 〈SQL〉문의 괄호에 들어갈 알맞은 명령어를 쓰시오. (단, 〈SQL〉문의 'test00'는 〈student〉, 〈score〉 테이블을 포함하는 데이터베이스의 이름이다.)

20년 8월

〈student〉

no	s_name	phone	depart
1	Brown	513-4842	컴퓨터공학
2	White	145-1811	전자공학
3	Black	648-7781	생명공학
4	Yellow	894-1128	로봇공학
5	Green	975-4432	유전공학

〈score〉

no	score
1	92
2	85
3	77
4	84
5	90

〈결과〉

no	s_name	depart	score
1	Brown	컴퓨터공학	92
2	White	전자공학	85
3	Black	생명공학	77
4	Yellow	로봇공학	84
5	Green	유전공학	90

〈SQL〉

SELECT no, s_name, depart, score
FROM test00.student, test00.score
(　　　　) test00.student.no = test00.score.no;

답 :

문제 4 20년 6월 다음은 〈topic〉 테이블과 〈auth〉 테이블을 결합하여 검색하는 〈SQL〉문이다. 괄호에 들어갈 알맞은 명령어를 쓰시오.

〈topic〉

id	title1	title2	auth_id
1	sql	sql is	1
2	oracle	oracle is	1
3	sql-server	sql-server is	3
4	progress	progress is	2
5	mongoDB	mongoDB is	1

〈auth〉

id	name	job
1	kim	develope
2	shin	database administrator
3	park	scientist, develope

〈SQL〉

SELECT * FROM topic LEFT (   ) auth ON topic.auth_id = auth.id;

〈결과〉

id	title1	title2	auth_id	id	name	job
1	sql	sql is	1	1	kim	develope
2	oracle	oracle is	1	1	kim	develope
3	sql-server	sql-server is	3	3	park	scientist, develope
4	progress	progress is	2	2	shin	database administrator
5	mongoDB	mongoDB is	1	1	kim	develope

답:

문제 5 23년 11월 다음은 〈목표〉 테이블의 매출액이 5000 초과인 제품에 대해 〈판매〉 테이블의 수량을 〈목표〉 테이블의 수량으로 변경하는 SQL문이다. 괄호에 적합한 예약어를 넣어 SQL문을 완성하시오.

〈SQL〉

```
update 판매 a inner join 목표 b
(        ) a.ID = b.ID
set a.수량 = b.수량
where b.매출액 > 5000;
```

답:

문제 **1** 다음 질의문의 실행 결과를 쓰시오.

1620601

〈도서〉

책번호	책명
1111	운영체제
2222	세계지도
3333	생활영어

〈도서가격〉

책번호	가격
1111	15000
2222	23000
3333	7000
4444	5000

〈SQL〉

```
SELECT 가격 FROM 도서가격
WHERE 책번호 = (SELECT 책번호 FROM 도서 WHERE 책명 = '운영체제');
```

답 :

문제 **2** 다음은 〈사원〉 테이블과 〈연락처〉 테이블에 대해 제시된 SQL문을 수행했을 때의 결과이다. 〈결과〉 테이블의 괄호(①~③)에 들어갈 알맞은 내용을 쓰시오.

1620602

〈테이블명 : 사원〉

사번	성명	나이	직책
11	홍길동	35	과장
32	안중근	44	부장
41	강동자	37	과장
31	송윤아	24	사원
45	이중건	26	사원
13	김순자	33	계장

〈테이블명 : 연락처〉

사번	성별	연락처
11	남	111–1111
32	남	222–2222
41	여	333–3333
31	여	444–4444

〈SQL〉

```
SELECT 성명, 나이, 직책
FROM 사원, 연락처
WHERE 연락처.성별 = '여' AND 사원.사번 = 연락처.사번;
```

〈결과〉

성명	나이	직책
강동자	37	과장
(①)	(②)	(③)

답

• ①

• ②

• ③

※ 다음의 테이블들을 이용하여 SQL문을 완성하시오(3~4번).

〈학생〉

학번	이름	학과코드	성적
15	고길동	han	73
16	이순신	com	96
37	전산오		83

〈학과〉

학과코드	학과명
com	컴퓨터
han	국문
eng	영어

문제 3 다음은 〈학생〉 테이블과 〈학과〉 테이블에서 '학과코드' 속성의 값이 같은 자료 중 '이름'과 '학과명'을 검색하는 SQL문이다. 괄호(①~③)에 알맞은 명령어나 연산자를 넣어 SQL문을 완성하시오.

〈SQL문〉

방법1	SELECT 이름, 학과명 AS 학과 FROM 학생, 학과 WHERE 학생.학과코드 (①) 학과.학과코드;
방법2	SELECT 이름, 학과명 AS 학과 FROM 학생 (②) 학과;
방법3	SELECT 이름, 학과명 AS 학과 FROM 학생 JOIN 학과 (③)(학과코드);

〈검색 결과〉

이름	학과
고길동	국문
이순신	컴퓨터

답

- ①
- ②
- ③

문제 4 다음은 〈학생〉 테이블과 〈학과〉 테이블에서 '학과코드' 속성의 값이 같은 자료 중 '학번', '학과코드', '학과명'을 검색하는데, 〈학생〉 테이블에서 '학과코드'가 입력이 안 된 학생도 포함해서 검색하는 SQL문이다. 괄호에 알맞은 명령어를 넣어 SQL문을 완성하시오.

〈SQL문〉

SELECT 학번, 학생.학과코드, 학과명
FROM 학생 (   ) 학과
ON 학생.학과코드 = 학과.학과코드;

〈검색 결과〉

학번	학과코드	학과명
15	han	국문
16	com	컴퓨터
37		

답 :

문제 5 다음은 쿼리에서 두 테이블의 필드 값이 일치하는 레코드만 조인하기 위한 조인 형식이다. 괄호에 들어갈 가장 적합한 연산자를 쓰시오.

1620605

SELECT 필드목록
FROM 테이블1, 테이블2
WHERE 테이블1.필드 (　　　) 테이블2.필드;

답 :

문제 6 SQL(Structured Query Language)에 관한 다음 설명에서 괄호에 공통으로 들어갈 알맞은 용어를 쓰시오.

1620606

- (　　　)은 2개의 릴레이션에서 연관된 튜플들을 결합하여, 하나의 새로운 릴레이션을 반환한다.
- (　　　)은 크게 INNER (　　　)과 OUTER (　　　)으로 구분된다.
- (　　　)은 일반적으로 FROM절에 기술하지만, 릴레이션이 사용되는 곳 어디서나 사용할 수 있다.

답 :

1620607

문제 7 다음은 〈학생〉 테이블과 〈학과〉 테이블에서 '학과코드' 값이 같은 튜플을 JOIN하는 SQL문이다. 괄호(①~③)에 알맞은 예약어를 넣어 SQL문을 완성하시오.

〈학생〉

학번	이름	학과코드
15	고길동	com
16	이순신	han
17	김선달	com
19	아무개	han
37	박치민	

〈학과〉

학과코드	이름
com	컴퓨터
han	국어
eng	영어

↓

〈결과〉

학번	이름	학과코드	학과명
15	고길동	com	컴퓨터
16	이순신	han	국어
17	김선달	com	컴퓨터
19	아무개	han	국어

〈SQL문1〉

SELECT 학번, 이름, 학생.학과코드, 학과명
FROM 학생, 학과
(①) 학생.학과코드 = 학과.학과코드;

〈SQL문2〉

SELECT 학번, 이름, 학생.학과코드, 학과명
FROM 학생 (②) 학과;

〈SQL문3〉

SELECT 학번, 이름, 학생.학과코드, 학과명
FROM 학생 JOIN 학과
(③)(학과코드);

답

- ①
- ②
- ③

문제 8 다음은 〈학생〉과 〈성적〉 테이블을 이용하여 학년별 점수의 평균을 조회하는 〈SQL〉문이다. 괄호에 들어갈 알맞은 명령을 적어 〈SQL〉문을 완성하시오.

5640319

〈학생〉

학번	이름	학년
K1	문지영	1
K2	강순동	1
K3	이지연	2
K4	이영주	2

〈학과〉

학번	점수
K1	90
K1	85
K2	80
K3	70
K3	75
K4	88

〈SQL문〉

SELECT 학년, AVG(점수) AS 평균점수
FROM 학생 JOIN 성적 (   ) 학생.학번 = 성적.학번
GROUP BY 학년;

답 :

[답안 작성 방법 안내]
'운영체제(OS; Operation System)'처럼 한글과 영문으로 제시되어 있는 경우 '운영체제', 'OS', 'Operation System' 중 1가지만 쓰면 됩니다.

Section 047

[문제 1]

이동국 111-1111

이동국 333-3333

박찬성 444-4444

SELECT 회원.성명, 회원.전화번호	〈회원〉 테이블의 '성명', '전화번호'를 표시한다.
FROM 회원, 대여	〈회원〉, 〈대여〉 테이블을 대상으로 검색한다.
WHERE 회원.회원번호 = 대여.회원번호 AND 대여.테이프번호 = 'T3';	〈회원〉 테이블의 '회원번호'와 〈대여〉 테이블의 '회원번호'가 같고, 〈대여〉 테이블의 '테이프번호'가 "T3"인 튜플만을 대상으로 한다.

[문제 2]

AND

SELECT Code_a, Name	'Code_a', 'Name'을 표시한다.
FROM Students, Records	〈Students〉, 〈Records〉 테이블을 대상으로 검색한다.
WHERE Code_a = Code_b	'Code_a'와 'Code_b'가 같고,
AND Subject = 'Data';	'Subject'가 "Data"인 튜플만을 대상으로 한다.

[문제 3]

WHERE

SELECT no, s_name, depart, score	'no', 's_name', 'depart', 'score'를 표시한다.
FROM test00.student, test00.score	[test00] 데이터베이스에 속한 〈student〉, 〈score〉 테이블을 대상으로 검색한다.
WHERE test00.student.no = test00.score.no;	〈student〉 테이블의 'no'와 〈score〉 테이블의 'no'가 같은 튜플만을 대상으로 한다.

[문제 4]

OUTER JOIN

SELECT *	모든 속성을 표시한다.
FROM topic LEFT OUTER JOIN auth	LEFT OUTER JOIN이므로, 좌측의 〈topic〉 테이블이 기준이 되어 〈topic〉 테이블에 있는 튜플은 모두 표시하고 우측의 〈auth〉 테이블에서는 관련이 있는 튜플만 표시한다.
ON topic.auth_id = auth.id;	〈topic〉 테이블의 'auth_id'와 〈auth〉 테이블의 'id'를 기준으로 서로 JOIN한다.

[문제 5]

on

update 판매 a inner join 목표 b	〈a〉라는 별칭의 〈판매〉 테이블과 〈b〉라는 별칭의 〈목표〉 테이블을 이용하여 갱신한다.
on a.ID = b.ID	〈판매〉 테이블의 'ID'와 〈목표〉 테이블의 'ID'를 기준으로 서로 JOIN한다.
set a.수량 = b.수량	〈판매〉 테이블의 '수량'을 〈목표〉 테이블의 '수량'으로 변경한다.
where b.매출액 > 5000;	〈목표〉 테이블의 '매출액'이 5000을 초과하는 자료만을 대상으로 한다.

[문제 1]

15000

문제의 질의문은 하위 질의가 있는 질의문입니다. 먼저 WHERE 조건에 지정된 하위 질의의 SELECT문을 검색한 다음 그 검색 결과를 본 질의의 조건에 있는 '책번호' 속성과 비교합니다.

❶ SELECT 책번호 FROM 도서 WHERE 책명 = '운영체제'; : 〈도서〉 테이블에서 '책명' 속성의 값이 "운영체제"와 같은 레코드의 '책번호' 속성의 값을 검색합니다. 결과는 1111입니다.

❷ SELECT 가격 FROM 도서가격 WHERE 책번호 = 1111; : 〈도서가격〉 테이블에서 '책번호' 속성의 값이 1111과 같은 레코드의 '가격' 속성의 값을 검색합니다. 결과는 15000입니다.

[문제 2]

① 송윤아 ② 24 ③ 사원

SELECT 성명, 나이, 직책	'성명', '나이', '직책'을 표시한다.
FROM 사원, 연락처	〈사원〉, 〈연락처〉 테이블을 대상으로 검색한다.
WHERE 연락처.성별 = '여' AND 사원.사번 = 연락처.사번;	〈연락처〉 테이블의 '성별'이 "여"이고 〈사원〉 테이블의 '사번'과 〈연락처〉 테이블의 '사번'이 같은 자료만을 대상으로 검색한다.

[문제 3]

① = ② NATURAL JOIN ③ USING

방법1	SELECT 이름, 학과명 AS 학과	'이름'과 '학과명'을 표시하되, '학과명'은 '학과'로 표시한다.
	FROM 학생, 학과	〈학생〉 테이블과 〈학과〉 테이블을 대상으로 한다.
	WHERE 학생.학과코드 = 학과.학과코드;	〈학생〉 테이블의 '학과코드'와 〈학과〉 테이블의 '학과코드'가 같은 튜플을 JOIN한다.
방법2	SELECT 이름, 학과명 AS 학과	'이름'과 '학과명'을 표시하되, '학과명'은 '학과'로 표시한다.
	FROM 학생 **NATURAL JOIN** 학과;	〈학생〉 테이블과 〈학과〉 테이블에서 같은 속성을 기준으로 JOIN한다.
방법3	SELECT 이름, 학과명 AS 학과	'이름'과 '학과명'을 표시하되, '학과명'은 '학과'로 표시한다.
	FROM 학생 JOIN 학과 **USING**(학과코드);	〈학생〉 테이블과 〈학과〉 테이블에서 '학과코드'를 기준으로 JOIN한다.

※ 〈학생〉 테이블과 〈학과〉 테이블에는 같은 이름의 속성과 범위가 같은 도메인을 갖는 '학과코드'가 있기 때문에 NATURAL JOIN이 가능합니다.

[문제 4]

LEFT OUTER JOIN

SELECT 학번, 학생.학과코드, 학과명	'학번', '학과코드', '학과명'을 표시한다.
FROM 학생 LEFT OUTER JOIN 학과 ON 학생.학과코드 = 학과.학과코드;	〈학생〉 테이블의 '학과코드'와 〈학과〉 테이블의 '학과코드'로 JOIN하되, 〈학생〉 테이블의 튜플들은 〈학과〉 테이블의 연관성과 관계없이 모두 표시하는 LEFT OUTER JOIN 이다.

[문제 5]

=

[문제 6]

조인(Join)

[문제 7]

① WHERE　　② NATURAL JOIN　　③ USING

① 〈SQL문 1〉

SELECT 학번, 이름, 학생.학과코드, 학과명	'학번', '이름', '학과코드', '학과명'을 표시한다. '학과코드' 속성은 여러 테이블에 있으므로 테이블명을 지정해야 한다. '학과.학과코드'를 입력해도 결과는 같다.
FROM 학생, 학과	〈학생〉과 〈학과〉 테이블을 대상으로 검색한다.
WHERE 학생.학과코드 = 학과.학과코드;	〈학생〉 테이블의 '학과코드'와 〈학과〉 테이블의 '학과코드'가 같은 튜플만을 대상으로 한다.

② 〈SQL문 2〉

SELECT 학번, 이름, 학생.학과코드, 학과명	'학번', '이름', '학과코드', '학과명'을 표시한다.
FROM 학생 NATURAL JOIN 학과;	〈학생〉 테이블과 〈학과〉 테이블에서 같은 속성을 기준으로 JOIN한다.

③ 〈SQL문 3〉

SELECT 학번, 이름, 학생.학과코드, 학과명	'학번', '이름', '학과코드', '학과명'을 표시한다.
FROM 학생 JOIN 학과 USING(학과코드);	〈학생〉 테이블과 〈학과〉 테이블에서 '학과코드'를 기준으로 JOIN한다.

[문제 8]

ON

SELECT 학년, AVG(점수) AS 평균점수	'학년', '점수'의 평균을 표시하되, '점수'의 평균은 '평균점수'로 표시한다.
FROM 학생 JOIN 성적	〈학생〉과 〈성적〉 테이블을 이용하여 검색한다.
ON 학생.학번 = 성적.학번	〈학생〉 테이블의 '학번'과 〈성적〉 테이블의 '학번'을 기준으로 JOIN한다.
GROUP BY 학년;	'학년'을 기준으로 그룹을 지정한다.

〈SQL 실행 결과〉

학년	평균점수
1	85.0
2	77.67

나는 시험에 나오는 것만 공부한다!
이제 시나공으로 한 번에 정복하세요!

기초 이론부터
완벽하게 공부해서
안전하게 합격하고
싶어요!

기본서
(필기/실기)

━━ 특 징 ━━

자세하고 친절한 이론으로 기초를 쌓은 후 바로 문제풀이를 통해 정리한다.

━━ 구 성 ━━

본권
기출문제
토막강의

실기
온라인 채점 서비스
• 워드프로세서
• 컴퓨터활용능력
• ITQ

━━ 출 간 종 목 ━━

컴퓨터활용능력1급 필기/실기
컴퓨터활용능력2급 필기/실기
워드프로세서 필기/실기
정보처리기사 필기/실기
정보처리산업기사 필기/실기
정보처리기능사 필기/실기
사무자동화산업기사 실기
ITQ 엑셀/한글/파워포인트
GTQ 1급/2급

필요한
내용만 간추려 빠르
고 쉽게 공부하고
싶어요!

Quick & Easy
(필기/실기)

━━ 특 징 ━━

큰 판형, 쉬운 설명으로 시험에 꼭 나오는 알짜만 골라 학습한다.

━━ 구 성 ━━

본권
기출문제
토막강의

필+실기
온라인 채점 서비스
• 컴퓨터활용능력

━━ 출 간 종 목 ━━

컴퓨터활용능력1급 필기/실기
컴퓨터활용능력2급 필기/실기
정보처리기사 필기/실기

이론은 공부했지만
어떻게 적용되는지
문제풀이를 통해
감각을 익히고 싶어요!

총정리
(필기/실기)

━━ 특 징 ━━

간단하게 이론을 정리한 후 충분한 문제풀이를 통해 실전 감각을 향상시킨다.

━━ 구 성 ━━

핵심요약
기출문제
모의고사
토막강의

실기
온라인 채점 서비스
• 컴퓨터활용능력

━━ 출 간 종 목 ━━

컴퓨터활용능력1급 필기/실기
컴퓨터활용능력2급 필기/실기
사무자동화산업기사 필기

이론은 완벽해요!
기출문제로
마무리하고 싶어요!

기출문제집
(필기/실기)

━━ 특 징 ━━

최신 기출문제를 반복 학습하며 최종 마무리한다.

━━ 구 성 ━━

핵심요약(PDF)
기출문제
토막강의

실기
온라인 채점 서비스
• 컴퓨터활용능력

━━ 출 간 종 목 ━━

컴퓨터활용능력1급 필기/실기
컴퓨터활용능력2급 필기/실기
정보처리기사 필기/실기